数字金融前沿发展应用型本科系列

Introduction to FinTech

金融科技概论

管同伟◎编著

中国金融出版社

责任编辑：王效端　张菊香
责任校对：潘　洁
责任印制：陈晓川

图书在版编目（CIP）数据

金融科技概论/管同伟编著 . —北京：中国金融出版社，2020.1
数字金融前沿发展应用型本科系列
ISBN 978 - 7 - 5220 - 0376 - 4

Ⅰ.①金…　Ⅱ.①管…　Ⅲ.①金融—科学技术—高等学校—教材　Ⅳ.①F830

中国版本图书馆 CIP 数据核字（2019）第 275939 号

金融科技概论
JINRONG KEJI GAILUN
出版
发行　　**中国金融出版社**
社址　北京市丰台区益泽路 2 号
市场开发部　（010）66024766，63805472，63439533（传真）
网上书店　www.cfph.cn
　　　　　　（010）66024766，63372837（传真）
读者服务部　（010）66070833，62568380
邮编　100071
经销　新华书店
印刷　保利达印务有限公司
尺寸　185 毫米 ×260 毫米
印张　22.5
字数　476 千
版次　2020 年 1 月第 1 版
印次　2023 年 7 月第 3 次印刷
定价　49.00 元
ISBN 978 - 7 - 5220 - 0376 - 4
如出现印装错误本社负责调换　联系电话（010）63263947
编辑部邮箱：jiaocaiyibu@126.com

前言

当前，以大数据、人工智能、云计算为代表的新一轮信息技术正加速切入金融服务业并与之全面融合，由此将颠覆性地改变了传统金融服务业的面貌，催生出内容和品质都远远超越传统金融的全新业务模式。金融科技的发展亟需培养与之相适应的新型金融人才，这需要有合适的教材与之相匹配。鉴于目前金融科技的专门教材种类匮乏，针对应用型本科教学的教材阙如，我们撰写了这本金融科技简明教程，以供教学之用。

本教材将金融科技这一金融发展中的复杂动态现象纳入现代金融学的统一分析框架，以金融科技的效率改进与风险特征为基本分析对象，力求准确全面地描述、概括金融科技的前沿动态，系统反映金融科技的技术构成要素与场景应用，突出强调金融科技的风险特征，并提出相应的风险识别方法。

教材共分四篇。第一篇概述，讨论金融科技的基本内涵与外延及其发展状况。第二篇金融科技与金融科技公司，讨论金融科技的核心技术，包括对大数据、人工智能等新兴信息技术的讨论，以及对金融科技的技术创新载体——金融科技公司的讨论。第三篇为金融科技的应用场景，包括应用价值、产品服务、风险管理等不同侧面，解析金融科技在数字资产、数字货币、银行、保险、证券等诸多领域的应用。第四篇为金融科技风险及其控制与监管，包括金融科技总体风险特征分析及其行业风险管理与金融监管。基本结构如下图所示。

教材定位于应用型本科教学需要，依照金融科技的诸要素进行章节设置，分别围绕金融科技技术进步与金融的融合发展、金融科技的应用场景、金融科技风险防控与监管等方面，对金融科技进行全面、系统的阐述。

在撰写方式上：（1）对金融科技现象的分析坚持历史、逻辑、实证相一

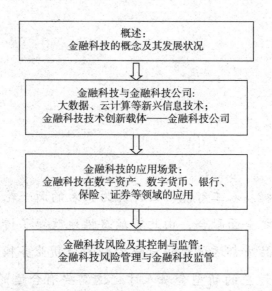

致的原则，突出反映金融科技的前沿发展；（2）在表述上力求做到基本事实、基本理论、基本数据的有机统一；（3）理论分析部分侧重于经济解释，主要借助文字阐述并辅以图表说明。

在表达形式上，各章前有导语，后有小结。每章含引导案例、专栏、例证以及大量图表分析；为方便教学，章后附思考练习题（配部分参考答案）；并提供教学大纲、讲义教案、演示文稿。希望这样安排能契合学生认知实际，满足教学需要。

教材参考了若干报告、专著和文献资料，在此特向有关作者表示诚挚的感谢。另外，教材中的定义一般来自经济学界广为接受的定义，为节省篇幅，除个别有待商榷的定义外，一般不援引出处。本教材的教辅资料由广州商学院林彦君老师承担完成。

教材为广东省特色重点学科"广州商学院电子商务互联网金融"建设项目：文件号——广东省教育厅粤教研函〔2017〕1号；项目号——TSZDXK201601；并获广州商学院重点金融学科资助，特表感谢！

管同伟于中国广州
2019 年 6 月 16 日

目录

第一篇

概　述

该部分基于现代金融学原理阐释金融科技的概念，辨析国内外对金融科技的不同理解，阐明金融科技的发展动因及其产业政策影响，讨论金融科技的发展现状及其所面临的主要问题和可能的发展趋势。

第一章

概　述

主要内容：本章首先讨论金融科技的概念与发展现状；其次，介绍金融科技的基本应用场景；最后讨论金融科技发展的主要问题和未来趋势。

学习目标：掌握金融科技的基本概念、主要应用场景；了解金融科技发展的基本状况、主要问题与未来发展趋势；能够运用金融科技的主要特征，对具体的金融科技活动进行识别和分类。

引导案例：
未来的银行什么样？ 会成为 "毕加索的鱼" 吗?

技术变革会产生新的经济形态，新的经济形态需要新的金融形式加以适应，大数据、人工智能时代对应的便是金融科技。新兴信息技术进入金融领域可以改变传统金融业态，为金融体系带来新的竞争态势与资源配置的效率改进。本案例提供了我国金融科技发展截面上的一个诠释——银行面临金融科技的颠覆性冲击，由此可以一窥金融科技高速发展及其相关问题。

所谓"毕加索的鱼"是指吃剩下的鱼骨架，失去了食用价值。

世界上最早的商业银行诞生于公元 15 世纪前后地中海沿岸的威尼斯。经过数百年的发展，现代商业银行形成了两项最基本的功能：支付中介功能和融资中介功能。其中，支付中介功能是银行最古老、最基础的功能，融资中介功能是银行最重要、最本质的功能。因此，银行长期以来集支付中介和融资中介于一身，以资金为中心，是名副其实的"资金中介"。这也是银行得以长期生存发展并区别于其他金融机构的重要标志。

然而，随着信息技术的快速发展、金融市场的不断完善以及客户需求的深刻变迁，近些年来商业银行的这两大功能都受到了挑战：过去几年金融科技突飞猛进，金融科技的浪潮不断冲刷着传统金融机构的传统领地，对金融业的存、贷、支付和融资等功能产生了一系列颠覆性影响，可以说，金融科技正在重塑金融生态。

在金融科技的冲击下，银行的内生产品链演变为全社会的产业链，银行的基础业务正被金融科技企业分割蚕食。

以前，传统金融机构产品的设计、生产、风险控制、资源配置等都在封闭体系下进行，用户想要享受金融服务，就必须跟银行打交道。金融科技的出现打破了银行自诞生以来的"内生供给机制"，把金融业的生产链拉长、拉细，金融科技企业能够通过专业化和细分市场进入这个生产链。

第三方支付机构、网络小贷、消费金融机构、现金贷平台等开始从不同的角度和环节切入这个生产过程，依托互联网技术优先获取用户，商业银行各业务环节逐渐被"分流"了。例如，余额宝是在存款环节的切入，市面上的各类微型信贷是在贷款环节的切入，互联网众筹是在融资环节的切入，传统金融被金融科技打了个措手不及。

未来金融科技与传统金融将进一步发生竞争和碰撞，市场也将不断变化并产生各种变数。因为未来是以"科技"为主导的，在金融科技的冲击下，银行唯有蜕变、创新，重新拥抱科技升级，才能免于变成一条"毕加索的鱼"。

资料来源：https://www.huxiu.com/article/225435.html。

第一节　金融科技的概念

本节讨论金融科技的概念、金融科技与互联网金融的联系与区别，目的是界定金融科技的研究对象与范围。最近几年，金融科技概念在全球范围内迅速兴起，但尚无统一定义。实践中，金融科技的具体含义在不同背景下存在差异，与国内的互联网金融概念既有联系又有区别。

一、金融科技的基本内涵与外延

（一）金融科技的基本内涵

金融科技（FinTech），为英文合成词的中文翻译，字面意思就是金融（finance）加科技（technology）。该名词原指消费金融和贸易金融机构的后台程序技术，最初见于 20 世纪 90 年代，只是在最近几年才成为热词。自 2010 年以来，这一术语已扩展至金融领域的任何科技创新，包括金融知识和教育、零售银行、投资甚至比特币等加密货币领域。由于金融科技仍处于发展初期，涉及的业务模式尚不稳定，各类业务形态存在不同程度的差异，各方所讨论的金融科技涵盖范围并不完全相同，目前尚无国际统一定义。

维基百科对这一术语的解释是：金融科技是指一群企业运用科技手段使金融服务变得更有效率，因而形成的一种经济产业。这些金融科技公司通常在新创立时的目标就是想要瓦解眼前那些不够科技化的大型金融企业和体系。

在国际经济组织层面上，全球金融治理的牵头机构——金融稳定理事会（FSB）第一次对金融科技给出工作定义（working definition）："金融科技（FinTech），指技术带来的金融创新，它能创造新的业务模式、应用、流程或产品，从而对金融市场、金融机构或金融服务的提供方式造成重大影响。"① 而世界经济论坛（WEF）报告则把金融科技解释为新入行者："在本文档中，我们将 FinTech 定义为一中小型、技术能力强的金融服务新进入者。这一定义不包括进入金融服务的大型技术公司（如苹果与 Apple Pay），或者是现有将重点放在技术上的金融机构。"② 国际货币基金组织（IMF）和世界银行（WB）对金融科技采用了一种较为宽泛的阐释："金融科技用来描述有可能促进金融服务提供方式转变并促进新商业模式、应用、程序和产品出现的技术进步。"③ 国际证监会组织（IOSCO）认为，金融科技是有潜力改变金融服务行业的各种创新的商业模式和新兴技术。④

在国家层面上，爱尔兰都柏林国家数字研究中心（NRDC）把金融科技定义为一种"金融服务创新"，同时认可这个名词也可以用于指称那些广泛应用科技的领域，如前端的消费性产品、新进入者与现有玩家的竞争，甚至指比特币这样的新东西。美国国家经济委员会（NEC）的定义为：金融科技是指不同种类的技术创新，这些技术创新影响各种各样的金融活动，包括支付、投资管理、资本筹集、存款和贷款、保险、监管合规以及金融服务领域里的其他金融活动。英国金融行为监管局（FCA）指出，金融科技是创新公司利用新技术对现有金融服务公司进行去中介化；新加坡金融管理局（MAS）指出，金融科技是通过使用科技设计新的金融服务和产品。2017 年 5 月，中国人民银行成立金融科技委员会，认为金融科技是技术驱动的金融创新。

在行业实践中，金融科技这一术语在不同使用场合更具有不同的含义：有时是指对现行金融业务的数字化或电子化，如网上银行、手机银行等；有时是指可以应用于金融领域的各类新技术，如分布式账本、云计算、大数据等；有时则指希望涉足金融领域、与现有金融机构形成合作或竞争关系的科技企业或电信运营商；有时则指采用新技术进行业务创新的金融机构本身。例如，国际咨询机构麦肯锡把金融科技定义为推动新型科技公司并使银行、支付和保险发生革命性变化的颠覆性技术。特许金融分析师协会定义金融科技为金融领域的新技术，主要是指区块链、智能投顾、移动支付与 P2P 贷款，包括"金融"与"科技"的多个方面。而第一财经研究院和埃森哲则把金融科技定义为一种金融新范式：金融科技是先进技术应用到金融体系的期限转换、信用转换、收益转换以及风险转换中，延展、升级并创新了金融服务理念、思维、流程及业务，并逐步呈现要素整合功能的金融新范式。安永国际会计师事务所的定义是：把创新商业模型与新科技相结合，从而实现、增强并颠覆金融服务。京东金融⑤提出的

① 金融稳定理事会金融科技课题工作组. 金融科技对金融稳定的影响及各国应关注的金融科技监管问题 [J]. 金融监管研究，2017（9）：1-20.

② 世界经济论坛（WEF）. 超越金融科技：全方位评估金融服务的颠覆因素 [R]. 2017：1-188.

③ IMF 和 WB. 巴厘金融科技议程——前言文件 [R]. 2018：1-33.

④ IOSCO，2017，Research Report on Financial Technologies（FinTech），https：//www.iosco.org/library/pubdocs/pdf/IOSCOPD554.pdf.

⑤ 京东金融，中国互联网金融综合服务平台，中国自营式电商企业京东子公司，2013 年 10 月独立运营，定位为服务金融机构的科技公司。——京东官网

定位则是指："金融科技是遵循金融本质，以数据为基础，以技术为手段，为金融行业服务，帮助金融行业提升效率、降低成本。"①

以上可见，目前各界对金融科技尚未形成统一规范定义，不同主体出于不同立场视角对金融科技有着不同的理解。概括起来，这些看法大体可分为三类：第一类观点认为金融科技就是金融，是新技术条件下金融的一种类型，这种观点以 FSB 为代表，MAS 的看法也属此类；第二类观点认为金融科技是一种新产业，包括但不限于金融服务业，例如，维基百科与国际证监会组织（IOSCO）的定义就既包含了商业模式也包含了技术因素；第三类观点认为金融科技就是指以新技术应用为核心的技术创新，这种观点的代表有美国金融科技监管框架等。

综合来看，尽管不同主体定义的关注点与诉求不尽相同，定义的内涵与外延也不尽一致，但科技和创新的内涵却基本成为各方共识，因此，对金融科技的内涵可以做下述理解：金融科技，是创新金融实现形式，以数据为基础，以技术为手段，核心在于通过各种前沿科技的应用，实现金融服务效率提升、交易成本降低、产品和服务形式创新以及客户体验改善。随着理论和实践的进一步发展，相信金融科技的概念还将不断充实和完善。

（二）金融科技的外延

在外延上，根据金融稳定理事会等国际经济组织的定义与金融科技行业实践上的丰富性，可以认为，金融科技既包括前端产业也包含后台技术。具体有以下三方面含义：（1）当金融科技是指前端产业时，其实质含义是指大数据、云计算、人工智能、分布式账本（区块链）等新兴信息技术在金融活动中的应用。（2）当金融科技是指后台技术时，则是指大数据、人工智能等新兴信息技术本身，其实质含义是科技，是金融业务中所使用的新技术。（3）当金融科技是指技术带来的金融创新载体时，其一，它所指的是金融科技企业，金融科技企业指本身不提供金融服务，却能为金融机构提供技术服务；其二，它所指的是采用新技术进行金融业务创新的持牌金融机构；其三，它所指的是金融科技企业与持牌金融机构的合作联盟，也包括发端于科技企业的利用科技力量进军传统金融市场新入行竞争者。

显然，不同内容上的金融科技，分别对应着不同的研究对象。鉴于此，我们对金融科技的讨论将包括以下几方面内容：（1）金融科技的前端产业，它所包含的金融模式、金融产品与金融服务；（2）金融科技的后台技术，它所包括的大数据、人工智能等新兴信息技术；（3）金融科技的行为主体：从事金融科技技术与金融创新活动的科技公司与金融机构；（4）基于不同金融科技主体功能的金融科技风险监管。

（三）金融科技与科技金融及互联网金融的联系与区别

为进一步阐明金融科技的概念，还有必要对金融科技与科技金融及互联网金融之间的异同进行辨析。

---

① 陈生强. 金融科技如何影响金融世界 ［EB/OL］. https：//www.iyiou.com/p/47853.

首先，金融科技并非科技金融，二者不是相同的概念。如前所述，金融科技既可指金融，又可指技术，也可指它的行为主体，具体含义要视特定语境而定，一般情况下主要是一个技术为金融赋能①的概念；而科技金融是一个在我国国家政策以及制度层面的特定概念，指的是金融支持科技产业、科技企业、科技事业的发展，也由此衍生出科技保险、科技信贷、科技信托等约定俗成的国家政策层面的概念。例如，蚂蚁金服②在2017年3月提出要做科技金融，而不是金融科技，似乎概念更加混乱，其实蚂蚁金服不是在混淆概念而是真的要做科技金融，转向专门提供金融科技技术本身的解决方案，回归技术本身。

其次，金融科技与国内的互联网金融概念既有联系又有重大区别。前者是指金融的科技化，后者是指金融的互联网渠道化。二者之间的关系不宜混淆，也不宜以互联网金融的讨论来替代金融科技。

虽然互联网金融和金融科技都是信息科技和金融服务彼此融合的结果，但互联网金融主要是利用互联网把金融业务从线下搬到线上，属于业务渠道创新，通过互联网，可以拓展金融机构接触和服务客户的渠道和方式，为客户提供更及时、更方便的服务；而金融科技的核心是科技，更强调新技术对金融业务的辅助、支持和优化作用，重点在于技术变革，是用大数据、人工智能、区块链等技术，去为金融机构服务。可以说，金融科技对包含互联网在内的新技术要求更高、变革更深，科技逐渐由渠道拓展者演变成金融发展的核心。因此，虽然互联网金融和金融科技都是信息技术和金融服务彼此融合的结果，但互联网金融更加强调金融行业对于互联网这一新渠道的应用；而金融科技则强调科技对金融服务的颠覆与赋能，以提升金融服务效率，创新服务业态。

互联网金融可视为金融科技的早期业态。我国互联网金融的提法，由于把金融与技术相混淆，导致实践中出现了为数不少的脱离和违背金融行业规则的所谓创新，甚至在监管和经营理念上也出现了偏差，出现了许多风险事件和群体性事件，增加了金融系统风险。随着近两年国内互联网金融专项整治的深入，粗放经营的互联网金融时代已经成为过去。互联网金融阶段的技术和资本沉淀促使新技术与金融深度结合，并对金融行业深度改造，目前正在朝着移动化、数字化和智能化的金融科技阶段发展。从未来发展看，国内的互联网金融概念将逐步为金融科技的概念所融合，最终与国际通行概念保持一致。

---

① 赋能（empowerment），近年商业热词，原指授予员工或某一行为主体某种额外活动的权限，在金融科技语境中，指技术为金融创新提供的支持。——笔者注

② 蚂蚁金服，浙江蚂蚁小微金融服务集团股份有限公司的简称，正式成立于2014年，是专注于服务小微企业与普通消费者的互联网金融服务公司。其前身是成立于2000年10月，独立于阿里巴巴集团之外的中国内资公司——浙江阿里巴巴电子商务有限公司。截至2018年，蚂蚁金服的估值达到1600亿美元，是全球最大的独角兽公司。——维基百科

二、金融科技的本质属性及其主要业态

（一）金融科技的本质属性

理解金融科技的概念需要把握以下三个方面：金融科技的本质属性；金融科技与传统金融的关系；金融科技与传统金融共同面对的信息不对称问题。

1. 金融科技的本质属性。金融科技的本质仍属金融，其含义是科技本身并非金融，而仅仅是金融活动所赖以实现的一种技术手段，但新兴信息技术与金融的结合所构成的金融科技，仍然具有金融本身所固有的全部属性。金融的主要属性包括：

（1）金融是信用交易。经济学上的信用，是一种在现货交易（即时结清的交易）基础上派生出来的借贷关系，交易的结清是一个未来发生的行为。在信用交易中，交易的一方以对方偿还为条件，向对方先行移转商品（包括货币）的所有权，或者部分权能[①]；一方对商品所有权或其权能的先行移转与另一方的相对偿还之间，存在一定的时间差；先行交付的一方需要承担一定的信用风险，信用交易的发生是基于给予对方信任。而金融则是信用交易的高级形式，在人类经济史上，交易形式从最初的物物交换，发展到以货币为媒介的商品流通，再到纯粹意义上的债权债务关系凭证的金融形式交易，就是一个信用关系从无到有、从低级到高级的发展过程。金融交易的现代形式不仅不否定原初构建于商品赊销基础上的信用关系，反而是它的补充和完善。因此，信用关系是全部金融交易的基础，离开了信用，离开了交易双方的信任关系，就没有任何金融交易可言。反之，金融最能体现信用的原则与特性。在发达商品经济中，信用已与货币流通融为一体。

（2）金融交易以货币为对象。货币是用作交易媒介、储藏价值和记账单位的一种工具。货币的形态既包括流通货币，也包括各种储蓄存款；在现代经济中，以实体通货（纸币或硬币）形式存在的货币只占很小部分，大部分交易都使用支票或电子货币。

在现代经济中，货币不仅是国家主权的象征，也是国家的主要宏观调控工具。国家会通过特定的货币制度来对货币的有关要素、货币流通的组织与管理等加以规定，以保证货币和货币流通的稳定，保障货币正常发挥各项职能。金融活动以货币信用工具为载体，并通过货币信用工具的交易，在金融市场中发挥作用来实现货币资金使用权的转移，因此，必然要受到国家金融制度和货币调控机制的监督、调控和规制。

（3）商业银行的信用创造机制是现代金融的核心。信用创造是指商业银行通过吸收活期存款、发放贷款，从而增加银行的资金来源、扩大社会货币供应量的过程。通过商业银行的信用创造，既可以节省经济中的现金使用，减少社会流通费用，又能够满足社会经济发展对流通手段和支付手段的需要。商业银行的信用创造程度和商业银行体系的健全程度成正比，商业银行体系越发达，信用创造的现象就越普遍，所创造的信用总量也越大。商业银行信用创造功能越大，全社会的货币供应量就越多，反之，

[①] 权能：在法律意义上是指权利人为实现其权利所体现的目的利益依法所能采取的手段，是体现权利人的意思支配力的方式。——MBA智库百科

商业银行信用创造功能越小，全社会的货币供应量就越少。因此，商业银行的信用创造机制处于现代金融的核心地位，商业银行的信用创造扩张，社会融资总量随之扩张，反之，则随之缩小。

基于上述，不难看出，新兴信息技术作为一种信息处理和传输手段，对金融的介入可以极大地改变金融信息采集、处理和传输的效率，但其本身无法构成金融的本质内涵。首先，无论金融科技的形式如何发展，金融的本质永远都是一种信用关系，互联网、移动通信等技术可以改变人们的沟通方式和效率，但改变不了经济活动中经济行为人之间最基本的信任关系。其次，金融科技仍然是以货币信用工具为载体，并通过货币信用工具的交易，在金融市场中发挥作用来实现货币资金使用权的转移，因此，必须接受国家金融制度和货币调控机制的监管和调控。最后，商业银行的信用创造机制作为现代金融的核心这一客观事实也不会因新信息技术的介入而被改变，因为商业银行的信用创造机制不属于金融的技术层面，而是一个金融的基本制度安排，作为一种制度设定，商业银行获得了现代金融体系中创造信用货币这样一个独特的功能，这一功能显然无法由信息技术手段本身自动衍生获得。因此，理解金融科技，需要突出强调金融科技首先是金融的属性，它所改变的仅仅是金融活动实现的技术形式，但其本质内涵并未因此而发生改变，这意味着金融这一经济学概念的特殊规定性和相关范畴仍然适用于金融科技的分析。

2. 金融科技与传统金融的关系。根据前面我们对金融科技概念的讨论，金融科技可以有广义与狭义之分。广义上，无论是非金融机构的科技企业涉足的金融业务，还是金融机构通过新兴信息技术开展的业务同属金融科技。狭义上，金融科技是科技企业依托于云计算、大数据、电商平台和搜索引擎等互联网工具而产生的一种新兴金融模式，具有融资、支付和交易中介等功能。就两者的关系看，金融科技与传统金融不是相互替代而是相互补充、相互促进的关系。金融科技的发展，是对传统金融行业的有益补充和延伸，有助于解决中小企业融资难问题，促进民间融资阳光化、规范化，更好地支持实体经济发展；而传统金融发展金融科技则是对金融科技的肯定和吸纳，传统金融利用新兴信息技术来达到机构网点空间布局优化、降低经营成本、提高金融服务整体效益的目标。

3. 信息不对称。金融交易的前提是信用，信用的前提是市场参与者具有相对完备的信息。一般而言，金融机构所拥有的信息优势是金融消费者无法比拟的，金融消费者很难获得金融机构在产品创新、产品定价和风险控制等方面的完备信息，尤其是当金融机构为了自身利益，延迟或拒绝披露相关信息时。因此，对信息不对称及其相关问题的处理，便构成现代金融学的核心问题。

互联网等新兴信息技术赋予了现代金融前所未有的便利和迅捷，但科技本身并不会自动带来信息不对称问题的消除或消减，反而在一定条件下还会加剧信息不对称问题。

诚然，借助互联网技术可以拓展交易的可能性边界，使很多原来不可能的交易变成了交易，使很多资源交换行为得以跨时空配置，故可以提高金融资源的配置效率。但金融科技在带给人们便利和快捷的同时，也隐藏着风险。这里的重要原因就是信息不对称。

这是因为，无论是技术还是金融，都具有各自的专业复杂性，从而具有模糊性，部分金融科技产品又刻意加重了这种信息的模糊性，再加上网络交易的分散性和虚拟性可使得信息不对称问题更加严重。

以信息技术为基础的新金融应用，将成为未来推动经济社会发展的重要动力。新兴信息技术创新为高频次、大范围的交易提供了更多的资源与手段，可以使发现价格和甄别风险更加快捷和高效。但交易透明化是这一模式有效运行的前提条件，换言之，金融科技发展成败的关键在于信息不对称问题的改进。

迄今为止，以互联网为代表的新兴信息技术成功地解决了信息不充分问题，但远未很好地解决信息不对称问题。因此学习和研究金融科技需要明确，无论是金融科技或传统金融，从现代金融的视角看，都需要切实解决信息不对称、逆向选择与道德风险的基本问题，在实现储蓄向投资的转化过程中，不能以为有了科技这些问题就可以自动消除，对此应当保持清醒的认识，否则，科技对金融的无限制渗透很可能失控，而其无所不在的网络效应[①]将会对任何金融模式所必需的稳健性安排框架带来不可预估的系统性风险隐患。

综上所述，对金融科技概念的理解应当明确，金融科技的本质仍属金融，同样具有金融风险的隐蔽性、传染性、广泛性和突发性；金融科技与传统金融不是替代关系甚或颠覆性关系，而是相互补充、相互促进的关系；金融科技与传统金融同样面临信息不对称及其与之相伴而来的逆向选择、道德风险等问题，这些问题不会因为新兴技术的普及运用而自动消失，反而会因为互联网强大的网络效应而变形扩大。

（二）金融科技的主要业态

从上面的讨论中，我们已经知道，金融科技是传统金融机构与金融科技企业利用新兴信息技术实现资金融通、支付、投资和信息中介服务的新型金融业务模式。国际货币基金组织（IMF）、金融稳定理事会（FSB）与巴塞尔银行监管委员会（BCBS）对其当前业务类型均有界定。IMF把金融科技活动分为支付、存款、贷款、风险管理与理财咨询五类。FSB也将金融科技活动分为五类：支付、清算和结算，存款、贷款和融资，保险，投资管理以及市场服务支持，其中，既包括零售（家庭和中小企业）也包括批发（公司、非银行金融机构和银行间）服务活动。BCBS则把金融科技活动分为支付结算、存贷款与资本筹集、投资管理、市场设施等不同类型。三大组织的分类范围不尽相同：IMF的分类不仅包括前台业务也包括后台业务、监管科技反欺诈、数字货币等内容；而FSB与BCBS对金融活动的分类大致相同，只不过前者业务范围

---

① 网络效应，又称需求方规模经济，指在商业经济中，消费者选用某项商品或服务，其所获得的效用与使用该商品或服务的其他用户人数具有相关性时，此商品或服务即被称为具有网络效应。最常见的例子是电话或社群网络服务：采用某一种社交媒体的用户人数越多，每一位用户获得的使用价值越高。——维基百科

较宽，包含了保险而后者不含保险，原因可能是 BCBS 更侧重于对银行类金融功能的关注，而 FSB 则是关注金融全口径。为清晰起见，三大机构划分的金融科技活动类型综合如表 1 – 1 所示。

表 1 – 1　　　　　　　　　　　金融科技活动业务类型

支付结算	存贷款与资本筹集	保险	投资管理	市场设施
▲零售类支付 　数字钱包 　点对点汇款 　数字货币	▲借贷平台 　借贷性众筹 　线上贷款平台 　电子商务贷款 　信用评分 　贷款清收	▲产品与服务 　产品设计 　定价承保 　分销渠道 　理赔服务	▲智能投顾 　财富管理	▲跨行业通用服务 　客户身份认证 　数据归集处理
▲批发类支付 　跨境支付 　虚拟资产交易	▲股权融资 　投资型众筹	▲技术系统 　云储存构架 　开放式平台 　区块链内嵌	▲电子交易 　线上证券交易 　线上货币交易	▲技术基础设施 　分布式账本 　大数据 　云计算

资料来源：IMF、FSB、BCBS。

　　FSB 认为，不同业务类型在发展规模、市场成熟度等方面存在差异，对现有金融体系的影响程度也有所不同。

　　1. 支付结算类。主要包括面向个人客户的小额零售类支付服务，如美国的 PayPal、我国的支付宝等（见专栏1.1），以及针对机构客户的大额批发类支付服务，如跨境支付、外汇兑换等。移动支付、第三方支付发展迅速，但后端仍须仰赖现行支付及清结算系统，因此未能充分取代或对银行体系造成冲击，二者仅为分工互补状态。

　　2. 存贷款与资本筹集类。主要包括 P2P 网络借贷和股权众筹，即融资方通过互联网平台，以债权或股权形式向一定范围内的合格投资者募集小额资金。此类业务主要定位于传统金融服务覆盖不足的个人和小微企业等融资需求，也就是通常所说的长尾客户群，虽然发展较快，参与机构数量众多，但与传统融资业务相比，所占比重仍然较低，更多是对现有金融体系的补充。

　　3. 保险类。主要包括产品设计、定价承保、分销渠道、理赔服务等保险业前中后端各个核心业务流程，从用户参与、体验、数据、展业、企业、P2P 保险和共识等各个角度推动对保险行业的商业模式重塑。

　　4. 投资管理类。主要包括智能投资顾问和电子交易服务。运用智能化、自动化系统提供投资理财建议。目前多应用在高度成熟的金融市场，但范围尚属有限，主要在于智能理财。各国监管机关沿用现行资产管理标准，重点关注信息披露、投资者保护等。在国内市场目前这两项业务都是处于银行、证券机构主导的状态，实质上是传统金融培育，服务传统金融的业务模式。

　　5. 市场设施类。既包括客户身份认证、多维数据归集处理等可以跨行业通用的基础技术支持，也包括分布式账本、大数据、云计算等技术基础设施。

上述前四类业务具有较显著的金融属性，一般纳入金融监管；第五类体现出较强的技术属性，通常被界定为金融机构信息外包服务管理，但随着科技与金融的深入融合，其对持牌金融机构的稳健运行将会产生越来越重要的影响。

【专栏1.1】

PayPal 与支付宝

PayPal（中国境内称"贝宝"）是一家服务全球的第三方支付服务商，为购物网站 eBay（易贝）旗下公司，致力于让个人或企业通过电子邮件，安全、简单、便捷地实现在线付款和收款。PayPal 支持全球 190 个市场的 24 种币种。国外的购物网站在支付选项中大都包括 PayPal，另外像国外的 Google Play 和 App Store 也都支持使用 PayPal 支付。

支付宝（中国）网络技术有限公司是国内领先的第三方支付平台，致力于提供"简单、安全、快速"的支付解决方案。支付宝公司从 2004 年建立开始，始终以"信任"作为产品和服务的核心。旗下有"支付宝"与"支付宝钱包"两个独立品牌。自 2014 年第二季度开始成为当前全球最大的移动支付厂商。

PayPal 与支付宝的不同点：（1）结算货币：PayPal 支持 24 种货币结算，支付宝则是以人民币为结算货币；（2）适用范围：PayPal 覆盖全球 190 多个国家和地区，一般用于外贸的收款，支付宝仅在中国适用，是国内主流支付方式之一；（3）资费标准：PayPal 付款免费（集中付款除外），收款则要收取对应的手续费，支付宝付款免费，收款超过一定数额后才收取少量手续费；（4）账户等级：PayPal 分为个人账户、高级账户、企业账户三种，支付宝则没有等级的划分；（5）到账时间：PayPal 是即时到账的，买家只要付款，卖家就能立即收到货款，支付宝需要买家确认收货之后才能收到货款。

资料来源：https://www.jianshu.com/p/a6b7df560060。

第二节　金融科技的推动因素及其产业政策影响[①]

科技是第一生产力，科技进步孕育着生产方式的变化。金融科技的产生和发展是信息技术与经济社会深度融合的产物。在技术进步与金融发展的双重驱动下，金融科技正在快速创新、应用和推广，对金融业的发展带来了日益深刻的变化；同时，也为金融监管带来潜在风险与挑战。

一、金融科技产生和发展的推动因素

推动金融科技产生和发展的主要因素有三个：技术进步（供给因素）；需求因素；

[①] 在本节及第三节的讨论中，金融科技是指前端产业，即大数据、人工智能、互联技术、分布式账本（区块链）、安全技术等现代信息技术在金融活动中的应用。

金融体系与政策环境因素。

（一）技术进步

技术进步是金融创新的基础。长期以来，技术创新始终与金融发展相辅相成。从19世纪60年代的电报到20世纪的分类账数字化等一系列的技术创新，造就了全球金融机构和跨境批发市场所需的现代支付、清算和结算基础设施。随着20世纪60年代自动柜员机（ATM）的问世、80年代网上银行的出现以及2000年前后移动银行的迅速崛起，客户办理金融业务更加开放和便捷。21世纪，以信息网络技术为核心的第三次科技革命，正在颠覆性地改变工业革命所形成的经济形态和增长模式。移动电话、互联网、高速运算、加密技术和机器学习被糅合在一起，推动金融快速进步变化。网络环境的开放性、虚拟性、交互性、平等性与共享性等特征使得人们能够通过互联网与身处不同地域范围的人随时随地进行双向或多向信息交流，由此产生的时空距离的缩短和交易成本的降低使得商业环境发生了基础性改变，企业面临许多前所未有的挑战。随着移动互联网、云计算、大数据以及区块链等技术的不断发展，应用成本逐步降低，在金融领域中的应用潜力开始逐步凸显。在效率改进与未来市场占有率激励下，传统金融机构纷纷进行金融科技改造，而金融科技企业则正以非常规的策略获取市场话语权和市场份额。

创新是生产函数的变动。任何一种技术革命的成功，都伴随着成功商业模式的创新与落地。如今，商业模式创新方兴未艾。成功的商业模式创新，在推动不同企业及行业平台设计、研究和发展方面展示的灵活性、多样性和颠覆性，为产业升级创造了无限想象空间。当今世界方兴未艾的金融科技正是在这样的技术条件下产生的。

技术进步打破了传统金融的疆域。初创类公司和金融行业新进入者依托各类金融创新技术对传统金融行业的产品及服务进行变革，拓宽传统金融机构的获客渠道，提高金融服务提供商的运作效率，并提高其风险管理能力。传统金融机构不便于、不愿意、不屑于服务的群体，在移动互联网[①]技术的撬动下，成为新金融企业服务的主要客群。技术进步也打破了社交软件和传统金融的界限，给金融创新提供了催化剂。

（二）需求因素

互联网、移动通信的普及、电子商务与普惠金融的发展提供了对新金融产品和服务的庞大需求，为金融科技发展和创新奠定了坚实基础。

1. 互联网、移动通信的普及。根据中国信息通信研究院《2017—2018年互联网发展趋势报告》，2016年末全球有35亿人口使用互联网，超过72%的网民使用手机。2017年6月，全球互联网用户渗透率由2016年底的47.1%快速升至48%，增至35.83亿人。据预测，2019年全球互联网普及率将超过50%，届时全球将有38.2亿网络用户，占总人口的50.6%。全球平均网速2016年达27.5Mbps，2021年将达53.0Mbps。

互联网、智能手机的普及拉近了金融服务提供商与用户之间的联系，并带来广泛

---

① 移动互联网，即移动通信与互联网二者相结合的网络，是互联网技术、平台、商业模式和应用与移动通信技术结合并实践活动的总称。——百度百科

的信息分享，使得用户群特别是年轻化群体的金融消费心理发生了变化，更偏好于提供更多便利、更多选择、随时随地接入的金融科技产品与服务。移动互联用户对交易的需求，对金融服务的需求变得更加个性化，体验要求也变得更高了。这创造出了对新金融产品和服务的需求，推动了移动支付、网上银行等产品相继问世。

2. 电子商务。电子商务规模急剧扩大，催生了大量线上金融需求和服务，网络与移动支付比传统支付方式更能契合电商发展与消费者需求。

根据维基百科的解释，电子商务是指利用计算机技术、网络技术和远程通信技术，实现整个商务过程中的电子化、数字化和网络化。在电子商务中，人们不再是面对面的、看着有形货物、靠纸质单据（包括现金）进行买卖交易。而是通过网络，通过网上展示的商品信息、完善的物流配送系统和方便安全的资金结算系统进行交易。

电子商务最早产生于20世纪60年代末期的美国，20世纪90年代中期后，伴随着国际互联网迅速普及化，电子商务逐步成为互联网应用的最大热点。电子商务不但影响着商业企业和购买者的沟通与商务方式，也拓展了金融中介机构所提供产品和服务的范围，这直接导致了网上支付的产生。网民数量的增长、电商的促销优惠活动以及网络购物方便等特点都对网上支付的发展起到了促进作用。总之，电子商务快速发展派生出对互联网金融的强大需求，从简单货物贸易支付到为企业发展提供贷款，再到支持企业转型升级提供全方位便捷的金融服务。

3. 普惠金融。普惠金融是指立足机会平等要求和商业可持续原则，以可负担的成本为有金融服务需求的社会各阶层和群体提供适当、有效的金融服务。金融科技与传统金融最大的区别在于其独特的信息处理优势，这种模式可以利用网络覆盖惠及边远地区和小微贷款对象，借助大数据构建风险控制模型，根据大数据分析让用户短时间内实现借款等金融服务需求。总体上，实现普惠金融的途径是进行金融体系创新，包括制度创新、机构创新、产品创新和科技创新，而金融科技创新正是产品创新与科技创新的天然结合，普惠金融的全面构建需要金融科技的发展。

借助互联网技术发展普惠金融对发展中国家及新兴市场具有特别重要的意义。对新兴市场，典型如中国而言，由于金融发展与改革滞后，金融服务覆盖率比较低，在普惠金融的探索和实践过程中，都会面临传统金融机构网点覆盖率低、专业人手不足、作业成本高、信用信息采集难等问题。这些问题的存在直接导致了小微企业和无信用记录或信用记录不足的个人难以从银行等传统金融机构获得相应的金融服务。互联网及移动支付使偏远地区和贫穷的这些过去被"忽视"的人群成为了金融业务的真实用户，保证了充足的用户数量，为金融科技发展留出了巨大的业务拓展空间。

（三）金融体系与政策环境因素

除上述供求驱动的因素外，金融与监管政策环境也是金融科技发展的重要推动因素。

2008年国际金融危机之后，全球金融格局发生了相当大的变化。银行风险偏好大幅降低，减少了放贷活动，社会大量的金融服务需求无法满足。这为金融科技创新产品提供了市场进入机会。举例来说，网络借贷的拓展就是因为可以为那些得不到银行贷款的小企业或高风险消费者提供资金。

宏观经济条件与监管合规提升了成本压力。危机后全球长期的低利率环境给金融机构利润带来了下行压力；全球金融合规程度的要求普遍提高，也导致金融业监管合规成本大幅上升。运营与合规成本的上升加大了金融机构削减成本的积极性。金融科技企业通过提供廉价的支付清算解决方案、采用新技术可以帮助金融机构有效降低成本。

此外，政策支持与相对包容的监管政策环境也是促进金融科技发展的重要条件。为促进金融科技的发展，各国在政策上提供了更多鼓励和支持。例如，英国、新加坡、澳大利亚等国家近年相继推出创新中心、创新加速器，鼓励在本国发展金融科技。在监管上，监管当局同样对金融科技采取了监管创新，以包容支持其发展。如英国采纳沙箱计划、项目创新等监管创新方式，配合减税方案，推进英国金融科技的竞争和创新。此外，监管当局对金融科技初创企业的监管也不像对传统金融机构那么严格，给暂时未被纳入监管框架的金融科技企业以及一些创新的业务模式，提供了极为有利的发展机遇。

总之，在技术进步外部驱动和转型发展内生需求的共同作用下，大数据、人工智能、区块链等技术与金融的结合，催生了金融科技的产生和发展。

二、金融科技的经济影响

金融科技将对金融服务的提供方式产生重大影响，颠覆金融行业的发展格局，创造出高效率、社会覆盖面最广的全新金融模式，实现更高效的金融服务。金融科技的快速发展既带来了新的机遇，但也存在潜在风险和监管挑战。

（一）金融科技对金融服务业的主要影响

金融科技对金融服务业的主要影响包括：去中心化，增加非金融机构中介，提升金融体系的效率、透明度、竞争性和韧性，促进普惠金融和经济增长。

首先，作为信息技术带来的创新，金融科技突出的是前沿信息技术对金融业务的辅助、支持和改进作用，其核心功能是降低信息不对称。金融作为现代经济中资源配置的核心和枢纽，在促进储蓄向投资转换这一过程中，所要解决的核心问题是信息不对称。在互联网出现前的传统信息处理技术条件下，金融信息的采集、整理、加工和利用，整体处于分散的、条块分割的状态：储贷双方的信息是分散的、不对称的，投融资双方的信息，广大股东对金融机构与上市公司的信息也是不对称的，直接金融机构和间接金融机构对资金需求方的信息也处于无法实现共享的分散不对称状态，政府监管机构对金融市场行为人的信息也是不对称远非完善的。这种信息不对称不完善状态，极大地阻碍了传统金融模式资源配置效率的提高和完善，亟需改进与变革。而金融科技正好可以针对传统金融这一重大缺陷，参与"搅局"。金融科技的去中心化、大数据、区块链和分布式账本技术等新兴信息技术将显著影响金融活动中的基础设施

"货币"和"分类账"①，赋能传统金融行业，为产品本身注入区别于传统金融产品的能力，如远程核实身份能力、巨量数据存储及运算能力、自动化与智能化服务能力、多机构对等合作及共享资源的能力、降低成本能力、安全加固能力、精准营销能力、精细化风险管理能力、防欺诈及风险定价能力等，以科技带动金融业务的革新，提升金融体系透明度，降低信息不对称，改进金融服务效率，促进普惠金融和经济增长。

其次，降低金融服务成本。信息技术的进步使得物理基础设施（如建筑物、分支机构和自动柜员机）不再是提供金融服务的先决条件。移动设备几乎让一切都变得实时透明，人们只需将适当应用程序下载到自己的智能手机上即可。随着移动设备的普及和不同人群偏好的不断变化，客户对实时跨渠道服务较以往有了更多的期待。金融服务需要提供无缝对接的全新客户体验，满足客户不断变化的需求。从技术层面上看，人们完全可以建立不具备有形基础设施的"虚拟银行"，通过互联网、智能手机、云计算、人工智能和分布式账本技术来提供金融服务、作出投资决策和管理风险。金融科技使金融服务虚拟化，将极大地降低金融服务提供的成本。金融科技还可以使金融服务与电子商务、共享经济和大数据分析相结合，从而实现规模经济，创造出新的附加值。

再次，金融科技增加非金融机构中介，深刻地改变现存金融服务格局，提升金融体系的竞争性和韧性。金融科技的发展包括借贷、支付、监管科技、数字货币、数据分析、保险、资本市场、财富管理、股权众筹、会计核算等内容②，基本涵盖了金融科技所涉及的全部领域，其中，既包括金融的中前台领域，也包括金融的后台领域。理论上，商业银行的主要功能：吸收存款、支付清算及发放贷款，都可能被不吸纳存款仅提供支付服务的第三方支付公司与无须动用自己资产负债的网络借贷等资金中介服务所取代。非金融机构中介的进入将打破传统金融的固有疆域，提高金融服务业竞争性，刺激商业银行等金融机构借助新兴科技，改造传统业务，探索新一代金融服务模式，提供基于价格实时发现、资源精准匹配、产品按需提供、服务随时响应和风险智能经营的高价值综合金融服务。

最后，全面实现金融服务个性化。金融科技运用大数据来分析私人客户，促进个性化的金融服务，帮助金融业更便捷地提供定制化服务。此外，金融科技的新技术也可动态定制，不断拓展金融服务的前沿。例如，当投保人购买了保单后，可能无意再采取足够谨慎的防护措施。对于道德风险这一保险业的固有问题，区块链技术有望构造适用于各种目的的"智能合同"，如根据每个投保人的驾驶行为不断调整保险费。新兴信息技术创造出的"智能合同"有助于防范道德风险。③

（二）金融科技的产业政策影响

金融科技通过多元化的有效竞争，可以降低信息不对称，改进金融服务效率，但

---

① 分类账（ledger）是用于登记各类经济业务增减变动及其余额的账簿，一般根据会计科目的名称设置。——百度百科

② 参见毕马威与投资公司和 H2 Ventures 发布的《2016 全球金融科技 100》。

③ 中曾宏. 金融科技的影响［J］. 中国金融, 2017（4）.

也带来了隐私保护与信息安全、支付、结算和金融稳定等方面的诸多挑战。

1. 消费者隐私保护与信息安全。金融科技呈两大趋势：一是技术、大数据分析、机器学习和人工智能的商品化；二是大量不同背景企业进军金融行业，包括已有的技术与电子商务企业。

大数据是金融科技与传统金融机构竞争的一大优势，而如何收集、处理和使用消费者的个人数据仍然是富有争议性的话题，也是金融监管机构最关心的问题。对于金融科技应用而言，用户的关键信息很可能在使用金融科技应用程序的过程中丢失或被盗，移动设备的安全性也可能通过支付程序受到损害。此外，由于信任在采用新技术方面发挥着重要作用，如何进行安全和隐私保护也是个难题。尽管许多国家对个人信息的保护都有严格规定，但由于在线信息的流动性，对信息获取、处理和使用的监管难以实施。

随着信息技术的不断发展，人们在享受互联网、手机通信、移动互联带来的各种便捷的同时，也经受着网络安全方面的严峻考验。网络犯罪活动日益猖獗，并逐步演化成目前全球性的挑战。网络攻击由过去黑客①炫技的个人行为，发展成有组织的犯罪或者攻击行为，呈现手段专业化、目的商业化、源头国际化及载体移动化的趋势。随着万物互联趋势不断加强，传统互联网筑墙式的安全边界防护方式已经难以应对，如何加强对数据本身的保护已经成为网络安全的首要问题。对于金融行业而言，如何加强网络安全与数据保护更是必须应对的紧迫挑战。

2. 金融体系稳定性。非金融科技公司可能部分或全部取代传统金融公司的中介职能。例如，以前客户需要到银行才能办理存贷等业务，现在只要通过金融科技平台或者第三方支付渠道就可以办理了。这种影响将威胁关键金融服务的提供，而相关金融服务中断或提供这些服务的被监管机构遭遇脱媒，可能对实体经济产生严重的潜在负面影响。②

当代金融体系均是以中心化模式为基础的，货币发行、支付结算、信贷提供都是中心化的，全部都由中央银行统一管理、统一规范、统一调控。同样，与传统金融模式相对应的监管形式也是中心化的监管框架。而金融科技则颠覆了这种中心化。之前集中的、中心化的和针对单一机构的监管框架，面对当前分布式、去中心化和针对平台的金融科技创新，存在极大的挑战。例如，传统上，监管当局的监管信息主要来自被监管机构的资产负债表，并据此设立资本充足率、杠杆率和流动性标准等监管指标对金融机构资产负债活动加以约束，以实现并维护金融稳定。但对于网络借贷公司这类机构，监管部门很难从中获得关于此类金融中介的充足信息，也无法有效地影响其资产负债活动。

在货币政策工具方面，第三方支付、网络借贷、互联网基金销售等金融科技业务，

---

① 黑客，指利用系统安全漏洞对网络进行攻击破坏或窃取资料的人。"黑客"一词，源于英文 Hacker，原指热心于计算机技术，水平高超的电脑专家，尤其是程序设计人员。——MBA智库百科

② 金融稳定理事会金融科技课题工作组. 金融科技对金融稳定的影响及各国应关注的金融科技监管问题［J］. 金融监管研究，2017（9）.

降低了各类金融资产之间的转换成本和时间成本，使得金融市场对利率变得更敏感，有助于提高价格型货币政策工具的有效性。同时，部分金融科技业务具有一定的货币创造功能，使得传统货币层次边界变得模糊，盯住广义货币供应量的货币政策效果会降低。在货币政策传导机制方面，金融科技增加了金融市场流动性需求的不确定性，可能导致市场波动性加剧，增加中央银行公开市场操作的难度和成本。而在货币政策的中介目标方面，伴随着互联网支付等电子化货币规模的快速扩张，将会减少流通中的现金数量，使得货币乘数、流通速度以及需求函数的估算，面临更多不确定性，从而降低传统货币政策中介目标的有效性。

总之，金融科技通过多元化的有效竞争，可以降低信息不对称，改进金融服务效率；与此同时，也对支付、结算和金融体系的稳定性带来新的挑战。金融科技的发展需要政策当局权衡创新、发展、金融稳定和消费者保护多方利益出台监管与金融稳定政策。

第三节　金融科技发展概况及其演变趋势

金融科技萌生于20世纪80年代，经历了起步期和成长期，目前仍在快速发展；作为先进信息技术与创新商业模式的有机融合，金融科技代表着全球金融发展的潮流和趋势，具有广阔的未来发展空间。

一、全球金融科技发展概况

（一）金融科技的发展阶段

金融科技一词早在1980年就已见于华尔街，经过近几十年的发展，金融科技已经成为席卷全球金融的一种潮流和趋势，以新兴科技和创新商业模式演进两方面内容为依据，金融科技发展历程可分为三个阶段。[①]

第一阶段：金融科技1.0阶段（1980—1989年）。这一阶段的主要特征是金融服务数字化程度不断提高，金融行业通过信息技术的软硬件应用来实现办公和业务的电子化、自动化，从而压缩营运成本，提高服务效率。其标志性事件是直销银行的出现：1989年10月，英国米特兰银行创办了全球第一家直销银行First Direct并取得了成功。之后，欧美其他金融业发达国家也相继出现了自己的直销银行。直销银行的出现，标志着金融科技时代的开启。

第二阶段：金融科技2.0阶段（1990—2010年）。在金融科技2.0阶段，科技与金融的合作更加深入，以互联网金融为典型。这一时期的标志性事件主要有：1990年移动支付出现；1992年，美国第一家互联网经纪商Etrade成立；1995年，全球第一家互联网银行SFNB成立；20世纪90年代末期，电子货币与货币基金的对接、保险公司网

---

① 国际证监会组织（IOSCO）. 金融科技研究报告［R］. 2017.

络直销和第三方比价等平台出现；2003 年，互联网股权众筹问世，金融科技引起各国普遍关注；2005 年，第一家网络贷款平台（P2P）Zopa 上线。

这个阶段的主力军是非金融机构的互联网企业，跟进者是传统金融机构。前者依托互联网技术与信息通信技术独立提供金融服务或者与金融机构合作推出金融服务；而后者则通过搭建在线业务平台，利用互联网或者移动终端的渠道来汇集海量的用户和信息，实现金融业务中的资产端、交易端、支付端、资金端组合的互联互通。这一阶段的本质是对传统金融渠道的变革，实现信息共享和业务融合。

第三阶段：金融科技 3.0 阶段（2011 年至今）。这一阶段，互联网不再是推动金融科技发展的最主要动力，而是作为金融科技的基础继续存在，以大数据、云计算、人工智能、区块链为代表的新兴信息技术上升为推动金融科技发展的新兴动力。在互联网的基础上，这些新兴科技全面与金融融合，改变着传统的金融信息采集、风险定价模型、投资决策过程、信用中介角色，可以解决传统金融的痛点，全面提升传统金融的效率。这一时期的标志性事件主要有：2015 年 10 月，美国纳斯达克证券交易所发布全球首个区块链平台 Ling；2016 年 9 月，英国巴克莱银行完成首个基于区块链技术的交易。

从金融科技的发展历程来看，其初衷是通过技术创新降低获客成本，提供营销获客、身份认证、风险定价及资金流转等环节的技术支持，快速介入金融市场。伴随着网络的普及、大数据和人工智能的应用，尤其是区块链的研发，信息技术和金融的融合不断突破现有金融的边界，深刻改变着金融服务的运作方式。金融科技正从根本上改变着金融服务，并为各国经济增长创造新的发展机遇，造益金融消费者。

（二）金融科技投资与国别地区分布

近年来，金融科技在全球范围内快速发展。具体表现为，产业规模迅速增长，成交数及投资额均呈快速发展态势。全球布局越来越广，从硅谷、纽约、伦敦等中心城市向全球各区域扩展，其中，亚太地区的发展尤为瞩目。

2016 年被称为金融科技元年，随着大数据、云计算、人工智能、区块链等一系列技术创新，科技和金融在支付清算、借贷融资、财富管理、零售银行、保险、交易结算等领域开启了深层次融合。2014 年全球金融科技公司共获得 122.1 亿美元投资，增长率为 201%。2016 年累计投资额达 460 亿美元（如图 1-1 所示）。大部分投资发生在美国和亚洲，这些地区的大型金融科技公司主要进入了支付和借贷领域，新投资正进入保险、分布式账户技术（DLT）和财富管理领域。

由于基础设施以及市场发展历史等优势，美国、英国、新加坡等地都是金融科技发展较为领先与集中的地区。2014—2015 年间，投向北美的最为集中（32.36%），其次为欧洲（9.90%）和亚洲（6.67%）（如图 1-2 所示），而在 2016 年，我国金融科技公司融资在全球的占比已增长到 46%，中国带动亚洲替代北美成为全球金融科技投资第一目的地。

目前，全球共有 1300 多家金融科技公司，横跨 54 个国家和地区。金融科技企业在2010年至2017年间的全球投资总额达到977亿美元，其中美国初创企业占所有投资的一半以上，比例为54%。中国和欧洲各国次之，而日本还不到美国的1%。全球范围内的金融技术交易量在这一时间段内以35%的复合年增长率增长，资金总量的复合年增长率为47%。

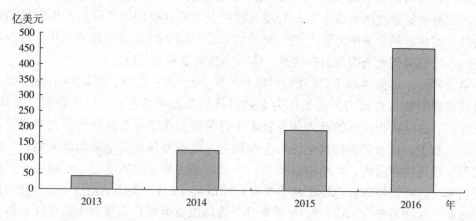

资料来源：埃森哲（Accenture, 2016）。

图1-1　全球金融科技投资累计金额

根据国际咨询机构毕马威（KPMG）的《全球金融科技投资分析报告》，2017年全球金融科技年度投资额稳定在310亿美元以上规模。其中，全球范围内对发展支付和贷款初创企业的投资占了相当大的比例，这一部分资金占总数的30%左右，而提供保险相关服务的企业则获得了12%的资金。中小企业借贷平台和SaaS①方案成为2017年金融科技投资领域的重点，区块链技术和保险科技成为2017年该领域的热点，2017年风投在区块链技术的投资额为5.12亿美元，在保险科技的投资创历史最高，达21亿美元。

金融科技投资增长反映了金融服务部门对于新数字创新的庞大需求，因为这些技术证明了它们在市场上的价值和适用性。这将继续使金融科技在帮助重塑金融服务领域的过程中发挥重要作用。

全球金融科技的产业中心目前主要分布在英国、美国、新加坡、澳大利亚和中国等国家。② 国际会计师行德勤的一份调查报告显示，2016年全球金融科技中心排名的前四位分别是伦敦、新加坡、纽约和硅谷。

伦敦活跃着历史悠久的大型银行的创投基金、聚焦金融科技的天使投资人、创投资本家，以及新型金融融资工具如众筹集资和网络借贷等，它们是金融新创公司早期阶段营运资金的重要来源。伦敦在支付和消费金融（包括网络借贷、交易、个人财富

---

① SaaS，英文Software as a service的缩写，译为软件即服务，即通过网络提供软件服务。
② 新华社. 聚焦金融科技之二：金融科技全球扫描［EB/OL］. http://www.xinhuanet.com//fortune/2017-09.

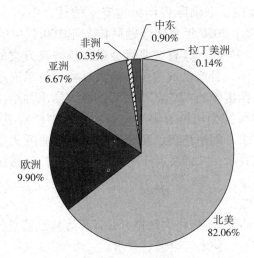

资料来源：美国国际贸易管理局（International Trade Administration，2016）。

图 1 - 2　2014—2015 年全球金融科技投资各区域占比

管理等）、数字化银行、区块链、大数据分析方面具有极强的专业能力。从金融科技渗透的行业来看，根据安永金融科技数据库统计，半数以上的英国金融科技公司聚焦于银行和支付，另有约 20% 集中在信用和贷款行业。

美国的金融科技从硅谷起源，硅谷的最大优势是科技创新。众多金融科技独角兽企业（指估值不低于 10 亿美元的初创企业）在此孵化而生，独角兽公司目前已有至少 13 家，其中，支付公司斯特里普估值最高。而谷歌、苹果、脸书、亚马逊四大企业也将持续在金融科技领域扩大投资。

纽约是全球金融中心，紧密依托华尔街庞大的资本基础和金融人才，涌现出一批金融科技机构。以人工智能为代表的金融新科技，正在华尔街的传统金融业务中扮演着越来越重要的角色，由其驱动的量化交易、智能投资顾问等金融新业态，也越来越受到华尔街机构和投资者的青睐。

新加坡是全球金融科技领域领先地位的有力竞争者。新加坡在政府支持、资金来源、创新中心建设和监管沙盒（reg sandbox）① 设立等方面都做得非常出色。新加坡的经商便利程度较高、英语作为商务语言的优势使其成为全球金融资本进入亚洲市场的首选门户。

2016 年是金融科技在新加坡飞速发展的一年。目前已有超过 300 家金融科技公司落户新加坡，超过 20 家跨国金融机构和科技企业也在新加坡设立创新实验室和研究中心。全球最大的金融科技中心 LATTICE 80 也于 2016 年在新加坡启动。

中国金融科技从互联网金融起步，正逐渐成为全球金融科技中心。金融科技领域

---

① 监管沙盒，是指在一个风险规模已辨识可控的模拟环境下，让业者尽量测试创新的产品、服务乃至商业模式，并与监管者高度互动、密切协作，共同解决在测试过程中所发现或产生的监管与法制方面的问题。——MBA 智库百科

的投资目前居于领先地位，据国际咨询机构安永估计，中国金融科技领域的投资在 2016 年已达到 65 亿英镑；2016 年全球金融科技企业 100 强中的前 5 位中国占 4 席①，全球前 50 家银行中国占 11 家，具有企业级金融科技解决方案的雄厚基础。中国拥有着全球最大的消费者群体，目前已成为全球最大规模、技术最先进的零售电子商务市场，占全球数字化零售销售额的 47%。消费者的巨大需求为金融科技公司和转型金融机构创造了机遇。金融科技公司也着眼于日益壮大的中产阶级趋于成熟的财富管理、保险和私人银行服务需求。阿里巴巴、腾讯、京东等行业巨头正积极建构全方位的服务平台，大力投资新兴技术，从而支持下一代金融服务，包括区块链和人工智能解决方案。

（三）监管科技兴起

监管科技（Reg Tech），是指将大数据、云计算等新兴信息技术用于金融科技企业与金融机构的合规性监管，使之符合监管要求。

伴随着金融科技的迅猛发展，各国政府开始意识到金融科技创新的价值，同时也发现提升银行系统的效率有利于推动经济的全面发展。由于金融科技的发展与政府的目标不谋而合，因此政府机构和金融管理机构愿意大力支持金融科技巨头的发展，加快完善新技术冲击下的监管规定。例如，英国、澳大利亚、新加坡、马来西亚和泰国都于 2016 年推出了针对金融科技的监管沙盒机制。还有一些政府协调消除金融科技公司发展的监管障碍。2016 年，英国政府分别与澳大利亚、新加坡、中国共建了金融科技桥。英国金融行为监管局与中国人民银行签署的一项合作协议为此提供了支撑，该协议允许两国共享创新服务和市场发展方面的信息，探讨新兴发展趋势和监管议题。②

在中国，监管科技在 2017 年进入顶层设计。2017 年 6 月，中国人民银行印发《中国金融业信息技术"十三五"发展规划》，提出要加强金融科技和监管科技的研究与应用。2017 年 8 月，中国银行业监督管理委员会有关负责人表示，要用科技的手段去监管金融科技。2017 年底，中国证券监督管理委员会负责人提出 2018 年要大力推进科技监管，提升监管智能化科技化水平，运用大数据、云计算、人工智能等新技术，着力提升监管本领。

二、中国金融科技发展概况

中国是高速成长的金融科技市场之一，并拥有着全球最大的消费者群体，为日益活跃的金融科技市场提供了坚实基础。在政策鼓励下，近年来我国金融科技取得了较快发展。

（一）中国金融科技发展历程

从广义金融与科技相结合的角度，中国金融科技的发展可以划分为三个阶段：政府主导科技和金融结合试点，技术驱动金融模式创新，金融科技规模化创新升级。

---

① H2 Ventures. FinTech 100［EB/OL］. 2016.

② 资料来源：https://finance.sina.com.cn/money/bank/bank_hydt/2018 - 12 - 06/doc - ihprknvt4743566.shtml.

1. 政府主导科技和金融结合试点。1993 年，《中华人民共和国科学技术进步法》颁布，中国科技金融促进会宣布成立。2001 年，中华人民共和国科学技术部、中国人民银行等部门确定 16 个地区为首批促进科技和金融结合试点地区。互联网及数字技术的出现，使一些基础的金融业务得以升级，传统金融机构开始构建信息系统，成为中国金融科技的原始起点。2004 年，支付业务的出现使金融科技从后台支撑开始走向前端。这一阶段仍以政策主导、产业基金扶持技术发展为主要特征。

2. 技术驱动金融模式创新。2007 年，拍拍贷①成立，标志着金融科技真正深入到金融核心业务中，并结合互联网特征衍生出一系列风险评估的新模式。2013 年左右，随着支付宝、积木盒子②、点融网③等新模式的出现，逐渐衍生出网络信贷、股权众筹等新金融服务，传统金融纷纷展开互联网化战略布局。2014 年底至 2016 年初，网络信贷成为创业和投资风口。以 e 租宝案（见专栏 1.2）为节点，多家网络信贷平台纷纷倒闭，中国人民银行、中国证券监督管理委员会、中国银行业监督管理委员会等部门介入互联网金融行业监管。这一阶段，人工智能、大数据、区块链等技术逐渐渗透金融行业，驱动了金融服务模式的不断创新。

 【专栏 1.2】

e 租宝案

e 租宝，大型网络借贷诈骗平台，由钰诚集团属下金易融（北京）网络科技有限公司负责运营。2014 年 2 月 25 日，金易融（北京）网络科技有限公司经工商局注册成立，注册资本 1 亿元（人民币，下同），隶属于钰诚集团，之后对其经营平台进行改造。2014 年 7 月，钰诚集团将改造后的平台命名为"e 租宝"，以"网络金融"的旗号上线运营。

平台以 A2P 模式为主打，以高利息为诱饵。所有产品均为融资租赁债权转让，存款期限分为 3 个月、6 个月和 12 个月，赎回方式分"T＋2"和"T＋10"两种。"钰诚系"相关犯罪嫌疑人以高额利息为诱饵，虚构融资租赁项目，持续采用借新还旧、自我担保等方式大量非法吸收公众资金。

2015 年底，多地公安部门和金融监管部门发现 e 租宝经营存在诈骗，随即展开调查，之后钰诚集团及 e 租宝相关负责人因涉嫌违法诈骗被警方拘捕。2016 年初，警方初步查明，"e 租宝"一年半内非法吸收资金 500 多亿元，受害投资人约 90 万名，遍布全国 31 个省（自治区、直辖市）。2018 年 2 月 7 日，北京市第一中级人民法院对被告单

---

① 拍拍贷（NYSE：PPDF）是一家中国金融科技公司。2007 年成立于上海，并在 2017 年 11 月 10 日于美国纽约证券交易所上市。截至 2018 年 3 月 31 日，拍拍贷累计注册用户数达到 7142.4 万人；累计借款用户数为 1128.2 万人；累计投资用户数为 58.2 万人，实现持续增长；复借率为 78.7%，同比增长 19.1%。——百度百科

② 积木盒子是一家国内领先的科技金融公司。平台上线于 2013 年 8 月，定位于为中产阶层提供金融服务。公司旗下运营的全球化智能综合理财平台涵盖积木股票、积木基金、固定收益理财、零售信贷等产品。——百度百科

③ 点融网是一家互联网借贷信息服务中介公司。2012 年由 Lending Club 的联合创始人、前技术总裁苏海德与上海律师、私募基金合伙人郭宇航共同创立，总部位于上海黄浦区。——百度百科

位安徽钰诚控股集团、钰诚国际控股集团有限公司、被告人丁宁、丁甸、张敏等26人犯集资诈骗罪、非法吸收公众存款罪、走私贵重金属罪、偷越国境罪、非法持有枪支罪一案立案执行。

资料来源：据网络资料整理。

3. 金融科技规模化创新升级。2016年以来，以大数据、云计算、区块链、人工智能等为代表的金融科技逐渐成为金融行业的热门话题。2016年至今，金融科技成为投资热点，出现了互联网银行、供应链金融、智能投顾、互联网保险等数十种新金融业态。金融业不再只专注于金融业务本身，金融业与科技产业资源要素将进一步融合，这一阶段，金融科技回归金融与科技本身，基于战略性新兴技术融合创新，推动新金融合规化、高效化、个性化等。

英国《经济学人》杂志在《金融科技，中国成为领导者》一文中指出，从体量规模上看，中国已经是全球金融科技领域的绝对主导者。其中，中国的电子支付规模远远领先于其他国家，占全球总体规模的近一半；在互联网金融领域，中国市场规模占据全球市场规模的75%。

目前，包括蚂蚁金服、腾讯①、平安集团②、铜板街等诸多企业，已经把人工智能深入到产品、服务等各个领域中。

（二）中国金融科技市场的地域分布

与美欧不同，中国金融科技市场不是集中在某一个金融中心或某个科技中心，而是分散在北京、上海、深圳、杭州、香港几个不同的中心城市以及台湾地区。

北京金融科技企业数量较多，在国际咨询机构毕马威2016年发布的"中国领先金融科技公司50"中，北京有21家金融科技公司入围。

上海金融科技发展具备良好基础。在毕马威发布的2016年"中国领先金融科技公司50"中，上海有15家金融科技企业入围。

深圳互联网创业氛围浓厚，为金融科技发展奠定了基础。在毕马威发布的2016年"中国领先金融科技公司50"中，深圳有7家金融科技企业入围。

杭州金融科技行业发展势头近年来比较迅猛。在毕马威发布的2016年"中国领先金融科技公司50"中，杭州有5家金融科技企业入围。

香港特别行政区具备发展金融科技的优质条件，在2016年全球金融科技中心排名中位列第5，前4位分别为伦敦、新加坡、纽约和硅谷。

---

① 腾讯，腾讯计算机系统有限公司的简称，中国最大的互联网综合服务提供商之一，1998年11月成立于深圳市。——百度百科

② 平安集团，中国平安保险（集团）股份有限公司的简称，也称中国平安、平安保险、平保集团，是一家在香港交易所和上海证券交易所上市的金融公司。主要业务是提供多元化金融服务及产品，并以保险业务为核心。——百度百科

中国平安于1988年在深圳蛇口成立，是我国第一家股份制保险企业，是香港中资金融股八行五保之一。2007年3月1日，中国平安在上海证券交易所A股上市。2007年5月11日，恒指服务公司宣布平安保险在2007年6月4日起加入恒生指数成分股（蓝筹股）。——百度百科

台湾地区正在积极发展金融科技行业，近期台湾地区金融管理机构通过大幅放宽金融业转投资金融科技相关产业限制，来推动台湾地区金融科技行业的发展。

（三）中国金融科技的特点

与国外不同，中国金融科技的起点并不是金融科技行业本身，中国金融科技在很长时间内都是以互联网金融这个概念存在的，只是在2016年金融科技才得以正式面世，并逐渐消融互联网金融的概念和模式。

金融科技是互联网金融的高级阶段，在过去普惠金融诉求迫切而传统金融服务不足的情况下，互联网金融取得了快速发展，用户规模和用户体验是决定其成败的最重要一环，但以互联网为载体、依靠流量发展金融业务对金融发展的意义仅限于前端产业。2016年后，互联网各巨头的竞争格局基本稳定，流量成本巨大，以互联网方式改变传统的服务模式和客户获取方式已成为过去时，加上互联网金融监管不断加强，在监管、成本与技术的共同推动下，互联网金融的发展进入到金融科技时代，掀开了中国金融行业发展的新篇章。

2016年以来，我国互联网金融正逐渐从用户流量驱动向金融科技驱动转型（见图1-3），虽然目前我国金融科技仍处于发展初期，但是我国尚未成熟的金融市场给予了金融科技快速发展的土壤。

受监管趋严的影响，2016年的互联网金融发展较为平缓，网络信贷逐步萎缩转型，股权众筹增速逐渐回落，移动支付洗牌加剧，传统金融机构的技术类基础设施愈加完善，互联网金融业务整体规模不断扩张，互联网已经成为各家金融机构的标配而不再是创新的手段。与之相对应的是，以大数据、云计算、人工智能、区块链等为代表的金融科技逐渐成为金融行业的热门话题。金融创新迎来新的发展起点。无论是传统金融机构，还是新兴金融机构，都纷纷推进科技创新，这成为2016—2017年金融领域最受瞩目的事件。

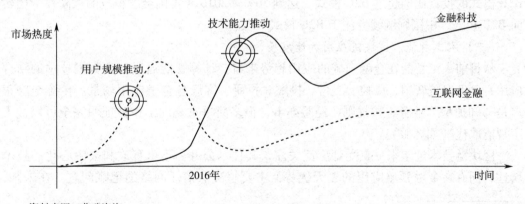

资料来源：艾瑞咨询。

图1-3　我国互联网金融向金融科技发展驱动力的切换

由此，互联网金融业务也出现了相应的以金融科技为基础的业务创新，包括智能投顾、消费金融、供应链金融等依托大数据、云计算与人工智能技术的投融资领域创新和由此带来的支付、征信、风险管理等业务的升级。可以预期，未来我国互联网金融发展将更加聚焦于金融科技的突破与应用，并将更加关注技术的普遍应用带来的信息安全问题与监管政策随之调整的问题。

三、金融科技的演变趋势

随着金融与科技的不断融合，全球金融科技将出现以下发展趋势[①]：

（一）全球金融科技投资格局分化

北美地区保险科技受资本追捧。全球范围内，对保险科技的投资热情高涨。2016年前三季度，全球范围内，风险投资在金融科技各个子领域的投资以借贷为主，占比达到60%，而保险占比13%；若不考虑亚洲地区，借贷占比下降至22%，保险占比上升至31%；若不考虑北美地区，借贷占比上升至81%，而保险仅有1%。

亚洲地区金融科技风险投资依旧以借贷领域为主，而北美地区则开始转向保险科技。从2015年到2016年9月，美国风险投资风向发生了明显改变，借贷领域获得投资从58%下降至20%，而保险领域则上升到34%。

中国金融科技投资依旧以借贷领域为主。这是因为中国个人贷款缺口大，个人贷款占GDP的比重远低于发达经济体。在此背景下，中国的借贷公司可以不断创造新的信贷需求；而欧美这些金融服务普及率高的国家增长空间十分有限。

（二）从B2C（公司对客户，机构对客户）到B2B[②]（公司对公司，机构对机构）

根据金融科技是否直接服务于如消费、支付、保险等各个应用场景，将其区分为：B2C模式，如借贷、支付、保险、财富管理等；B2B模式，如监管科技、网络安全、数据存储分析等。

2016年亚洲地区金融科技风险投资依旧集中在B2C模式，占比89%。北美地区在B2B模式的投资比例超过B2C模式，达到56%。2016年美国金融科技的风险投资已转向B2B模式，中国则继续专注于B2C模式。

（三）人工智能、区块链应用加速发展

从目前人工智能在金融领域的应用趋势来看，计算智能通过与大数据技术的结合应用，已经覆盖营销、风控、支付、投顾、投研、客服各金融应用场景。传统金融很多是"知道型"业务，按规则、经验办事，很多简单重复性工作被证明完全可以被人工智能取代（如客服）。

区块链技术近年来一直受到广泛关注，其技术公开、不可篡改和去中心化的技术属性，拥有在金融领域应用的先天优势，主要解决非信任网络的记账问题。在未来，

---

① 参见 2017 global venture capital investment hits decade high of US ＄155 billion following a strong Q4：KPMG Venture Pulse.

② B2B（business‐to‐business），也称"公对公"，指的是企业间通过电子商务的方式进行交易，相对地，B2C的销售方式是企业对顾客。B2B着重于企业间网络的建立、供应链体系的稳固。B2C需要靠规模经济的方式，吸引购买、降低售价来增加利润，而B2B不用靠规模，而是靠企业间网络的建立稳固其销售。——维基百科

区块链技术将获得更广泛的应用。

（四）监管科技进一步发展

随着金融科技的广泛应用，金融产业生态发生了深刻变革，以互联网金融为代表的金融服务模式创新层出不穷。传统金融模式下事后的、手动的、基于传统结构性数据的监管范式已不能满足金融科技新业态的监管需求，以降低合规成本、有效防范金融风险为目标的监管科技正在成为金融科技的重要组成部分。

利用监管科技，一方面，金融监管机构能够更加精准、快捷和高效地完成合规性审核，减少人力支出，实现对于金融市场变化的实时把控，进行监管政策和风险防范的动态匹配调整。另一方面，金融从业机构能够无缝对接监管政策，及时自测与核查经营行为，完成风险的主动识别与控制，有效降低合规成本，增强合规能力。可以预见，未来几年监管科技将依托于监管机构的管理需求和从业结构的合规需求，进入快速发展阶段，监管沙盒机制将更广泛地建立。

【本章小结】

1. 金融科技，主要是指技术带来的金融创新。金融科技既包括前端产业也包含后台技术。当金融科技是指前端产业时，其实质含义是指大数据等新兴信息技术在金融活动中的应用；当金融科技是指后台技术时，则是指大数据、人工智能等新兴信息技术本身，其实质含义是科技，是金融业务中所使用的新技术。

2. 互联网金融是利用互联网作为金融产品销售渠道的拓展。金融科技是指互联网基础上大数据等新兴信息技术在金融活动中的应用。金融科技的应用情景包含了互联网金融，互联网金融仅仅为金融科技应用的一个特例。

3. 金融科技与传统金融不是相互替代而是相互补充、相互促进的关系。

4. 新兴信息技术本身并不会自动带来信息不对称问题的消除或消减，反而在一定条件下还会加剧信息不对称问题。

5. 金融科技大致可分为支付结算、存贷款与资本筹集、投资管理、市场设施四大部类。

6. 推动金融科技产生和发展的主要因素有三个：技术进步（供给因素），需求因素，金融体系与政策环境因素。

7. 金融科技的快速发展既带来了新的机遇，但也存在潜在风险和监管挑战。

8. 金融科技对金融服务业的主要影响包括：去中心化，增加非金融机构中介，提升金融体系的效率、透明度、竞争性和韧性，促进普惠金融和经济增长。

9. 金融科技可分为金融科技1.0（1980—1989年）、金融科技2.0（1990—2010年）、金融科技3.0（2010年至今）三个阶段。

10. 全球金融科技的产业中心目前主要分布在英国、美国、新加坡、澳大利亚和中国等国家。

11. 中国金融科技从互联网金融起步，正逐渐成为全球最重要的金融科技中心之一。

【关键概念】

金融科技	科技金融	互联网金融	信息不对称
信用交易	信用创造	电子商务	普惠金融
金融科技1.0	金融科技2.0	金融科技3.0	监管科技

【思考练习题】

1. 金融科技的讨论应当包括哪些基本内容？

2. 金融科技有哪些主要推动因素？

3. 金融科技有哪些主要经济影响？

4. 简述金融科技的基本内涵与外延。

5. 简述金融科技与科技金融及互联网金融的区别。

6. 为什么说金融科技的本质属性仍属金融？为何说互联网、大数据等信息技术本身无法构成金融的本质内涵？

7. 简述全球及中国金融科技发展概况。

【数据资料与相关链接】

1. 世界经济论坛，https：//www. weforum. org/。

2. 金融稳定委员会，http：//www. fsb. org/。

3. 国际清算银行，https：//www. bis. org/。

4. 国际证监会组织，https：//www. iosco. org/。

5. 英国金融行为监管局，https：//www. fca. org. uk/。

6. 中国人民银行，http：//www. pbc. gov. cn/。

7. 中国银行保险监督管理委员会，http：//www. cbrc. gov. cn/chinese/newIndex. html。

8. 中国证券监督管理委员会，http：//www. csrc. gov. cn/pub/csrc _ en/。

9. 中华人民共和国国家网络信息办公室，http：//www. cac. gov. cn/wlfz. htm。

10. 中国互联网金融协会，http：//www. isc. org. cn/wzgg/listinfo－33。

11. 中国互联网络信息中心，http：//www. cnnic. net. cn/hlwfzyj/hlwxzbg/。

【延伸阅读】

1. 金融稳定理事会（FSB）金融科技课题工作组. 金融科技对金融稳定的影响及各国应关注的金融科技监管问题［J］. 金融监管研究，2017（9）：1－20.

2. 世界经济论坛（WEF）. 超越金融科技：全方位评估金融服务的颠覆因素［R］. 2017：1－188.

3. IMF 和 WB. 巴厘金融科技议程——前言文件［R］. 2018：1－33.

4. 普华永道.2018年中国金融科技调查报告［R/OL］. https：//www. pwccn. com/

zh/consulting/publications/.

5. Beyond _ Fintech _ – _ A _ Pragmatic _ Assessment _ of _ Disruptive _ Potential _in _ Financial _ Services. pdf. http：//www3. weforum. org/docs/Beyond _ Fintech.

6. 中英金融科技释放的机遇行动指南：建立中英金融科技行业领先合作关系，https://www. ey. com/Publication/vwLUAssets/ey.

7. UK FinTech On the cutting edge An evaluation of the international FinTech sector，https：//www. ey. com/Publication/vwLUAssets/EY.

第二篇

金融科技与金融科技公司

　　该部分的讨论包含两方面内容：首先，讨论金融科技的核心技术，包括对大数据、人工智能等新兴信息技术的讨论；其次，讨论金融科技的技术创新载体——金融科技企业，金融科技企业不仅包括利用科技力量进军传统金融市场的竞争者，也包括本身不提供金融服务，却能为金融机构提供技术服务的科技企业。

第二章

大数据

主要内容： 大数据的基本概念、缘起与作用；大数据技术，包括大数据处理要求、流程与关键工具，大数据关键技术；大数据应用概况及其发展趋势。

学习目标： 掌握大数据的基本概念，理解大数据的作用，明白大数据的基本技术内容；了解大数据应用概况及其发展趋势。

引导案例：
农夫山泉用大数据卖矿泉水

在数据无限时代，只有拥有数据化思维，才能改变商业的未来。随着智能手机的普及、物联网以及人工智能技术的迅猛发展，大数据在收集消费者行为数据、触发商业机遇等方面发挥着越来越重要的作用。企业如何才能实现数据化运营，在大数据时代站稳脚跟？本案例用生动的事例向我们展示了大数据如何在企业活动中生成和运用，这有助于我们从感性认知入手，进入本章内容的学习。

农夫山泉在全国有十多个水源地。农夫山泉把水灌装、配送、上架，一瓶超市售价2元的550ml饮用水，其中3毛钱花在了运输上。如何根据不同的变量因素来控制自己的物流成本，成为问题的核心。

基于上述场景，德勤SAP团队和农夫山泉团队开始了场景开发，他们将很多数据纳入进来：高速公路的收费、道路等级、天气、配送中心辐射半径、季节性变化、不同市场的售价、不同渠道的费用、各地的人力成本甚至突发性的需求（比如某城市召开一次大型运动会）。

在没有数据实时支撑时，农夫山泉在物流领域花了很多冤枉钱。比如某个小品相产品（350ml饮用水），在某个城市的销量预测不到位时，公司以往通常的做法是通过大区间的调运，来弥补终端货源的不足。公司有过这样的经历，"华北往华南运，运到半路的时候，发现华东实际有富余，从华东调运更便宜。但很快发现对华南的预测有偏差，华北短缺更为严重，华东开始往华北运。此时如果太湖突发一次污染事件，很可能华东会出现短缺。"

在采购、仓储、配送这条线上，农夫山泉特别希望大数据获取解决三个顽症：首先是解决生产和销售的不平衡，准确获知该产多少、送多少；其次，能让400家办事处、30个配送中心纳入到体系中来，形成一个动态网状结构，而非简单的树状结构；最后，能让退货、残次等问题与生产基地实时连接起来。也就是说，销售的最前端成为一个个神经末梢，它的任何一个痛点，在总部数据中心都能快速感知到。

"日常运营中，我们会产生销售、市场费用、物流、生产、财务等数据，这些数据都是通过工具定时抽取到思爱普商业数据库（SAP BW）或甲骨文数据管理（Oracle DM），再通过业务对象（Business Object）展现。"公司信息总监胡健表示，这个"展现"的过程长达24小时，也就是说，在24小时后，物流、资金流和信息流才能汇聚到一起，彼此关联形成一份有价值的统计报告。当农夫山泉的每月数据积累达到3TB时，这样的速度导致农夫山泉每个月财务结算都要推迟一天。更重要的是，胡健等农夫山泉的决策者们只能依靠数据来验证以往的决策是否正确，或者对已出现的问题作出纠正，仍旧无法预测未来。

2011年，思爱普公司（SAP）推出了创新性的数据库平台思爱普内存计算设备（SAP Hana），农夫山泉成为全球第三个、亚洲第一个上线该系统的企业，并在当年9月宣布系统对接成功。

采用SAP Hana后，同等数据量的计算速度从过去的24小时缩短到了0.67秒，几乎可以做到实时计算结果，这让很多不可能的事情变为可能。精准地管控物流成本将不再局限于已有的项目，也可以针对未来的项目。

有了强大的数据分析能力的支持，农夫山泉近年以30%～40%的年增长率，在饮用水方面快速超越了原先的三甲：娃哈哈、乐百氏和可口可乐。根据国家统计局公布的数据，饮用水领域的市场份额，农夫山泉、康师傅、娃哈哈、可口可乐的冰露，分别为34.8%、16.1%、14.3%、4.7%，农夫山泉几乎是另外三家之和。

资料来源：https://www.sohu.com/a/138012181_401265。

第一节　大数据的基本概念、缘起与作用

大数据是指传统数据处理应用软件不足以处理的大型复杂数据集。[①] 大数据在通信、金融、教育等各个领域存在已有时日，随着互联网信息技术的发展进入了快速推广应用阶段。

一、大数据的基本概念

大数据（big data），也称海量数据（见专栏2.1），是伴随着信息数据爆炸式增长和网络计算技术迅速发展而兴起的一个新型概念。大数据促成了广泛主题的新型研究，促成了各种大数据统计方法的发展。

---

① 参见 https://en.wikipedia.org/wiki/Big_data.

根据舍恩伯格的定义，所谓大数据，就是大量的数据。[①] 大数据由巨型数据集组成，其规模之大往往超出人类在可接受时间下的收集、储存、管理和处理能力。大数据未经统计抽样，仅对实际发生的数据进行记录，且既包含大量结构化数据又包括大量非结构化数据。因此，大数据所包含的数据规模与结构复杂程度大大超出传统软件在可接受的时间内处理的能力。

【专栏 2.1】

数　　据

数据（Data）是指对客观事件进行记录并可以鉴别的符号，是对客观事物的性质、状态以及相互关系等进行记载的物理符号或这些物理符号的组合。它是可识别的、抽象的符号。

数据不仅指狭义上的数字，还可以是具有一定意义的文字、字母、数字符号的组合、图形、图像、视频、音频等，也是客观事物的属性、数量、位置及其相互关系的抽象表示。例如，"0、1、2…""阴、雨、下降、气温""学生的档案记录""货物的运输情况"等都是数据。

数据和信息或知识经常互换使用，然而，数据不同于信息，信息是反映（映射）对象的内容，数据需要加工才成为信息。

数据可以是连续的值，比如声音、图像，称为模拟数据，也可以是离散的，如符号、文字，称为数字数据。

在计算机领域中，数据以二进制信息单元 0、1 的形式表示。在现代（1960 年后）计算机系统中，所有的数据都是数字形式。

数据分三种状态：静止数据、传输中的数据和正在使用的数据。

资料来源：百度百科，维基百科。

大数据具有海量的数据规模、快速的数据流转、多样的数据类型和价值密度低四大特征，可以用 4 个 V 来描述[②]。

第一个 V（volume），指数据体量巨大。"大数据"是指其大小超出了典型数据库软件的采集、储存、管理和分析等能力的数据集。[③] 该定义有两方面内涵：一是符合大数据标准的数据集大小是变化的，会随着时间推移、技术进步而增长；二是不同部门符合大数据标准的数据集大小会存在差别。目前，大数据的一般范围是从几个 TB（1 个 TB 相当于一家大型医院中所有的 X 光图片资讯量，详见专栏 2.4）到数个 PB（1 个 PB 相当于 50% 全美学术研究图书馆藏书资讯内容）。

---

　　① ［英］维克托·迈尔－舍恩伯格. 大数据时代——生活、工作与思维的大变革［M］. 周涛译. 杭州：浙江人民出版社，2012.

　　② 麦肯锡全球研究院. 大数据：创新、竞争和生产力的下一个前沿领域［EB/OL］. http://tjx. ec. zjczxy. cn/files/2013/01.

　　③ 同注②。

但应当注意，大数据并非指大量数据简单无意义的堆积，数据量大并不意味着一定具有可观的利用价值。数据间是否具有结构性和关联性，是"大数据"与"大规模数据"的重要差别。"大数据"与"大规模数据""海量数据"等类似概念间的最大区别，就在于"大数据"这一概念中包含着对数据对象的处理行为。

第二个 V（variety），指数据类型多样。大数据的数据类型可分为结构化数据和非结构化数据。一个典型数据库中储存的数据大约 10% 是结构化数据，90% 是非结构化数据。结构化数据的特征是逻辑严谨、数据不能破坏、格式一致，可以用传统关系型数据库（见专栏 2.2）进行处理。非结构化数据不仅有文本形式，更多的是图片、视频、音频、地理位置信息等多类型的数据，个性化数据占绝对多数，其特征是结构不严谨、数据量很大、允许数据丢失。非结构化数据要按照指定规则进行统计，用非关系型数据库（见专栏 2.2）进行处理。

第三个 V（velocity），指速度。就是大数据的处理要快速及时，数据处理遵循"1秒定律"，在很短的时间内，从大量的数据中及时为用户获取所需要的数据和信息。

第四个 V（value），指价值密度低，它是一个"废品利用""沙里淘金""大海捞鱼"的过程。以监控视频为例，一小时的视频，在不间断的监控过程中，可能有用的数据仅仅只有一两秒。

【专栏 2.2】
关系型数据库与非关系型数据库

（一）关系型数据库

关系型数据库，是指采用了关系模型来组织数据的数据库。当前主流的关系型数据库有 Oracle、DB2、PostgreSQL、Microsoft SQL Server、Microsoft Access、MySQL、浪潮 K – DB 等。

关系模型是在 1970 年由 IBM 的研究员 E. F. Codd 博士首先提出的，在之后的几十年中，关系模型的概念得到了充分的发展并逐渐成为主流数据库结构的主流模型。

简单来说，关系模型指的就是二维表格模型，而一个关系型数据库就是由二维表及其之间的联系所组成的一个数据组织。

关系模型中常用的概念：

——关系：可以理解为一张二维表，每个关系都具有一个关系名，就是通常说的表名。

——元组：可以理解为二维表中的一行，在数据库中经常被称为记录。

——属性：可以理解为二维表中的一列，在数据库中经常被称为字段。

——域：属性的取值范围，也就是数据库中某一列的取值限制。

——关键字：一组可以唯一标识元组的属性，数据库中常称为主键，由一个或多个列组成。

——关系模式：指对关系的描述。其格式为：关系名（属性 1，属性 2，……，属性 N)，在数据库中成为表结构。

关系型数据库的优点：

（1）容易理解：二维表结构是非常贴近逻辑世界的一个概念，关系模型相对网状、层次等其他模型来说更容易理解。

（2）使用方便：通用的 SQL 语言使得操作关系型数据库非常方便。

（3）易于维护：丰富的完整性（实体完整性、参照完整性和用户定义的完整性）大大减低了数据冗余和数据不一致的概率。

关系型数据库的瓶颈：

（1）高并发读写需求：网站的用户并发性非常高，往往达到每秒上万次读写请求，对于传统关系型数据库来说，硬盘 I/O 是一个很大的瓶颈。

（2）海量数据的高效率读写：网站每天产生的数据量是巨大的，对于关系型数据库来说，在一张包含海量数据的表中查询，效率是非常低的。

（3）高扩展性和可用性：在基于 web 的结构当中，数据库是最难进行横向扩展的，当一个应用系统的用户量和访问量与日俱增的时候，数据库却没有办法像 web server 和 app server 那样简单地通过添加更多的硬件和服务节点［节点（node），网络连接点］来扩展性能和负载能力。对于很多需要提供 24 小时不间断服务的网站来说，对数据库系统进行升级和扩展是非常痛苦的事情，往往需要停机维护和数据迁移。

（二）非关系型数据库

随着数据量越来越大，关系型数据库开始暴露出一些难以克服的缺点，以 NoSQL 为代表的非关系型数据库，因其高可扩展性、高并发性等优势而出现了快速发展，一时间市场上出现了大量的 key - value 存储系统、文档型数据库等 NoSQL 数据库产品。

非关系型数据库本身具有天然的多样性，出现的时间较短，因此，不像关系型数据库，有几种数据库就能够一统江山，非关系型数据库非常多，并且大部分都是开源的。

在这些数据库中，其实实现大部分都比较简单，除了一些共性外，很大一部分都是针对某些特定的应用需求出现的，因此，该类应用具有极高的性能。依据结构化方法以及应用场合的不同，主要分为以下几类：

（1）面向高性能并发读写的 key - value 数据库：key - value 数据库的主要特点即是具有极高的并发读写性能，Redis、Tokyo Cabinet、Flare 就是这类的代表。

（2）面向海量数据访问的面向文档数据库：这类数据库的特点是，可以在海量的数据中快速地查询数据，典型代表为 MongoDB 以及 CouchDB。

（3）面向可扩展性的分布式数据库：这类数据库想解决的问题就是传统数据库存在可扩展性上的缺陷，这类数据库可以适应数据量的增加以及数据结构的变化。

资料来源：百度百科；https://blog.csdn.net/oChangWen/article/details/53423301。

二、大数据的缘起

从整个信息化历史进程来看，大数据是信息爆炸的产物，其概念可以追溯到 2000 年前后。它是技术进步、社会经济发展的必然结果。信息科技的不断进步为大数据时代提供了技术支撑，数据产生方式的变革促成了大数据时代的来临。

"大数据"一词于 2001 年由国际咨询公司 Gartner（高德纳，又译顾能公司）首先提出，大约从 2009 年开始，成为互联网信息技术行业流行词汇，无论是手机、平板电脑还是各种设备的数据传感器[①]，以及物联网（IoT，物物相连的互联网）、云计算、移动互联网这些概念都与大数据有关。

近年来，伴随着云计算、大数据、物联网、人工智能等信息技术的快速发展和传统产业数字化转型，数据量呈现几何级数增长。根据 IBM 公司的估算，20 多年前，全世界每天产生的数据仅达 100GB（见专栏 2.4），相当于每秒 0.001GB；现在，每秒能产生约 50000GB 的数据；截至 2012 年，全世界每天产生 2.5EB 的数据，相当于 575 亿台 32GB 的 iPad（触控屏平板电脑）的存储能力。到 2013 年，世界上存储的数据达到约 1.2ZB。这样大的数据量意味着什么？如果把这些数据全部记在书中，这些书可以覆盖美国全境 52 次。如果将之存储在只读光盘上，这些光盘如果堆成五堆，每一堆都可以伸到月球。公元前 3 世纪，埃及的托勒密二世竭力收集了当时所有的书写作品，所以伟大的亚历山大图书馆可以代表世界上所有的知识量。[②] 但当数字数据洪流席卷世界之后，每个地球人都可以获得大量数据信息，相当于当时亚历山大图书馆存储的数据总量的 320 倍之多。从大数据增长速度看，2004 年，全球数据总量是 30EB。2005 年达到了 50EB，2006 年达到了 161EB。到 2015 年，居然达到了惊人的 7900EB。这个规律，被称为"大数据摩尔定律"（见专栏 2.3），即人类有史以来的数据总量，每过 18 个月就会翻一番。目前，全球数据量正以平均年增长率 50% 的速度增长，据国际数据公司 IDC 预计，到 2020 年全球数据总量将超过 40ZB。这相当于整个世界人口（2017 年约 76 亿人）全年每天观看 14.5 小时高清视频流所产生的数据量。数据量的快速增长已经远远超越单个计算机的存储和处理能力，而必须使用计算机集群"在数十、数百甚至数千台服务器上同时平行运行的软件"[③] 进行处理。

上述情况表明，全球现在已进入大数据时代，数据已经成为可以与物质资产和人力资本相提并论的重要生产要素，成为信息社会的宝贵财富，与之相关的技术开发与应用可以造福人类。伴随着多媒体、社交媒体以及传感网、物联网的发展，企业部门和政府部门将收集更多的信息，从而带来数据呈指数级增长。预计到 2020 年，我国数据总量全球占比将达 20%，我国将成为数据量最大、数据类型最丰富的国家之一。

 【专栏 2.3】

摩尔定律

摩尔定律，计算机术语，指同样成本每隔 18 个月晶体管数量会翻倍，反过来，同

---

① 传感器（Sensor），用于监测环境中所发生的事件或变化，并将此信息传送至其他电子设备（如中央处理器）的装置，通常由敏感组件和转换组件构成。——维基百科
② 摘引自《大数据时代》。
③ Jacobs, A. The Pathologies of Big Data. ACM Queue. 6 July 2009.

样数量晶体管成本会减半，这个规律已经为最近50年的发展所证实，并且可以衍生到很多类似的领域，如存储、功耗、带宽、像素。

摩尔定律（Moore's law）是由英特尔（Intel）创始人之一戈登·摩尔提出的。其内容为：集成电路上可容纳的晶体管数目，约每隔两年便会增加一倍；经常被引用的"18个月"，是由英特尔首席执行官戴维·豪斯（David House）提出的：预计18个月会将芯片的性能提高一倍（即更多的晶体管使其更快），是一种以倍数增长的观测。

半导体行业大致按照摩尔定律发展了半个多世纪，对20世纪后半叶的全球经济增长作出了贡献，并驱动了一系列科技创新、社会改革、生产效率的提高和经济增长。个人电脑、因特网、智能手机等技术改善和创新都离不开摩尔定律的延续。这样高速的增长在其他产业是见不到的。

尽管摩尔定律的现象已经被观察到了数十年，摩尔定律仍应该被视为是对现象的观测或对未来的推测，而不是一个物理定律或自然界的规律，从另一角度看，未来的增长率在逻辑上无法保证会跟过去的数据一样，也就是逻辑上无法保证摩尔定律会持续下去。虽然预计摩尔定律将持续到至少2020年。然而，2010年国际半导体技术发展路线图的更新增长已经在2013年底放缓；又比如说英特尔在22奈米跟14奈米的CPU制程上已经放慢了技术更新的脚步，之后的时间里，晶体管数量密度预计只会每三年增加一倍。随着器件尺寸越来越接近物理极限，研发新一代的工艺节点时，仅缩小器件尺寸是不够的。多家研究机构和半导体公司都在试图改善晶体管结构设计，以尽可能地延续摩尔定律。

资料来源：根据维基百科资料整理。

为什么全球数据量增长如此之快？根本原因在于信息科技进步改变了数据的产生方式。历史上，数据基本上是通过手工产生的。随着人类步入信息社会，数据产生越来越自动化了。技术进步带来的数据产生成本下降、投资规模增加和数据存储能力增长，最终导致了全球数据量以新的摩尔定律增长。

首先，互联网改变了人们的数据利用和提供方式。根据国际电信联盟（ITU）的最新统计，截至2018年底，全球已经有大约39亿人连入了互联网，占全球人口总数的51.2%。在移动互联网时代，变化的不单是网络内容，同样还有终端设备，每个人不仅是信息的接收者，同时也是信息的产生者，每个人都成为数据源，每个人都在用智能终端拍照、录像、发微博、发微信等。全球每天有2.88万小时的视频上传到视频网站YouTube[①]，5000万条信息上传到Twitter（推特）[②]，会在亚马逊产生630万笔订单……平均每一秒都有200万用户在使用世界上最大的搜索引擎Google（谷歌），

---

① YouTube，世界上最大的视频网站，早期公司总部位于美国加利福尼亚州的圣布鲁诺。YouTube作为当前行业内的在线视频服务提供商，每天要处理上千万个视频片段，为全球成千上万用户提供视频上传、分发、展示、浏览服务。2015年2月，央视首次把春晚推送到YouTube。——百度百科

② Twitter（推特），美国社交网络及微博客服务网站，全球互联网上访问量最大的十个网站之一。社交网络，指社交网络服务，源自英文SNS（Social Network Service）的翻译。社交网络包括硬件、软件、服务及应用。典型如Facebook（脸书）、微信等。——百度百科

Facebook（脸书）[①] 注册用户超过 10 亿人，每天生成 300TB 以上的日志数据。在中国，淘宝网每天交易达数千万笔，其单日数据产生量超过 50TB，存储量超过 40PB；百度每天大约要处理 60 亿次搜索请求，数据量达到几十 PB，每日新增数据 10TB；微信 2018 年每个月有 10.82 亿用户保持活跃，每天有 450 亿次信息发送出去，4.1 亿音视频呼叫成功；上海证券交易所每秒处理近 9 万笔业务，每日成交笔数达到 3 亿笔以上；中国联通用户上网记录达每秒 83 万条，即每月 1 万亿条，对应的数据量为每月 300TB。

其次，各种感应设备、视频监控、监测设备源源不断地产生巨量流媒体数据。比如在精细农业中，需要采集植物生长环境中的温度、湿度、病虫害信息，来对植物的生长进行精细的控制。因此人们在植物的生长环境中安装各种各样的传感器，自动收集所需信息。对环境的感知，是一种抽样手段，抽样密度越高，越逼近真实情形。如今，人类不再满足于得到部分信息，而是倾向于收集对象的全量信息。因为有些数据即使缺失很小部分，都有可能得出错误的结论，比如通过分析人体基因组判断某人是否患有某种疾病，即使丢失一小块基因片段，都有可能导致误断。为了获得全量数据，各类传感器使用量激增。目前全球有 30 亿至 50 亿个传感器，到 2020 年将达到 1000 亿个之多。例如，石油部门用地震勘探方法来探测地质构造、寻找石油，使用大量传感器来采集地震波形数据。高铁运行要保障安全，需要在每一段铁轨周边大量部署传感器，从而感知异物、滑坡、水淹、变形、地震等异常状况。在智慧城市建设中，包括平安城市、智能交通、智慧环保和智能家居等，都会产生大量的数据。目前一个普通城市的摄像头往往就有几十万个之多，每分每秒都在产生天文级数据。能源、交通、医疗卫生、金融、零售业等各行业也有大量数据不断产生，积累了 TB 级、PB 级的大数据。这就导致了数据的摩尔定律式增长。

最后，科学研究进入了"数据科学"时代。例如，在物理学领域，欧洲粒子物理研究所的大型强子对撞机，每秒产生的原始数据量高达 40TB。在天文学领域，2000 年斯隆数字巡天项目启动的时候，位于墨西哥州的望远镜在短短几周内收集到的数据比天文学历史上的总和还要多。我国贵州的"天眼"FAST（500 米口径球面射电望远镜）19 波束接收机每天产生的原始数据约 500TB，处理后会压缩到 50TB，每年按照运行 200 天计，将产生约 10PB 的超级数据。未来十年，预计 FAST 产生的数据量将达到 100PB。

在世界范围内，各行业和各地区之间，企业正在加快收集数据的步伐，推动了传统的事务数据库的增长；在医疗卫生等面向消费者的行业中，多媒体的广泛使用刺激了大数据的持续扩张；社交媒体的广泛普及以及物联网中应用的不断创新进一步推动了大数据不断增长……这些相互交叉的动力刺激了数据的增长，并将继续推动全球数据的迅速扩张。[②]

---

① Facebook（脸书），美国社交网络服务网站，创立于 2004 年 2 月 4 日，总部位于美国加利福尼亚州门洛帕克。——百度百科
② 参见麦肯锡发布的《大数据：下一个创新、竞争和生产力的前沿》。

【专栏 2.4】

计算机存储单位——比特、字节与大数据

计算机存储处理信息的最小单位是比特（Bit），用于表示一个二进制数码 0 或 1，分别代表逻辑值（真/假、yes/no）、代数符号（＋/－）、激活状态（on/off）或任何其他两值属性。

字节（Byte），计算机存储容量基本单位。1 个字节为 8 个比特，一个英文字母通常占用一个字节，一个汉字通常占用两个字节。

比特（Bit）也称"位"。一个字节由 8 个位组成。它表示作为一个完整处理单位的 8 个二进制数码。例如，一个计算机的字长为 16 比特，即 16 个二进制位。通常称 16 位是一个字，32 位是一个双字，64 位是两个双字。

一般来说，n 比特的信息量可以表现出 2 的 n 次方种选择。字节按照进率 1024（2 的 10 次方）计算：

8bit＝1B（Byte）一字节
1024B＝1KB（KiloByte）千字节
1024KB＝1MB（MegaByte）兆字节
1024MB＝1GB（GigaByte）吉字节
1024GB＝1TB（TeraByte）太字节
1024TB＝1PB（PetaByte）拍字节
1024PB＝1EB（ExaByte）艾字节
1024EB＝1ZB（ZetaByte）泽字节
1024ZB＝1YB（YottaByte）尧字节
1024YB＝1BB（Brontobyte）珀字节
1024BB＝1NB（NonaByte）诺字节
1024NB＝1DB（DoggaByte）刀字节

每一千个字节称为 1KB，注意，这里的"千"不是通常意义上的 1000，而是指 1024。即 1KB＝1024B。每一千个 KB 就是 1MB（同样这里的"千"是指 1024），即 1MB＝1024KB＝1024×1024B＝1048576B。每 1024MB 就是 1GB，即 1GB＝1024MB。

现在我们可以知道一张软盘是 1.44MB、一张 CD 光盘是 650MB、一块硬盘是 120GB 是什么意思了。打个比方，一部 10 万汉字的小说，如果存到磁盘上，需要占用多少空间呢？100000 汉字＝200000B＝200000B÷1024≈195.3KB≈195.3KB÷1024≈0.19MB。

那么，1GB 有多大呢？

如果 1GB 空间用来存放 MP3 音乐，MP3 音乐平均大小是 4M，那么 1GB 存储卡可以放置 256 首歌曲（1024M/4M）。

那么，1TB 有多大？

微软公司旧金山实验室的首席计算机科学家 Gordon Bell，对这个问题做过一个描述，如何才能在一年时间里用完1TB。

（1）假定彩色照片是每张300KB的jpeg文件，那么1TB一共可以储存大约360万张彩色照片，相当于一年中每天储存9800张彩色照片。

（2）假定文本文件每个有1MB，那么1TB一共可以储存大约100万个文本文件，相当于一年中每天储存2900个文件。

（3）假定音乐文件是以256K/s的采样频率录制的，那么1TB一共可以储存大约9300个小时的音乐，相当于一年中每天储存26个小时的音乐。

（4）假定视频文件是以1.5M/s的采样频率录制的，那么1TB一共可以储存大约1600个小时的视频，相当于一年中每天储存4小时的视频。

那么，1NB有多大？

据计算，1TB的硬盘标准重量是670g。1NB = 2的60次方TB = 1152921504606846976TB = 1152921504606846976个1TB硬盘。总重量约为77245740809万吨。也就是说，储存1NB数据的硬盘要目前运载量为56万吨的诺克耐维斯号巨型海轮最少来回拉1379388229次（约14亿次）才能将这些数据运到目的地，估计1000个诺克耐维斯号都要报销了。

再看个实际数据，据计算机报载，荷兰银行的20个数据中心有大约7PB的磁盘和超过20PB的磁带存储，27PB大约相当于40万个80G硬盘。而且存储量每年以50% ~ 70%的速率增长。

资料来源：百度百科；https://blog.csdn.net。

三、大数据的作用

大数据的作用是在海量数据的基础上，通过计算分析，获得有意义的结果，用于各类决策分析等。大数据能够帮助行为主体从原本毫无价值的海量数据中挖掘出有效信息，使数据能够从量变到质变，真正产生价值。具体而言，主要有以下几点作用。

第一，大数据将逐渐成为现代社会基础设施的一部分，就像公路、铁路、港口、水电和通信网络一样不可或缺。作为一种重要的战略资产，大数据已经不同程度地渗透到当今社会每个行业领域和部门，其深度应用不仅有利于企业经营活动，还有利于推动国民经济发展。大数据使经济决策部门可以更敏锐地把握经济走向，制定并实施科学的经济政策。大数据可以提高企业经营决策水平和效率，推动创新，给企业、行业领域带来价值。大数据可以帮助消费者和投资者提高消费、投资决策水平，提高个人消费、投资效用。

第二，对大数据的处理分析正成为新一代信息技术融合应用的关键。移动互联网、物联网、社交网络、数字家庭（集家庭控制网络和多媒体信息网络于一体的家庭信息化平台）、电子商务等是新一代信息技术的应用形态，这些应用不断产生大数据。云计算（详见第三章）为这些海量、多样化的大数据提供存储和运算平台。通过对不同来源数据的管理、处理、分析与优化，将结果反馈到上述应用中，由此可以创造出巨大的社会经济价值。对大数据的分析可以使零售商实时掌握市场动态并迅速作出应对；可以为商家制定更加精准有效的营销策略提供决策支持；可以帮助企业为消费者提供更加及时和个性化的服务；在医疗领域，可提高诊断准确性和药物有效性；在公共事业领域，大数据也开始发挥促进经济发展、维护社会稳定等方面的重要作用（见专栏2.5）。

第三，大数据是信息产业持续高速增长的新引擎。面向大数据市场的新技术、新产品、新服务、新业态会不断涌现。在硬件与集成设备领域，大数据将对芯片、存储产业产生重要影响，还将催生一体化数据存储处理服务器、内存计算等市场。在软件与服务领域，大数据将引发数据快速处理分析、数据挖掘技术和软件产品的发展。

同时，大数据将促进网络通信技术与传统产业更为密切地融合，对于传统产业的转型发展，创造更多价值影响重大。未来，大数据发展不仅将催生软硬件及服务等市场产生大量价值，也将对有关的传统行业转型升级产生重要影响。

第四，大数据利用将成为提高核心竞争力的关键因素。各行业的决策正在从"业务驱动"转变为"数据驱动"。目前，大数据应用已经渗透到农业、工业、商业、服务业、金融、教育、医疗领域等各个方面，成为影响产业发展的一个重要因素。

第五，促进科学研究方法手段发生重大改变。图灵奖获得者、著名数据库专家Jim Gray博士通过观察总结，发现人类自古以来，在科学研究上，先后经历了实验、理论和计算三种范式。当数据量不断增长和累积到今天，传统的三种范式在科学研究，特别是一些新的研究领域已经无法很好地发挥作用，需要有一种全新的范式来指导新形势下的科学研究。基于这种考虑，Jim Gray提出了一种新的数据探索型研究方式，Jim Gray把它称为科学研究的"第四种范式"（the fourth paradigm）。例如，抽样调查是社会科学的基本研究方法。在大数据时代，可通过实时监测、跟踪研究对象的全量行为数据，进行挖掘分析，揭示出规律性的东西，提出研究结论和对策。在科学求证意义上，世界的本质就是数据。因此，大数据将会影响人类的认知方式，导致自然科学和人文社会科学方法论的变革和发展。

 【专栏2.5】

大数据助推智慧城市发展

智慧城市是指利用先进信息技术，实现城市智慧式管理和运行，促进城市和谐、可持续成长。智慧城市建设离不开大数据支撑，智慧城市之所以能够对现实世界进行数据分析、感知、应用，凭借的就是大数据技术。在此方面，重庆市永川区取得了显著成效和经验。

一、一体化大数据中心建设

永川区率先以数据集中和共享为途径，建设一体化大数据中心，推进技术融合、业务融合、数据融合，实现跨层级、跨地域、跨系统、跨部门、跨业务的协同管理和服务。

首先，通过建设智慧城市，定位发展目标，调整城市结构，优化发展环境。比如环境污染、城市安全监管等。其次，通过新一代技术手段，整合不同业务之间的协同机制，提升城市内部的创新能力，推动产业升级和结构调整，实现城市可持续发展。

最后，通过智慧城市建设，带动一大批产业发展，催生智慧社区、智慧家庭、智慧交通、智慧医疗、智慧农业、智慧环保等对城市经济社会发展具有直接拉动作用的新兴产业，打造独特的"永川模式"。

二、智慧商圈建设

永川智慧商圈通过利用"智能硬件＋智慧应用系统＋系统集成"方案，连接消费者、商家、管理者，实现消费者、商家、管理者三赢。项目投入运营后，消费者通过手机 APP 随时随地了解吃喝玩乐、衣食住行等商家信息，领取优惠券、享受折扣和抽奖等；商家进入智慧商圈系统，发布相关商品、促销、活动等动态信息，逐步将线下商铺、商品资源整合到线上，并利用商家 APP 采集用户登录时间、登录频率、消费记录、浏览偏好、会员级别等数据信息，实现信息主动推送；商圈内车辆导流、停车导航、智能停车场等交通应用，让出行更方便、更智能，为市民创造消费购物、社交出行、生活服务等全方位、立体化的智能生活体验。

三、智慧城市建设

着眼于提升城市的治理水平，建设智慧政务及管理系统。为推进管理思维和手段的智慧化、智能化，永川区重点建设了智慧城管、智慧建管、智慧交通等政务管理系统。同时，开展了数字化城市管理、红绿灯和智能监控、建筑工地远程监控预警等系统建设。

在交通出行方面，永川区建设并完善营运客车、客渡船卫星定位及视频监控系统，营运客车、出租车、客渡船卫星定位及视频监控系统应用率达 90% 以上。如此一来，通过自动监控设备的大数据分析，市民早上开车出门，手机上就能收到一条科学的出行路线推荐信息，避免堵车；此外，建立集挂号、就诊、收费、检验报告查询等服务于一体的健康医疗"一卡通"体系，以居民电子健康档案及电子病历为基础的区域卫生信息平台，实现区域内市、区、镇、村四级政府办医疗机构医疗卫生信息共享，使农村偏远地区的居民也可在线看病。

着眼于发展智慧产业，推动智慧城市和大数据产业融合发展。永川区以智慧城市建设为契机，围绕智慧城市项目、技术应用等，开展全面招商。目前，已引进中国普天、腾讯、北大方正、阿吉云等软件与信息技术服务项目。

资料来源：https：//www. sohu. com/a/161420494 _237395。

总之，大数据的作用是多方面的，正如舍恩伯格在《大数据时代》一书前言中所述：大数据开启了一次重大的时代转型。就像望远镜让我们能够感受宇宙，显微镜让我们能够观测微生物一样，大数据正在改变我们的生活以及我们理解世界的方式，成为新发明和新服务的源泉，而更多的改变正蓄势待发。不过，也诚如卡内基·梅隆大学海因兹学院院长 Ramayya Krishnan 所言，虽然"大数据具有催生社会变革的能量。但释放这种能量，需要严谨的数据治理、富有洞见的数据分析和激发管理创新的环境"。

当前，各国政府和国际组织都已经认识到大数据的重要作用，将开发利用大数据作为夺取新一轮竞争制高点的重要抓手，发达国家纷纷制定相关政策，积极推动大数据相关技术的研发与落实。对于中国而言，只有在国家重大发展战略框架下，将大数据提升到国家治理体系与治理能力现代化层面才能实现"变道超车"。

第二节　大数据技术

大数据技术是指与数据对象处理相关的技术。大数据超出了传统数据库的处理能力，需要特殊的技术，以有效地处理大量容忍时间内的数据。适用于大数据的技术，包括大规模并行处理数据库、数据挖掘、分布式文件系统、分布式数据库、云计算平台、互联网和可扩展的存储系统。

一、大数据处理要求、流程与关键工具

大数据技术，就是从类型各异、内容庞大的数据中快速获得有价值的信息的技术。大数据领域已经涌现出大量新的技术，它们成为大数据采集、存储、分析和呈现的重要工具。大数据处理技术主要指基于大数据并行编程模型或多语言并行编程模型（MapReduce）思想实现的并行计算技术。

（一）大数据处理要求

数据处理是对纷繁复杂的海量数据价值的提炼，而其中最有价值的地方在于预测性分析，即可以通过数据可视化、统计模式识别、数据描述等数据挖掘形式帮助数据专家更好地理解数据，根据数据挖掘的结果得出预测性决策。

大数据来源非常丰富且数据类型多样，存储和分析挖掘的数据量庞大，对数据展现的要求较高，并且很看重数据处理的高效性和可用性。

传统数据采集来源单一，且存储、管理和分析的数据量也相对较小，大多采用关系型数据库（见专栏 2.2）和并行数据库①即可处理。对依靠并行计算提升数据处理速度方面而言，传统的并行数据库技术追求高度一致性和容错性，根据 CAP 定理（见专栏 2.6），在分布式系统中，一致性、可用性、分区容错性三者不可兼得，难以保证其可用性和扩展性。

传统的数据处理方法是以处理器为中心，而大数据环境下，需要采取以数据为中心的模式，减少数据移动带来的开销。因此，传统的数据处理方法已经不能适应大数据处理的要求。

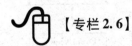

【专栏 2.6】

CAP 定理

在理论计算机科学中，CAP 定理（CAP theorem），又被称作布鲁尔定理（Brewer's theorem），它指出对于一个分布式计算系统来说，不可能同时满足以下三点：

---

① 并行数据库被定义为通过并行使用多个 CPU（中央存储器）和磁盘来将诸如装载数据、建立索引、执行查询等操作并行化以提升性能的数据库系统。——维基百科

（1）一致性（consistency）：等同于所有节点访问同一份最新的数据副本；

（2）可用性（availability）：每次请求都能获取到非错的响应，但是不保证获取的数据为最新数据；

（3）分区容错性（partition tolerance）：以实际效果而言，分区相当于对通信的时限要求。系统如果不能在时限内达成数据一致性，就意味着发生了分区的情况，必须就当前操作在 C 和 A 之间作出选择。

根据 CAP 定理，分布式系统只能满足三项中的两项而不可能满足全部三项。理解 CAP 理论最简单的方式是想象两个节点分处分区两侧。允许至少一个节点更新状态会导致数据不一致，即丧失了 C 性质。如果为了保证数据一致性，将分区一侧的节点设置为不可用，那么又丧失了 A 性质。除非两个节点可以互相通信，才能既保证 C 又保证 A，但这又会导致丧失 P 性质。

该定理源于加州大学伯克利分校（University of California，Berkeley）的计算器科学家埃里克·布鲁尔在 2000 年的分布式计算原理研讨会（PODC）上提出的一个猜想。2002 年，麻省理工学院（MIT）的赛斯·吉尔伯特和南希·林奇发表了布鲁尔猜想的证明，使之成为一个定理。

吉尔伯特和林奇证明的 CAP 定理比布鲁尔设想的在某种程度上更加狭义。该定理讨论了在两个互相矛盾的请求到达彼此不连通的两个不同的分布式节点的时候的处理方案。

资料来源：https：//zh. wikipedia. org/wiki/CAP。

（二）大数据处理流程与关键框架

大数据的基本处理流程与传统的数据处理流程并无太大差异，其主要工作环节包括数据采集、数据预处理、数据存储、数据分析和结果展现五大步骤。

主要区别在于：由于大数据要处理大量、非结构化的数据，所以在各个处理环节中都可以采用 MapReduce 框架进行并行处理，以提高大数据的处理速度。

适用于大数据各处理环节的 MapReduce 框架并行处理方式及其典型工具如图 2 - 1 所示。

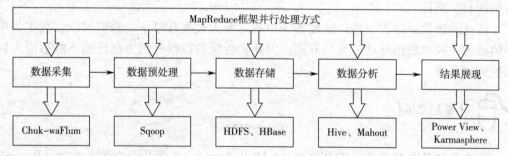

资料来源：根据网络资料整理。①

图 2 - 1　MapReduce 框架并行处理方式

---

①　为节省篇幅，以下章节自作图表不再加注。——笔者

如图 2-1 所示，MapReduce 在大数据处理各环节对应着不同的工具应用。在数据采集、数据预处理、数据存储、数据分析和结果展现各环节上分别对应着具有相应功能的典型工具：Chuk-waFlum；Sqoop；HDFS、HBase；Hive、Mahout；Power View、Karmasphere。

MapReduce 的设计初衷是通过大量的廉价服务器实现大数据并行处理，对数据一致性要求不高，其突出优势是具有扩展性和可用性，特别适用于海量的结构化、半结构化数据[①]及非结构化数据的混合处理。MapReduce 将传统的查询、分解及数据分析进行分布式处理，将处理任务分配到不同的处理节点，因此具有更强的并行处理能力。作为一个简化的并行处理的编程模型，MapReduce 还降低了开发并行应用的门槛。

MapReduce 是一套软件框架，包括 Map（映射）和 Reduce（化简）两个阶段，可以进行海量数据分割、任务分解与结果汇总，从而完成海量数据（大于 1TB）的并行运算。MapReduce 框架是 Hadoop［分布式系统基础架构（详见下文"二、大数据关键技术"部分）］的核心，但是除了 Hadoop、MapReduce 外，还可以有 MPP［列数据库（详见下文"二、大数据关键技术"部分）］或 NoSQL［非关系型数据库（见专栏 2.2）］。

MapReduce 的工作机制如图 2-2 所示。

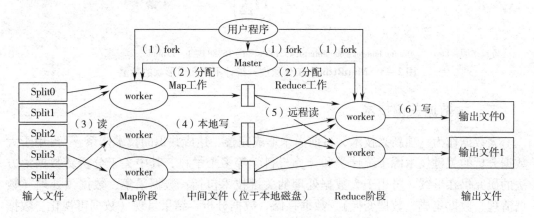

资料来源：https://forum.huawei.com/enterprise/zh/thread-163883-1-1.html。

图 2-2 MapReduce 的工作机制

图 2-2 展示了 MapReduce 将大数据最终转化成为有价值的信息的一般步骤，数据经过输入、映射、化简分配一系列的加工和处理，最终以有价值的信息的形式输出。

MapReduce 的工作原理其实是先分后合的数据处理方式。Map 即"分解"，把海量

---

① 半结构化数据（或称为弱结构化），是结构化的数据，但是结构变化很大。常用的方法是化简为结构化数据储存。——百度百科

数据分割成若干部分，分配给多台处理器并行处理；Reduce 即"合并"，把各台处理器处理后的结果进行汇总操作以得到最终结果。如图 2－3 所示，如果采用 MapReduce 来统计不同几何形状的数量，它会先把任务分配到两个节点，由两个节点分别并行统计，然后再把它们的结果汇总，得到最终的计算结果。

MapReduce 适合进行数据分析、日志分析、商业智能分析、客户营销、大规模索引等业务，并具有非常明显的效果。举例来说，与传统的数据处理方法相比，通过 MapReduce 技术进行实时分析，某家电公司的信用计算时间从 33 个小时缩短到 8 秒，而 MKI（日本三井情报株式会社）的基因分析时间从数天缩短到 20 分钟。[①]

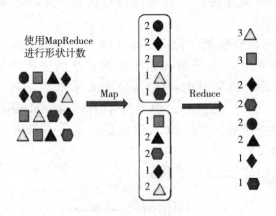

资料来源：https：//forum. huawei. com/enterprise/zh/thread－163883－1－1. html。

图 2－3　MapReduce 工作原理：统计不同几何形状的数量

二、大数据关键技术

大数据作为一项新兴技术，目前尚未形成完善、达成共识的技术体系。[②] 可用于大数据分析的关键技术源于统计学和计算机科学等多个学科，其中关于分析新数据集方法的研究仍在继续。可用于大数据处理的关键技术包括：数据采集、数据预处理（数据清理、数据集成、数据变换）、数据存储、数据分析、结果呈现（数据可视化、数据安全与隐私等）。

（一）数据采集

大数据技术的第一步也是关键一步便是数据的采集。从传感器网络、社交媒体等数据源中获取结构化、半结构化和非结构化数据，并将数据主体进行预处理与存储是大数据环境下处理与分析数据的基础。大数据技术数据采集方法主要包括：

---

① 董非. 后 Hadoop 时代的大数据架构［EB/OL］. https：//zhuanlan. zhihu. com/p/19962491.
② 参见中国电子技术标准化研究院发布的《大数据标准化白皮书（2014）》。

1. 系统日志采集方法。互联网企业大都有自有海量数据采集工具，多用于系统日志[①]采集，如 Hadoop 的 Chukwa、Cloudera 的 Flume、Facebook 的 Scribe 等，这些工具均采用分布式架构，能满足每秒数百 MB 日志数据的采集和传输需求。

2. 网络数据采集方法。用于对非结构化数据的采集。网络数据采集是指通过网络爬虫[②]或网站公开 API（应用程序编程接口）等方式从网站上获取数据信息。该方法可以将非结构化数据从网页中抽取出来，将其存储为统一的本地数据文件，并以结构化的方式存储。它支持图片、音频、视频等文件或附件的采集，附件与正文可以自动关联。

除了网络中包含的内容之外，对于网络流量的采集可以使用 DPI 或 DFI 等带宽管理技术进行处理。

3. 其他数据采集方法。对于企业生产经营数据或学科研究数据等保密性要求较高的数据，可以通过与企业或研究机构合作，使用特定系统接口等相关方式采集数据。

（二）数据预处理

数据预处理即通过对数据的辨析、抽取、清洗等操作提取有效信息。现实数据经常存在不完整或不一致、数据存在冗余的情况，需要对决策信息数据进行填补、筛选、合并、规格化、检查一致性等预处理，并对数据的多种属性进行初步组织，从而提高数据分析质量，减少分析时间。

数据预处理技术主要包括数据清理、数据集成以及数据变换。数据清理可以去掉噪声数据以及异常数据，纠正数据中的不一致。而数据集成可以将来自不同数据源的数据合并成一致的数据并存储，如数据仓库。数据变换可以改进涉及距离度量的挖掘算法的精度和有效性，将不同度量下的数据归一化，使得数据的应用比较有意义。这些数据预处理技术在数据分析之前使用，可以大大提高数据分析的质量，提高分析的速度与准确性。在实践中，可以利用基于 Hadoop 的数据处理技术，以提高处理效率。

在数据处理方面，近年来，对数据进行实时处理的流处理获得了人们越来越多的关注。数据的实时处理是一个很有挑战性的工作，数据流本身具有持续达到、速度快且规模巨大等特点，数据的价值会随着时间的流逝而不断减少，此外，很多数据涉及用户的隐私无法进行存储。因此通常不会对所有的数据进行永久化存储，而且数据环境处在不断变化中，系统很难准确掌握整个数据的全貌。流处理技术应运而生。

当前得到广泛应用的系统多数为支持分布式、并行处理的流处理系统，代表性的商用软件包括 IBM 的 StreamBase 和 InfoSphere Streams，开源系统则包括 Twitter 的 Storm、Yahoo 的 S4 等。

（三）数据存储

大数据存储和计算技术是整个大数据系统的基础。在大数据环境下，为保证高可

[①]　系统日志是记录系统中硬件、软件和系统问题的信息，同时还可以监视系统中发生的事件。用户可以通过它来检查错误发生的原因，或者寻找受到攻击时攻击者留下的痕迹。包括系统日志、应用程序日志和安全日志三种类型。——百度百科

[②]　网络爬虫（web crawler），是一种按照一定的规则自动抓取互联网网页信息的计算机程序。——维基百科

用、高可靠和经济性，往往采用分布式存储方式来存储数据，采用冗余存储的方式来保证存储数据的可靠性，即为同一份数据存储多个副本。大数据存储系统主要包括分布式存储系统、数据仓库与非关系型数据库（NoSQL）三大类型。

1. 分布式存储系统。分布式存储系统采用数据存储服务器分散分布的思路，该设计思路有利于分布式存储系统的可扩展性和灵活性。社交网络的流行导致大量非结构化数据出现，传统处理方法难以应对，数据库技术开始不断发展，2005 年分布式系统基础架构 Hadoop 诞生。分布式存储系统包括分布式数据库和分布式文件系统。

分布式数据库（DDBS）是用计算机网络将物理上分散的多个数据库单元连接起来组成的一个逻辑上统一的数据库。每个被连接起来的数据库单元称为站点或节点。分布式数据库由一个统一的数据库管理系统来进行管理，称为分布式数据库管理系统。

分布式数据库的基本思想是将原来集中式数据库中的数据分散存储到多个通过网络连接的数据存储节点上，以获取更大的存储容量和更高的并发访问量。随着数据量的高速增长，分布式数据库技术也得到了快速发展，传统的关系型数据库开始从集中式模型向分布式架构发展，基于关系型的分布式数据库在保留了传统数据库的数据模型和基本特征下，从集中式存储走向分布式存储，从集中式计算走向分布式计算。

分布式文件系统（DFS）是指文件系统管理的物理存储资源不一定直接连接在本地节点上，而是将大规模数据用文件形式保存在不同存储节点中，并用分布式系统进行管理。其技术特点是将大的任务分解为多个小任务，通过让多个处理器或多个计算机节点参与计算来解决问题。

分布式文件系统对存储的数据格式并无苛刻的要求，数据可以是非结构化或其他类别。分布式文件系统能够支持多台主机通过网络同时访问共享文件和存储目录，每个服务器都具备对数据的访问能力，使多台计算机上的多个用户共享文件和存储资源。分布式文件系统架构更适用于互联网应用，能够更好地支持海量数据的存储和处理。

目前典型的分布式文件系统产品有 GFS（谷歌文件系统）、HDFS（Hadoop 分布式文件系统）等。与传统的系统相比，GFS/HDFS 将计算和存储节点在物理上结合在一起，从而避免在数据密集计算中的吞吐量制约，其分布式架构能达到较高并发访问能力。

2. 数据仓库。数据仓库适合于存储关系复杂的数据模型（如企业核心业务数据），适合进行一致性与事务性要求高的计算，以及复杂的 BI（商业智能）计算。这类数据库以列式存储或大规模并行处理系统（MPP）技术为代表。

列式存储将数据按行排序，按列存储，将相同字段的数据作为一个列族来聚合存储。当只查询少数列族数据时，列式数据库可以减少读取数据量，减少数据装载和读入读出的时间，提高数据处理效率。

MPP 系统由许多处理单元组成。每个单元内的中央处理器（CPU）都有其私有资源，如总线（信息传输线）、内存（内部存储器）、硬盘（外部存储器）等。在每个单元内都有操作系统和管理数据库的副本。这种结构最大的特点在于不共享资源。MPP

是将任务并行分散到多个服务器（也称伺服器，计算服务设备）和节点（连接点，终端设备）上，在每个节点上计算完成后，将各部分的结果汇总在一起得到最终的结果。

3. 非关系型数据库。相比传统的关系型数据库，非关系型数据库（NoSQL）具有可以进行高并发读写、高效率存储和访问、高可扩展性和高可用性、较低成本等突出优势。NoSQL 使得数据库具备了非关系、可水平扩展、可分布和开源等特点，为非结构化数据管理提供支持（见专栏 2.2）。NoSQL 技术大多应用于互联网行业。目前谷歌（Google）的 BigTable 和亚马逊（Amazon）的 Dynamo 使用的就是 NoSQL。

（四）数据分析

大数据分析是指利用不断发展的大数据技术，提高对数据的筛选、加工和分析能力，以获取有价值的信息。常用的大数据分析包括：可视化分析、数据挖掘算法、预测性分析、语音引擎、数据质量管理。

1. 可视化分析。可视化分析是一种分析仪，可辅助人工操作将数据进行关联分析[1]，并做出完整的分析图表。可视化分析能够直观地呈现大数据的特点，同时能够非常容易被用户所接受，就如同看图说话一样简单明了。

可视化的结果可以是静态的，存储在大数据框架提供者中供以后访问。更多的情况下，可视化活动经常要与数据消费者、大数据分析活动以及大数据提供者的处理框架和平台进行交互，这就需要基于数据消费者设置的数据访问参数来提供交互式可视化手段。可视化活动可以完全由应用程序实现，也可以使用大数据框架提供者提供的专门的可视化处理框架实现。

2. 数据挖掘算法。数据挖掘，是对大规模数据进行自动或半自动分析，以提取未知有价值的潜在信息，如数据分组、数据异常记录和数据之间的关系。这通常涉及数据库技术，如空间索引。这些潜在信息可通过对输入数据处理之后的总结来呈现，之后可以用于进一步分析，比如机器学习和预测分析。举个例子，进行数据挖掘操作时可能要把数据分成多组，然后可以使用决策支持系统以获得更加精确的预测结果。

数据挖掘算法是大数据分析的理论核心。其实质是利用各种统计方法基于不同的数据类型和格式以科学呈现数据本身具备的特点，深入数据内部，挖掘出可利用价值。数据挖掘可以更快速地处理大数据，如果一个算法得花上好几年才能得出结论，那么大数据的价值也就无从说起了。

3. 预测性分析。大数据分析最重要的应用领域之一就是预测性分析，从大数据中挖掘出特点，通过科学建立模型，之后便可以通过模型代入新的数据，从而预测未来的数据。

4. 语义引擎。语义引擎是语义网时代的搜索引擎，是语义技术最直接的应用，它从词语所表达的语义层次上来认识和处理用户的检索请求。非结构化数据的多元化给

---

① 关联分析是一种简单、实用的分析技术，就是利用统计相关分析方法，发现存在于大量数据中的关联性或相关性，从而描述一个事物中某些属性同时出现的规律和模式。关联分析在数据挖掘领域也称为关联规则挖掘。——百度百科

数据分析带来了新的挑战，需要一套工具系统去分析、提炼数据，从数据中提取信息。

5. 数据质量管理。数据质量管理是指为了满足信息利用的需要，对信息系统的各个信息采集点进行规范，包括建立模式化的操作规程、原始信息的校验、错误信息的反馈、矫正等一系列过程。数据管理是利用计算机硬件和软件技术对数据进行有效的收集、存储、处理和应用的过程。其目的在于充分有效地发挥数据的作用。实现数据有效管理的关键是数据组织。高质量的数据和有效的数据管理，无论是在学术研究中还是在商业应用领域，都能够保证分析结果的真实和价值。

（五）结果展现

大数据经过分析处理，对结果进行可视化呈现。大数据场景下，结果展现更加注重交互式和可视化，主要形式有报表、图形化、选择性查询等。经大数据系统处理后的结果直接体现了数据的价值，但也框定了仅对特定需求存在价值，数据所有者应当对计算结果进行评估，评估其有效性、可用性，如有必要，进行相应的优化调整。同时应采取必要的安全策略，如访问控制、认证授权等，对分析结果进行保护。

第三节　大数据应用概况及其未来趋势

大数据可以广泛应用于自然、社会、商务、金融、通信等领域。大数据技术的广泛应用为个人数据保护带来了新的挑战，大数据的深度应用需要克服技术与制度瓶颈。

一、大数据应用概况

作为互联网、云计算、物联网、移动互联之后 IT 产业又一次颠覆性的技术变革，大数据已经在政府公共管理、医疗服务、零售业、制造业、服务业以及资源环境等领域得到了广泛应用，并产生了巨大的社会价值和产业空间。

（一）大数据应用的概念与特征

大数据应用是指大数据技术在自然科学领域与社会经济领域中的应用。大数据应用有着十分不同于传统数据应用的特点。[①] 传统数据应用主要集中在对业务数据的统计分析，作为系统或企业的辅助支撑，应用范围以系统内部或企业内部为主，如各类统计报表、展示图表等。伴随着各种随身设备、物联网和数据技术的发展，数据内容和数据格式多样化，数据颗粒度[②]也越来越细，随之出现了分布式存储、分布式计算、流处理等大数据技术，各行业基于多种甚至跨行业的数据源相互关联探索更多的应用场景，同时更注重面向个体的决策和应用的时效性。因此，大数据的数据形态、处理技

---

① 参见中国信息通信研究院发布的《大数据白皮书（2016 年）》。
② 数据颗粒度，用于表示数据集构成的最小单元。数据颗粒度主要针对指标数据的计算范围，如人口这个数据项在填表时是以街区为范围还是以社区为范围统计的。数据颗粒度好是指数据很少或者没有混合内容。——百度百科

术、应用形式构成了区别于传统数据应用的大数据应用。

不同领域的大数据应用有不同的特点，表2-1列举了若干具有代表性的大数据应用及其特征。

表2-1　　　　　　　　　　　　若干具有代表性的大数据应用及其特征

应用领域	例证	用户数	反应时间	数据规模	可靠度	精确度
自然科学 计算	生物信息	小量	慢	TB	一般	很高
金融	高频交易	大量	很快	GB	很高	很高
社交网络	脸书	很大	快	PB	高	高
移动数据	移动电话	很大	快	TB	高	高
物联网	传感网	大	快	TB	高	高
网页数据	新闻网页	很大	快	PB	高	高
多媒体	视频网站	很大	快	PB	高	一般

（二）行业大数据应用概况

在行业与企业层面，大数据在各个领域的应用持续升温。据高德纳2015年的调研，全球范围内已经或未来2年计划投资大数据应用的企业比例达到76%，比2014年增长3%。中国信息通信研究院2015年的调查显示，中国的受访企业中有32%的企业已经实现了大数据应用，另有24%的企业正在部署大数据平台。

在行业分布上，中国信息通信研究院的调查显示，大数据应用水平较高的行业主要分布在互联网、电信、金融行业，一些传统行业的大数据应用发展较为缓慢，批发零售业甚至有超过80%的企业并没有大数据应用计划，远低于整体平均水平。

整体来看，大数据应用尚处于从热点行业领域向传统领域渗透的阶段。虽然大数据在其他行业如工业、零售业、农业的应用场景也非常多，但是大数据应用尚处于初步阶段，受制于数据获得、数据质量、体制机制、法律法规、社会伦理、技术成本等多方面因素，实际成果还需要时间检验。

在功能目标上，各行业对大数据处理和分析的应用，核心仍在用户需求。对于企业而言，使用大数据可以更全面地了解客户偏好和需求；通过这种深入的了解，各类型企业均可以找到新的方式与现有客户和潜在客户交互。除了实现以客户为中心的目标，其他功能目标也可以通过大数据的尽早应用而实现。例如，高德纳调查显示，18%的受访者认为运营优化是其目标，四分之三的受访者称，业务需求处理也是重要目标，多数企业正在扩建能够对即时业务需求响应的优化数据和分析基础架构。

（三）政府大数据发展应用概况

由于大数据作用巨大，应用广泛，面对大数据的迅猛发展，国际经济组织与跨国别地区组织着手构建原则性概念框架；不少国家将大数据产业提升为国家战略，期望通过建立大数据竞争优势，巩固或获得在该领域的领先地位。

在国际层面，以美国、英国为首的一些发达国家，以及联合国、世界经济论坛、欧盟等国际组织，都已从政府和组织层面将大数据发展提升到战略高度。2011 年 9 月 20 日，美国、英国、挪威、墨西哥、印度尼西亚、菲律宾、巴西、南非八国发起成立"开放政府联盟"，发布了《开放政府宣言》，目前全球已经有超过 60 个国家加入该联盟，开放互联网、开发大数据、造福全社会已经成为国际社会政务信息化的主流声音。2011 年，欧盟发布《开放数据：创新、增长和透明治理的引擎》后，又出台了《数据驱动经济战略》，着力开展对开放数据、云计算、数据价值链等关键领域的研究。2016 年 9 月《G20 数字经济发展与合作倡议》的发布，指明了全球大数据的发展方向，为数据应用开拓出新领域。

在国家层面，2012 年美国发布《大数据研究与发展计划》，随后英国、澳大利亚、日本等国家相继发布大数据相关政策，旨在推动国家基础建设、公共政策、数据共享。美国政府 2012 年 3 月发布《大数据研究发展倡议》，将大数据提升为国家战略性资源，开启大数据战略时代。2014 年美国发布《大数据：把握机遇，守护价值》，再次重申要把握大数据可为经济社会发展带来创新动力的重大机遇，同时也要高度警惕大数据应用所带来的隐私、公平等问题，以积极、务实的态度深刻剖析可能面临的治理挑战。2016 年 5 月，美国政府发布《联邦大数据研究与开发战略计划》，围绕人类科学、数据共享、隐私安全等七个关键领域，部署推进大数据建设的相关计划。

英国、澳大利亚、日本、韩国等国家也相继推出了以开放、融合、创新为特征的新一轮信息技术革命推进政策。英国商务、创新和技能部在 2013 年 10 月发布《英国数据能力发展战略规划》，对数据能力的定义和优化进行了系统的研究和指导，以大数据分析为突破点提高国家和社会的大数据研究应用水平。2017 年 3 月，英国政府在发布《数字战略（2017）》时提出七大目标及相应举措。一是打造世界一流的数字基础设施，二是使每个人都能获得所需的数字技能，三是成为最适合数字企业创业和成长的国家，四是推动每一个企业顺利实现数字化智能化转型，五是拥有最安全的网络安全环境，六是塑造平台型政府，为公众提供最优质的数字公共服务，七是在充分释放各类数据的潜能的同时解决好隐私和伦理等问题。澳大利亚于 2011 年 5 月和 2013 年 8 月先后发布了《国家数字经济战略报告》与《公共服务大数据战略》，为国家大数据战略发展确立了基本原则与政策指导。日本则于 2012 年 7 月发布《面向 2020 年的 ICT 综合战略》，又于 2013 年出台新 IT 战略——《创建最顶尖 IT 国家宣言》，以大数据应用开发为主要战略方向，通过新技术革命带动 IT 产业与传统产业的协调发展，助力地区联动、民本高效、安全开放的高水平信息社会建设。2013 年 12 月，韩国多部门联合发布《大数据产业发展战略》，将发展重点集中在大数据基础设施建设和大数据市场创造上。2015 年，在发布的《K‒ICT》战略中，韩国将大数据产业定义为九大战略性产业之一，目标是使韩国跻身世界大数据三大强国。2016 年底，韩国发布以大数据等技术为基础的《智能信息社会中长期综合对策》，以积极应对第四次工业革命的挑战。

各国政府也高度重视大数据领域的研究和探索，并从国家战略层面推出研究规划以应对其带来的挑战。2012年3月，美国奥巴马政府投资2亿美元启动"大数据研究和发展计划"，致力于提高从大型复杂数据集中提取知识和观点的能力，并服务于能源、健康、金融和信息技术等领域的高科技企业；同年，美国国家科学基金会（NSF）与国家卫生研究院（NIH）联合推出"促进大数据科学与工程的核心技术"项目，旨在促进对大规模数据集进行管理、分析、可视化并从中提取有用信息的核心科学技术的发展。英国政府则宣布了一项价值1.89亿英镑的大数据发展计划，意在推动大数据在商业、医疗、农业和科学研究等方面的应用；法国政府发布"数字路线图"，计划投资1000多万欧元用于支持包括大数据在内的7个尖端领域的研究；澳大利亚联邦政府推动公共行业利用大数据分析进行服务改革等。

我国政府高度重视现代信息技术，尤其是大数据对社会经济发展的深刻影响。2014年政府工作报告中明确提出，要设立新兴产业创业创新平台，在大数据、云计算等方面赶超先进，引领未来产业发展。2015年3月5日，第十二届全国人大三次会议上，李克强总理在政府工作报告中首次提出"互联网＋"行动计划，推动大数据研究与应用。2015年8月31日，国务院颁发《关于印发促进大数据发展行动纲要的通知》，提出了中国大数据发展整体战略规划，明确了我国大数据发展的总体目标、任务和政策机制。2016年12月出台《大数据产业发展规划（2016—2020年)》。

国务院常务会议多次专题研究部署推进互联网、大数据等新兴产业的快速发展，科技部、国家发展改革委、工业和信息化部等部委在科技和产业化专项中对新一代信息技术给予重点支持，在推进技术研发方面取得了积极效果。

2016年以来，关于电子政务、政务信息、政务系统的相关文件相继出台，循序渐进、有条不紊地指导政府大数据的有序发展。特别是2017年起，"加快国务院部门和地方政府信息系统互联互通，形成全国统一政务服务平台""深入推进'互联网＋'行动和国家大数据战略"等要求陆续提出，为政府信息化建设提供了新的商业机遇和建设方向。

在国家顶层设计的倡导和推动下，各级地方政府高度重视互联网、大数据、云计算等新兴产业发展。2014年2月，广东省率先提出设立广东省大数据管理局，并正式公布了《广东省大数据发展规划（2015—2020年)》，为大数据产业发展注入了强大动力。上海、北京等地率先推出了政府数据资源开放共享网络平台，整合本地区数十个部门的政务大数据资源，向全社会开放共享，为企业和个人开展政务信息资源的社会化开发利用提供数据支撑。贵州省提出建设"数字贵州"计划，力争成为全国首个基于云计算建成省级政府数据共享平台的省份。"数字贵州"系统将通过对大数据的综合分析，上至城市治理，下至民生事务。重庆、内蒙古、陕西、湖北等地都提出了建设大数据和云计算产业基地的计划，力图将新兴产业培育成本地的支柱产业。时至今日，大数据已经不再是一城一地的专属名片，包括北京、上海、广州、深圳、杭州在内的一线城市及大多数二线城市都在大数据和人工智能上发力，将大数据作为城市规划的重点。在全国范围内，目前已基本建成覆盖省、市、县的政务网络，绝大多数政府机构的核心业务都有数据库支撑。

根据国家政策方针，政府相关部门和机构积极开展大数据领域的研究、探索和实践。2014年6月，中国电子技术标准化研究院发布《大数据标准化白皮书》，从应用、技术、产业、标准等角度，勾画出大数据发展的整体轮廓，探索从应用、技术、产业等维度综合分析大数据标准化工作需求。2015年4月，国家发展改革委正式成立了互联网大数据分析中心，在部委中首个成立了专门的大数据分析中心，启动大数据的部委级应用。2015年7月，国家自然科学基金委员会启动"大数据驱动的管理与决策研究"重大研究计划项目；2017年5月，中国首部《大数据蓝皮书：中国大数据发展报告No.1》正式出版发行，提出了我国大数据发展的进一步建议。目前，其他政府部门都已建立自己的大数据中心。

总的来看，我国在大数据发展和应用方面已具备一定基础，拥有市场优势和发展潜力，但也存在政府数据开放共享不足、产业基础薄弱、法律法规建设滞后、创新应用领域不广、数据安全与隐私保护不足等问题。

对比世界各国的大数据发展战略可以发现三个共同点：一是政府全力推动，同时引导市场力量共同推进大数据发展；二是推动大数据在政用、商用和民用领域的全产业链覆盖；三是在重视数据资源开放和管理的同时，全力抓好数据安全问题。

二、大数据发展的未来趋势

经过10多年的发展，大数据从辅助到引领，从热点到支点，已经成为所有新旧技术、新旧商业模式、社会经济管理的共同基础。根据中国信息通信研究院、大数据发展促进委员会、中国计算机学会大数据专家委员会、IDC和高德纳等多家国内外知名信息技术研究机构的研究报告，未来几年，大数据发展与应用可能呈现以下趋势：

（一）技术创新

1. 数据分析技术

（1）速度更快。由于应用不同导致Hadoop一套软件系统不可能满足所有需求，在全面兼容Hadoop的基础上，Spark通过更多地利用内存处理大幅提高系统性能。此外，Scribe、Flume、Kafka、Storm、Drill、Impala、TEZ/Stinger、Presto、Spark/Spark SQL等的出现并不是取代Hadoop，而是扩大了大数据技术生态环境，促使生态环境向良性和完整发展。今后在非易失存储层次、网络通信层次、易失存储层次和计算框架层次还会出现更多、更好和更专用化的软件系统。

（2）流处理加强。Spark提供了一套底层计算引擎来支持批量、SQL分析、机器学习[1]、实时和图处理等多种能力，但本质上属小批架构，在流处理要求越来越高的现在，Spark Streaming受到Flink激烈的竞争。

（3）硬件变化和硬件能力挖掘。大数据技术体系本质上是数据管理系统的一种，

---

[1] 人工智能内容，详见第四章讨论。

受到底层硬件和上层应用的影响。当前硬件芯片发展从 CPU 单核到多核演变转化为向 GPU、FPGA、ASIC 等多种类型芯片共存演变。

（4）SQL 支持。从 Hive 诞生起，Hadoop 生态就在积极向 SQL 靠拢，主要从兼容标准 SQL 语法和性能等角度不断优化，层出不穷的 SQL on Hadoop 技术参考了很多传统数据库的技术。而 Greenplum 等 MPP 数据库技术本身从数据库继承而来，在支持 SQL 和数据精细化操作方面独具优势。

（5）深度学习的支持。深度学习①框架的出现同大数据计算平台形成了新的竞争格局，以 Spark 为代表的计算平台开始积极探索如何支持深度学习能力，TensorFlow on Spark 等解决方案实现了 TensorFlow 与 Spark 的无缝连接，更好地解决两者的数据传递问题。

2. 事务处理技术——分布式架构。经过多年发展，分布式架构正处在快速演进的阶段，主要分为三类：

（1）基于原有单机处理关系数据库的分布式架构改造。利用原有单机处理数据库的成熟度优势，通过在独立应用层面建立起数据分片（数据分散储存）和数据路由（数据分片后记录存储位置查询路径）的规则，建立起一套复合型分布式数据库架构。系统结构上的解决方案是"应用驱动的大数据架构与技术"。

（2）基于新的分布式数据库的工程设计思路的突破。通过全新设计关系数据库的核心存储和计算层，将分布式计算和分布式存储的设计思路和架构直接植入数据库的引擎设计中，提供对业务透明和非侵入式的数据管理和操作处理能力。

（3）基于新的分布式关系数据模型理论的突破。通过设计全新的分布式关系数据管理模型，从数据组织和管理的核心理论层面，构造出完全不同于传统单机数据库架构，从数据库数据模型根源上解决分布式关系数据库的架构。计算机系统结构，"程序" = "算法" + "数据结构"将逐渐演变成"程序" = "算法" + "数据结构" + "系统结构"。

3. 数据流通技术。数据流通是释放数据价值的关键环节。然而，数据流通也伴随着权属、质量、合规性、安全性等诸多问题，由于数据权属和安全的需要，不能简单地将数据直接进行传送，数据流通过程中需要完成数据确权、控制信息计算、个性化安全加密等一系列信息生产和再造，形成闭合环路。这就催生了数据流通的技术解决方案。

安全多方计算和区块链②是近年来两种新的技术框架。安全多方计算围绕数据安全计算，通过独特的分布式计算技术和密码技术，有区分地、定制化地提供安全性服务，使得各参与方在无须对外提供原始数据的前提下实现了对与其数据有关的函数的计算，解决了一组互不信任的参与方之间保护隐私的协同计算问题。区块链技术中多个计算节点共同参与和记录，相互验证信息有效性，既进行了数据信息防伪，又提供了数据

---

① 深度学习为人工智能的核心内容，详见第四章讨论。
② 详见第五章。

流通的可追溯路径。业务平台中的授权和业务流程的解耦对数据流通中的溯源、数据交易、智能合约的引入有了实质性的进展。

除了以上两种技术框架外，近年来还涌现出多种数据流通技术工具：同态加密、零知识证明、群签名、环签名、差分隐私等。其中，同态加密是指对原始数据进行加密，使得加密数据和原始数据进行相同处理时，结果相同；零知识证明是指证明者向验证者证明一个声明的有效性，而不会泄露除了有效性之外的任何信息；群签名允许群体中的任意成员以匿名方式代表整个群体对消息进行签名，并可公开验证；环签名是一种简化的群签名，环签名中只有环成员，没有管理者，不需要环成员间的合作；差分隐私则是通过添加噪声来达到隐私保护效果。

在技术发展大趋势上，大数据处理多样化模式并存融合，人工智能、大数据、云计算将高度融合为一体化的系统；基于海量知识仍是主流智能模式，数据科学、机器人和人工智能、智能计算或认知计算合二为一的增强分析将代表数据和分析能力的第三次浪潮，数据科学家可以使用自动算法来探索更多假设和可能。

（二）大数据应用

在应用方面，大数据热点应用领域是医疗保健、智慧城市、金融服务业、电子商务、工业大数据；取得应用和技术突破的数据类型是城市数据、视频数据、语音数据、互联网公开数据以及企业数据、人体数据、设备调控、图形图像。在数据资源流转上，大数据只是存下来已经不能满足需要，只保留大数据而未经验证有效应用的数据会被删除，从大数据中控制价值成为趋势。大数据工具、分析、服务收费越来越受到市场认可：大数据起源于开源，但是随着技术的成熟，大数据开始深入商业场景，包括风控分析、用户推荐、营销闭环等，以纯技术起家的大数据融入商业场景后，开始产生独特的商业价值，更多的企业开始为大数据服务付费。个人、组织和政府更加关注数字道德和隐私，大数据安全和隐私保护成为研究和应用热点。

在经济数字化方面，在大型互联网公司和政府机构的推动下，经济数字化将进一步提速，到 2022 年，逾 60% 的全球 GDP 将都是数字化的，推动 2019—2022 年间与 IT 相关的投资将达到约 7 万亿美元。到 2020 年，估计将有超过 200 亿个连接的传感器和端点，数字孪生将连接数十亿的实体设备。

根据 IDC 的分析，随着数字覆盖面扩大、智能技术广泛普及、应用程序与服务开发爆发式增长、客户期望不断变化、网络环境日趋可信和安全，企业不断释放出"倍增创新"能力，数字化转型已进入升级版，且势头不断增强。在这个技术与商业日新月异的环境中，企业竞相扩大自己的数字化创新能力，以便在迅速数字化的全球经济中提升竞争力，实现繁荣发展。

在 IT 与企业数字化创新方面，2018—2023 年，借助新工具/平台、更多开发者、灵活的方法和大量代码重用，新开发的应用数量将达到 5 亿款，相当于过去 40 年的总和。到 2023 年，75% 的 IT 支出将用于第三代平台技术，因为逾 90% 的企业会建立数字化原生 IT 环境，在数字经济中快速增长。

到 2024 年，新出现的不使用定制脚本的专业开发人员，将使开发者数量增加30％，加速数字化转型。随着企业数字化转型升级，无数新设备相互连接，为企业带来呈指数级增长的数据量。大数据不再是数据科学家的特权，通过各种各样的计算引擎、计算工具，更多的分析人员可以使用大数据做分析。通过数据分析，企业将获得前所未有的深度洞察。数据驱动成为数字化转型时代企业新的制胜法宝。

就国内大数据产业未来发展方向判断，当前我国大数据产业已具备一定基础，并在大数据基础设施建设、数据规模上已经成为名副其实的"数字大国"，大数据开发应用也最具前景和优势，但要实现从"数据大国"向"数据强国"的转变，还面临诸多挑战。[①] 数据开放共享、产业基础、法律法规建设、创新应用领域、数据安全与隐私保护等方面都有待大力提高。特别是，在开放经济中，如何不断完善政府数据开放与信息公开、个人信息保护、数据跨境流动以及数据权属等方面的制度规定，为大数据的持续健康发展提供法律与制度保障还有大量复杂、具体、细致的工作要做。

【本章小结】

1. 大数据也称海量数据，指传统数据处理应用软件不足以处理的大型复杂数据集。

2. 大数据具有海量的数据规模、快速的数据流转、多样的数据类型和价值密度低四大特征。

3. 大数据的作用是在海量数据的基础上，通过计算分析，获得有意义的结果，用于各类决策分析。

4. 适用于大数据的技术，包括大规模并行处理（MPP）数据库、数据挖掘、分布式文件系统、分布式数据库、云计算平台、互联网和可扩展的存储系统等。

5. 大数据分析是指利用大数据技术，提高对数据的筛选、加工和分析能力，以获取有价值的信息。

6. 大数据可以广泛用于自然、社会、通信、商务、金融等领域。

7. 我国在大数据发展和应用方面已具备一定基础，拥有市场优势和发展潜力，但也存在诸多不足与挑战。

【关键概念】

大数据	大数据技术	数据规模	数据类型
结构化数据	非结构化数据	价值密度	数据采集
数据采集方法	数据预处理	数据存储	数据仓库
MPP 数据库	分布式数据库	分布式文件系统	大数据分析
可视化分析	数据挖掘算法	预测性分析	语义引擎

---

① 参见中国信息通信研究院 2018 年发布的《大数据白皮书》。

数据管理　　　　数据质量管理

【思考练习题】

1. 什么是大数据?

2. 大数据的作用有哪些?

3. 大数据技术主要包括哪些类型?

4. 大数据处理的基本要求是什么? 为什么?

5. 什么是大数据分析? 主要包含哪几种方法?

6. 何谓关系型数据库? 何谓非关系型数据库?

7. 简述大数据的基本特征。

8. 简述结构化数据与非结构化数据的区别与联系。

9. 试用图形刻画并用文字说明 MapReduce 框架并行处理方式。

【数据资料与相关链接】

1. 中华人民共和国工业和信息化部, www. miit. gov. cn/newweb/n1146312/index. html。

2. 中国信息通信研究院, http: //www. miit. gov. cn/ http: //www. caict. ac. cn/。

3. 亚马逊大数据分析平台, https: //aws. amazon. com/cn/events/big – data/。

4. IBM 大数据基础设施解决方案, https: //www. ibm. com/it – infrastructure/solutions/big – data。

【延伸阅读】

1. 中华人民共和国国务院. 关于印发促进大数据发展行动纲要的通知 ［EB/OL］. http: //www. ndrc. gov. cn/fzgggz/wzly/zcfg/201509/t20150930 _ 753447. html.

2. 中国信息通信研究院. 大数据白皮书 (2016) ［R/OL］. http: //www. cac. gov. cn/files/pdf/baipishu/dashuju2016. pdf.

3. 中国信息通信研究院. 大数据白皮书 (2018) ［R/OL］. http: //www. cac. gov. cn/wxb _ pdf/baipishu/dashuju2018. pdf.

4. ［英］维克托·迈尔 – 舍恩伯格. 大数据时代——生活、工作与思维的大变革 ［M］. 周涛, 译. 杭州: 浙江人民出版社, 2012.

5. 麦肯锡全球研究院. 大数据: 创新、竞争和生产力的下一个前沿领域［EB/OL］. http: //tjx. ec. zjczxy. cn/files/2013/01.

第三章

云计算

主要内容： 本章首先讨论云计算的概念、工作原理、特点及其用途、大数据与云计算的区别和联系；其次，讨论云计算平台、云计算服务模式与云部署类型、云计算终端；再次，讨论云计算关键技术；最后，讨论云计算发展概况及其应用前景。

学习目标： 掌握云计算的基本概念，明确云计算的作用，清楚大数据与云计算的区别与联系；明白云计算平台、云计算服务模式与云部署类型、云计算终端；理解云计算关键技术内容；了解云计算发展的基本状况和前景。

✒ 引导案例：
两个通俗故事告诉你什么是 "云计算"

大数据与云计算是一对密切相关的概念，但大数据不止于大，而云计算也并非真正为云。下面的两个故事将会告诉我们，云计算原理同公共电网的概念同出一辙，信息时代的 "云计算" 就相当于电气时代的 "公用电网"。有了它，企业自备的数据中心将会成为多余。

故事一：公共电网抛弃了爱迪生

爱迪生一生有 2000 多项发明，但就是这个科技大咖，在新技术面前，也曾惨遭失败：公共电网狠狠地抛弃了他。

1878 年，爱迪生决定开发一种新产品——电灯泡，为了持续地给它供电，他紧跟着又发明了电流表、发电机等，这是一套完整的供电系统：爱迪生灯具公司制造灯泡，爱迪生电气公司制造发电机，爱迪生电线公司生产电线。

然而，爱迪生的产品只支持直流电场。直流电有一个很大的缺陷，那就是不能进行长距离运输。于是，越来越多的个人和企业开始独立发电，来点亮爱迪生的直流灯泡。独立发电使得小型私人电厂遍地开花。由于长期为这些电厂提供设备，爱迪生成立的通用电气公司趁机发了大财。

爱迪生时代已经有了交流电，交流电可以长距离运输，有了这个基础，大量效率低的私人电厂，就能整合成一个 "中央电厂"，通过一根电线，电能就能运输到各处使用。从成本效益考虑，交流电无疑具有比直流电更大的优势。

但爱迪生并不看好这种设想，因为这会断掉他的财路：他的商业兴趣在于，私人电厂越多，他的设备就会卖得越好。按照爱迪生的想法，每个企业或者个人都得自备一个小型发电厂。这个短板被他的崇拜者英萨尔意识到：英萨尔更推崇交流电。所以，在这场战役中，信赖交流电的英萨尔胜出。通过"中央电厂"，英萨尔实现了大规模的公用电网。

如此一来，原先建立私人电厂的企业，就可以避免采购设备昂贵的发电设备。他们只需缴纳电费、接通电源插头就能获得源源不断的电力，而不必关心这些电力来自何方。故事中取代私人发电厂的"公共电网"，就是电气时代的"云计算"。

故事二：信息"公用电网"的诞生

1971年，英特尔公司发明了微型电脑。由于价格低廉，且能够完成各种任务，微型电脑很快取代主计算机，成为公司电脑运算的中心。其后，原来的主计算机被改造成了私人服务器（私人发电站），这些服务器下面连接着许多个人电脑。

爱迪生的灯泡只能搭配直流发电厂，这些个人电脑也只能使用服务器上的程序。这种模式（C/S模式）一直延续至"云计算"面世之前。正如电气时代每个企业都必须自建一个私人发电厂一样，每个企业必须配备一个私人数据中心。

私人发电厂不能实现远距离传输，服务器内的信息也只能在局域网传播。私人电厂只供企业和个人使用，数据中心的信息也只供企业内部使用。2005年2月，Google在俄勒冈州北部买下三十亩地准备建立一个庞大的服务器技术中心。于是，信息的"公用电网"出现了，这就是"云计算"。

在这里，包含着由数万甚至数十万廉价CPU和硬盘组成的服务器，这就是信息时代的"中央电厂"，它把原来企业内部的服务器（私人电厂）整合为一台机器集中处理。自此，企业再不用采购昂贵的设备，不必再培养一支庞大的技术队伍。他们只要有一台连接网络的计算机就行，而不必担心数据存储在什么地方。

"云计算"随后迅速地进入我们的生活。YouTube每月有8亿独立访问用户，但运营这些网站的，往往只有几个人，他们租用亚马逊的服务器提供服务，节省了大批资本投资。

这两个故事关联性很大：电线相当于宽带，电灯泡相当于电脑，私人电厂相当于私人服务器，公用电网就相当于现在的"云计算"。

资料来源：http：//cloud. 51cto. com/art/201205/336882. htm 2/3。

第一节　云计算的概念、工作原理、特点及其用途

云计算是一种以虚拟化技术为基础，以网络为载体的超级计算模式；云计算具有按需分配、弹性配置、弹性收费等特点；大数据支持大数据分析创新，可以帮助用户随时随地从海量数据中获取决策信息。

一、云计算的概念

云计算（cloud computing）有着多种不同的定义。当前比较公认的是美国国家标准

与技术研究院（NIST）的定义：云计算，是一种通过网络按需提供的、可动态调整的计算服务。[1] 其实质是将原本运行在单个计算机或服务器的数据储存、数据处理与数据分析转移到互联网上的大量分布式计算机资源池中，使用者可以按照需要获取相应的计算能力、存储空间和部署软件的一种计算资源的新型利用模式。[2]

　　云计算定义中的"云"是一种比喻，实际上是指一个庞大的网络系统，其间可以包含成千上万台服务器。对于用户（云计算服务需求方）而言，云服务商（云计算服务供应方）[3] 提供的服务所代表的网络元素（服务器、存储空间、数据库、网络、软件和分析）都是看不见的，仿佛被云掩盖。因此，云计算所依托的数据中心软硬件设施即所谓的云。云计算结构如图 3 – 1 所示。

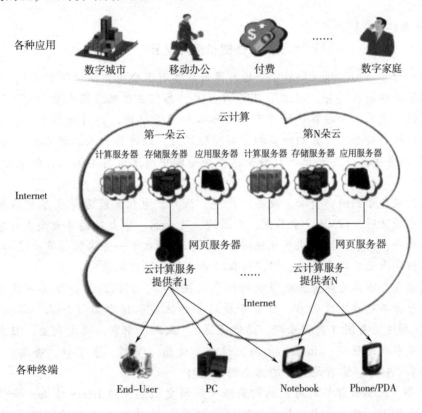

资料来源：http：//www. piac – china. com/2012piac/documents/pdf/27sunxiaobin. pdf。

图 3 – 1　云计算的结构

　　图 3 – 1 形象地刻画了云计算的结构。整个不规则图形代表云，由 N 朵小"云"

---

① Mell，P. and Grance，T. The NIST Definition of Cloud Computing. NIST Special Publication 800 – 145，National Institute of Standards and Technology，Gaithersburg，2011.

② 参见全国信息安全标准技术委员会 2014 年发布的《信息安全技术　云计算服务安全指南》。

③ 云服务商管理、运营、支持云计算的基础设施及软件，通过网络教辅云计算的资源。——《信息安全技术云计算服务安全指南》

组成，每一朵小"云"由各类服务器构成，分属不同的云计算服务提供商，有偿提供基于云的系统平台（指计算机软件运行的系统环境，包括硬件环境和软件环境）、基础结构、应用程序或存储服务（见专栏3.1）；云的顶端为各种应用；底端为各类终端用户（End－User）的各种终端设备：台面电脑（PC）、笔记本电脑（Notebook）、移动电话与掌上电脑（Phone/PDA）。

云计算是继20世纪80年代大型计算机到客户端服务器的大转变之后计算资源的革命性利用模式，在这一模式中，网络用户无须了解"云"中基础设施构成细节，不必具有相应的专业知识，也无须直接进行控制，只需通过网络连接，就可以利用云计算服务。

【专栏3.1】

云服务提供商阿里云

阿里云计算，Alibaba Cloud（全称阿里云计算有限公司，简称阿里云），是一家提供云运算服务的科技公司，创立于2009年9月，为阿里巴巴集团全资所有。阿里云总部位于杭州，在北京和硅谷等地设有研发中心和运营机构，公司致力于以在线公共服务的方式，提供安全、可靠的计算和数据处理能力，让计算和人工智能成为普惠科技。至2018年上半年，公共云IaaS厂商全球市场份额中阿里云排名第三，仅次于AWS和Azure。

阿里云服务于制造、金融、政务、交通、医疗、电信、能源等众多领域的领军企业，包括中国联通、12306、中石化、中石油、飞利浦、华大基因等大型企业客户，以及微博、知乎、锤子科技等明星互联网公司。在天猫双十一全球狂欢节、12306春运购票等极富挑战性的应用场景中，阿里云保持着良好的运行记录。

阿里云在全球各地部署高效节能的绿色数据中心，利用清洁计算为万物互联的新世界提供源源不断的能源动力，目前开展服务的区域包括中国（华北、华东、华南、香港）、新加坡、美国（美国东部、西部地区）、欧洲、中东、澳大利亚、日本。数据中心设置城市或地区有：北京、上海、杭州、青岛、深圳、张家口、香港、新加坡、悉尼、东京、硅谷、弗吉尼亚、法兰克福、迪拜。

2014年，阿里云曾帮助用户抵御全球互联网史上最大的DDoS攻击，峰值流量达到每秒453.8Gb。在Sort Benchmark 2015，阿里云利用自主研发的分布式计算平台ODPS，377秒完成100TB数据排序，刷新了Apache Spark1406秒的世界纪录。在Sort Benchmark 2016排序竞赛CloudSort项目中，阿里云以1.44＄/TB的排序花费打破了AWS保持的4.51＄/TB纪录。

资料来源：百度百科。

二、云计算的工作原理、特点及其用途

（一）云计算的工作原理

云计算的基本原理是，使计算分布在大量的分布式计算机上，而非本地计算机或

远程服务器中。云计算使各种计算、存储和数据服务等信息技术能力实现按需分配、弹性供应。这类似于从旧式单机供电模式转向电网集中供电模式。这意味着计算能力也可以作为一种商品进行流通，就像煤气、水、电一样，取用方便，费用低廉。不同之处在于，水、电、煤气等为有形物质，并通过管道、电线网络传输，这类网络不传送应用，所有应用都是用户自身的责任；云计算通过互联网进行传输，传输对象为抽象的数字信息而非有形物质，且传输的是信息服务应用。并且，电脑运算比发电一类更具模块性，数据存储、处理、传送可分拆成不同的服务，由不同公司提供，减少供应方的垄断。

作为一种利用互联网实现资源实时申请、快速释放的新型计算方式，云计算的目的是帮助用户高效地访问共享资源。其核心理念就是通过不断提高云的处理能力，减少用户终端的处理负担，最终使用户终端简化成一个单纯的输入输出设备，并能按需享受云的强大计算处理能力。

（二）云计算的突出优势

与传统 IT（信息技术）部署架构相比，云计算的突出优势是能够充分发挥集成作用，使分散的信息技术能力实现"集团作战"，大幅提升数据处理能力和资源利用效率，同时还能大幅降低成本。

传统 IT 部署架构是"烟囱式"的"专机专用"系统，如图 3－2 所示。

图 3－2 传统 IT 部署架构

该部署模式主要存在两大问题：

一是硬件高配低用。考虑到应用系统未来 3～5 年的业务发展，以及业务突发需求，为满足应用系统的性能、容量承载需求，往往在选择计算、存储和网络等硬件设备配置时会留有一定比例的余量。但硬件资源上线后，应用系统在一定时间内负载并不会太高，使得较高配置的硬件设备利用率不高。

二是整合困难，部署耗时。用户需要上线新应用系统时，会优先考虑部署在既有基础架构上。但因为不同应用系统所需运行环境、可靠性、稳定性、运维管理存在兼容性问题，将新、旧应用系统整合在一套基础架构上难度非常大。并且一个新应用部署需要历经预算、采购、安装测试、上线等过程，周期长达数周至数月，难以及时响应业务需求。

这种部署模式，造成了每套硬件与所承载应用系统的"专机专用"，多套硬件和应用系统构成了"烟囱式"部署架构，使得整体资源利用率不高，占用过多的机房空间和能源，随着应用系统的增多，IT资源的效率、扩展性、可管理性都面临很大的挑战。

云计算模式通过虚拟化技术将传统IT部署模式中的计算、存储与网络虚拟化，建立相应的资源池，形成云计算架构，这种架构克服了传统架构的局限，可以极大地提高计算资源的利用效率。

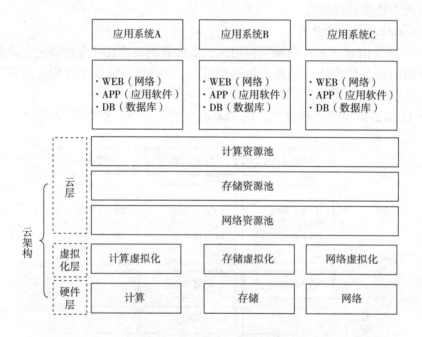

图3-3　云计算基础架构

在云计算模式中，云服务商使用虚拟化、动态迁移和工作负载等技术提升运行资源的利用效率，通过关闭空闲资源组件等降低能耗；多租户共享机制、资源集中共享可以满足多个用户不同时期对资源的峰值要求，避免按峰值需求设计容量和性能而造成的资源浪费，资源利用效率提高可以有效降低云计算服务运营成本，减少信息行业能耗，有助于实现绿色经济。有关测算表明，云计算可使电力、网络带宽、操作、软件及硬件等成本降低5~7倍。

云架构与传统架构的比较如表3-1所示。

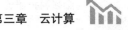

表 3 – 1 云架构与传统架构的比较

项目	传统架构	云架构
资源管理	作业管理系统：为作业找资源，只管理处理器、应用软件	为用户、作业进行动态的资源创建和回收，管理处理器、内存、存储、网络和应用软件
虚拟化	不支持	服务器虚拟化、存储虚拟化、网络虚拟化
用户管理	独立的用户管理系统，用户无法独享资源	统一用户管理，用户可以独享资源
平台支持	无法修改已安装平台，无法动态修改	可以同时支持多种平台，可以动态修改
数据存储	没有备份机制，不支持异构存储	完善的备份、恢复机制，支持异构存储平台
用户使用	无资源审批流程，无法自定义资源配置	审批、拒绝、预留机制，可以自定义资源平台、软件等

（三）云计算的主要特点

1. 资源集成，弹性供给。云计算依赖资源共享以达成规模经济。云服务商将资源（如计算资源、存储资源、网络资源等）集中池化（pool）提供给多个用户使用，这些物理的、虚拟的资源可以根据用户需求进行动态分配或重新分配，将暂时无人租用的资源重新租给其他用户，还可以根据总需求量的变化调整租金。

2. 按需自助服务。云计算可按照多种计量方式（如按次付费或充值使用等）自动控制或量化资源，计量对象可以是存储空间、计算能力、网络带宽或账户数目等。用户可以根据需要快速、灵活、方便地获取和释放计算资源，如自主确定资源占用时间和数量等；用户可以便捷请求（租借）更多资源并随时调整使用量，将不需要的资源释放回整个架构，故用户无须因短暂高峰需求购入大量资源，而仅需在高峰需求时提升租借量，在需求降低时便退租。对于用户来讲，这种资源是"无限"的，能在任何时候获得所需资源量。

3. 方便灵活。使用云计算时，用户只需连接网络，通过浏览器、桌面应用程序或移动应用程序来访问云服务，就能在任何时间、任何地点通过互联网获取计算、存储、网络资源，并按照使用时间或使用量付费。举例来说，如果用户需要新的计算服务，只需连接网络，就能即时获得所需资源，当不再需要时，可以马上释放，停止计费。而传统主机提供商，扩容则可能需要重新签订合同，需要人工参与，耗时数天甚至好几个星期，计费周期至少以月计算。

4. 经济划算，稳健专业。在云计算模式下，用户不需要购买和配置大量计算机、存储设备和应用软件等信息技术资源，可以将硬件和基础设施建设资金投入转变为按需支付服务的资金投入。由于采用云计算不需要建设专门的信息系统，这有助于用户缩短业务建设周期，以专注于业务功能和创新，提升业务响应速度和服务质量，实现业务系统的快速部署。

云计算的资源池化和快速伸缩性特征，使部署在云计算平台上的用户业务系统可动态扩展，满足业务需求资源的迅速扩充与释放，能避免因需求突增而导致客户业务系统异常或中断。如 1000 台服务器工作 1 小时的成本与 1 台服务器工作 1000 小时的成本相当。资源的这种弹性使得用户不必为扩展花费多余的成本，这在 IT 历史上是史无前例的变化。云计算备份①和多副本机制可提高业务系统的稳健性，避免数据丢失和业务中断。

云服务商具有专业技术团队，能够及时更新或采用先进技术和设备，可以提供更加专业的技术、管理和人员支持，使用户能获得更加专业和先进的技术服务。

（四）云计算的主要用途

云计算的主要用途包括但不限于：（1）创建新应用和服务。在任何平台上快速构建、部署和缩放应用程序（Web、移动和 API②）。访问所需资源，帮助满足性能、安全性和符合性要求。（2）构建并测试应用程序。使用可轻松纵向扩展或缩减的云基础结构，降低应用程序开发的成本并节省时间。（3）存储、备份和恢复数据。通过互联网将数据传输到可从任何位置和任何设备访问的离线云存储系统，可降低保护数据的成本（大规模缩放时）。（4）数据分析。在云中跨团队、部门和位置统一数据。然后使用云服务（如机器学习和人工智能）发掘见解，作出更明智的决策。（5）对音频和视频进行流传输。借助全球分布的高清视频和音频，可从任何设备随时随地与受众建立联系。（6）嵌入智能。使用智能模型有助于吸引客户并能从捕获到的数据中发现有价值的见解。（7）按需交付软件。按需交付软件，也称为软件即服务（SaaS），可随时随地为客户提供最新的软件版本和更新。

尽管云计算服务面世仅 10 多年，但其高效、快捷、数据庞大的特点，使之获得了广泛用途。对个人而言，使用在线服务发送邮件、编辑文档、看电影或电视、听音乐、玩游戏或存储图片和其他文件时，云计算就是后台支持。通过云计算，用户可以轻松完成创建新应用和服务、存储、备份和恢复数据、托管网站和博客、音视频流传输、按需交付软件、数据分析预测等任务。众多组织（从小型初创公司到全球企业、政府机构、非营利组织）出于各种原因都积极采用了这项技术。谷歌搜索引擎就是云计算的成功应用之一。

三、大数据与云计算的区别和联系

大数据与云计算是两个不同的概念，二者既互相区别又相互联系。云计算是硬件资源的虚拟化，而大数据是海量数据的高效处理。

从技术上看，大数据与云计算的关系就像一枚硬币的正反面一样密不可分。大数

---

① 备份，为应付文件、数据丢失或损坏等可能出现的意外情况，将电子计算机存储设备中的数据复制到磁带等大容量存储设备中，一旦发生灾难或错误操作，得以恢复系统有效数据。备份可以分为系统备份和数据备份。系统备份，指的是用户操作系统因磁盘损伤或损坏，计算机病毒或人为误删除等原因造成系统文件丢失，从而造成计算机操作系统不能正常引导，因此使用系统备份，将操作系统事先储存起来，用于故障后的后备支援；数据备份，指的是用户将数据包括文件、数据库、应用程序等储存起来，用于数据恢复时使用。——维基百科、百度百科

② API，英文 "Application Programming Interface" 的缩写，意为 "应用程序编程接口" 或 "应用程序接口"，用于向外部系统提供对应用程序平台中可用的丰富业务逻辑和功能的访问权。——IBM

据必然无法用单台计算机进行处理，必须采用分布式计算架构。它的特色在于对海量数据的挖掘，但它必须依托云计算的分布式处理、分布式数据库、云存储和虚拟化技术。

大数据，指的是需要新处理模式才能具有更强的决策力、洞察力和流程优化能力的海量、高增长率和多样化的信息资产。简言之，从各种类型的数据中快速获得有价值的信息的能力，就是大数据技术。

适用于大数据的技术包括大规模并行处理（MPP）数据库、数据挖掘电网、分布式文件系统、分布式数据库、云计算平台、互联网和可扩展的存储系统。

大数据的总体架构包括三层：数据存储、数据处理和数据分析。数据先要通过存储层存储下来，然后根据数据需求和目标来建立相应的数据模型和数据分析指标体系对数据进行分析产生价值。而其间的时效性又通过中间数据处理层提供的强大的并行计算和分布式计算能力来完成。三者相互配合，让大数据产生最终价值。

大数据是信息产业持续高速增长的新引擎。在硬件与集成设备领域，大数据将对芯片、存储产业产生重要影响，还将催生一体化数据存储处理服务器、内存计算等市场。在软件与服务领域，大数据将引发数据快速处理分析、数据挖掘技术和软件产品的发展。

云计算是基于互联网相关服务的增加、使用和交付模式，这种模式提供可用的、便捷的、按需的网络访问，进入可配置的计算资源共享池（资源包括网络、服务器、存储、应用软件、服务），这些资源能够被快速提供，只需投入很少的管理工作，或与服务供应商进行很少的交互。

云计算是硬件资源的虚拟化，通常涉及通过互联网来提供动态易扩展且经常是虚拟化的资源。硬件资源的虚拟化是通过基础设施即服务（IaaS）平台实现的，再加上应用层平台即服务（PaaS）与软件即服务（SaaS）构成提供弹性计算服务的云计算平台。其功能就是为大数据运用提供所需的弹性计算服务。云计算主要应用在云物联、云安全、云存储等领域。

云计算作为计算资源的底层，支撑着上层的大数据处理，而大数据的发展趋势是实时交互式的查询效率和分析能力，借用谷歌一篇技术论文中的话："动一下鼠标就可以在秒级操作 PB 级别的数据"，确实让人兴奋不已。[①]

在更高层面上，大数据、云计算都是隶属于人工智能需要的。大数据、云计算、人工智能三者的关系如图 3-4 所示。

由图 3-4 可见，大数据处理的是数据资源，而云计算担负的是计算能力，二者作为人工智能的基本要素，共同支持着人工智能的核心算法，构成人工智能的技术基础。

---

① 参见 https：//blog. csdn. net/leikun153/article/details/79417951？ utm _ source = copy.

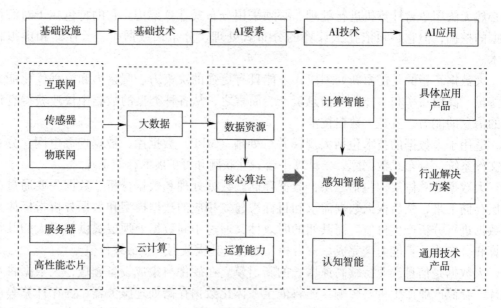

图 3 - 4　大数据、云计算、人工智能的关系

第二节　云计算平台、服务模式与云部署类型

作为一种新型计算服务模式，云计算包括云计算平台、云计算服务模式与云部署类型等主要内容。

一、云计算平台

云计算平台也称为云平台，是指基于硬件的服务，提供计算、网络和存储能力。云平台基础设施的能力具备高度弹性，可以根据需要进行动态扩展和配置。

云平台由物理机器、虚拟机、服务等级协议资源分配器及用户等要素构成。平台架构可分为四层：资源层、虚拟化层、管理层和服务层。

（1）资源层。包括服务器、网络、存储和其他功能，以支持虚拟化层功能。

（2）虚拟化层。包括硬件虚拟化和应用虚拟化，作用是为管理层或者用户准备所需计算和存储等资源。

（3）管理层。主要功能是提供资源管理与负载均衡。资源管理包括：①SLA 监控：对各个层次运行的虚拟机、服务和应用等进行性能方面的监控，以使它们都能在满足预先设定的服务级别协议（Service Level Agreement，SLA）的情况下运行；②计费管理：对每个用户所消耗的资源等进行统计，来准确地向用户收取费用；③安全管理：对数据、应用和账号等信息资源采取全面的保护，使其免受犯罪分子和恶意程序的侵害；④运维管理：主要是使运维操作尽可能地专业和自动化，从而降低云计算中心的运维成本。负载均衡管理目的是通过将流量分发给一个应用或者服务的多个实例来应对突发情况。

（4）服务层。作用是为平台服务，主要包括账户管理、服务目录、部署服务与生成用户报告等功能。

云平台体系结构如图3-5所示。

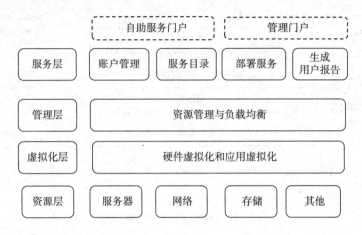

图3-5　云平台体系结构

云计算平台可以分为3类：以数据存储为主的存储型云平台，以数据处理为主的计算型云平台以及计算和数据存储处理兼顾的综合云计算平台。

目前，国际上代表性的云平台有亚马逊云计算AWS（Amazon Web Services）的弹性计算云EC2和简单存储服务S3、IBM蓝云（Blue Cloud）等。

国内云平台包括数据挖掘、海量数据存储和弹性计算等，主要用于中国移动业务支撑、信息管理和互联网应用，代表性的三大平台为BAT（百度、阿里巴巴、腾讯）的百度云、阿里云和腾讯云。

二、云计算服务模式

云平台的功能是提供云计算服务。云计算有三种服务形式：基础设施即服务（IaaS）、平台即服务（PaaS）和软件即服务（SaaS）。因为三者互为构建基础，故也称为云计算堆栈或架构（见图3-6）。

基础设施即服务（IaaS）是通过互联网配置和管理的即时计算基础结构。云计算"基础设施"是承载在数据中心上的，以高速网络（目前主要是以太网）连接各种物理资源（服务器、存储设备、网络设备等）和虚拟资源（虚拟机、虚拟存储空间等）。

基础结构由云计算服务提供商管理，用户无须购买和管理自己的实体服务器和其他数据中心基础结构，只需通过互联网就可以租用到完善的计算机基础设施层（计算、存储和网络带宽等资源）。在使用时，用户以即用即付的方式从服务提供商处租用，如服务器和虚拟机（VM）、存储空间、网络和操作系统。每项资源作为单独服务组件提供，用户只需购买、安装、配置和管理自己的软件（操作系统、中间件和应用程序），根据需要租用特定资源，只为所用内容付费，从而减少开支和简化操作。用户不用理

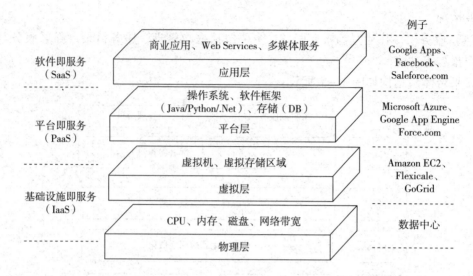

资料来源：https://www.west.cn/。

图 3-6　IaaS、PaaS、SaaS 架构

会云系统底层的基础架构，可以在上面运行软件、存储数据和发布程序。

平台即服务（PaaS）是指云计算服务，它们可以按需提供开发、测试、交付和管理软件应用程序所需的环境。PaaS 旨在让开发人员能够更轻松地快速创建网页或移动应用，而无须考虑对开发所必需的服务器、存储空间、网络和数据库基础结构进行设置或管理。平台通常是应用程序基础架构，如谷歌公司的 Google App Engine 就是这类架构。

软件即服务（SaaS）是通过互联网交付软件应用程序的方法，通常以订购为基础按需提供。使用 SaaS 时，云提供商托管并管理软件应用程序和基础结构，并负责软件升级和安全修补等维护工作。用户通过互联网连接到应用程序；服务供应商以租赁方式提供服务，比较常见的模式是提供一组账号密码，如 Microsoft CRM 与 Salesforce.com。软件即服务（SaaS）用户通过 Internet 租用网络软件来管理企业的经营活动。

三、云部署类型

云部署是指云计算资源的部署方法，可分为三种类型：公共云、私有云、混合云。以即用即付（pay-as-you-go）方式提供给公众计算服务的称为公共云，而不对公众开放的企业或组织内部数据中心的资源称为私有云，公共云和私有云的组合称为混合云。

1. 公共云。公共云（又称公有云），是由第三方提供商提供的云服务。公共云由云提供商完全承载和管理，用户无须购买硬件、软件或支持基础架构，只需为其使用的资源付费即可，云提供商为用户提供价格合理的计算资源（如服务器和存储空间）和快速访问等云服务。在公共云中，所有硬件、软件和其他支持性基础结构均为云提供商所拥有和管理。用户使用网页浏览器访问这些服务和管理自己的账户。公共云并不表示用户数据可供任何人查看，云服务供应商通常会对用户实施使用访问控制机制。

公共云的主要优点是：用户无须支付硬件带宽费用，投入成本低；免费使用或者按照使用服务付费，减少资源浪费；满足需求的扩展性；公共云作为解决方案，既有弹性，又具备成本效益。

公共云的主要缺点是：存在一定的数据安全隐患。

代表性的公有云包括亚马逊的 AWS 与 Amazon S3、微软的 Microsoft Azure、谷歌的 Google Apps 与 Google App Engine、Rackspace 的 Rackspace Cloud 和国内世纪互联的 CloudEx 云快线等。

2. 私有云。私有云是指专供一个企业或组织使用的云计算资源，由单个公司拥有和运营，该公司控制各个业务线和授权组自定义以及使用各种虚拟化资源和自动服务方式。

私有云的主要优点是：数据与程序皆在组织内管理，不会受到网络带宽、安全疑虑、法规限制影响；保障虚拟化私有网络的安全；充分利用现有硬件资源和软件资源。

私有云的主要缺点是：投入成本较高。用户更能掌控云基础架构、改善安全与弹性，因为用户与网络都受到特殊限制。

私有云的典型代表有：IBM 蓝云（Blue Cloud）和 IBM 云爆（IBM CloudBurst），由 VMware、Cisco 和 EMC 组成的 VCE 联盟主推的 Cisco UCS 和 vBlock。已经建设成功的私有云有采用 IBM Blue Cloud 技术的中化云计算中心和采用 Cisco UCS 技术的 Tutor Perini 云计算中心。

3. 混合云。混合云是一种以私有云作为基础，同时结合了公共云的服务策略。在混合云的配置中，公共云和私有云是相互独立的元素，基础架构彼此独立运营；但通过加密连接进行通信，二者之间可以共享数据和应用程序。

互操作性是混合云的基础。混合云包含多个接触点，由共享核心软件服务组成，允许工作负载、资源、平台和应用在各个环境间迁移。

通常，企业选择公共云来访问计算实例、存储资源或其他服务，如大数据分析集群或无服务器计算功能。但是，企业无法直接控制公共云的体系结构，因此，对于混合云部署，企业必须构建其私有云，以实现与所需公共云的兼容性。在混合云模式中，用户通常将非企业关键信息外包，并在公共云上处理，但同时掌控企业关键服务及数据。

混合云的主要优点是：通过允许数据和应用程序在私有云和公共云之间移动，为企业提供更大的灵活性和更多的部署选项；帮助企业降低信息技术成本，提高设备利用效率；提高数据安全性；可根据业务重要程度有选择性地安排工作负载是在公共云还是在私有云执行。

混合云的主要缺点是：投入的硬件和软件资源成本较高。

目前，亚马逊私有云 Amazon VPC 服务能将亚马逊弹性计算云 Amazon EC2 部分计算能力接入到企业防火墙内。

4. 云部署类型的区别与适用对象。公共云和私有云之间的区别在于：一是网络连接不同，公共云是通过互联网来进行连接访问，而私有云是通过企业内部网进行访问；二是公共云的服务对象是最终用户或者是最终用户开发的企业应用，私有云的服务对象是企业内部人员或者是包括供应商和客户在内的企业生态系统用户。

在使用上，公共云模式灵活配置、成本低廉的优点受到中小企业的欢迎，而大型企业更关注解决方案的针对性、信息安全性，对成本相对不敏感，同时银行、电力等行业公共云的部署也受到监管的限制，使得私有云模式更多地得到大型企业采纳。在实际部署中，对数据安全性较敏感的政府部门会以私有云为主要部署模式；银行、电信等大型企业也都会建设自己的私有云；传媒、零售、服务业等轻资产公司倾向于采用公共云。由于混合云可以兼顾私有云和公共云两者的优点，混合云的使用具有扩大的趋势。

四、云计算终端

用户对云计算的使用是借助云计算终端（以下简称云终端）进行的。云终端的概念有广义与狭义之分。从广义上讲，能使用云计算应用的终端都可以叫云终端。而狭义的云终端则指的是专用的云终端设备，它仅具有浏览器功能，用户进行数据处理、存储和程序操作应用都在网络或服务器上完成，不需要进行大量的本地操作。因为PC、手机、PDA 等终端设备大家都已经熟悉，下面侧重介绍专用云终端。

专用云终端（见图 3-7）是基于微软视窗 2000/XP/2003 的视窗终端设备。它是一台不需要 CPU（中央处理器）、硬盘和 CD-ROM（只读光盘）的视窗多用户网络终端设备，可以最大限度地发挥微软视窗计算机潜能。

云终端设计小巧精致，无须升级，安装简便，易于操作，无须主机，一按即用；它运用自身的 VDP（无须客户端代理的虚拟设备）备份技术，远程访问后端服务器主机，并且没有用户数量限制，大大降低成本。云终端也是一款精巧别致的网络计算机，可以架构共享网络计算，以创新成本优势开展业务运行网络。

云终端价格低廉，节电省耗，机身小巧，无须风扇散热，无噪声干扰，低辐射，绿色健康环保；硬件使用周期长，一次投资，长期使用，采用软硬件一体化设计，既利于维护又方便管理；支持外部设备打印机等，USB（通用串行总线）控制开放，故障率极低。

多个云终端可以共用一台主机形成虚拟化解决方案。利用云终端虚拟化解决方案，可以让多位用户不受限制、独立、同时运用一台主

资料来源：https://Fwww.huakeyun.com。

图 3-7 云终端设备示例

计算机的软、硬件资源和所有外部设备资源，即实现一台电脑主机拖（变/转）多个云终端。借助微软视窗操作系统底层的多用户环境设计，每个用户可以拥有完全独立的虚拟桌面环境。不同账号之间的数据和用户设定可以完全隔离。对于用户而言，使用虚拟桌面和 PC 没有任何差异。云终端虚拟化解决方案如图 3 – 8 所示。

资料来源：https：// Fwww. huakeyun. com。

图 3 – 8　云终端虚拟化解决方案

从云计算发展趋势看，云计算架构的发展将会完全颠覆既有的互联网应用模式，云计算会将各种终端应用转变为以互联网为载体、依靠"云"端来完成交付应用。这种应用模式的初衷也正是降低对终端接入设备性能的要求，提高网络交互移动性和便携性，减少企业和用户对终端硬件的投入成本。而这种弱化终端趋势现在更是变得越来越明显。同时，移动通信技术的发展和节能环保政策也将加速终端弱化趋势。

第三节　云计算技术

作为一种商业模式，云计算的核心是虚拟化技术，而实际上支持云计算基础的是计算机系统技术，包括分布式数据存储、数据与平台管理技术、云安全保护等关键技术。

一、云计算技术结构与特点

云计算的核心理念是系统胜于单机，开源优于闭合，基础设施、平台和软件均为服务。据此，所有技术均围绕实现这一功能目的而吸纳采用。

在云计算技术架构中，由数据中心基础设施层与信息通信技术（ICT）资源层组成的云计算"基础设施"和由资源控制层功能构成的云计算"操作系统",是目前云计算相关技术的核心。[1] 云计算"基础设施"以高速网络连接各种物理资源和虚拟资源。而云计算"操作系统"则是对 ICT 资源池资源进行调度和分配。云计算"基础设施"和"操作系统"的构成如图 3-9 所示。

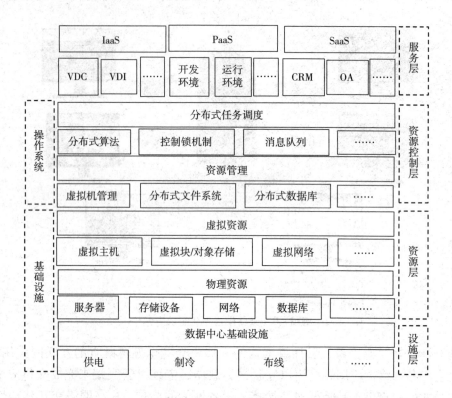

资料来源:根据工业和信息化部电信研究院发布的《云计算白皮书(2012 年)》制作。

图 3-9　云计算"基础设施"和"操作系统"的构成

具体而言,云计算在技术实现方面有以下三个特点:一是用系统可靠性代替网络元素的可靠性,降低对高性能硬件的依赖,如使用分布式的廉价 X86 服务器(见专栏 3.2)[2] 代替高性能计算单元和昂贵的磁盘阵列,同时利用管理软件实现虚拟机、数据热迁移解决 X86 服务器可靠性差问题;二是用系统规模扩展降低对单机能力升级的需求,当业务需求增长时通过向资源池中加入新计算、存储节点的方式来提高系统性能,而不是升级系统硬件,降低了硬件性能升级的需求;三是以资源虚拟化提高系统资源利用率,如使用主机虚拟化、存储虚拟化等技术,实现系统资源的高效复用。

---

① 工业和信息化部电信研究院. 云计算白皮书(2012 年)[R/OL]. http://www.cesi.cn/201612/1677.html.
② X86 服务器及本节相关术语解释均见专栏 3.2.

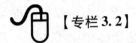

【专栏 3.2】

X86 服务器等相关术语解释

X86 服务器，又称 CISC（复杂指令集）架构服务器，即通常所讲的 PC 服务器，它是基于 PC 机体系结构，使用 Intel（英特尔）或其他兼容 X86 指令集的处理器芯片和微软视窗（Windows）操作系统的服务器。特点是：价格便宜、兼容性好、稳定性较差、安全性不算太高，主要用在中小企业和非关键业务中。

计算单元（Arithmetic Logic Unit），是 CPU 运算器的基本单元，也称运算单元。

磁盘阵列（Redundant Arrays of Independent Drives，RAID），英文意为"独立磁盘构成的具有冗余能力的阵列"。磁盘阵列是由独立磁盘组合而成的磁盘组，目的是利用个别磁盘提供数据所产生的加成效果提升整个磁盘系统的效能。利用这项技术，将数据切割成许多区段，分别存放在各个硬盘上。磁盘阵列在数组中任意一个硬盘发生故障时，仍可读出数据，在数据重构时，将数据经计算后重新置入新硬盘中。

管理软件，也称在线软件，指以企业管理需求为基础，基于 IT 技术，为企业提供数据信息的综合管理软件。随着 IT 技术的发展，越来越多的管理软件出现在公众的面前，包括 ERP、BPM、CRM、HR、PM、KM、OA 等众多内容。

虚拟机（virtual machine）指通过软件模拟的具有完整硬件系统功能的、运行在一个完全隔离环境中的完整计算机系统。流行的虚拟机软件有 VMware（VMWare ACE）、Virtual Box 和 Virtual PC，它们都能在 Windows 系统上虚拟出多个计算机。

热迁移（live migration），又叫动态迁移、实时迁移，即虚拟机保存/恢复，通常是将整个虚拟机的运行状态完整保存下来，同时可以快速恢复到原有硬件平台甚至是不同硬件平台上。恢复以后，虚拟机仍旧平滑运行，用户不会察觉到任何差异。VMware 公司在 2005 年通过虚拟机的迁移代理程序（VMotion）、虚拟中心管理软件（Virtual Center Management）首先进入这一领域。

复用（multiplexing），是通信技术的基本概念，是一种将若干个彼此独立的信号，合并为一个可在同一信道（通信频道）上同时传输的复合信号的方法。比如，传输语音信号的频谱一般在 300 ~ 3400Hz 内，为了使若干个这种信号能在同一信道上传输，可以把它们的频谱调制到不同的频段，合并在一起而不致相互影响，并能在接收端彼此分离开来。

资料来源：百度百科。

二、云计算关键技术

云计算关键技术是抽象、调配和对物理资源与虚拟资源的管理。虚拟资源管理包括资源虚拟化和对虚拟资源的管理。物理资源主要指不适合或不能虚拟化的资源，包括人们能够看到的机架、机框、板卡、插槽、端口等。

（一）虚拟化技术

在计算机领域，虚拟化技术是一种将各种计算及存储资源充分整合和按需高效利用的重要技术。虚拟资源部分不受现有资源的架设方式、地域或物理组态所限制。虚拟化包括系统虚拟化与虚拟化资源管理两部分内容。

1. 系统虚拟化。系统虚拟化有两种形式，一是将一台性能强大的服务器虚拟成多个独立的小服务器，服务不同的用户；二是将多个服务器虚拟成一个强大的服务器，完成特定的功能。虚拟化是将位于下层的软件模块封装或抽象，提供一个物理或软件的接口，使得上层软件可以直接运行在这个虚拟环境中，和运行在原来的环境一样。目的是把物理计算机系统虚拟化为虚拟计算机系统（以下简称虚拟机），以增强系统的弹性和灵活性。

每个虚拟机（VM）都拥有自己的虚拟硬件（CPU、内存、磁盘空间、网络适配器等），来提供一个独立的虚拟机执行环境。每个虚拟机中的操作系统可以完全不同，并且它们的执行环境是完全独立的。系统虚拟化中的虚拟化层称为虚拟机监控器（VMM），实质上是设置于虚拟机和硬件之间的一层监控软件，负责对硬件资源以及各个虚拟机之间进行协调、分配和管理。系统虚拟化的体系结构如图3-10所示。

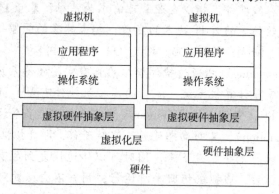

资料来源：中国电子技术标准化研究院发布的《云计算标准化白皮书（2014年）》。

图3-10　系统虚拟化的体系结构

虚拟机（VM）可以看作是物理机的一种高效隔离复制。系统虚拟化需要满足：（1）虚拟机的运行环境和物理机环境在本质上需求是相同的；（2）虚拟机中运行的软件需要具有接近在物理机上直接运行的性能；（3）VMM需要对系统资源有完全控制能力和管理权限，包括资源的分配、监控和回收。任何虚拟机都不能穿越VMM直接控制硬件系统资源。

VMM对物理资源的虚拟化包括：CPU（见专栏3.3）虚拟化、内存虚拟化和I/O虚拟化。CPU虚拟化是VMM中最核心的部分，决定了内存虚拟化和I/O虚拟化的正确实现。CPU虚拟化包括指令的模拟、中断和异常的模拟及注入和对称多处理器技术的模拟。内存虚拟化一方面解决了VMM和客户机操作系统对物理内存认识上的差异，另一方面在虚拟机之间、虚拟机和VMM之间进行隔离，防止某个虚拟机内部的活动影响到其他虚拟机甚至是VMM本身，从而造成安全漏洞。I/O虚拟化主要是为了满足多个客户机操作系统对外围设备的访问需求，通过访问截获、设备模拟和设备共享等方式复用外设。

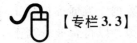

【专栏3.3】

CPU、内存和I/O、HTTP协议术语解释

CPU，即中央处理器，是一块超大规模的集成电路，是一台计算机的运算核心（core）和控制核心（control unit）。它的功能主要是解释计算机指令以及处理计算机软件中的数据。

CPU主要包括运算器（算术逻辑运算单元，Arithmetic Logic Unit，ALU）和高速缓冲存储器（cache）及实现它们之间联系的数据（data）、控制及状态的总线（bus）。它与内部存储器（memory）和输入/输出（I/O）设备合称为电子计算机三大核心部件。

HTTP协议（Hyper Text Transfer Protocol，超文本传输协议）是用于从www服务器传输超文本到本地浏览器的传输协议。它可以使浏览器更加高效，使网络传输减少。它不仅能保证计算机正确快速地传输超文本文档，还能确定传输文档中的哪一部分，以及哪部分内容首先显示（如文本先于图形）等。

HTTP是客户端浏览器或其他程序与Web服务器之间的应用层通信协议。在Internet的Web服务器上存放的都是超文本信息，客户机需要通过HTTP协议传输所要访问的超文本信息。HTTP包含命令和传输信息，不仅可用于Web访问，也可以用于其他因特网/内联网应用系统之间的通信，从而实现各类应用资源超媒体访问的集成。

我们在浏览器的地址栏里输入的网站地址叫作统一资源定位符（Uniform Resource Locator，URL）。就像每家每户都有一个门牌地址一样，每个网页也都有一个Internet地址。当你在浏览器的地址框中输入一个URL或是单击一个超级链接时，URL就确定了要浏览的地址。浏览器通过超文本传输协议（HTTP），将Web服务器上站点的网页代码提取出来，并翻译成漂亮的网页。

资料来源：百度百科。

虚拟化技术可以分为三类：Hypervisor（虚拟机监控程序）模型、宿主模型和混合模型。在Hypervisor模型中，VMM可以看作是一个扩充了虚拟化功能的操作系统，对底层硬件提供物理资源管理功能，对上层客户机操作系统提供虚拟环境的创建和管理功能。与Hypervisor模型不同，宿主模型中，VMM作为宿主操作系统独立的内核模块，物理资源由宿主机操作系统管理，VMM提供虚拟化管理。混合模型中，VMM让出大部分I/O设备的控制权，将它们交由一个运行在特权虚拟机中的特权操作系统来控制。因此，混合模型下CPU和内存的虚拟化由VMM负责，而I/O的虚拟化由VMM和特权操作系统共同完成。

根据对象不同，虚拟化可分为数据虚拟化、桌面虚拟化、服务器虚拟化、操作系统虚拟化、网络功能虚拟化（NFV）等不同类型。

（1）数据虚拟化。数据虚拟化是指将分散来源数据整合为单个来源。实现数据虚拟化后，企业或组织可将数据视为一个动态供应源，进而获得相应的处理能力，可以汇总多个来源的数据，轻松容纳新的数据源，并按用户所需转换数据。数据虚拟化工具处于多个数据源的前端，可将它们化零为整，作为统一的数据源，以符合业务需求的形式，在正确的时间，向任意应用或用户提供所需数据。代表性的数据虚拟化工具有红帽（Ret Hat）JBOSS EAP。

（2）桌面虚拟化。人们常把桌面虚拟化与操作系统虚拟化混淆，实际上，后者允许用户在单台机器上部署多个操作系统，而桌面虚拟化则允许中央管理员（或自动化管理工具）一次向数百台物理机部署模拟桌面环境。不同于需要在每台机器上进行物理安装、配置和更新的传统桌面环境，桌面虚拟化可让管理员在所有虚拟桌面上执行大规模的配置、更新和安全检查。

（3）服务器虚拟化。服务器虚拟化指将服务器物理资源抽象成逻辑资源，让一台服务器变成几台甚至上百台相互隔离的虚拟服务器，不再受限于物理上的界限，而是让 CPU、内存、磁盘、I/O 等硬件变成可以动态管理的"资源池"，从而提高资源的利用率。服务器是用于处理大量特定任务的计算机，这样可让其他计算机（如便携式计算机和台式机）能够执行其他各种任务。对服务器虚拟化，可以让它们执行更多特定功能，并按需要进行分区，以便使用各个组件来运行多种功能。

（4）操作系统虚拟化。操作系统虚拟化在内核中进行，内核则是操作系统的中央任务管理器。这是并行运行 Linux 和 Windows 环境的实用方式。此外，企业还可将虚拟操作系统应用于多台计算机，以实现以下功能：降低批量硬件成本，因为计算机不需要具备很强的开箱即用能力；提高安全性，因为所有虚拟实例都被监控和隔离；节省花费在 IT 服务（如软件更新）上的时间。

（5）网络功能虚拟化（NFV）。NFV 通过使用虚拟化技术将基于软件实现的网络功能与底层硬件解耦（见专栏 3.4），并提供丰富的网络功能与部件，包括路由、内容分发网络、网络地址转换、虚拟专用网络（VPN）、负载均衡、入侵检测防御系统（IDPS）及防火墙等。多种网络功能可以合并到同一硬件或服务器上。NFV 能够使网络操作人员或用户在通用硬件或融合服务平台（CSP）上按需发放或执行网络功能；提供网络功能的自动化和快速服务部署，大幅度降低网络运营支出。

NFV 可以隔离网络的关键功能（如目录服务、文件共享和 IP 配置），并将它们分到各个不同的环境中。一旦软件功能从原先赖以存在的物理计算机上独立出来，特定功能便可以组合成为新的网络，并分配给环境。虚拟化网络可以减少物理组件（如交换机、路由器、服务器、线缆和集线器）的数量，而这些往往是创建多个独立网络所必需的资源，所以这种虚拟化方式在电信行业中使用得尤其广泛。

【专栏 3.4】

耦合与解耦

耦合，是指两个或两个以上的体系或两种运动形式间通过相互作用而彼此影响以至联合起来的现象。

在软件工程中，对象之间的耦合度就是对象之间的依赖性。对象之间的耦合越高，维护成本越高，因此对象的设计应使类和构件之间的耦合最小。

不仅有软硬件之间的耦合，还有软件各模块之间的耦合。耦合性是程序结构中各个模块之间相互关联的度量。它取决于各个模块之间的接口的复杂程度、调用模块的方式以及哪些信息通过接口。

模块间有依赖关系就必然存在耦合，理论上的绝对零耦合是做不到的，但可以通过一些现有的方法将耦合度降至最低。

解耦，字面意思就是解除耦合关系。在软件工程中，降低耦合度即可以理解为解耦。

设计的核心思想：尽可能减少代码耦合，如果发现代码耦合，就要采取解耦技术。让数据模型、业务逻辑和视图显示三层之间彼此降低耦合，把关联依赖降到最低，而不至于牵一发而动全身。原则就是 A 功能的代码不要写在 B 功能的代码中，如果两者之间需要交互，可以通过接口，通过消息，甚至可以引入框架，总之就是不要直接交叉写。

资料来源：《什么是耦合、解耦》，https://blog.csdn.net/shenwansangz/article/details/82284957。

与传统虚拟化不同，云计算虚拟化技术对底层物理基础设施进行抽象创建资源池，并使用调配（和自动化）来协调从资源池分割和分发各种资源到用户。而传统虚拟化仅将资源抽象化，通常缺乏将资源组合并按需分发给用户的调配，而是依赖于手动流程。

虚拟化具有封装与隔离、多实例、硬件无关性、特权功能、动态调整资源等技术特点，这些特点可以为云计算带来诸多好处，主要包括：保证每个用户有安全可信的工作环境，保证较高资源利用率，为服务器合并提供基础，整合异构硬件资源，可实现虚拟机迁移，使资源调度、负载平衡容易实现，进行入侵检测和病毒检测，细粒度的可扩展性。

虚拟化技术起源于 20 世纪 60 年代末美国 IBM 公司开发的 VMM 软件，该软件作为计算机硬件层上面的一层软件抽象层，将计算机硬件虚拟分割成一个或多个虚拟机，并提供多用户对大型计算机的同时、交互访问。它打破了实体结构不可切割的障碍，使用户可以更好的方式来应用这些计算机硬件资源。

2. 虚拟化资源管理。虚拟化资源是云计算最重要的组成部分之一。虚拟化资源可分为虚拟化计算资源和存储资源，两者相互独立，通过虚拟化网络资源连接起来。

虚拟化资源管理是将资源从资源提供方分配到资源用户的过程。其目的是根据用户需求实现虚拟资源（虚拟机、虚拟存储空间等）的自动化生成、分配、回收和迁移，用于支持用户对资源的弹性需求。虚拟化资源管理水平直接影响云计算的可用性、可靠性和安全性。

虚拟化资源管理技术与传统 IT 管理软件的主要区别是实现了虚拟资源的"热迁移"，即在物理主机发生故障或需要进行维护操作时，将运行在其上的虚拟机迁移至其他物理主机，同时保证用户业务不被中断。

虚拟化资源的管理应该满足以下准则：（1）所有虚拟化资源都是可监控和可管理的；（2）请求的参数是可监控的，监控结果可以被证实；（3）通过网络标签可以对虚拟化资源进行分配和调度；（4）资源能高效地按需提供服务；（5）资源具有更高的安全性。[①]

在虚拟化资源管理调度接口方面，表述性状态转移（REST）有能力成为虚拟化资源管理强有力的支撑。REST 实际上就是各种规范的集合，包括 HTTP 协议（见专栏 3.4）、客户端/服务器模式等。

（二）分布式数据存储技术

云计算系统采用分布式方式存储数据，用冗余存储方式保证数据可靠性。分布式数据存储技术包含非结构化数据存储和结构化数据存储。其中，非结构化数据存储主要采用文件存储和对象存储技术，而结构化数据存储主要采用分布式数据库技术，特别是 NoSQL 数据库（见专栏 2.2）。

1. 分布式文件系统。目前主要有 Google 的 GFS 以及 Hadoop 团队的 HDFS，前者开源，后者不开源。

GFS 是一个大规模分布式文件存储系统。GFS 在设计上有以下特点：利用多副本自动复制技术，用软件的可靠性来弥补硬件可靠性的不足。将元数据[②]和用户数据分开，用单点或少量的元数据服务器进行元数据管理，大量的用户数据结点存储分块的用户数据，规模可以达到 PB 级。面向一次写多次读的数据处理应用，将存储与计算结合在一起，利用分布式文件系统中数据的位置相关性进行高效的并行计算。

GFS/HDFS 非常适于进行以大文件形式存储的海量数据的并行处理，但是，当文件系统的文件数量持续上升时，元数据服务器的可扩展性面临极限。以 HDFS 为例，它只能支持千万级的文件数量，如果用于存储互联网应用的小文件则有困难。在这种应用场景面前，分布式对象存储系统更为有效。

2. 分布式对象存储系统。分布式对象存储系统的特点是在数量增长时可以更有效地将元数据平衡地分布到多个节点上，提供理论上的无限可扩展性。

相对于分布式文件系统，在支撑互联网服务时，分布式对象存储系统具有如下优势：相对于文件系统的复杂 API，分布式对象存储系统仅提供基于对象的创建、读取、更新、删除的简单接口，在使用时更方便而且语义没有歧义。

亚马逊的 S3 就属于分布式对象存储服务。S3 通过基于 HTTP REST 接口进行数据访问，按照用量和流量进行计费，其他的云服务商也都提供了类似的接口服务。很多互联网服务商，如脸书等也都构建了对象存储系统，用于存储图片、照片等小型文件。

3. 分布式数据库管理系统。在云计算环境下，大部分应用不需要支持完整的 SQL

[①] 参见工业和信息化部电信研究院发布的《云计算白皮书（2012 年）》。

[②] 元数据（metadata），又称中介数据、中继数据，为描述数据的数据（data about data），主要是描述数据属性（property）的信息，用来支持如指示存储位置、历史数据、资源查找、文件记录等功能。——百度百科

语义，而只需要 Key – Value 形式或略复杂的查询语义。在这样的背景下，进一步简化的各种 NoSQL 数据库成为云计算中的结构化数据存储的重要技术。

Google 的 BigTable 是一个典型的分布式结构化数据存储系统。在表中，数据是以"列族"为单位组织的，列族用一个单一的键值作为索引，通过这个键值，数据和对数据的操作都可以被分布到多个节点上进行。

在开源社区中，Apache HBase 使用了和 BigTable 类似的结构，基于 IIadoop 平台提供 BigTable 的数据模型，而 Cassandra 则采用了亚马逊 Dynamo 的基于 DHT 的完全分布式结构，实现更好的可扩展性。

（三）数据与平台管理技术

1. 系统数据管理技术。云计算需要对分布的、海量的数据进行处理、分析，因此，数据管理技术必须能够高效地管理大量的数据。云计算系统中的数据管理技术主要是谷歌的 BT（BigTable）数据管理技术和 Hadoop 团队开发的开源数据管理模块 HBase。

2. 并行计算技术。并行计算模型是提高海量数据处理效率的常用方法。基本理念是把海量数据分布到多个节点（通常是廉价不可靠的 PC 机）上，将计算并行化，利用多机的计算资源，加快数据处理速度。

云计算下的并行处理需要考虑以下关键问题：（1）任务划分，使得任务能更加优化地被分解和并行执行；（2）任务调度，操作尽量本地化，以保证在网络资源有限的情况下，最大限度地将计算任务在本地执行，减少通信开销；（3）自动容错处理机制，保证在节点失效的情况下处理任务仍然能够正确地执行。

常用的并行计算模型主要包括两类：一类是面向高性能计算的，如 MPI（Message Passing Interface）模型；另一类是面向互联网数据密集型应用的并行编程模型，如 Google 的 MapReduce 模型（见第二章相关内容）、微软的 Dryad 模型。第二类并行计算模型更适用于云计算环境。

其中，MapReduce 是谷歌开发的 Java、Python、C + + 编程模型，它是一种简化的分布式编程模型和高效的任务调度模型，用于大规模数据集（大于 1TB）的并行运算。严格的编程模型使云计算环境下的编程十分简单。MapReduce 模型的思想是将要执行的问题分解成映射（map）和化简（reduce）的方式，先通过映射程序将数据切割成不相关的区块，分配（调度）给大量计算机处理，达到分布式运算的效果，再通过化简程序将结果汇整输出。通过这项技术，远程云服务供应商可以在数秒之内，处理数以千万计甚至亿计的信息，达到和"超级电脑"同样强大性能的网络计算服务。

微软的 Dryad 模型可以使开发人员能够在 Windows 或者 Net 平台上编写大规模的并行应用程序模型，并能够使单机编写程序在分布式并行计算平台上轻易运行，程序员可以利用数据中心的服务器集群对数据进行并行处理，当程序开发人员操作数千台机器时，无须关心分布式并行处理系统方面的细节。同 MapReduce 一样，Dryad 不仅仅是一种编程模型，同时也是一种高效的任务调度模型。Dryad 编程模型不仅适用于云计算，在多核和多处理器以及异构机群上同样有良好的性能。

3. 云计算平台管理技术。云计算资源规模庞大，服务器数量众多并分布在不同的地点，同时运行着数百种应用，如何有效管理这些服务器，保证整个系统提供不间断的服务是巨大挑战。云计算系统的平台管理技术能够使大量的服务器协同工作，方便地进行业务部署和开通，快速发现和恢复系统故障，通过自动化、智能化的手段实现大规模系统的可靠运营。

云计算三种部署模式对平台管理的要求大不相同。对于用户而言，由于企业对于 ICT 资源共享的控制、对系统效率的要求以及 ICT 成本投入预算不尽相同，企业所需要的云计算系统规模及可管理性能也大不相同。因此，云计算平台管理方案要更多地考虑到定制化需求，能够满足不同场景的应用需求。

云管理平台（CMP）是一种集成软件，可以为云环境中运行的工作负载提供出色的服务质量、安全性和可用性。各种 CMP 产品在平台成熟度、架构复杂性和功能等方面存在很大区别。它至少应该提供：对系统的直接用户访问，自助服务功能和界面，工作流程引擎，自动化供应，计量和计费功能。更多高级功能包括性能和容量管理、私有和公有 IaaS 产品之间的互操作性、外部云连接和管理、应用生命周期支持、后端服务目录及与外部企业管理系统的集成。

CMP 解决方案代表性供应商有谷歌、IBM、微软、甲骨文等。现在，Hadoop、OpenStack、Xen 等代表性开源软件已经成为云计算平台的实现基础。

（四）云安全保护技术

云环境面临着资源隔离、安全事件管理和数据保护方面的严峻挑战（包括虚拟机隔离、安全虚拟机迁移、虚拟网络隔离及安全事件和访问监控），因此对于安全保护提出了全新的要求。另外，由于多个业务部门都需要访问云资源，因此了解安全数据流和遵守特定业务安全策略变得至关重要。

云计算安全涉及很多层面，包括网络安全、服务器安全、软件安全、系统安全等。在云环境中，工作负载通常与物理硬件相分离并通过资源池结构进行交付，云计算安全性必须要适应这种环境。同时，安全特性必须保护网络边缘的物理边界。因此，云安全需要把传统安全技术提高到一个新的水平。

现在，不管是软件安全厂商还是硬件安全厂商都在积极研发云计算安全产品和方案。包括传统杀毒软件厂商、软硬防火墙厂商、IDS/IPS 厂商在内的各个层面的安全供应商都已加入云安全领域。

第四节　云计算发展概况及其应用前景

云计算代表着计算资源的新型利用模式，在最近十多年取得高速发展，同时也面临着一系列挑战；未来，云计算将在标准化、平台即服务、混合云、云安全保护等方面取得重大进展。

一、云计算国内外发展概况

继个人计算机变革、互联网变革之后，云计算被看作第三次 IT 浪潮。云计算是推动信息技术能力实现按需供给、促进信息技术和数据资源充分利用的全新业态，是信息化发展的重大变革和必然趋势。[①] 尽管云计算的思想孕育很久，但只是在最近十多年才取得高速发展。

1946 年，世界上第一台现代电子计算机 ENIAC 在美国宾夕法尼亚大学诞生。早期的计算机昂贵、巨大、稀有且同时只能让一个人使用。1955 年，麦卡锡[②]想到了通过分时（time－sharing）技术来满足多人同时使用一台计算机的诉求。1961 年，麦卡锡第一次提出公共计算服务的概念——把计算能力作为一种像水和电一样的公用资源提供给用户，这成为云计算思想的起源。在此基础上，格林伯格（1964）指出计算要想像电网那样成为公共服务需要关注三个问题：（1）接口——插上插座就能接入电力，而计算离大众还太远；（2）服务设备——专用设备将电力转化成人们所需的服务，如电灯、电机等，随开随用，而计算还需要复杂的编程才能使用；（3）产品同质性——电力是同质产品，不管是水电、火电还是风电，接上用起来没区别，同时电力是单向的，而计算的应用效果却取决于用户编程能力，这是一种与电力不同的双向交互方式。[③] 1965 年，受此影响，苹果电脑 MAC 项目组开始开发 Multics 操作系统。1967 年，IBM 发布 CP－40/CMS 分时操作系统，这是历史上第一个虚拟机系统。1969 年，贝尔实验室开始开发 Unix 操作系统。同年，美国国防部高级研究计划局（ARPA）研究的计算机网络 ARPANET 诞生，后来发展为今天的互联网。自此，云计算所依赖的底层技术初具雏形：管理物理计算资源——操作系统；把资源分给多人同时使用——虚拟化技术；远程接入——互联网。

1983 年，太阳电脑提出"网络是电脑"。1996 年，康柏公司在公司内部文件中首次提及"云计算"这个词汇。2003 年，美国国家科学基金（NSF）投资 830 万美元支持由 7 所顶尖院校提出的"网络虚拟化和云计算 VGrADS"项目，由此正式启动云计算研发工作。在 20 世纪 80 年代网格计算[④]、90 年代公用计算，21 世纪初虚拟化技术、SOA（面向服务的架构）、SaaS 应用的支撑下，云计算作为一种新兴资源使用和交付模式逐渐为产学界所认知。

自 SaaS 在 20 世纪 90 年代末出现以来，云计算服务已经经历了十多年的发展历程。

[①] 《国务院关于促进云计算创新发展培育信息产业新业态的意见》国发〔2015〕5 号。

[②] John McCarthy，计算机科学家与认知科学家，1971 年图灵奖得主。1927 年 9 月 4 日生于美国波士顿，2011 年 10 月 24 日病逝。——百度百科

[③] Martin Greenberger. The Atlantic Monthly［J］. The Computers of Tomorrow，1964（5）：63－67.

[④] 网格计算（grid computing），是指通过利用大量异构计算机（通常为台式机）的未用资源（CPU 周期和磁盘存储），将其作为嵌入在分布式电信基础设施中的一个虚拟的计算机集群，以解决大规模计算问题。通过网格计算，可以把计算资源作为能够开启关闭的公用事业来提供。——维基百科

云计算服务真正受到整个 IT 产业的重视始于 2005 年亚马逊推出的 AWS 服务，产业界认识到亚马逊建立了一种新的 IT 服务模式。2006 年，亚马逊推出弹性云计算（ES2）服务，其核心便是分享系统内部的运算、数据资源，以达到使中小企业以更小的成本获得更加理想的数据分析、处理、储存的效果。在此之后，谷歌、IBM、微软等互联网和 IT 企业分别从不同的角度开始提供不同层面的云计算服务，自此云服务进入快速发展阶段。2009 年 4 月，谷歌推出谷歌应用软件引擎（Google App Engine）运行大型并行应用程序。

云计算发展历程如图 3 – 11 所示。

资料来源：https：//www.tmtpost.com/3864686.html。

图 3 – 11　云计算发展历程

当前，云服务正在逐步突破互联网市场的范畴，政府、公共管理部门、各行业企业也开始接受云服务的理念，并开始将传统的自建 IT 方式转为使用公共云服务方式，云服务将真正进入产业成长期。

国内云计算发展虽起步较晚，但在企业、政府等各方面的共同努力下，近几年我国云计算实现了快速发展。比如在公共云服务能力方面，阿里巴巴、百度、腾讯等互联网企业的云平台服务数百万家中小企业和数亿用户。百度云平台已集聚了近 1EB 的海量数据，相当于 5 万个国家图书馆的信息量总和，这极大地提升了我国对信息资源的掌控能力。另外，大家所熟知的"双十一"活动，2014 年创造了单日 571 亿元的消费额，如此巨额交易的海量信息处理则完全依赖于阿里云平台服务支撑，并且做到了零故障、零遗漏。

在技术突破方面，我国互联网主要企业通过自主创新，已逐步掌握了云计算的核心技术，主要云计算平台的计算能力和数据处理能力已跻身世界前列；浪潮、曙光、华为等国内自主云计算服务器已比较成熟，具有一定的国际竞争力。

同时，云计算在促进大众创业、万众创新方面成效明显。例如，百度开放云平台聚集了 100 多万名开发者，利用百度云的计算能力、数据资源、应用软件等，开发位置导航、影音娱乐、健康管理、信息安全等各类创新应用，几年来，百度云已累计为开发者节约了超过 25 亿元的研发成本。阿里小贷依托阿里云生态体系和大数据支撑，可以了解把握小微企业的信用程度，已累计为 90 万家小微企业放贷 2300 亿元，为缓解我国小微企业融资难问题作出了积极贡献。云计算已经成为我国社会创新创业的重要基础平台，应用市场需求旺盛，发展前景广阔。

我国云计算发展取得成效的同时，也面临一些问题：一是地方政府部门在认识上还有误区，既存在对发展云计算的战略意义理解不到位、重视不够的现象，同时也存在忽视需求、盲目招商引资，重建设轻应用等问题，甚至出现了数据中心无序建设的苗头；二是云服务能力与国际领先企业还存在一定差距；三是核心关键技术有待突破，专有云解决方案供给能力有待加强。

二、云计算的应用前景：挑战和展望

云计算被广泛认为是商业模式与游戏规则的颠覆性技术。云能力允许个人、企业和政府以新的模式进行交互，并且有助于跨平台数据分析与资源共享，从而最大限度地提升企业、政府机构的运营效率、响应速度与创新能力。

如今，云计算已经被越来越多的企业视为数字化转型的核心战略。根据国际数据公司 IDC 全球云计算调查，44% 的受访企业已经制定了相对成熟的云战略，还有 35% 的企业则表示已经开始着手云部署。据 IDC 预测，到 2019 年，全球范围内在公共云上的投入将达到 1400 亿美元。同时，随着 IaaS 的稳固发展，来自 PaaS 的需求将更为强劲，以支持不断涌现的基于云的行业应用落地。

现在，最简单的云计算技术在网络服务中已经随处可见，如搜索引擎、网络信箱等，使用者只要输入简单指令即能得到大量信息。未来如手机、全球卫星定位系统（GPS）等移动装置都可以通过云计算技术，发展出更多的应用服务。进一步的云计算不仅具有资料搜寻、分析的功能，更可计算一些类如分析 DNA（脱氧核糖核酸）结构、基因图谱定序、解析癌细胞等。

云计算技术的发展也面临着一系列的挑战，例如，使用云计算来完成任务能获得哪些优势；可以实施哪些策略、做法或者立法来支持或限制云计算的采用；如何提供有效的计算和提高存储资源的利用率；等等。此外，云计算宣告了低成本超级计算机服务的可能，一旦这些"云"被用来破译各类密码、进行各种攻击，将会对用户的数据安全带来极大的危险。

从技术应用角度来看，云计算未来可能呈现如下几个发展趋势：

一是云计算的标准化。当前云计算只有少量标准得到广泛认可。这主要是由于云计算还处于不断发展阶段，业界各方很难达成共识。要实现云计算真正的产业化并步入平稳发展阶段，必须制定统一的技术标准和运营标准。确保云计算平台的互操作性以及云服务的可移植性和互操作性，即应优先制定云服务提供商之间的接口标准以及云服务提供商与用户之间的接口标准。

二是平台即服务（PaaS）最具前途。云计算的 3 种服务模型［基础设施即服务（IaaS）、软件即服务（SaaS）和平台即服务（PaaS）］正在快速演变。由于企业对软件开发和维护所投入的时间和资金有限，导致 SaaS 原地停留。IaaS 在为用户提供灵活性和自主权的同时，增添了复杂性。而 PaaS 屏蔽了底层的硬件基础架构，为用户提供覆盖软件全生命周期中需求分析、设计、开发、测试、部署、运行及维护各阶段所需的工具，降低用户进行应用程序开发的技术难度及开发成本。因此，PaaS 将受到更多中小企业用户的欢迎。在一个通用、可移植的平台上进行 SaaS 或私有软件的开发，将有助于打破基础架构的禁锢，并能使应用更具可移植性、稳健性和可扩展性。

三是混合云将成用户首选。目前，既可以使用私有云服务用于某种目标，又可以使用公有云用于其他目的的混合云已成为企业关注的焦点。混合云不仅是一个可定制的解决方案，而且结合了私有云（可信、可控、可靠）和公有云（简单、低成本、灵活）的优势。因此，混合云市场将成为云服务提供商的发展重点。

四是云安全技术将成为关注重点。云安全技术将在应用程序与 API、下一代防火墙（物理和虚拟）与数据安全协作等方面获得长足的进展。随着云的增多，更多的服务将会以云为中心。下一代安全技术将有助于保证数据的安全。

【本章小结】

1. 云计算是一种通过网络按需提供的、可动态调整的计算服务。

2. 云计算的基本原理是，通过使计算分布在大量的分布式计算机上，而非本地计算机或远程服务器中。

3. 云计算是硬件资源的虚拟化，担负的是计算能力；而大数据是海量数据的高效处理，处理的是数据资源。

4. 云计算平台也称为云平台，是指基于硬件的服务，提供计算、网络和存储能力；云平台基础设施的能力具备高度弹性，可以根据需要进行动态扩展和配置。

5. 云计算服务可分为三大类：基础设施即服务（IaaS）、平台即服务（PaaS）和软件即服务（SaaS）。

6. 云部署是指云计算资源的部署方法，云部署可分为三种类型：公共云、私有云、混合云。

7. 云计算的核心是虚拟化技术，支持云计算基础的是计算机系统技术，包括分布式数据存储、数据与平台管理技术、云安全保护等关键技术。

8. 云计算在最近十多年取得高速发展，未来发展前景广阔，同时也面临着一系列挑战。标准化、平台即服务、混合云、云安全保护等方面将成为云计算未来发展重点。

【关键概念】

云计算	云计算平台	基础设施即服务（IaaS）
平台即服务（PaaS）	软件即服务（SaaS）	公共云
私有云	混合云	云计算终端
虚拟化技术	系统虚拟化	虚拟机（VM）
虚拟机监控器（VMM）	数据虚拟化	桌面虚拟化
服务器虚拟化	操作系统虚拟化	网络功能虚拟化（NFV）

虚拟化资源管理　　　　　分布式文件系统　　　　　分布式对象存储系统

分布式数据库管理系统　　系统数据管理技术　　　　并行计算技术

云计算平台管理技术　　　云安全保护技术

【思考练习题】

1. 什么是云计算？

2. 云计算的基本原理是什么？

3. 云平台基础设施能力有何特点？

4. 什么是基础设施即服务（IaaS）、平台即服务（PaaS）和软件即服务（SaaS）？

5. 云部署可分为哪几种类型？什么是公共云？私有云、混合云呢？

6. 云计算关键技术有哪些？

7. 简述云计算的工作方式、特点及其用途。

8. 简述大数据与云计算的区别与联系。

9. 虚拟化对云计算的意义何在？

【数据资料与相关链接】

1. IBM，https：//www. ibm. com/it – infrastructure/solutions/cloud。

2. 阿里云，https：//cn. aliyun. com/。

3. 腾讯云，https：//cloud. tencent. com/。

4. 中华人民共和国工业和信息化部，http：//www. miit. gov. cn/。

5. 中国信息通信研究院，http：//www. caict. ac. cn/。

【延伸阅读】

1. 中华人民共和国国务院. 国务院关于促进云计算创新发展培育信息产业新业态的意见［EB/OL］. http：//www. gov. cn/zhengce/content/2015 – 01/30/content_9440. htm.

2. 中国电子技术标准化研究院. 云计算标准化白皮书（2013 年）［R/OL］. http：//www. cac. gov. cn/files/pdf/baipishu/CloudStandardization. pdf.

3. 中国信息通信研究院. 云计算发展白皮书（2018 年）［R/OL］. http：//www. caict. ac. cn/kxyj/qwfb/bps/201808/t20180813_181718. htm.

4. Mell，P. and Grance，T. The NIST Definition of Cloud Computing. NIST Special Publication 800 – 145，National Institute of Standards and Technology，Gaithersburg，2011.

第四章

人工智能

主要内容：首先讨论人工智能的概念、人工智能的核心能力及其类型；其次，讨论人工智能的工作和学习机制；最后讨论人工智能应用前景、潜在风险及未来发展趋势。

学习目标：掌握人工智能的概念、人工智能的核心能力及其类型，理解人工智能的工作和学习机制；了解人工智能应用前景、潜在风险及未来发展趋势。

引导案例：
人机大战　棋王柯洁次轮赛又败

1986 年 IBM 的机器人深蓝就曾击败世界第一国际象棋高手，但就复杂程度而言，国际象棋远远不及围棋。围棋的复杂程度是人类思维的最高代表。那么，阿尔法狗击败柯洁，是否代表着人工智能已经战胜了人类智能了呢？这是个问题。

围棋人机大战的第一局是阿尔法狗与韩国第一棋手李世石的对弈，对弈之初，有中国棋圣之称的聂卫平曾断言阿尔法狗根本不是李世石的对手，但尚未下到终局，聂卫平就完全改口，称人根本就不是机器的对手，因阿尔法狗反应之快捷、着法之凌厉，史所未见。

其后，才是世界第一高手柯洁与阿尔法狗的对弈。首场之战，观局者仍抱希望于万一，企盼柯洁胜出，然痛击之下，柯洁竟被阿尔法狗打得武功全废毫无招架之功，中途不得不退出弈局，掩面痛哭，以致比赛中断近 20 分钟。

次轮比赛，阿尔法狗执黑棋先行，柯洁执白棋后手；双方在比赛的开局阶段势均力敌，就连阿尔法狗之父深度思维公司总裁哈萨比斯都发推特评价柯洁"表现完美"。

之后，双方的缠斗多次让柯洁陷入长时间思考。人机双方对弈至下午 1 时 30 分许、第 155 手时，柯洁主动认输，阿尔法狗中盘胜，目前以比分 2 比 0 领先柯洁。柯洁赛后双手托额，显得非常懊恼。

尽管如此，哈萨比斯仍以"很惊喜和复杂"形容这场比赛，并指出"柯洁将阿尔法狗推向了极限"。他指出，柯洁在前 50 步非常完美，前 100 步下出了与阿尔法狗最势均力敌的棋，双方差距极小。

据报道，柯洁比赛期间曾一度用手捂住胸口。他赛后解释说："捂胸口是因为我觉得有机会了……中途我一度认为胜利很接近，心一直在跳，太紧张的缘故。""我下了一些不好的棋，可能这就是人类很大的弱点——不够沉稳。"

次日，阿尔法狗与国际围棋顶尖高手的人机大战完全谢幕，且从此以后再也不会举行，因为双方棋力悬殊已经使任何比赛失去了悬念。

——据《联合早报》2017 年 5 月 26 日报道改写

第一节 人工智能的概念与内涵

人工智能是关于研究机器智能程序的科学。经过半个多世纪的发展，人工智能已经度过了简单地模拟人类智能的阶段，发展成为研究人类智能活动的规律，构建具有一定智能的人工系统或硬件，使其能够进行需要人的智力才能进行的工作，并对人类智能进行拓展的边缘学科。

一、人工智能的基本概念及其发展历程

(一) 人工智能的基本概念

人工智能也称机器智能，可以简要地定义为：研究智能程序的科学。"人工智能"这个词由达特茅斯学院助理教授麦卡锡[1]在 1956 年提出，用来指代可体现出智能行为的计算机硬件或软件。按照麦卡锡的说法，这是一种"可以制造出智能的机器，尤其是智能的计算机程序的科学和工程"。比如，智能手机、智能家居、智能驾驶等中的"智能"一般是指由计算机控制并具有某种智能行为的意思。1956 年的达特茅斯会议首次提出人工智能的定义：使一部机器的反应像一个人在行动时所依据的智能。

不过，要给出人工智能的严格定义并非如此简单。顾名思义，人工智能就是"人工"加"智能"。"人工"比较好理解，也就是人力所能及的，争议性不大。但关于什么是"智能"，就不那么简单了。除了逻辑思维以外，人的智能还涉及诸如意识、自我、心灵、潜意识等问题。迄今为止，人类唯一了解的智能是人本身的智能，这是普遍认同的观点。但是人类对自身智能的理解非常有限，对构成人的智能必要元素的了解也很有限，不知道人类大脑是如何运转的，所以就很难定义什么是"人工"制造的"智能"了。因此人工智能的研究往往涉及对人的智能本身的研究，其他关于动物或其他人造系统的智能也普遍被认为是人工智能相关的研究课题。

人工智能涉及的学科极为广泛，包括哲学和认知科学、数学、神经生理学、心理学、信息论、控制论、不确定性论[2]，远非计算机科学所能概括。鉴于此，在学科范畴上，人工智能被定义为一门边缘学科，属于自然科学和社会科学的交叉领域。

---

[1] 指 John McCarthy，见第三章第四节"云计算发展概况及其应用前景"的相关注释。

[2] 不确定性论，指根据事物不确定性原理进行科学预测的理论。——维基百科

从实践来看，人工智能是计算机科学的一个分支，它企图了解人类智能的实质，并生产出一种新的能以与人类智能相似的方式作出反应的智能机器，该领域的研究包括机器人、语言识别、图像识别、自然语言处理和专家系统等。

（二）人工智能的发展历程

人工智能经历了半个多世纪的发展，大致可分为孕育、突破与发展三个时期。

1. 孕育期。1943 年，人工神经网络（详见下节）[①] 和数学模型建立，人工神经网络研究时代开启；1950 年，计算机与人工智能之父图灵发表《机器能思考吗?》，提出"图灵测试"；1956 年，达特茅斯会议召开，标志着人工智能的诞生；1969 年，作为主要流派的连接主义与符号主义进入消沉，另外当时计算能力也有限（见专栏 4.1）。

2. 突破期。1975 年 BP 算法（见专栏 4.1）开始研究，第五代计算机开始研制，专家系统的研究和应用艰难前行，半导体技术发展，计算机成本和计算能力逐步提高，人工智能逐渐开始突破。

3. 发展期。现代人工智能的发展是与信息技术、大数据、云计算并驾齐驱的，高速并行运算、海量数据、更优化的算法共同促成了人工智能模型的日趋成熟。

人工智能实现最大的飞跃是在大规模并行处理器出现时，特别是 GPU（见专栏 4.1），它是具有数千个内核的大规模并行处理单元，而不是 CPU（见专栏 4.1）中的几十个并行处理单元。这大大加快了现有的人工智能算法的速度。

人工智能也可以像人类那样进行学习，它通过试验和错误学习，这需要大量的数据来教授和培训人工智能。人工智能应用的数据越多，获得的结果就越准确。在过去，人工智能由于处理器速度慢、数据量小而不能很好地工作，也没有像当今这样先进的传感器，并且当时互联网还没有广泛使用，所以很难提供实时数据。现在，人们拥有所需要的一切：快速的处理器、输入设备、网络和大量的数据集。

近十几年大数据和云计算的发展，为人工智能提供了海量数据和计算资源。借助大数据、云计算，人工智能得以深度学习进化，驱动人工智能技术不断升级，由"智能感知"向"智能思考"与"智能决策"持续演进。

1986 年 BP 网络（见专栏 4.1）实现，神经网络得到广泛认知，基于人工神经网络的算法研究大步推进，计算机硬件能力快速提升，互联网、分布式网络降低了人工智能的计算成本。2006 年，深度学习被提出，人工智能获得新的突破；2010 年，移动互联网开始普及，人工智能应用场景开始增多；2012 年，深度学习算法在语音和视觉识别上实现突破；同时，融资规模开始快速增长，人工智能商业化高速发展，人工智能产品更加成熟，围棋人机大战、无人驾驶汽车上路等标志性事件进一步激发了人工智能的创新与市场应用空间。

经过 60 多年的演进，人工智能已经从技术缓慢积累进入到全面起飞新阶段。得益于云计算、物联网和大数据等数字技术的日趋成熟，最近 10 年，人工智能技术不断升

[①] 人工神经网络（Artificial Neural Network，ANN），20 世纪 80 年代以来人工智能领域兴起的研究热点。它从信息处理角度对人脑神经元网络进行抽象，建立某种简单模型，按不同的连接方式组成不同的网络。——维基百科

级，为实现其由"智能感知"向"智能思考"与"智能决策"的演进打下了扎实的根基。

 【专栏 4.1】

图灵测试、达特茅斯会议、BP 算法等相关术语解释

图灵测试（The Turing test）由艾伦·麦席森·图灵（Alan Mathison Turing, 1912 年 6 月 23 日至 1954 年 6 月 7 日）发明，指测试者与被测试者（一个人和一台机器）隔开的情况下，通过一些装置（如键盘）向被测试者随意提问。进行多次测试后，如果有超过 30% 的测试者不能确定出被测试者是人还是机器，那么这台机器就通过了测试，并被认为具有人类智能。

达特茅斯会议：1956 年 8 月，在美国汉诺斯小镇宁静的达特茅斯学院中，约翰·麦卡锡（John McCarthy）、马文·闵斯基（Marvin Minsky，人工智能与认知学专家）、克劳德·香农（Claude Shannon，信息论的创始人）、艾伦·纽厄尔（Allen Newell，计算机科学家）、赫伯特·西蒙（Herbert Simon，诺贝尔经济学奖得主）等科学家聚在一起，讨论着一个完全不食人间烟火的主题：用机器来模仿人类学习以及其他方面的智能。

会议足足开了两个月，虽然大家没有达成普遍的共识，但是却为会议讨论的内容起了一个名字：人工智能。因此，1956 年也就成为人工智能元年。

连接主义（connectionism），又称为仿生学派或生理学派，其主要原理为神经网络及神经网络间的连接机制与学习算法。连接主义认为人类的认知过程是由大量的简单神经元构成的神经网络中的信息处理过程，而不是符号运算。因此，连接主义模型的主要结构是由大量的简单的信息处理单元组成的互联网络，具有非线性、分布式、并行化、局部性计算以及适应性等特性。

符号主义（symbolicism），又称为逻辑主义（logicism）、心理学派（psychologism）或计算机学派（computerism），其原理主要为物理符号系统（即符号操作系统）假设和有限合理性原理。在符号主义看来，人类的认知过程可以看作是符号操作过程。在人工智能的推理期和知识期，符号主义的方法比较盛行，并取得了大量的成果。

BP 算法，算法的一种，机器学习过程由信号的正向传播与误差的反向传播两个过程组成（详见第三节）。

GPU（图形处理器），又称显示核心、视觉处理器、显示芯片，俗称"显卡"，是一种专门在个人电脑、工作站、游戏机和一些移动设备（如平板电脑、智能手机等）上进行图像运算工作的微处理器。用途是将计算机系统所需要的显示信息进行转换驱动，并向显示器提供行扫描信号，控制显示器的正确显示，是连接显示器和个人电脑主板的重要元件，也是"人机对话"的重要设备之一。显卡作为电脑主机里的一个重要组成部分，承担输出显示图形的任务，对于从事专业图形设计的人来说显卡非常重要。

CPU（中央处理器）是一块超大规模的集成电路，是计算机的运算核心（core）和控制核心（control unit）。其功能主要是解释计算机指令以及处理计算机软件中的数据。CPU 主要包括运算器（算术逻辑运算单元，Arithmetic Logic Unit，ALU）和高速缓冲存储器（cache）及实现它们之间联系的数据（data）、控制及状态的总线（bus）。它与内部存储器（memory）和输入/输出（I/O）设备合称为电子计算机三大核心部件。

BP（back propagation）神经网络是 1986 年由 Rumelhart 和 McClelland 提出的概念，是一种按照误差逆向传播算法训练的多层前馈神经网络，是目前应用最广泛的神经网络。

资料来源：维基百科、百度百科。

二、人工智能的核心能力及其类型

人工智能的目标是能够胜任一些通常需要人类智能才能完成的复杂工作，帮助人类以更高效的方式进行思考与决策，其核心能力体现在以下三个层面。

1. 计算智能。机器可以具备超强的记忆力和超快的计算能力，从海量数据中进行深度学习与积累，从过去的经验中获得领悟，并用于当前环境。例如，阿尔法狗利用增强学习技术，借助价值网络与策略网络这两种深度神经网络，完胜世界围棋冠军（见本章引导案例）。

2. 感知智能。使机器具备视觉、听觉、触觉等感知能力，将前端非结构化数据进行结构化，并以人类的沟通方式与用户进行互动。例如，谷歌的无人驾驶汽车通过各种传感器对周围环境进行处理，从而有效地对障碍物、汽车或骑行者作出迅速避让。

3. 认知智能。使系统或是机器像人类大脑一样"能理解，会思考"，通过生成假设技术，实现以多种方式推理和预测结果。例如，Watson（见专栏 4.2）的询证系统可以根据病人的病史精准地判断病情并提出治疗方案。

 【专栏 4.2】

IBM 公司的深蓝（Deep Blue）与 Watson

1997 年 5 月 11 日，名为 IBM 深蓝（Deep Blue）的计算机经过六场角逐，击败了国际象棋冠军：两胜一负三平。比赛持续几天时间，引起了全球媒体的广泛关注。这次比赛成为经典的人机对决。然而，比赛的背后以重要的计算机科学作为支撑，推动着计算机能力的发展，使其能够处理复杂的计算，帮助发现新型药品；为识别趋势和进行风险分析而执行全面的金融建模；处理大型数据库搜索；并且在许多科技领域进行海量计算任务。

随着人工智能和第一台计算机在 20 世纪 40 年代末的出现，计算机科学家将这些"巨脑"的表现和人脑进行了对比，并且加入了下国际象棋的程序，用于测试计算机的计算能力。对人脑和计算机来说，比赛是有挑战性的问题的组合，但规则较为简单，因此非常适合做此类实验。

多年来，许多计算机都曾经与国际象棋大师对决，但总是以计算机失败而告终。

从 20 世纪 50 年代初开始，IBM 计算机科学家对国际象棋计算就抱有浓厚的兴趣。1985 年，卡内基梅隆大学的一名研究生许峰雄开始了他的论文答辩项目：名为 ChipTest 的下国际象棋机。他的同学 Murray Campbell 也参与了该项目。1989 年，两人加入 IBM 研究院。在那里，他们在其他计算机科学家的帮助下继续开展研究，包括 Joe Hoane、Jerry Brody 和 C. J. Tan。这个团队将其研究取名为"深蓝"项目。1996 年，国际象棋冠军战胜了早期版本的深蓝；1997 年，比赛结果仍以计算机失败告终。

选手和计算机的比赛在纽约 Equitable Center 举行，摄像头全程监控，媒体跟踪报道，而且数百万人观看了比赛。深蓝获胜的概率并不确定，但科学是毋庸置疑的。IBM 员工知道，他们的机器可以每秒考察两亿个棋位。国际象棋大师赢了第一局，第二局则输给了深蓝，在接下来的三局中，两位选手打成平局。6 局比赛结束后，深蓝最终获胜。

比赛结果成了全球媒体的头条新闻，并且帮助许多观众更好地了解了计算机的高能力。1997 年的比赛并不是在标准舞台上进行的，而是搬到了一个小型的电视演播室内。观众在大楼地下剧场内通过电视屏幕观看比赛，与比赛举行场地相隔几层楼。剧场容纳大约 500 人，在六场比赛中，每场都座无虚席。媒体对深蓝的关注使全球超过 30 亿人对其有了了解。

深蓝对许多不同行业的计算都产生了影响。它经过编程后，可以解析复杂的战略性国际象棋比赛，因此，研究人员可以探索并了解大规模并行处理的极限。这次研究使开发人员深入了解到，他们可以设计出能够解决其他领域的复杂问题的计算机。深蓝采用的架构被用于金融建模，进行市场趋势和风险分析；被用于数据挖掘——发现大型数据库中的隐含关系和模式，以及分子动力学——这个宝贵的工具有助于发现和开发新药物。

最终，深蓝在退役后进入华盛顿特区的 Smithsonian 博物馆，但 IBM 继续研制新型的大规模并行计算机，如 IBM Blue Gene。

深蓝项目激发 IBM 在最近提出了更艰巨的挑战：研制一台能够在更复杂的比赛中击败选手的计算机——Watson。

2011 年 2 月，经过三个晚上的激战，这台名为 Watson 的机器与两位最成功的人类选手交锋，并在几百万电视观众的注视下击败了他们。Watson 所用的技术与深蓝和早期机器相比有了巨大的进步，因为它配备的软件能够处理并理解人类语言，并在比赛前输入了大量信息。

Watson 证明了全新一代人机交互将成为可能。Watson 是一种认知计算系统。认知计算代表一种全新的计算模式，它包含信息分析、自然语言处理和机器学习领域的大量技术创新，能够助力决策者从大量非结构化数据中揭示非凡的洞察。

Watson 现在已经可以应用于远程病例讨论，并向远程会诊发展。Watson 会诊平台，将"外院专家＋本院专家＋外籍专家"联系起来，为患者诊疗上三重保险，让肿瘤患者足不出户，就能享受到世界级治疗方案。

据了解，目前，Watson 可以提供的治疗方案覆盖乳腺癌、肺癌、直肠癌、结肠癌、胃癌、宫颈癌、卵巢癌、前列腺癌、膀胱癌、肝癌、甲状腺癌、食管癌和子宫内膜癌。

资料来源：https：//www－31. ibm. com/ibm/cn/ibm100/icons/deepblue/index. shtml。

按照实力强弱，人工智能可以分成三大类：

1. 弱人工智能。弱人工智能（Artificial Narrow Intelligence，ANI），指擅长于单个方面的人工智能。比如能战胜国际象棋世界冠军卡斯帕罗夫的人工智能 IBM 的深蓝（见专栏4.2），战胜李世石、柯洁的人工智能阿尔法狗，但是它们只会下国际象棋或围棋，若要问它们怎样更好地在硬盘上储存数据，它们就不知道怎么回答了。

2. 强人工智能。强人工智能（Artificial General Intelligence，AGI），指人类认知和感知级别的人工智能。强人工智能是指在各方面都能和人类比肩的人工智能，人类能干的脑力活儿它都能干。创造强人工智能比创造弱人工智能难得多，人类现在还做不到。美国教育心理学家 Linda Gottfredson 教授把智能定义为"一种宽泛的心理能力，能够进行思考、计划、解决问题、抽象思维、理解复杂理念、快速学习和从经验中学习等操作"。强人工智能在进行这些操作时应该和人类一样得心应手。

3. 超人工智能。牛津哲学家、知名人工智能思想家 Nick Bostrom 把超级智能定义为"在几乎所有领域都比最聪明的人类大脑聪明很多，包括科学创新、通识和社交技能"。超人工智能（Artificial Super Intelligence，ASI）可以是各方面都比人类强一点，也可以是各方面都比人类强万亿倍。现在人类已经掌握了弱人工智能。其实弱人工智能无处不在，人工智能革命是从弱人工智能，通过强人工智能，最终到达超人工智能的旅途。这段旅途中人类可能会生存下来，可能不会，但是无论如何，世界将变得完全不一样。

不过，对人工智能的现有能力不宜过分夸大，人工智能也不能视同是对人脑的"模拟"，因为人脑的工作机制至今还是个黑箱，无法模拟。阿尔法狗战胜柯洁，源自机器庞大而高速的计算能力，通过统计抽样模拟棋手每一着下法的可能性，从而找到制胜的招数，并不是真的学会了模拟人类大脑来思考。尽管人在计算能力方面被人工智能远远抛在后面，但当前的人工智能系统仍然远不具有人拥有的看似一般的智能。人类级别的人工智能，即"强人工智能"或"通用人工智能"目前更不存在。据调查，强人工智能在 2040 年至 2050 年间研发出来的可能性也仅有 50%，预计在实现强人工智能大约 30 年后，才有望实现所谓的"超级智能"。这就是为什么即使人类制造出了具有超算能力的机器，这些机器仍然能力有限。这些机器可以在下棋时打败我们，但却不知道在淋雨时躲进屋子里。① 在发展 60 多年后，人工智能虽然可以在某些方面超越人类，但想让机器真正通过图灵测试，具备真正意义上的人类智能，这个目标看

---

① Yann LeCun. 带你一文看懂人工智能：原理、技术和未来 ［EB/OL］. https：//yq. aliyun. com/articles/568679/.

上去仍然还有相当长的一段路要走。

第二节　人工智能的工作和学习机制

人工智能的工作原理是指计算机通过传感器（或人工输入的方式）来收集关于某个情景的信息（数据），并将此信息与已存储的信息进行比较，以确定它的含义。当前被称为"人工智能"的工作和学习机制，主要包括以下三种体系。

一、人工神经网络

（一）人工神经网络的概念

人工智能常常被笼统地视为神经模型（Neural Model）或人工神经网络（Artifical Neural Network，ANN），简称神经网络。神经网络是指一系列受生物学和神经学启发的数学模型。这些模型主要是通过对人脑的神经元①网络进行抽象，构建人工神经元，并按照一定的拓扑结构②建立人工神经元之间的连接，来模拟生物神经网络。神经网络不等同于人工智能，但神经网络不仅是人工智能应用的一个关键部分，还可以阐明"智能"结果到底是如何生成的。

人工智能的起步从具体"算法"开始，用"如果—就"（If－Then）规则定义，也就是让电脑遵循逻辑推理的命题和原则来完成任务。例如，向电脑输入某个知识体系，并且设定推理的算法，电脑就可以成为一套"专家系统"，通过自动推理来解答人们提出的问题，近年来流行的人工智能医疗诊断，就是这样的"专家系统"。人工神经网络，标志着另外一种新的思路。神经网络没有一个严格的统一定义。它的基本特点是试图模仿大脑的神经元之间传递、处理信息的模式。人工神经网络在构成原理和功能特点等方面更加接近人脑，它不是按给定的程序一步一步地执行运算，而是能够自身适应环境、总结规律、完成某种运算、识别或过程控制。

在技术上，根据 Haykin（1994）的定义③，神经网络是一种大规模的并行分布式处理器，天然具有存储并使用经验知识的能力。它从两个方面模拟大脑：（1）网络获取的知识是通过学习来获取的；（2）内部神经元的连接强度，即突触权重，用于储存所获取的知识。

与传统的计算机编程相比，人工神经网络具有自身的突出特点，主要包括：

（1）人工神经网络能模拟人类大脑的形象思维能力。人类大脑的思维分为抽象

---

① 神经元（neuron），又名神经原或神经细胞，是神经系统的结构与功能单位之一。神经元能感知环境的变化，再将信息传递给其他的神经元，并指令集体作出反应。神经元占神经系统的约10%，其他大部分由胶状细胞所构成。其基本构造由树突、轴突、髓鞘、细胞核组成。——维基百科

② 拓扑结构，指网络中各个站点相互连接的形式，在局域网中就是文件服务器、工作站和电缆等的连接形式。现在最主要的拓扑结构有总线型拓扑（一种基于多点连接的拓扑结构）、星形拓扑、环形拓扑、树形拓扑（由总线型演变而来）以及它们的混合型。——百度百科

③ Haykin, S. Neural Network：A Comprehensive Approach［M］. Piscataway：IEEE Computer Society Press，1994.

（逻辑）思维、形象（直观）思维和灵感（顿悟）思维三种基本方式。人工神经网络就是模拟人类思维的第二种方式。逻辑思维是指根据逻辑规则进行推理的过程；计算机编程就是先将信息转化成概念，并用符号表示，然后，根据符号运算按串行模式进行逻辑推理；这一过程可以写成串行的指令，让计算机执行。然而，形象思维是将分布式存储的信息综合起来，结果是形成综合性的特征认识。这种思维方式的根本在于以下两点：其一，信息通过神经元上的兴奋模式分布存储在网络上；其二，信息处理是通过神经元之间同时相互作用的动态过程来完成的。

（2）人工神经网络是一个具有学习能力的系统。人工神经网络可以发展知识，以致超过设计者原有的知识水平。神经网络是通过对人脑的基本单元——神经元的建模和连接，探索模拟人脑神经系统功能的模型，并研制的一种具有学习、联想、记忆和模式识别等智能信息处理功能的人工系统。

（3）泛化能力。泛化能力是指学习到的模型对没有训练过的样本、对未知数据有较好的预测能力和控制能力。特别是，对于存在一些噪声的样本，神经网络具备很好的预测能力。

（4）非线性映射能力。普通计算机编程需要对系统有透彻的了解，以建立精确的数学模型，当面对复杂系统，或者系统未知、系统信息量很少时，往往无能为力；而神经网络具有非线性映射能力，不需要对系统进行透彻的了解，但是能达到输入与输出的映射关系，可以大大降低设计的难度。

（5）高度并行性与分布式储存。普通计算机的存储器和运算器相互独立，知识存储与数据运算互不相关，只有通过人工编制的程序使之沟通，这种沟通不能超越程序编制者的预设。而人工神经网络的基本结构模仿人脑，具有并行处理特征，可以大大提高工作速度。

神经网络的再一个重要特性是它能够从环境中学习，并把学习的结果分布存储于网络的突触连接中。通过学习训练可以将网络分布式存储的信息综合起来，生成学习结果。

（二）神经网络的基本结构

神经网络由一层层相互连接、类似神经元的节点组成。节点本身执行相对简单的数学运算。神经网络可以通过修改单元之间的连接来学习经验，类似人类和动物的大脑通过修改神经元之间的连接进行学习。现代神经网络可以学习识别模式、翻译语言、学习简单的逻辑推理，甚至创建图像并且形成新的想法。所有这些都通过一组编码程序以惊人的速度发生，运行这些程序的神经网络具有数百万个节点和数十亿个连接。所谓"智能"就源于这些大量简单元素之间的交互反应。

图 4 - 1 显示了一个经典神经网络的结构。它有三个层次：输入层（Input Layer）、输出层（Output Layer）、隐含层（Hidden Layer，也译为隐藏层或中间层）。输入层的神经元称为输入神经元。输出层的神经元称为输出神经元。中间层称为隐含层，因为这一层的神经元既不接收外界的输入也不对外界输出。

输入层与输出层的单元数往往是固定的，中间层则可以自由指定；图4-1中的拓扑（连接方式）与箭头代表着预测过程中数据的流向；图4-1中的关键不是圆圈（代表"神经元"），而是连接线（代表"神经元"之间的连接）。每个连接线对应一个不同的权重或权值（W_{ij}，W_{ij}），这是需要训练才能得到的。

　　神经网络中的层数可以增加。增加更多的层次可以更深入地表示特征，以及更强的函数模拟能力。更深入的表示特征可以这样理解，随着网络的层数增加，每一层对于前一层的抽象表示更深入。在神经网络中，每一层神经元学习到的是前一层神经元值的更抽象的表示。例如在图形识别中，第一个隐含层学习到的是"边缘"的特征，第二个隐含层学习到的是由"边缘"组成的"形状"的特征，第三个隐含层学习到的是由"形状"组成的"图案"的特征，最后的隐含层学习到的是由"图案"组成的"目标"的特征。通过抽取更抽象的特征来对事物进行区分，从而获得更好的区分与分类能力。

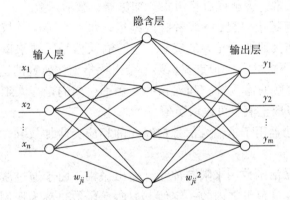

资料来源：《神经网络与深度学习》[1]。

图4-1　神经网络的结构

　　神经元是神经网络的基本单元，神经元有两个功能：计算与存储。计算是指神经元对其输入的计算；存储是指神经元会暂存计算结果，并传递到下一层。它的设计灵感来源于生物学上神经元的信息传播机制。根据生物学的知识，我们知道，神经元有两种状态：兴奋和抑制。一般情况下，大多数神经元处于抑制状态，但是一旦某个神经元受到刺激，导致它的电位超过阈值（临界值），那么这个神经元就会被激活，处于兴奋状态，进而向其他神经元传播化学物质（信息）。

　　神经元的输入由 X_1，X_2，…，X_n 代表，输出由 Y_1，Y_2，…，Y_m 代表。权重值 W^1，W^2，…用来代表各输入对于输出的重要性，输出 0 或 1 取决于各分配权重之和是大于还是小于某个阈值。跟权重值一样，阈值是一个实数，也是神经元的一个参数[2]。

---

① Nielsen, Michael. Deep Learning in Neural Networks：An Overview［EB/OL］. http：//neuralnetworksanddeeplearning. com/chap1. html.

② 参数，指反映总体特征的一些变量，包括总体平均数、总体方差、总体标准差等。——百度百科

如果神经元的输出大于激活阈值，则神经元活跃，否则会抑制。激活阈值通过激活函数（activation function）来获得。激活函数就是在人工神经网络的神经元上运行的函数，常采用 S 函数，将变量映射到 0 和 1 之间。

机器学习是通过神经网络训练进行的。神经网络的训练算法就是让权重的值调整到最佳，使得整个网络的预测效果最好。在设定的激励机制下，相继给网络输入一些样本模式，并按照一定的规则（学习算法）调整网络各层的权值矩阵，待网络各层权值都收敛到一定值，学习过程结束。然后就可以用生成的神经网络来对真实数据做分类。

在训练模型过程中，已知的属性称为特征，未知的属性称为目标。神经网络的本质就是通过参数与激活函数来拟合特征与目标之间的真实函数关系。

（三）神经元模型

神经元是神经网络操作的基本信息处理单位。图 4 - 2 给出了神经元的模型。神经元模型有三种基本元素：突触或链接链集；加法器；激活函数。

1. 突触或者链接链集。突触[①]或者链接链集，每一个都由其权值或者强度作为特征。具体来说，在连接到神经元 k 的突触 j 上的输入信号 x_j 被乘以 k 的突触权值 W_{kj}。注意，突触权值 W_{kj} 下标的写法很重要。第一个下标指正在研究的这个神经元，第二个下标指权值所在的突触的输入端。和人脑的突触不一样的是，人工神经元的突触权值只有一个范围，可以取正值也可以取负值。

2. 加法器。加法器用于求输入信号神经元的相应突触加权和。这个操作构成一个线性组合器。

3. 激活函数。激活函数用来限制神经元输出振幅。由于通过激活函数可将输出信号压制（限制）到允许范围之内的一定值，故激活函数也称为压制函数。通常，一个神经元输出的正常幅度范围可写成单位区间 [0，1] 或者另一种区间 [-1，+1]。

人工神经元的输入 $(x_1，x_2，\cdots，x_m)$ 类似于生物神经元的树突，输入经过不同的权值 $(w_{k1}，w_{k2}，\cdots，w_{kn})$，加上偏置 b_k，经过激活函数得到输出，最后将输出传输到下一层神经元进行处理。输出由输出函数 y_k 表达。单神经元输出函数如下所示：

$$\sum y_k = \varphi(v_k) = \varphi\left(\sum w_i x_i + b_i\right) \tag{4.1}$$

激活函数为整个网络引入了非线性特征[②]，这也是神经网络相比回归等算法拟合能力更强的原因。常用的激活函数包括 S（sigmoid）函数与双曲正切函数（tanh），S 函数的值域是 (0，1)，双曲正切函数的值域是 (-1，1)。

---

① 一个神经元的轴突末梢和另一个神经元的树突触须之间，有一个微细的空隙，称为突触。突触是神经元之间冲动传导在功能上发生联系的部位，也是信息传递的关键部位。——百度百科

② 非线性特征，与线性特征相对，用于描述非线性系统的特征。线性系统是状态变量和输出变量对于所有可能的输入变量和初始状态都满足叠加原理的系统。而一个系统，如果其输出不与其输入成正比，则它是非线性的。从数学上看，非线性特征是指叠加原理不再成立。叠加原理是指描述系统的方程的两个解之和仍为其解。叠加原理可以通过两种方式失效。其一，方程本身是非线性的。其二，方程本身虽然是线性的，但边界是未知的或运动的。——维基百科

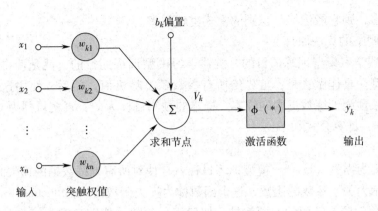

资料来源：《神经网络与深度学习》。

图4-2 人工神经元模型

图4-2中的神经元也包括了一个外部偏置（bias），记为 b_k。偏置 b_k 是人工神经元 k 的外部参数，作用是根据其为正或为负，相应地增加或降低激活函数的网络输入。

可以用下面的方程描述图4-2中的神经元 k：

$$v_k = \sum_{i=1} m\, w_{ki} x_i \tag{4.2}$$

$$y_k = \varphi(u_k + b_k) \tag{4.3}$$

其中 x_1，x_2，$\cdots$，x_n 为输入信号，w_{k1}，w_{k2}，$\cdots$，w_{kn} 是神经元的突触权值，u_k 是输入信号的线性组合器的输出，b_k 为偏置，激活函数为 $\varphi(*)$，y_k 是神经元输出信号，偏置 b_k 的作用是对模型中的线性组合器的输出做仿射变换（affine transformation），b_k 一般为常数。

（四）神经网络的学习准则与算法原理

1. 神经网络的学习准则。人工神经网络首先要以一定的学习准则进行学习，然后才能工作。现以人工神经网络对于"A""B"两个手写字母的识别为例进行说明，规定当"A"输入网络时，应该输出"1"，而当输入为"B"时，输出为"0"。

所以网络学习的准则应该是：如果网络作出错误的判决，则通过网络学习，应使得网络减少下次犯同样错误的可能性。首先，给网络的各连接权值赋予（0，1）区间内的随机值，将"A"所对应的图像模式输入给网络，网络将输入模式加权求和，并与门限比较，再进行非线性运算，得到网络的输出。在此情况下，网络输出为"1"和"0"的概率各为50%，也就是说是完全随机的。这时如果输出为"1"（结果正确），则使连接权值增大，以便使网络再次遇到"A"模式输入时，仍然能作出正确的判断。

如果输出为"0"（结果错误），则把网络连接权值朝着减小综合输入加权值的方向调整，其目的在于使网络下次遇到"A"模式输入时，减小犯同样错误的可能性。如此操作调整，当轮番输入若干个手写字母"A""B"后，网络按以上学习方法进行若干次学习，其判断的正确率将大大提高。这说明网络对这两个模式的学习已经获得了成功，它已将这两个模式分布地记忆在网络的各个连接权值上。当网络再次遇到其中任何一个模式时，能够作出迅速、准确的判断和识别。一般来说，网络中所含的神经元个数越多，则它能记忆、识别的模式也就越多。

2. 神经网络的算法原理

（1）机器学习模型训练的目的。机器学习模型训练的目的，就是使得参数尽可能逼近真实模型。具体做法是：首先给所有参数赋上随机值。然后，使用这些随机生成的参数值，来预测训练数据中的样本。样本的预测目标为 y_p，真实目标为 y。那么，定义一个值 loss，计算公式如下：

$$loss = (y_p - y)^2 \tag{4.4}$$

这个值称为损失（loss），模型训练目标就是使对所有训练数据的损失和尽可能小。损失可以表示为关于参数的函数，这个函数称为损失函数（loss function）。

（2）优化问题。下面的问题就是，如何优化参数才能够让损失函数的值最小。一个常用方法就是高等数学中的求导，但是由于这里的参数不止一个，求导后计算导数等于 0 的运算量很大，所以一般来说解决这个优化问题使用的是梯度下降算法。梯度下降算法每次计算参数都在当前的梯度①，然后让参数向着梯度的反方向前进一段距离，不断重复，直到梯度接近零时为止。一般这个时候，所有参数恰好使损失函数达到一个最低值。

（3）反向传播算法。反向传播算法（Back Propagation，BP）主要由两个环节（激励传播、权重更新）反复循环迭代，直到网络对输入的响应达到预定目标范围为止。

BP 网络的学习过程是一种误差修正型学习算法，由正向传播和反向传播组成。在正向传播过程中，输入信号从输入层通过作用函数后，逐层向隐含层、输出层传播，每一层神经元状态只影响下一层神经元状态。如果在输出层得不到期望的输出，则转入反向传播，将连接信号沿原来的连接通路返回。通过修改各层神经元的连接权值，使得输出信号误差最小。

输出达到期望值时，网络学习结束。反向传播算法可以表示为图 4 - 3。

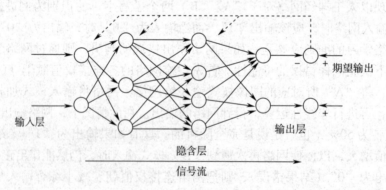

资料来源：人工神经网络和 BP 反向传播算法。

图 4 - 3　反向传播算法

---

① 梯度，是空间变量变化趋势的最大值和方向的反映。——MBA 智库百科

反向传播算法的启示是数学中的链式法则。在神经网络模型中，由于结构复杂，每次计算梯度的代价都很大，因此发展出反向传播算法。反向传播算法不一次计算所有参数的梯度，而是从后往前。首先计算输出层的梯度，然后是第二个参数矩阵的梯度，接着是中间层的梯度，再然后是第一个参数矩阵的梯度，最后是输入层的梯度。计算结束以后，所要的两个参数矩阵的梯度就都有了。

（4）泛化问题。优化问题只是训练中的一个部分。机器学习问题之所以称为学习问题，而不是优化问题，就是因为它不仅要求数据在训练集上求得一个较小的误差，在测试集上也要表现好。因为模型最终是要部署到没有见过训练数据的真实场景。

提升模型在测试集上的预测效果的主题叫作泛化（generalization），相关方法称作正则化（regularization）。神经网络中常用的泛化技术有权重衰减等。

在深度学习中，泛化技术变得比以往更为重要。这主要是因为神经网络的层数增加了，参数也增加了，表示能力大幅度增强，很容易出现过拟合现象。随着神经网络层数的增加，优化函数越来越容易陷入局部最优解（即过拟合，在训练样本上有很好的拟合效果，但是在测试集上效果很差）。为了避免过拟合，需要在模型的拟合能力和复杂度之间进行权衡。拟合能力强的模型一般复杂度会比较高，容易导致过拟合。相反，如果限制模型的复杂度，降低其拟合能力，又可能会导致欠拟合。因此，如何在模型能力和复杂度之间取得一个较好的平衡对一个机器学习算法来讲十分重要。

为了解决深层神经网络的训练问题，一种有效的手段是采取无监督逐层训练（unsupervised layer – wise training），其基本思想是每次训练一层隐节点，训练时将上一层隐节点的输出作为输入，而本层隐节点的输出作为下一层隐节点的输入，这称为"预训练"（pre – training）。

二、机器学习

（一）机器学习的概念

机器学习是从有限的观测数据中学习（或"猜测"）出具有一般性的规律，并可以将总结出来的规律推广应用到未观测样本上。

机器学习是人工智能的一个分支，是实现人工智能的必要手段。机器学习使得人们可以将某些沉重的工作交给算法处理，进而解决相对于人类来说过于复杂的问题。如果说工业革命是手工业自动化，那么机器学习是使机器本身自动化。机器学习的先驱 Arthur Samuel 在 1959 年曾经写到，机器学习是"一种能够让计算机在无须进行有针对性的编程情况下，自行获得学习能力的学科领域"。

机器学习是近 20 多年兴起的一门多领域交叉学科。人工智能是沿着以"推理"为重点，到以"知识"为重点，再到以"学习"为重点的脉络发展的。20 世纪 50 年代到 70 年代初，人们认为如果能赋予机器逻辑推理能力，机器就会具有智能，人工智能的研究处于"推理期"。当人们认识到人类之所以能够判断、决策，除了推理能力之外，还需要知识，人工智能进入了"知识期"，大量专家系统在此时诞生。随着研究的向前推进，专家发现人类知识无穷无尽，其中有些知识难以总结后交给计算机，于是一些学者产生了将知识学习能力赋予计算机本身的想法。发展到 20 世纪 80 年代，机器学习真正成为一个独立的学科领域，相关技术层出不穷，深度学习模型以及阿尔法狗增强学习的雏形——感知器（神经元）均在这个阶段得以发明。

初期的人工智能可通过人工编程事先设定的规则，在某些特定情境中体现出最基本的"智能"。然而解决实际问题所需的算法往往太过复杂，很难由人工编程的方式实现。例如医学诊断、预测机器故障时间或资产估值，往往涉及数千种数据集和大量变量之间的非线性关系。这种情况下通常难以通过现有数据获得最佳效果，即对我们的预测进行"优化"。再如图片识别以及语言翻译，此时我们甚至无法开发出用于描述所需"功能"的规则。例如，我们该如何通过编写一系列规则，使得程序能在任何情况下描述出一只狗的外观？

那么，如果能将作出各种复杂预测的困难工作，即数据优化和特征规范，从程序员身上转嫁给程序，让程序学会学习，情况又会怎样？这正是现代化人工智能——机器学习理论所期待解决的问题。

机器学习理论主要是设计和分析一些让计算机可以自动"学习"的算法。机器学习算法是一类从数据中自动分析获得规律，并利用规律对未知数据进行预测的算法。因为学习算法中涉及大量的统计学理论，机器学习与推断统计学的联系尤为密切，也被称为统计学习理论。人工智能今天的强大，并不意味着它们开始"接近"人脑，恰恰相反，它们的优势在于能够完成人脑根本无法处理的大量统计。

在算法设计方面，机器学习理论关注可以实现的、行之有效的学习算法。由于很多推断问题难度很大，无程序可循，所以机器学习研究是开发容易处理的近似算法。

机器学习技术的目标在于针对特定用例开发一种预测引擎——核心预测分析高级软件。算法负责接收有关特定领域（如某人过去看过的所有电影）的信息，通过对输入的信息进行权衡作出有用的预测（此人未来观看其他种类电影的可能性）。通过实现让"计算机自行学习的能力"，我们可以将优化方面的任务，即对可用数据中的不同变量进行权衡，进而面向未来作出精确的预测，交给算法负责。

（二）机器学习模式

机器学习模式有三种类型：监督学习、强化学习、无监督学习。

1. 监督学习（supervised learning）。也称为监督训练或有教师学习。监督学习是从标记的训练数据来推断一个功能的机器学习任务。训练数据包括一套训练示例。在监督学习中，每个实例都是由一个输入对象（通常为矢量）和一个期望的输出值（也称为监督信号）组成。

在早期的机器学习中，由于数据量过于庞大难以处理，人类采取了提示一些"捷径"的方法。其中最主要的方式叫作"监督学习"，也就是机器在人类提供经验的"监督"下去统计分析数据。简言之，监督学习就是我们告诉机器特定输入的正确答案：这是一幅汽车的图像，正确答案是"汽车"。它之所以被称为监督学习，是因为算法从带标签数据学习的过程类似于向年幼的孩子展示图画书。成年人知道正确的答案，孩子根据前面的例子作出预测。这也是训练神经网络和其他机器学习体系结构最常用的技术。举个例子，给出你家所在城市中大量房屋的描述及其价格，尝试预测自己家房子的售价。

一般而言，监督学习通常需要大量的有标签数据集，这些数据集一般都需要由人工进行标注，成本很高。因此，也出现了很多弱监督学习（Weak Supervised Learning）和半监督学习（Semi-Supervised Learning）的方法，希望从大规模的无标注数据中充分挖掘有用的信息，降低对标注样本数量的要求。

2. 强化学习（reinforcement learning）。又称再励学习、评价学习，是一种重要的机器学习方法。这是关于机器应该如何行动以获得最大化奖励的问题。在特定情况下，机器挑选一个动作或一系列动作并获得奖励。这种通过反馈来修改行动的模型，称为策略—评估（Actor-Critic）模型，随着策略（Actor）所做的决策被评估（Critic）所修正，决策的质量一点一点逐步地改善，机器开始自己去学习，并找到独特的学习方法。

强化学习和监督学习的不同之处在于，强化学习问题不需要给出"正确"策略作为监督信息，只需要给出策略的（延迟）回报，并通过调整策略来取得最大化的期望回报。监督学习一般需要一定数量的带标签数据。而在很多应用场景中，通过人工标注的方式来给数据打标签往往行不通。比如要通过监督学习来训练一个模型自动下围棋，就需要将当前棋盘的状态作为输入数据，其对应的最佳落子位置（着法）作为标签。训练一个好的模型就需要收集大量的不同棋盘状态以及对应动作。这种做法实践起来比较困难，一是对于每一种棋盘状态，即使是专家也很难给出"正确"的着法，二是获取大量数据的成本往往比较高。对于下棋这类任务，虽然我们很难知道每一步的"正确"动作，但是其最后的结果（赢输）却很容易判断。因此，如果可以通过大量的模拟数据，通过最后的结果（奖励）来倒推每一步棋的好坏，从而学习出"最佳"的下棋策略，这就是强化学习。

强化学习广泛应用在很多领域，比如电子游戏、棋类游戏、迷宫类游戏、控制系统、推荐等。

3. 无监督学习。根据类别未知（没有被标记）的训练样本解决模式识别中的各种问题，称为无监督学习（Unsupervised Learning）。即让机器自己摸索，人类不给予任何总结的经验，不对任何数据进行标注。当前人工智能中的自然语言处理，让人工智能通过大量的语言输入去理解语言中词语关系的内在规律，就是"无监督学习"的一种应用。更常见的应用则是在网上购物的"推荐商品"中，机器通过分析大量的过往数据，"学习"去推荐买家最有可能感兴趣的商品。

监督学习需要每个样本都有标签，而无监督学习则不需要标签。无监督学习用来学习的数据不包含目标标签，需要学习算法自动学习到一些有价值的信息。典型的无监督学习问题有聚类、密度估计、降维等。

三、深度学习

（一）深度学习的基本概念

深度学习（deep Learning），是指如何从数据中学习一个"深度模型"的问题，是机器学习的一个子问题。通过构建具有一定"深度"的模型，可以让模型来自动学习好的特征表示（从底层特征，到中层特征，再到高层特征），从而最终提升预测或识别的准确性。

所谓"深度"是指原始数据进行非线性特征转换的次数。如果把一个机器学习系统看作是一个有向图结构，深度也可以看作从输入节点到输出节点所经过的最长路径的长度。[①]

深度学习网络称为"新一代神经网络"。含多隐层的多层感知器就是一种深度学习结构。深度学习通过组合底层特征形成更加抽象的高层表示属性类别或特征，以发现数据的分布式特征表示。深度学习是多层人工神经网络的组合，在40年前，人工神经网络只有2层深，不足以构建大型网络，现在少则十层多则百层，这主要得益于大数据和云计算的出现。深度学习是目前机器学习的前沿领域。

不过，尽管神经网络模型为深度学习的主要模型，但神经网络和深度学习并不等价。深度学习可以采用神经网络模型，也可以采用其他模型（比如下面要介绍的深度置信网络就是一种概率图模型）。

通过深度学习，计算机能够自己生成模型，进而提供相应的判断，达到某种人工智能结果的实现。因此，在数据的"初始表示"（如图像的像素）与解决任务所需的"合适表示"相距甚远的时候，可尝试使用深度学习的方法。

（二）深度学习的特点：特征学习

深度学习代表着机器学习的高级阶段。传统机器学习是浅层学习，深度学习是特征学习或表示学习。浅层学习的一个重要特点是不涉及特征学习，其特征主要靠人工经验或特征转换方法来抽取。深度学习的重要特点是特征学习。其目的是通过建立、模拟人脑进行分析学习的神经网络，模仿人脑的机制来解释数据，如图像、声音和文本。

深度学习是机器学习中一种基于对数据进行表征（对象显示出来的特征）学习的方法。观测值（如一幅图像）可以使用多种方式来表示，如每个像素强度值的向量，或者更抽象地表示成一系列边、特定形状的区域等。而使用某些特定的表示方法更容易从实例中学习任务（如人脸识别或面部表情识别）。因此，深度学习也是机器学习，但深度学习与传统的机器学习有着质的不同，深度学习是机器学习特征，而传统机器学习是人工设计特征。两者的区别见图4-4。

为了提高机器学习系统的准确率，就需要将输入信息转换为有效的特征。数据的

---

① 邱锡鹏. 神经网络与深度学习——CCF ADL 65 期《知识图谱前沿》[EB/OL].

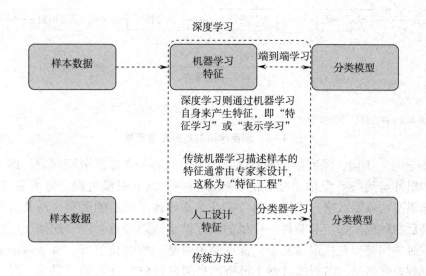

资料来源：艾瑞咨询。

图4-4 深度学习与传统机器学习的区别

原始特征往往不能直接用来预测，这些原始特征可能存在以下几种情况：（1）特征比较单一，需要进行（非线性的）组合才能发挥其作用；（2）特征之间冗余度比较高；（3）并不是所有的特征都对预测有用；（4）很多特征通常是易变的；（5）特征中往往存在一些噪声。

要提高一种表示方法的表示能力，其关键是构建具有一定深度的多层次特征表示。一个深层结构的优点是可以增加特征的重用性，从而指数级地增加表示能力。从底层特征开始，通过多层非线性转换，把原始数据变成为更高层次、更抽象的表示。

为了提高机器学习算法的能力，需要抽取有效、稳定的特征。传统的特征提取是通过人工方式进行的，需要大量的人工和专家知识。一个成功的机器学习系统通常需要尝试大量的特征，称为"特征工程"。但即使这样，人工设计的特征在很多任务上也不能满足需要。因此，如何让机器自动地学习出有效的特征便成为机器学习中的一项重要研究内容。深度学习学习到的表示可以替代人工设计的特征，从而避免"特征工程"，在一定程度上也可以减少预测模型复杂性、缩短训练时间、提高模型泛化能力、避免过拟合等。

传统的特征抽取一般是和预测模型的学习分离的。如果将特征学习和预测学习有机地统一到一个模型中，建立一个端到端的学习算法，可以有效地避免它们之间准则的不一致性。这就是深度学习的建模目的。

深度学习模型的难点是如何评价表示学习对最终系统输出结果的贡献或影响，即贡献度分配问题。图4-5给出了深度学习的数据处理流程。

在深度学习中，原始数据通过多步的特征转换和预测函数得到最终的输出结果。

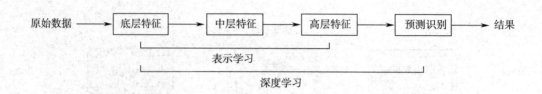

资料来源：《神经网络与深度学习》。

图 4 - 5　深度学习的数据处理流程

和"浅层学习"不同，深度学习需要解决的关键问题是贡献度分配问题，即一个系统中不同的组件对最终系统输出结果的贡献或影响。以下围棋为例，每当下完一盘棋，最后的结果要么赢要么输。我们会思考哪几步棋导致了最后的胜利，而又是哪几步棋导致了最后的败局。如何判断每一步棋的贡献就是所谓的贡献度分配问题，这也是一个非常困难的问题。在一定意义上，深度学习也是一种强化学习，每个内部组件并不能直接得到监督信息，需要通过整个模型的最终监督信息（奖励）得到，并且有一定的延时性。

目前深度学习比较有效的模型是神经网络，即将最后的输出层作为预测学习，其他层作为特征学习——表示学习。其主要原因是神经网络模型可以使用误差反向传播算法，从而可以比较好地解决贡献度分配问题。随着深度学习的快速发展，模型深度也从早期的 5 ~ 10 层发展到目前的上百层。随着模型深度的不断增加，其特征表示的能力也越来越强，从而使后续的预测更加容易。

（三）深度学习模型：CNN 与 DBN

同机器学习方法一样，深度机器学习方法也有监督学习与无监督学习之分。不同的学习框架下建立的学习模型很是不同。例如，卷积神经网络（Convolutional Neural Network，CNN）就是一种深度的监督学习下的机器学习模型，而深度置信网络（Deep Belief Nets，DBN）则是一种无监督学习下的机器学习模型。

CNN 常见于图像识别，DBN 可以用于手写文字识别和语音识别。

1. CNN。CNN 是连接神经网络中单元的一种特定方式，受其他动物和人类视觉皮层体系结构的启发构建而来。CNN 包括卷积层（convolutional layer）和采样层（pooling layer），CNN 结构庞大，一般都会包含几十层，从 7 层到 100 层不等，每一层又有数百至数千个神经元；它的人工神经元可以响应一部分覆盖范围内的周围单元，任意两层之间的神经元也可以相互影响。

CNN 在特征识别相关任务中取得的效果，远比传统方法好。因此，CNN 常用于图像识别、语音识别等。下面以图像识别说明 CNN 的工作原理（见图 4 - 6）。在公园里，我们人类看到大牧羊犬和奇瓦瓦（一种小型犬种），尽管它们的体型和体重都不同，但我们却知道它们都是狗。对于计算机而言，图像只是一串数组。在这串数组内，局部图案，如物体的边缘，在第一层中能够被轻易地检测出来。神经网络的下一层将检测这些简单图案的组合所形成的简单形状，比如汽车的轮子或人的眼睛。再下一层将检测这些形状组合所构成的物体的某些部分，如人脸、腿部或飞机的机翼。神经网络的最后一层将检测刚才那些部分的组合：一辆汽车、一架飞机、一个人、一只狗等。神经网络的深度——具有多少层——使网络能够以这种分层次的方式识别复杂模式。

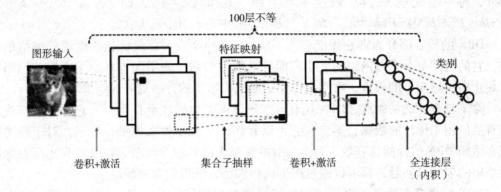

资料来源：CS 6825 Deep Learning and CNN。

图4－6　卷积神经网络图像识别

图4－6展示的是一个卷积神经网络结构。包含卷积层、采样层和全连接层。网络层次结构从几层到大于100层不等。图形输入（inpute image）后，经由卷积＋激活（convolution＋activation）进入采样层形成特征映射（Feature Maps），分别形成集合子抽样［pooling（subsampling）］和卷积＋激活，最后在全连接层（内积）［fully－connected（inner product）］形成类别（Categories）。

深度学习需要对CNN进行大量样本数据库的训练。为此，需要给CNN提供人为标记的大量图像数据。CNN可以学会将每个图像与其相应的标签相互关联起来并将以前从未见过的图像及其相应的标签配对。这样就可以形成一个识别系统，梳理各种各样的图像，并且识别照片中的元素。CNN在语音识别和文本识别中也非常有用，在自动驾驶汽车和最新一代医学图像分析系统中也是关键组成部分。

2. DBN。DBN可以用来对事物进行统计建模，表征事物的抽象特征或统计分布，其应用见于手写字识别和语音识别。尽管DBN作为一种深度学习模型已经较少使用，但其在深度学习发展进程中的贡献十分巨大，并且其理论基础为概率图模型，有非常好的解释性，依然是一种值得讨论的模型。[①]

DBN是一个概率生成模型，与传统的判别模型的神经网络相对，生成模型是建立一个观察数据和标签之间的联合分布，对P（observation｜label）和P（label｜observation）都做了评估，而判别模型仅仅评估了后者，也就是P（Label｜Observation）。

DBNs由多个限制玻尔兹曼机（Restricted Boltzmann Machines，RBM）层组成，一个典型的网络结构如图4－7所示。这些网络被"限制"为一个可视层（visible layer）和一

---

① 邱锡鹏. 神经网络与深度学习［EB/OL］.

个隐层（hidden layer），层间存在连接，但层内的单元间不存在连接。隐层单元被训练去捕捉在可视层表现出来的高阶数据的相关性。顶部的两层是一个无向图，可以看作一个受限玻尔兹曼机（RBM），用来产生 $P(h(L-1))$ 的先验分布。除了最顶上两层外，每一层变量 $h(l)$ 依赖于其上面一层 $h(l+1)$，即 $P(v,h^1,h^2,\cdots,h^i) = P(vlh^1)P(h^1lh^2)\cdots P(h^{i-2}lh^{i-1})P(h^{i-1},h^i)$，其中 $l = \{0,\cdots,L-2\}$。

DBN 的核心部分为贪心逐层训练算法[1]，这种算法可以最优化深度置信网络的权重，它的时间复杂度与网络的大小和深度呈线性关系。使用配置好的深度置信网络来初始化多层感知器的权重，常常会得到比随机初始化的方法更好的结果。

除了具有好的初始点，DBN 还有一些颇具吸引力的优点：第一，它的学习算法可以有效使用未标注的数据；第二，它可以看作一个概率生成模型；第三，对于经常出现在诸如 DBN 这样的含有数百万个参数的模型中的过拟合问题，以及经常出现在深度网络中的欠拟合问题，都可以通过产生式预训练方法得到有效解决。

DBN 包含多个隐层的多层感知器或深度神经网络（Deep Neural Network，DNN），通过无监督的深度置信网络来进行预训练，然后通过反向传播微调来实现。在 DNN 中，多神经元隐层的使用不仅显著提高了 DNN 的建模能力，而且创造出了许多接近的最优配置。即使参数学习过程陷入局部最优，但由于出现欠佳的局部最优的概率比网络中应用少数神经元要低，所以最终的 DNN 仍然可以执行得很好，不过，在训练过程中使用深而宽的神经网络需要强大的计算性能。

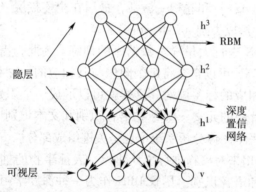

$$p(v, h^1, h^2, \cdots, h^l) = p(vlh^1) p(h^1lh^2) \cdots p(h^{i-2}lh^{i-1}) p(h^{i-1}, h^i)$$

资料来源：A Fast learning algorithm for deep belief nets. [2]

图 4-7　DBN 的结构

---

① 贪心逐层训练算法（又称贪婪算法）是指，在对问题求解时，总是作出在当前看来是最好的选择。也就是说，不从整体最优上加以考虑，他所作出的是某种意义上的局部最优解。——百度百科

② Hinton, G. E., Osindero, S. and Teh, Y.. A fast learning algorithm for deep belief nets [J]. Neural Computation, 2016（18）：1527-1554.

DBN 模型是一种深度学习方法，它通过多次映射能够发现大数据中的复杂结构及其概率分布。在数据挖掘过程中，特征工程是一个极其重要的环节，直接影响到模拟的效果。传统的特征工程需要靠业务经验、多次尝试才能找到合适的特征。在经典的概率统计中，有主成分分析、因子分析等线性特征提取方法，也有支持向量机、逻辑回归等非线性特征提取方法。但传统方法只能提取数据中最直观和最浅显的特征。深度置信网络通过无监督学习可以从数据中提取非线性特征和线性特征，通过监督学习实现特征筛选。同时 DBN 模型采用随机梯度下降算法实现在线计算和实时计算，解决了以前数据需要全部装载到内存的难题。

　　除了深度置信网络之外，自编码器以及它的变体，比如稀疏自编码器和去噪自编码器，也可以用来作为深度神经网络的参数初始化，并可以得到和深度置信网络类似的效果。并随着人们对深度学习认识的加深，出现了很多更加便捷的训练深层神经网络的技术，比如 ReLU 激活函数、权重初始化、逐层归一化、各自优化算法以及快捷连接等，使得我们可以不用预训练就可以训练一个非常深的神经网络。

第三节　人工智能应用前景、潜在风险及未来发展趋势

　　人类社会已经开始全面迈入人工智能时代。在未来数十年间，人工智能有可能从根本上改变人类的社会经济形态。同时，人工智能也向企业、开发者、政府和劳动者提出了严峻的挑战，相关各方应认真思考，加以应对。中国应充分利用这一极其重大的技术进步提高生产力以保持较快增长。

一、人工智能的投资开发与应用状况

　　近几年，全球人工智能领域投资呈爆发趋势，无论是投资金额或投资频次，都有明显的增加（见图 4-8）。根据乌镇智库与网易科技发布的《全球人工智能发展报告（2017）》，自 2000 年以来，全球 AI 融资规模达 288 亿美元；其中，2012—2017 年人工智能融资规模达 224 亿美元；自 2000 年以来，全球人工智能企业投资频次为 6827；其中，人工智能企业投资频次为 5661。2016 年，由人工智能技术催生的创业活动共吸引了 260 亿~390 亿美元的投资，比之前 3 年翻了 3 倍。

　　就国别投资状况看，全球处于领先地位的是美国、英国和中国。2000—2016 年，美国人工智能融资规模累计达 200 多亿美元，占全球人工智能融资规模总额的 70% 以上。美国人工智能每年的融资规模占全球总额的比例较高，2013 年之前一直保持在 80% 以上，近年来才出现下降。2016 年这一比例降至 65% 左右。2000—2016 年，英国人工智能融资规模占欧洲累计融资规模的 48.75%，其中超过 60% 的资金集中于英国伦敦。在亚洲，2000—2016 年，中国人工智能融资规模累计占亚洲累计总额的 60.22%，以色列为 20.43%，日本为 9.53%，印度为 4.95%。

　　在企业层面，从亚马逊到脸书，再到谷歌和微软、苹果和 IBM 这些全球最有影响

力的高科技公司近年来都在大量投入人工智能开发建设。与此同时，世界各地的风险投资人也不约而同地把目光转向了人工智能领域。

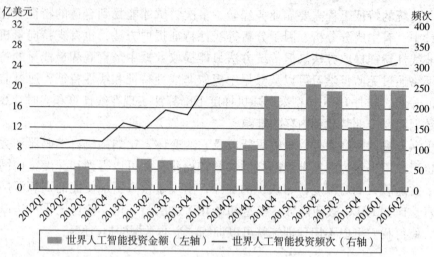

资料来源：《乌镇指数：全球人工智能发展报告2016》。

图4-8 全球人工智能领域投资状况

现阶段，人工智能技术已经在医疗、工业、农业、金融、商业、教育、政府、公共安全等行业中初露锋芒。其无形的触角开始渗入到城市管理、企业运营、环境保护、公共安全以及人们工作、生活、娱乐的每一个角落，从而加快决策速度，最大限度地减少成本提高效率，并推动了产品与服务的创新。

由于行业不同，人工智能技术的呈现形式、应用场景及其所产生的影响也呈现出多样化。而不同行业在人工智能的接受程度上也存在差异。根据国际数据公司IDC的调查，目前，在金融、零售、医疗以及智慧城市这4个领域，人工智能技术的应用更为成熟，并对这些行业的转型与变革产生了尤为深刻的影响。其中，人工智能在金融领域的应用正是我们将要在本课程深入讨论的重点。

二、人工智能技术发展趋势

在技术上，人工智能领域在最近几年取得了显著的进步。根据哈佛大学的研究，推动人工智能快速发展的四大因素是：计算机性能在近几十年呈指数级增长、训练机器学习的大型数据集数量增加、机器学习技术不断进步、商业投资猛增。其中，机器学习子领域的发展是主因。[1] 未来，这些因素仍将推动人工智能进一步发展，在发展方向与核心技术产品上呈现新的特点。

（一）发展方向

根据中国电子技术标准化研究院发布的《人工智能标准化白皮书（2018）》，下一

---

[1] 参见哈佛大学肯尼迪政治学院贝尔弗科学与国际事务中心发布的《人工智能与国家安全（2018）》。

步人工智能技术发展主要集中在以下几个方面：

一是技术平台开源化。开源化是指技术平台可以公开访问，人们可以修改并分享平台资源。人工智能的快速发展需要有一个更为开源的平台。开源将会让更多中小企业及开发者从不同维度参与人工智能相关领域的研发，这为行业层面新产品的快速迭代和共同试错提供了共享创新平台。国内外产业巨头也纷纷意识到通过开源技术建立产业生态，是抢占产业制高点的重要手段。通过技术平台的开源化，可以扩大技术规模，整合技术和应用，有效布局人工智能全产业链。谷歌、百度等国内外龙头企业纷纷布局开源人工智能生态。未来，更多开源平台的出现将助力人工智能技术从尖端化走向平民化，会有许许多多的企业与开发者通过开源平台享受深度学习的技术成果，创造出更多别具一格的应用，加速行业的转型和升级。

二是专用智能向通用智能发展。目前的人工智能发展主要集中在专用智能方面，具有领域局限性。随着科技的发展，各领域之间相互融合、相互影响，需要一种范围广、集成度高、适应能力强的通用智能，提供从辅助性决策工具到专业性解决方案的升级。通用人工智能具备执行一般智慧行为的能力，可以将人工智能与感知、知识、意识和直觉等人类的特征互相连接，减少对领域知识的依赖性、提高处理任务的普适性，这将是人工智能未来的发展方向。未来的人工智能将广泛地涵盖各个领域，消除各领域之间的应用壁垒。

三是智能感知向智能认知方向迈进。人工智能的主要发展阶段包括运算智能、感知智能、认知智能，这一观点得到业界的广泛认可。早期阶段的人工智能是运算智能，机器具有快速计算和记忆存储能力。当前大数据时代的人工智能是感知智能，机器具有视觉、听觉、触觉等感知能力。随着类脑科技的发展，人工智能必然向认知智能时代迈进，即让机器能理解会思考。

（二）智能基础设施与智能产品

1. 智能基础设施。智能基础设施为人工智能产业提供计算能力支撑，其范围包括智能传感器、智能芯片、分布式计算框架等，是人工智能产业发展的重要保障。

（1）智能芯片。智能芯片是人工智能的核心部件，也是人工智能时代的战略制高点。智能芯片可以分为通用类芯片（CPU、GPU、FPGA）、基于 FPGA 的半定制化芯片、全定制化 ASIC 芯片、类脑计算芯片（IBM True North）。另外，主要的人工智能处理器还有 DPU、BPU、NPU、EPU 等适用于不同场景和功能的人工智能芯片。

随着互联网用户量和数据规模的急剧膨胀，人工智能发展对计算性能的要求迫切增长，对 CPU 计算性能提升的需求超过了摩尔定律的增长速度。同时，受限于技术原因，传统处理器的性能也无法按照摩尔定律继续增长，发展下一代智能芯片势在必行。未来的智能芯片主要是在两个方向发展：一是模仿人类大脑结构的芯片，二是量子芯片。

（2）智能传感器。智能传感器是具有信息处理功能的传感器。智能传感器带有微处理机，具备采集、处理、交换信息等功能，是传感器集成化与微处理机相结合的产物。智能传感器属于人工智能的神经末梢，用于全面感知外界环境。各类传感器的大规模部署和应用为实现人工智能创造了不可或缺的条件。不同应用场景，如智能安防、智能家居、智能医疗等对传感器应用提出了不同的要求。未来，随着人工智能应用领域的不断拓展，市场对传感器的需求将不断增多，高敏度、高精度、高可靠性、微型化、集成化将成为智能传感器发展的重要趋势。

（3）分布式计算框架。大数据时代，常规的单机计算模式已经无法满足天量数据的计算需要，因此，必须把巨大的计算任务分成小的单机可以承受的计算任务，这就需要发展分布式计算框架。目前流行的分布式计算框架主要有 Hadoop、Storm、Spark三种。三种框架各有优势，不同的框架有自己最适用的计算场景，在不同领域、不同行业都在大规模使用。除了这三种常用的框架外，还有很多分布式计算框架在各个领域中发挥着很大的作用。

在未来，分布式计算框架会在以下几个方面展开：

一是分布式计算框架会在架构上进行更进一步的优化，在架构上更加清晰，Hadoop在第二代推出分布式计算框架 YARN 就是对 Hadoop 的架构进行优化。通过良好的架构设计让框架更加容易维护，计算过程更加清晰。

二是在未来的分布式计算架构中，计算模式也会更加优化。从当今的分布式计算框架可以看出从批量计算的 Hadoop 到流式计算的 Storm 然后到函数式编程的 Spark。通过一个良好的计算模式，让开发框架上的应用程序更加容易、便利。

三是分布式计算框架的基础架构也会在一定程度上展开研究，用来支撑上层的分布式计算框架。在大数据计算中，分布在不同机器上的数据的传输需要花费较大的代价，所以基础架构的发展也会促进分布式计算框架性能上的提升。[①]

2. 智能产品。智能产品是指将人工智能领域的技术成果集成化、产品化。人工智能产品可以分为三类：第一类是解决识别的问题，比如语音识别、图像识别；第二类是解决生成的问题，比如有的人工智能可以用来作画、用来写诗；第三类是解决决策问题的产品。具体分类如表 4 - 1 所示。

表 4 - 1　　　　　　　　　　　　　　人工智能产品

分类		典型产品示例
智能机器人	工业机器人	焊接机器人、喷涂机器人、搬运机器人、加工机器人、装配机器人、清洁机器人以及其他工业机器人
	个人/家用服务机器人	家政服务机器人、教育娱乐服务机器人、养老助残服务机器人、个人运输服务机器人、安防监控服务机器人
	公共服务机器人	酒店服务机器人、银行服务机器人、场馆服务机器人和餐饮服务机器人
	特种机器人	特种极限机器人、康复辅助机器人、农业（包括农林牧副渔）机器人、水下机器人、军用和警用机器人、电力机器人、石油化工机器人、矿业机器人、建筑机器人、物流机器人、安防机器人、清洁机器人、医疗服务机器人及其他非结构和非家用机器人

---

① Fernando, Chanak. 分布式系统发展史 [EB/OL]. 严子怡，译.

续表

分类		典型产品示例
智能运载工具		自动驾驶汽车
		轨道交通系统
	无人机	无人直升机、固定翼机、多旋翼飞行器、无人飞艇、无人伞翼机
		无人船
智能终端		智能手机
		车载智能终端
	可穿戴终端	智能手表、智能耳机、智能眼镜
自然语言处理		机器翻译
		机器阅读理解
		问答系统
		智能搜索
计算机视觉		图像分析仪、视频监控系统
生物特征识别		指纹识别系统
		人脸识别系统
		虹膜识别系统
		指静脉识别系统
		DNA、步态、掌纹、声纹等其他生物特征识别系统
VR/AR		PC 端 VR、一体机 VR、移动端头显
人机交互	语音交互	个人助理
		语音助手
		智能客服
	情感交互	
	体感交互	
	脑机交互	

资料来源:《人工智能标准化白皮书（2018）》。

从人工智能产业进程来看，技术突破是推动产业升级的核心驱动力。数据资源、运算能力、核心算法共同发展，掀起了人工智能第三次新浪潮。人工智能产业正处于从感知智能向认知智能发展的进阶阶段，前者涉及的智能语音、计算机视觉及自然语言处理等技术，已具有大规模应用基础，但后者要求的"机器要像人一样去思考及主动行动"仍尚待突破，诸如无人驾驶、全自动智能机器人等仍处于开发中，与大规模应用仍有一定距离。

三、人工智能未来展望与挑战

人工智能是第四次工业革命。在历史上，工业革命曾颠覆性地改变了人类社会的生产和交流方法。第一次工业革命在 18 世纪 80 年代使用蒸汽机驱动了机械化的生产过程；第二次工业革命在 19 世纪 70 年代使用电力推动了商品的大规模量产；第三次工业革命在 20 世纪 70 年代使用电子和软件技术实现了生产和交流的自动化。人工智能是数字技术发展的终极形态，代表着人类文明的最高成果。它可能带来的颠覆性变化将比工业革命"发生的速度快 10 倍，规模大 300 倍，影响几乎大 3000 倍"。①

人工智能具有广泛的应用前景。作为新一轮产业变革的核心驱动力，人工智能在催生新技术、新产品的同时，对传统行业也具备较强的赋能作用，能够引发经济结构的重大变革，实现社会生产力的整体跃升。人工智能的作用广泛显现在个人、家庭和组织的各个层面。在产业领域，公共事业、交通、制造、医疗、农业、金融等各行业都将经历快速和彻底的变革。

人工智能将把人从枯燥的单调重复劳动中解放出来，越来越多的简单性、重复性、危险性任务由人工智能系统完成，在减少人力投入、提高工作效率的同时，还能够比人类做得更快、更准确；人工智能还可以在教育、医疗、养老、环境保护、城市运行、司法服务及金融服务等领域得到广泛应用，能够极大地提高公共服务精准化水平，全面提升人民生活品质；同时，人工智能可帮助人类准确感知、预测、预警基础设施和社会安全运行的重大态势，及时把握群体认知及心理变化，主动作出决策反应，显著提高社会治理能力和水平，同时保障公共安全。

在不久的将来，我们将看到整个人类社会的生活质量和经济水平将由于人工智能的推动而发生巨大的变化。当前，人工智能的雏形正逐渐形成，伴随着人工智能技术的越发成熟，将催生新的数字业态或商业模式，数字化转型将实现由量变到质变的跨越。大到政府、企业，小到每一个个体都将成为人工智能的受益者。同时，在人工智能为社会带来变革的同时，其自身也在快速演变，随着"深度学习和增强学习"能力的不断提高，以及与其他新兴技术、应用场景、细分行业的融合，人工智能技术将进一步释放无穷的创新潜力。

不过，虽然人工智能可以带来诸多益处，但它也向企业、开发者、政府和劳动者提出了紧迫的挑战。

应用模式的差异让先行企业与后来者的差距不断增大。在麦肯锡全球研究院产业数字化指数（IDI）中名列前茅的行业（如高科技、电信及金融服务等）也是人工智能应用的领军行业，他们制订了雄心勃勃的投资计划。行业龙头企业已在各个职能部门或核心业务中应用了多项人工智能技术，例如，汽车制造商利用人工智能改善企业运营、开发自动驾驶技术，金融服务类企业则将其用于提升客户体验的相关职能。随着这些企业不断拓展人工智能的应用并获得更多数据，本来就已落后的企业将被甩得越来越远。

劳动者需要接受新的技能培训，学习如何与人工智能协作。各国政府也应未雨绸

---

① 转引自《乌镇指数：全球人工智能发展报告（2017）》。

缪，在不抑制企业创新能力的前提下，以监管手段促进市场公平，主动甄别最有可能被自动化技术替代的岗位，并向这些可能因人工智能的发展而危及生计的劳动者提供再培训，让其学习如何在工作中与人工智能协作，而非与之抗争。

人工智能技术将迎来一个充满创新的未来，但各国发展程度并不均衡。正如基于人工智能技术的自动化将造成劳动力市场分化，技术不发达的发展中国家在这一波发展浪潮中也将落于下风，国家间的"数字鸿沟"进一步扩大。人工智能作为一项引领未来的战略技术，发达国家纷纷在新一轮国际竞争中争取掌握主导权，围绕人工智能出台规划和政策，对人工智能核心技术、顶尖人才、标准规范等进行部署，加快促进人工智能技术和产业发展。主要科技企业不断加大资金和人力投入，抢占人工智能发展制高点。渴望成为全球人工智能产业中心的城市或国家必须勇于投入全球竞争，延揽人才、吸引投资。此外更要解决伦理、法律、监管等方面的问题，为人工智能的顺利发展扫清障碍。

四、我国人工智能发展概况

2017 年，我国出台了《新一代人工智能发展规划》（国发〔2017〕35 号）、《促进新一代人工智能产业发展三年行动计划（2018—2020 年）》（工信部科〔2017〕315 号）等政策文件，推动人工智能技术研发和产业化发展。

从 2013 年到 2018 年第一季度，中国在人工智能领域的投融资占到全球的 60%，成为全球最"吸金"的国家。根据清华大学中国科技政策研究中心发布的《中国人工智能发展报告 2018》，2017 年中国人工智能市场规模达到 237 亿元，同比增长 67%，预计 2018 年市场增速将至 75%。

目前，国内人工智能发展已具备一定的技术和产业基础，在芯片、数据、平台、应用等领域集聚了一批人工智能企业，在部分方向取得阶段性成果并向市场化发展。例如，人工智能在金融、安防、客服等行业领域已实现应用，在特定任务中语义识别、语音识别、人脸识别、图像识别技术的精度和效率已远超人工。

中国的人工智能发展多由科技企业推动引领。得益于大量的搜索数据和丰富的产品线，一些互联网企业走在了自然语言处理、图像和语音识别等技术前沿。庞大的人口基数产生的海量数据正是"训练"人工智能系统的前提条件。规模经济也是中国的优势所在，广泛的行业分布为人工智能的应用提供了广阔市场。

总体上，我国虽然在人工智能领域具备了良好基础，语音识别、视觉识别、中文信息处理等核心技术实现了突破，也具有巨大的应用市场环境，但整体发展水平仍落后于美国、英国等发达国家，在核心算法、关键设备、高端芯片、重大产品与系统等方面差距较大，适应人工智能发展的基础设施、政策法规、标准体系亟待完善。未来必须加强基础研究，优化科研环境，加快核心基础领域突破，构建不同方式的政策参与机制。同时，要加强治理，重视人工智能的社会风险，从而推动中国人工智能产业的快速发展。

【本章小结】

1. 人工智能是关于研究机器智能程序的科学。

2. 人工智能经历了半个多世纪的发展，大致可分为孕育、突破与发展三个时期。

3. 人工智能的核心能力体现在三个层面：计算智能、感知智能、认知智能。

4. 按照实力强弱，人工智能还可以分成三大类：弱人工智能（ANI）、强人工智能（AGI）、超人工智能（ASI）。

5. 对人工智能的现有能力不宜过分夸大，人工智能也不能视同是对人脑的"模拟"。

6. "人工智能"的工作和学习机制，主要包括以下三种体系：人工神经网络、机器学习、深度学习。

7. 人工智能具有广泛的应用前景。在未来数十年间，人工智能有可能从根本上改变人类的社会经济形态。

8. 推动人工智能快速发展的四大因素是：计算机性能在近几十年呈指数级增长、训练机器学习的大型数据集数量增加、机器学习技术不断进步、商业投资猛增。

9. 我国人工智能发展未来必须加强基础研究，优化科研环境，加快核心基础领域突破，构建不同方式的政策参与机制。

【关键概念】

人工智能	图灵测试	计算智能	感知智能
认知智能	弱人工智能（ANI）	强人工智能（AGI）	超人工智能（ASI）
人工神经网络	机器学习	深度学习	输入层
输出层	隐含层	神经元	加法器
激活函数	反向传播算法	监督学习	强化学习
无监督学习	特征学习	深度学习模型CNN	深度学习模型DBN
智能基础设施	智能产品	智能芯片	智能传感器
分布式计算框架			

【思考练习题】

1. 什么是人工智能？我们应当从哪些方面来理解人工智能的概念？

2. 人工智能的发展历程大致经历了哪几个时期？

3. 什么是图灵测试？

4. 人工智能有哪几个核心能力？

5. 什么是弱人工智能（ANI）、强人工智能（AGI）与超人工智能（ASI）？

6. "人工智能"的工作和学习机制主要包括哪几种体系？

7. 什么是人工神经网络、机器学习与深度学习？

8. 什么是监督学习、强化学习、无监督学习与特征学习？

9. 推动人工智能快速发展的有哪几大因素？

10. 人工智能可以用于哪些主要场景？

11. 我国人工智能发展未来应当注意哪些主要问题？

12. 试述深度学习与机器学习的联系与区别。

13. 简述人工智能的未来前景与挑战。

【数据资料与相关链接】

1. https：//en. wikipedia. org/wiki/Artificial _ intelligence.

2. https：//web. archive. org/web/20151118212402/http：//www － formal. stanford. edu/jmc/whatisai/whatisai. html.

【延伸阅读】

1. 国务院关于印发新一代人工智能发展规划的通知（国发〔2017〕35 号）［EB/OL］. http：//www. gov. cn/zhengce/content/2017 － 07/20/content _ 5211996. htm.

2. 中国信息通信研究院 . 2018 世界人工智能产业发展蓝皮书 ［R/OL］. http：//www. caict. ac. cn/kxyj/qwfb/bps/. . ./P020180918696199759142. pdf.

3. 清华大学 . 中国人工智能发展报告 2018 ［R/OL］. http：//stdaily. com/index/kejixinwen/2018 － 07/13/689842/files/f3004c04e7de4b988fc0b63decedfae4. pdf.

4. 华为公司 . 人工智能，让世界更美好 ［EB/OL］. https：//www － file. huawei. com/ － /media/corporate/pdf/publications/winwin/augmented － innovation/winwin － cp － 04 － cn. pdf.

5. 乌镇指数：全球人工智能发展报告（2017）［R/OL］. http：//sike. news. cn/hot/pdf/10. pdf.

6. 艾瑞咨询 . 2018 年中国人工智能行业研究报告 ［R/OL］. http：//report. iresearch. cn/wx/report. aspx？ id ＝3192.

7. 邱锡鹏 . 神经网络与深度学习 ［EB/OL］. https：//nndl. github. io/nndl － book. pdf.

8. Artificial Intelligence － csail － MIT ［EB/OL］. https：//courses. csail. mit. edu/6. 034f/ai3/rest. pdf.

第五章

区块链

主要内容： 本章首先讨论区块链的概念与特征；其次，介绍区块链的基本结构与核心要素；最后讨论区块链发展的主要问题和未来趋势。

学习目标： 掌握区块链的基本概念、主要技术特征，区块链的基本结构与核心要素，了解区块链发展的基本状况、主要问题与未来发展趋势。

✎ 引导案例：
在网上买到假货的一次经历

在网上买到假货，好多人都有过这样的经历。其实不光是网络购物有假货，实体店购物也会有假货。互联网时代，买卖公平、交易诚信如何保证？本案例显示，在买卖双方直接交易形式下难免存在信用纠纷，于是，大量的交易便不得不求助于买卖双方公认的第三方中介——交易所、拍卖场、电商平台进行，这就构成了现代经济占统治地位的中心化交易机制，而区块链的出现，将对这种交易形式带来颠覆性的改变。

以前朋友跟我说过如果在网上买到假货的话是没有办法维权的，我一直不以为然，现在总算明白了。当你买到假货后，官方就要求你出示厂家鉴定真假报告，这个怎么可能做到，还要你出示有关部门质检报告，并要求盖章。这些都是不可能做到的事。这就是我在微店买到铅含量超标的护肤品的倒霉事，跟卖家理论还被语言污辱，投诉微店官方，官方说骂人无罪，派出所都管不

了。我现在明白了，花钱事小，用了假货毁容事大，以后还是不要在网上买东西了。买到假货也只能认倒霉。68 元买个洗脸的还说我买便宜货。

资料来源：http://www.703804.com/forum。

120

第一节　区块链的基本概念与主要技术特征

一、区块链的基本概念

区块链（blockchain），是一种管理持续增长的、按序整理成区块（block）并受保护以防篡改交易记录的分布式账本（DLT）数据库。简言之，区块链就是一种特殊数据库——分布式数据库。因此，首先，区块链的作用是储存信息，任何需要保存的信息，都可以写入区块链，也可以从里面读取；其次，区块链是分布式的，这意味着任何人都可以架设服务器，加入区块链网络，成为网上的一个节点[①]。不同于我们习以为常的中心化网络，比如淘宝、微信等由中心节点集中控制，分布式网络没有中心节点，每个节点都是平等的，都保存着全部数据。每个节点共同参与全网数据的集体维护。区块链的实质就是通过去中心化和去信任的方式集体维护一个可靠数据库的技术方案。

分布式数据库并非新发明，早在 20 世纪 70 年代就已面世。但是，区块链的颠覆性在于：区块链没有管理员，它是无中心的。其他数据库都有管理员，但是区块链没有。如果有人想对区块链添加审核，也实现不了，因为它的设计目标就是防止出现居于中心地位的管理当局。正因为如此，区块链才能做到无法被单个节点所控制。否则一旦某个组织控制了管理权，就会控制整个平台，其他使用者就必须听其摆布了。

但是，没有了管理员，人人都可以往里面写入数据，怎样才能保证数据是可信的呢？被坏人改了怎么办？世界各处分散录入的数据无法篡改，区块链的奇妙之处就在于此。这是由区块链的构造机制所决定的。

直观理解，区块链就是区块加链接。所谓"区块"，就是区块链分布式账本网络上的一个数据包，即账本（存放已记录数据的文件）。账本的作用是用来记录交易，确认并保存信息。每次写入数据，就是创建一个区块。每个区块都包含两个部分：区块头（head），记录当前区块的特征值；区块体（body），即实际数据。区块头包含了当前区块的多项特征值：生成时间；实际数据（区块体）的哈希值（Hash）——随机散列（详见下述），上一个区块的哈希值等。区块结构如图 5-1 所示。区块与区块之间相互串联。数据以区块为单位产生和存储，并按照时间顺序连成链式（chain）数据结构。区块的生成时间由系统设定，通常平均每几分钟就生成一个区块。由于每个区块中都包括了前一个区块和后一个区块的身份证明（ID），因此每个区块都能找到其前后节点，从而可以一直倒推至起始节点，形成一条完整的交易链条，即构成区块链。

网络上的交易以区块的形式进行排序和验证，并施以加密保护以防篡改。区块借由密码学（见专栏 5.1）串接成链。每个区块由两个哈希值（随机散列）和一个存储空间组成，每个区块只和它的前一个区块相链接（见图 5-2）。

---

① 区块链中的节点（node），指的是区块链网络中的计算机，包括手机、矿机、台式机和服务器等。——中业兴融百科

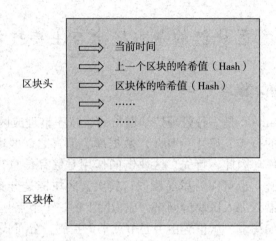

资料来源：https://baike.baidu.com/item/区块头。

图 5 – 1　区块结构：区块 = 区块头 + 区块体

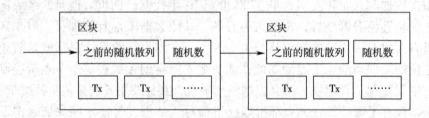

注：随机数代表当前哈希值；Tx 代表区块记录的交易。
资料来源：《比特币：一种点对点式的电子现金系统》。

图 5 – 2　区块的链接

【专栏 5.1】

区块链中的密码学：默克尔树

区块链中用到的密码学之一是支撑比特币底层交易系统的默克尔树（Merkle tree）或哈希树（Hash tree）。

在密码学及计算机科学中，哈希树是一种树形数据结构，每个叶节点均以数据块的哈希作为标签，而除了叶节点以外的节点则以其子节点标签的加密哈希作为标签。哈希树能够高效、安全地验证大型数据结构的内容，是哈希链的推广形式。哈希树的理论基础是质数分辨定理，简单地说就是：n 个不同的质数可以"分辨"的连续整数的个数和它们的乘积相等。"分辨"就是指这些连续的整数不可能有完全相同的余数序列。

哈希树的概念由瑞夫·默克尔于 1979 年申请专利，故也称默克尔树。

默克尔树一般用来进行完整性验证处理。在处理完整性验证的应用场景中，默克尔树会大大减少数据的传输量及计算的复杂度。

　　我们在区块链中可以看到最近生成的区块，点开其中的一个，可以看到它的区块头中有一个默克尔根（Merkle root），也就是默克尔树里的根节点。这个默克尔根就是这个区块里的所有交易根据哈希树生成的。

　　区块：Block#537495

Hashes	
Hash	0000000000000000000016b1121b13e0d00534b10388e778e4f1c33748a571a41b
Previous Block	0000000000000000000027bea50e9ce315d4529ef84dc31ec3f67378e2261d84ce
Next Block(s)	
Merkle Root	ec61c76476bc306a38fa6cb90d01917589d0ead7e264d4eee572c8b715dead7b

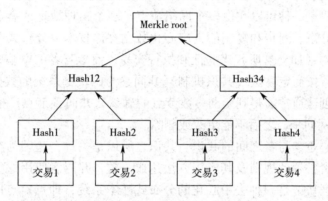

资料来源：https：//zh. wikipedia. org/wiki/；https：//juejin. im/post/5b796a9be51d4538d041825e。

　　区块链接的纽带是哈希值，其中一个哈希值是上一个区块的，另一个哈希值是自己的。这个哈希值代表的就是一种身份，构成唯一标识的数据"指纹"。每一个区块都包含了前一个区块的哈希值，即唯一身份证明、相应时间戳以及交易数据，这样的设计使得区块内容具有难以篡改的特性。用区块链所串接的分布式账本能让两方有效记录交易，且可永久查验此交易。

　　哈希又称随机散列。理论上，哈希值具有唯一性。所谓"哈希"，就是计算机可以对任意内容，计算出一个长度相同的特征值。区块链的哈希长度是 256 位，这就是说，不管原始内容是什么，最后都会计算出一个 256 位的二进制数字。而且可以保证，只要原始内容不同，对应的哈希一定是不同的。

　　举例来说，字符串 123 的哈希是 a8fdc205a9f19cc1c7507a60c4f01b13d11d7fd0（十六进制），转成二进制就是 256 位，而且只有 123 能得到这个哈希（理论上，其他字符串也有可能得到这个哈希，但是概率极低，可以近似认为不可能发生）。

　　区块与哈希是一一对应的，每个区块的哈希都是针对"区块头"计算的。区块哈

希的计算公式为

$$Hash = SHA256（区块头）$$

式中，SHA256 是区块链的哈希算法。注意，这个公式里面只包含区块头，不包含区块体，也就是说，哈希由区块头唯一决定。

由于区块头不仅包含有当前区块体的哈希，还有上一个区块的哈希。这意味着，如果当前区块体的内容变了，或者上一个区块的哈希变了，一定会引起当前区块的哈希改变。

这一点对区块链极为重要。如果有人修改了一个区块，该区块的哈希就变了。为了让后面的区块还能连接到它（因为下一个区块包含上一个区块的哈希），他就必须依次修改后面所有的区块，否则被改掉的区块就脱离区块链了。由于哈希的计算很耗时，除非有人掌握了全网 51% 以上的计算能力，短时间内修改多个区块几乎不可能发生。

正是通过这种联动机制，区块链保证了自身的可靠性，数据一旦写入，就无法被篡改。这就像历史事件一样，发生了就是发生了，从此再也无法改变。①

分布式账本，是一种可以在由多个网络节点、多个物理地址或者多个组织构成的网络中进行数据分享、同步和复制的去中心化数据存储技术。分布式账本意味着不存在单一的中心机构（如交易所）来验证和执行交易，而参与者的电脑则被用作网络内的节点。所有节点按商定算法（共识机制）共同参与区块链系统的数据验证、存储和维护。新区块的创建通常需得到全网多数节点的确认，并向各节点广播（发送传递交易信号）实现全网同步，之后不能更改或删除。

区块链的核心是参与者之间的共识。共识之所以是关键，是因为在没有中央机构的情况下，参与者必须就规则及其应用方法达成一致，并同意使用这些规则来接受及记录拟定交易。区块链是一种去中心化的分布式账本系统，即点对点网络。因为点对点网络下存在较高的网络延迟，各个节点所观察到的交易事务先后顺序不可能完全一致，区块链系统需要设计一种机制对在一定时间内发生事务的先后顺序进行共识。这种对一个时间窗口内事务先后顺序达成共识的算法被称为"共识机制"。

二、区块链的主要技术特征

区块链技术具有去中心化、开放性、自治性、信息不可篡改、匿名性等特征。

区块链的实质是在信息不对称的情况下，借助新信息技术构建的一个去中心化的可信任系统。由于使用分布式核算和存储，不存在中心化的硬件或管理机构，任意节点的权利和义务都是均等的，系统中的数据块由整个系统中具有维护功能的节点来共同维护。

区块链系统是开放的，除了交易各方的私有信息被加密外，区块链的数据对所有人公开，任何人都可以通过公开的接口查询区块链数据和开发相关应用，因此整个系

---

① 阮一峰. 区块链入门教程［EB/OL］.

统信息高度透明。

区块链采用基于协商一致的规范和协议（比如一套公开透明的算法）使得整个系统中的所有节点能够在去信任的环境中自由安全地交换数据，使得对"人"的信任改成了对机器的信任，任何人为的干预都不起作用。由于区块链在参与者的节点上运行，能提供所需保密度，交易各方之间无须设置中间人，点与点之间也无须进行信任验证。

区块链采用密码学中的散列（哈希）算法，并由多方共同维护。每一个区块都包含了前一个区块的加密散列、相应时间标记（时间戳）以及交易数据，这样的设计使得区块内容具有难以篡改的特性。

由于区块链各节点之间的数据交换遵循固定且预知的算法，因此区块链网络是无须信任的，可以基于地址而非个人身份进行数据交换。这种匿名的特征能极好地保护交易者的隐私。

第二节　区块链的核心技术

区块链的核心技术主要包括：分布式数据存储、共识算法、智能合约、安全技术等。

一、分布式数据存储

区块链设计者没有为专业的账本记录者预留一个特定的中心位置和中心权限，而是希望通过自愿原则来建立一套人人都可以参与记录信息的分布式记账体系，从而将会计责任分散化，由整个网络的所有参与者来共同记录。如果说分布式计算解决了数据的计算成本问题，大家一起帮忙算，则分布式存储解决了数据的安全性问题，大家一起帮忙记账共同监督。

（一）分布式数据存储的概念

分布式数据存储（DLT），也称分布账本技术。DLT 是在传统的关系型数据库的基础上发展起来的新型数据信息处理技术。基本原理是将原来集中式数据库中的数据分散存储到多个通过网络连接的数据存储节点上，以获取更大的存储容量和更高的并发访问量。

通常的数据存储方式叫作中心式存储，重要数据都存储在一个中心服务器上，其他客户端都从中心存储数据池中读取数据。而分布式存储则是将数据分散存储到全网络多个数据节点上，每一个节点都有完整的数据存储和备份，形成了一个大规模的存储资源池。

从数据存储方式看，它是分布式的、非中心化存储，就像一个分布式的账本，所有的记录由多个节点共同完成，每个节点都有完整账目。所有节点都参与监督交易是否合法。没有任何节点可单独记账，避免记录被篡改。数据库中的所有数据都实时更新并存放于所有参与记录的网络节点中。这样，即使部分节点损坏或被黑客攻击，也不会影响整个数据库的数据记录与信息更新。

DLT 是由网络中各个节点所共享的一种数据库，与传统的中心化数据存储相比，DLT 的主要技术特征是分布式、去中心化，因而更加便捷、安全、可控、可靠。分布式存储与中心化存储的比较见专栏 5.2。

【专栏 5.2】
医疗健康记录的分布式存储

金融、法律、医疗保健和其他类型的交易有一些共同的要求：有必要确定交易各方的身份，保持信任，确保交易记录正确，不能变更，交易发生的基础设施稳定。

在区块链技术出现之前，实现这些目标的唯一途径是建立一个强有力的中心化角色来提供这些服务，如银行、政府和清算所。

在医疗健康档案领域，每个医院或卫生系统都拥有自己的中心机构以提供记录、保存和传输健康档案的服务。传统的中心式存储设施是解决这个问题的最佳办法。

虽然它有许多优点，但也有缺点。中心式存储容易遭受数据丢失、更改和攻击。这种架构的存在，也导致了当今在医疗保健领域普遍存在的信息孤岛的出现。

根据美国卫生与公众服务部的数据，2015 年，黑客/IT 事件导致医疗记录数据被破坏了 1.12 亿次。2016 年，估计三分之一的患者将成为数据泄露的受害者。而由于区块链的公钥/私钥访问方式，分布式数据存储为医疗保健信息的安全建立了一个新的范本。

以医院 HIS 系统的数据存储方式为例，它采用传统的中心式存储方式，数据全部存储在整个系统的数据中心上。而各科室的电脑是客户端，只负责数据的采集、录入和查询，不负责数据的存储。

如果采用分布式存储，那么就不再会有服务器存在，所有的客户端电脑都充当数据服务器，把数据存储在本机上，所有节点都以 P2P 方式进行数据传输。

不可更改是区块链技术的本质之一，但在实际应用中，特别是私有链中，当出现错误信息时，很多时候还是需要进行数据的更改。

医疗保健机构可以保留患者的电子病历的更新副本，分布式存储可保护副本以防止恶意攻击。

如果出现患者性别错误，或者年龄错误，需要调整区块链中的历史数据区块，则需要区块链的所有参与者达成一致共识，或者 51% 的网络参与者批准更改。

如果确实发生了区块替换，那么这个区块将会留下一个所有参与者都能看的更改痕迹。此功能可提高安全性，并可帮助限制恶意更改的风险，一旦更改会立即向网络广播。

咨询服务业巨头埃森哲（Accenture）已在欧美获得可编辑区块链模型的专利。此种区块链允许在已授权的区块链系统中，由中央管理员修改及删除储存信息。

区块链技术的部分支持者认为，可编辑区块链颠覆了区块链原有的概念，是一种技术上的倒退。

资料来源：http://med.china.com.cn/content/pid/13994/tid/2。

　　传统数据库使用客户端—服务器网络架构。在这种结构中，用户（或称为客户端）可以修改存储在中央服务器中的数据。数据库的控制权保留在获得指定授权的机构处，授权机构会在用户试图接入数据库前对其身份进行验证。由于授权机构对数据库的管理负责，如果授权机构的安全性受到损害，则数据面临被修改甚至被删除的风险。

　　分布式存储与中心化数据存储的网络架构区别如图 5-3 所示。

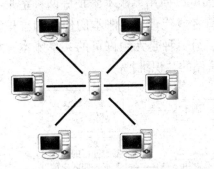
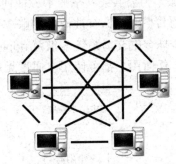

资料来源：https://wiki.mbalib.com/wiki/网状网络。

图 5-3　传统数据库网络架构与分布式网络架构的区别

　　传统数据库中，客户可以对数据执行四种操作：创建、读取、更新和删除（通称为 CRUD 命令）。而区块链用户只能以附加块的形式添加数据，所有先前的数据被永久存储，无法更改。因此，区块链仅能执行以下操作：（1）读取：查询和获取数据；（2）验证和写入：向区块链添加更多数据。

　　交易是一种改变区块链上数据状态的操作。区块链上之前的核算科目永远保持不变，而新的科目可以改变之前科目中数据的状态。例如，如果区块链记录我的比特币（一种在区块链上交易的虚拟货币）钱包中有 100 万比特币，该数字永久存储在区块链中。当我花费 20 万比特币时，该交易也被记录在区块链上，我的余额为 80 万比特币。但是，由于区块链只能不断加长，因此这次交易之前的余额 100 万比特币仍然永久保存在区块链上。这就是区块链通常被称为不可更改的分布式账本的原因。

　　（二）分布式账本的分类与应用

　　去中心化控制可以消除中心化控制的风险。任何能够充分访问中心化数据库的人都可以摧毁或破坏其中的数据，因此用户依赖于数据库管理员的安全基础架构。区块链技术使用去中心化数据存储来避开这一问题，从而在自己的结构中建立安全性。不过，分布式账本并非意味着 100% 的去中心化，而是具有不同程度的去中心化。

　　分布式账本的运行是以账本为基础的。分布式账本是一个网络和权限匹配的结构，是去中心化的结构。在分布式账本中，任何参与者都是一个节点，每个节点都有与之相匹配的权限。分布式账本结构类型及其与传统账本的区别可以图形表示（见图 5-4）。

（1）传统账本（如银行账户）只有一个副本，账本由中心机构统一记录、储存并处理。传统的互联网交易中，个体进行信息交流和价值交换，如网络购物、银行存取钱等行为时，会产生大量的数据与信息，由专门的第三方机构（如银行、支付宝等）或中介来记录和存储。由于交易各方缺少一个共同信任的信息系统，无法在确保隐私性和安全性的同时，实现高效开放式合作，各种循环往复的烦冗确认过程不可避免。

（2）分布式账本可以有多个副本（数量不限），副本由网络参与者共同持有。如基于许可的私有账本：区块链、清算结算网络等。DLT网络参与者可以获得一份唯一、真实账本的副本。

（3）账本为公共或共享账本，任何人都可以使用。账本维护分两种情形：一种是基于许可的共享账本，有被信任的账本拥有者或代理人，账本的使用和维护需要通过验证。如全球金融交易系统瑞波（ripple）。另一种是无须许可的共享账本，如数字货币比特币。任何用户都可使用，通过无须信任的共识维护。

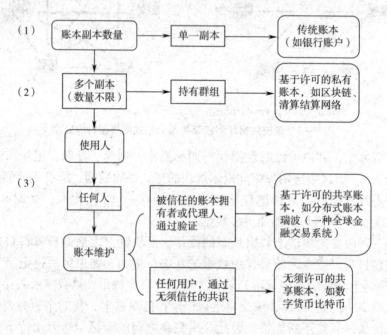

资料来源：《分布式账本技术：超越区块链》。

图 5-4 分布式账本的分类与应用

根据不同的需要，分布式账本可以有多种模式，拥有不同程度的集中化特性与不同类型的访问控制机制。它不是100%的去中心化，而是介于100%去中心化与100%中心化之间，属于有控制或有选择的去中心化（见图5-5）。

当前典型系统是需要授权使用的、单一的、中心化的、为所有参与者共享的账本，比如快速支付账本，但是中心化的成本通常很高。同时，由于数据的存储处理是中心化的，所以该系统必须对所有参与者的系统进行整合。以银行业务为例，每家银行都会拥有至少一套（一般为好几套）用于追踪与管理金融交易的系统。每一套系统都需要大量资金维护。这些系统之间必须彼此相连并通过一系列对账机制来保持一致性。每家银行相关的小组成员需要与其他银行相应的人员进行确认,确保交易信息能够匹配,并能够在交易信息不匹配的情况下解决问题。而去中心化数据库无须经过中心就可以完成信息的传递。同时,它的中心化程度是连续性的,因而可以根据需要自主选择,既可保有中心化控制的好处,也可以兼有去中心化的优点,避免中心化数据库采用的费时耗力的对账过程,并保持数据的一致性。

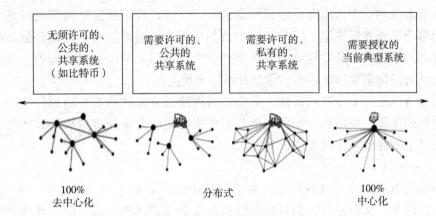

资料来源:《区块链在资产证券化风险控制中的应用研究》。

图 5 - 5　不同账本形式的中心化程度

（三）共享账本

数据分布式存储通过区块链与不同形式的账本相结合实现。账本,是指 DLT 网络参与者在网络节点上存储的一份专属的完整信息记录档案。账本是采用加密技术的"共享账本",由网络中的参与者共同进行校验及维护。共享账本的关键特点包括:加密对账技术、数据复制、访问控制、透明性和隐私性。

1. 加密对账技术。区块链为保证账户信息的安全和隐私,采用加密算法。在账本的设计上,需规定哪些信息应当包含并在账本中共享,并规定哪些参与者能够在账本中读写信息。一般来说,即便所有节点都拥有账本的完整副本,仍可以通过技术对账本中的部分数据进行加密,只有经授权的参与者才可以解密并读取基本信息。通过加密技术的应用,分布式账本可以实现身份验证和数据加密功能。

2. 数据复制。分布式账本将数据大量复制的好处就是,若有一处数据出错,其他数据仍可不受影响。再通过对账计算就可以确定网络参与者交流的数据是否准确。

3. 访问控制。虽然区块链上的交易等信息是公开的,但账户信息是被保护的。区块链使用密钥和数字签名来实施访问控制,没有授权无法访问数据。举例来说,若监管人员打算检查一个机构的所有交易,可能需要一把"观察密钥"。但这样的钥匙只有被监管执法部门拥有才具有这样的效力。

4. 透明性和私密性。共享账本高度透明,数据库内容无法篡改。因此,共享账本有助于提高监管的有效性。并通过独特的加密签名技术,可保证添加记录的正确性。

二、共识算法

在分布式账本中，数据的更新需通过特定的共识机制（俗称"挖矿"），由具有权限的节点进行验证，就账本状态达成一致。它要解决的问题是多方的互信问题。多个记账节点须达成共识才能确认记录有效。

（一）基本概念

分布式系统的共识达成需要依赖可靠的共识算法，共识算法通常解决的是分布式系统中由哪个节点发起提案，以及其他节点如何就这个提案达成一致的问题。提案的含义在分布式系统中十分宽泛，如多个事件发生的顺序、某个键对应的值、谁是领导等，可以认为任何需要达成一致的信息都是一个提案。

区块链首先是一个分布式系统，中央式结构改成分布式系统，碰到的第一个问题就是一致性的保障。很显然，如果一个分布式集群无法保证处理结果一致的话，那任何建立于其上的业务系统都无法正常工作。

（二）一致性

在分布式系统中，一致性是指：对于系统中的多个服务节点，给定一系列操作，在协议的保障下，试图使得它们对处理结果达成某种程度的一致。但一致性并不代表结果正确与否，而是系统对外呈现的状态一致与否，例如，所有节点都达成失败状态也是一种一致。

由于系统中各个节点之间的网络通信是不可靠的，包括任意延迟和内容故障；节点的处理可能是错误的，甚至节点自身随时可能宕机[1]；同步调用会让系统变得不具备可扩展性要求等局限难以使系统达成一致性要求，因此，理想的分布式系统一致性应该满足：

（1）可终止性（termination）：一致的结果在有限时间内能完成；

（2）共识性（consensus）：不同节点最终完成决策的结果应该相同；

（3）合法性（validity）：决策的结果必然是其他进程提出的提案。

在实践中，绝对理想的一致性很难达成，越强的一致性要求往往意味着越弱的性能，很多时候，人们发现对一致性可以适当放宽一些要求，在一定约束下实现一致性，从弱到强有以下几种：

1. 强一致性。强一致性也称为原子一致性或线性一致性。它对一致性的要求有两个：任何一次读都能读到某个数据的最近一次写的数据；系统中的所有进程看到的操作顺序，都和全局时钟[2]下的顺序一致。显然这两个条件都对全局时钟有非常高的要求。

---

[1] 宕机，也称死机，指操作系统无法从一个严重的系统错误中恢复过来，或系统硬件层面出问题，以致系统长时间无响应，而不得不重新启动计算机的现象。它属于电脑运作中的一种正常现象，任何电脑都会出现这种情况。——百度百科

[2] 全局时钟（globeclock），指在分布式系统中，将网络中所有节点的本地时钟以足够的精度进行控制同步的一种解决方法。——英特尔：MAX10 时钟和 PLL 用户指南

强一致性只是存在于理论中的一致性模型，比强一致性要求弱一些的，就是顺序一致性和因果一致性。

2. 顺序一致性。顺序一致性同样也有两个条件：第一个条件与强一致性的要求一样，也是可以马上读到最近写入的数据；然而第二个条件就弱化了很多，它允许系统中的所有进程形成自己合理的统一的一致性，不需要与全局时钟下的顺序都一致。

这里的第二个条件的要点在于：系统的所有进程的顺序一致，而且是合理的，就是说任何一个进程对同一个变量的读写顺序要保持，然后大家形成一致；不需要与全局时钟下的顺序一致。

可见，顺序一致性在顺序要求上并没有那么严格，它只要求系统中的所有进程达成自己认为的一致就可以了，即错的话一起错，对的话一起对，同时不违反程序的顺序即可，并不需要整个全局顺序保持一致。

3. 因果一致性。因果一致性在一致性的要求上，又比顺序一致性降低了：它仅要求有因果关系的操作顺序得到保证，非因果关系的操作顺序则无所谓。因果一致性可以微信朋友圈的例子来说明，在 Infoq 分享的微信朋友圈的设计中，他们在设计数据一致性的时候，使用了因果一致性模型，用于保证对同一条朋友圈的回复的一致性，比如这样的情况：

A 发了朋友圈内容为梅里雪山的图片。

B 针对内容 a 回复了评论："这里是哪里？"

C 针对 B 的评论进行了回复："这里是梅里雪山。"

那么，在这条朋友圈内容的显示中，显然 C 针对 B 的评论，应该在 B 的评论之后，这是一个因果关系，而其他没有因果关系的数据，可以允许不一致。

（三）拜占庭问题与共识算法

实际上，如果分布式系统中的各个节点都能保证以十分强大的性能（瞬间响应、高吞吐）无故障运行，则实现共识过程并不复杂，简单通过广播过程投票即可。然而，现实中这样"完美"的系统并不存在，如响应请求往往存在时延、网络会发生中断、节点会发生故障，甚至存在恶意节点故意破坏系统。

一般地，把故障（不响应）的情况称为"非拜占庭错误"，恶意响应的情况称为"拜占庭错误"（对应节点为拜占庭节点）。现实中，拜占庭问题（见专栏 5.3）更为广泛，讨论的是允许存在少数节点作恶（消息可能被伪造）场景下的一致性达成问题。拜占庭算法讨论的是最坏情况下的保障。鉴于此，共识算法分为可信节点间的共识算法与不可信节点间的共识算法。

【专栏 5.3】

拜占庭问题

拜占庭问题，又称拜占庭将军问题（Byzantine Generals Problem），是由莱斯利·兰波特提出的分布式对等网络一致性问题或通信容错问题。

　　拜占庭是古代东罗马帝国的首都，由于地域宽广，守卫边境的多个将军（系统中的多个节点）需要通过信使来传递消息，达成某些一致的决定。但由于将军中可能存在叛徒（系统中的节点出错），这些叛徒将努力向不同的将军发送不同的消息，试图干扰一致性的达成。拜占庭问题即为在此情况下，如何让忠诚的将军们能达成行动的一致。

　　类似地，在分布式计算中，不同计算机通过通信交换信息达成共识，从而按照同一套协作策略行动。但有时候，系统中的成员计算机可能出错而发送错误的信息，用于传递信息的通信网络也可能导致信息损坏，使得网络中的不同成员关于全体协作的策略得出不同结论，从而破坏系统一致性。

　　莱斯利·兰波特在其论文中描述了如下问题：

　　一组拜占庭将军分别率领一支军队共同围困一座城市。为了简化问题，将各支军队的行动策略限定为进攻或撤离两种。因为部分军队进攻、部分军队撤离可能会造成灾难性后果，因此各位将军必须通过投票来达成一致策略，即所有军队一起进攻或所有军队一起撤离。因为各位将军分处城市的不同方向，他们只能通过信使互相联系。在投票过程中每位将军都将自己投票给进攻还是撤退的信息通过信使分别通知其他所有将军，这样一来每位将军根据自己的投票和其他所有将军送来的信息就可以知道共同的投票结果而决定行动策略。

　　系统问题在于，将军中可能出现叛徒，他们不仅可能向较为糟糕的策略投票，还可能选择性地发送投票信息。假设有9位将军投票，其中1名是叛徒。8名忠诚的将军中出现了4人投进攻4人投撤离的情况。这时候叛徒可能故意给4名投进攻的将军送信表示投进攻，而给4名投撤离的将军送信表示投撤离。这样一来在4名投进攻的将军看来，投票结果是5人投进攻，从而发起进攻；而在4名投撤离的将军看来则是5人投撤离。这样，各支军队的一致协同就遭到了破坏。

　　由于将军之间需要通过信使通信，叛变的将军可能通过伪造信件来以其他将军的身份发送假投票。即使在保证所有将军都忠诚的情况下，也不能排除信使被敌人截杀，甚至被敌人间谍替换等情况。因此很难通过保证人员可靠性及通信可靠性来解决问题。

　　假如那些忠诚（或是没有出错）的将军仍然能通过多数决定来决定他们的战略，便称达到了拜占庭容错。在此，每票都会有一个默认值，若信息（票）没有被收到，则使用此默认值来投票。

　　在分布式对等网络中，需要按照共同一致策略协作的成员计算机即为问题中的将军，而各成员计算机赖以进行通信的网络链路即为信使。拜占庭问题描述的就是某些成员计算机或网络链路出现错误甚至被蓄意破坏者控制的情况。拜占庭问题被认为是容错性问题中最难的问题类型之一。

　　拜占庭问题的解决方案就是设计一个拜占庭容错机制。拜占庭容错机制是将收到的信息（或是收到信息的签章）转交给其他接收者。这类机制都假设它们转交的信息可能含有拜占庭问题。在高度安全要求的系统中，这些假设甚至要求证明错误能在一个合理的等级下被排除。

在对等式数字货币系统比特币里，比特币网络的运作是平行的。各节点与终端都运算着区块链来达成工作量证明（PoW）。工作量证明的链接是解决比特币系统中拜占庭问题的关键，避免问题节点破坏数字货币系统里交易账的正确性，这对整个系统的运行状态有着重要的意义。

资料来源：https://zh.wikipedia.org/wiki/。

前者针对非拜占庭错误的情况，一般包括 Paxos、Raft 及其变种，其适用环境一般是不考虑集群中存在作恶节点，只考虑因为系统或者网络原因导致的故障节点。

对于要求能容忍拜占庭错误的情况，目前最为普遍的两种共识算法是工作量证明（PoW）和权益证明（PoS）。PoW 是算力密集型算法，而 PoS 是资本集中型算法。无论是 PoW 算法还是 PoS 算法，其核心思想都是通过经济激励来鼓励节点对系统的贡献和付出，通过经济惩罚来阻止节点作恶。

PoW 一般应用于比特币区块链等开放型 DLT 中，网络中的节点自愿进行数据验证。PoW 机制具有不易篡改的优势，但需投入大量算力并带来较大的资源消耗。其设计理念：一是限制一段时间内整个网络中出现提案的个数（增加提案成本），二是放宽对最终一致性确认的需求，约定好大家都确认并沿着已知最长的链进行拓宽。系统的最终确认是概率意义上的存在。这样，即便有人试图恶意破坏，也会付出很大的经济代价（付出系统超过一半的算力）。后来的 PoX 系列算法，也都是沿着这个思路进行改进，采用经济上的惩罚来制约破坏者。

PoS 大多应用于封闭型 DLT，要求节点捆绑（bonding）一定量的数字资产，以验证和添加新的区块。捆绑的数字资产越多，节点以最快速度验证区块的可能性越高，进而获得奖励。捆绑资产的概念类似于提供抵押品，会产生一定的金融资源占用。

三、智能合约

智能合约（smart contract），是指 DLT 网络参与者之间的协议条款，即基于分布式账本可信的不可篡改的数据，可以自动执行一些预先定义好的规则和条款。其实质是一种计算机程序——可编程的脚本。智能合约由一组代码（合约的函数）和数据（合约的状态）组成（IOSCO，2017）。智能合约可以对接收到的信息进行回应，也可以接收和储存价值，还可以向外发送信息和价值。智能合约类似于一个值得信任的第三方机构，可以临时保管资产，并按照事先约定的规则执行操作。

智能合约是纸质合约的一种计算机化版本。传统意义上的纸质合约一般与执行合约内容的计算机代码没有直接联系，其主要缺陷是难以管理权限与共享数据；而智能合约包含程序代码，能够自动执行合约。

智能合约可以执行复杂的多方协议，主要用于区块链成员之间的自动化交易。智能合约提供了一种"判决即服务"，参与者按照智能合约规则来执行。智能合约的这种判决是一个超实时版本的执法系统。而区块链带来一种验证步骤，验证相关合约法律的执行效果。智能合约验证了整个区块链共有的规则，然后将执行过程自动化，因此给予这个网络的所有参与者一种中立、公正的竞争环境。

图5－6所示是一个智能合约模型：一段代码（智能合约）被部署在可分享的复制账本上，它可以维持自己的状态，控制自己的资产和对接收到的外界信息或者资产进行回应。

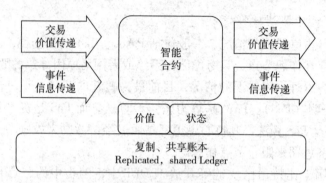

资料来源：《区块链在资产证券化风险控制中的应用研究》。

图5－6　智能合约模型

智能合约建立的权利和义务，是由计算机或者计算机网络执行的。当DLT以"自治性"的形式与已记录的交易合并，就创建了"智能合约"。智能合约存储在区块链中的有效节点上并通过交易触发。协议是技术实现（technical implementation）的，根据真实数据记录，达到预定条件时，自动执行特定条款。比如航班延误险，通过区块链智能合约，一旦到达了可赔付的条件，自动把赔付金额汇入客户账务。这个过程会在每次合约中的周期性事项发生时自动激活，不仅包括付款和交付，还有在金融衍生合同下的授信或连续活动。在已经适用于集中式金融市场如票据交换所和贸易仓储的基础上，也适用于以区块链创立的分散式金融市场基础设施建设上。

四、安全技术

区块链安全技术主要包括：散列算法、对称加密、非对称加密、数字签名、数字证书、同态加密、零知识证明等。

（一）散列算法

区块链采用密码学中的散列算法技术，保证区块链账本的完整性不被破坏。散列算法能将二进制数据映射为一串较短的字符串，并具有输入敏感特性，一旦输入的二进制数据发生微小的篡改，经过散列运算得到的字符串将发生非常大的变化。此外，优秀的散列算法还具有冲突避免特性，输入不同的二进制数据，得到的散列结果字符串是不同的。

区块链利用散列算法的输入敏感和冲突避免特性，在每个区块内，生成包含上一个区块的散列值，并在区块内生成验证过的交易的Merkle根散列值。整个区块链中的任一区块被篡改，都无法得到与篡改前相同的散列值，从而保证区块链被篡改时，能够被迅速识别，最终保证区块链的完整性（防篡改）。

（二）对称加密与非对称加密

加解密技术从技术构成上，分为两大类：一类是对称加密，另一类是非对称加密。对称加密的加解密密钥相同；而非对称加密的加解密密钥不同，一个被称为公钥，另一个被称为私钥。公钥加密的数据，只有对应的私钥可以解开，反之亦然。

非对称加密算法是指使用公私钥对数据存储和传输进行加密和解密。公钥可公开发布，用于发送方加密要发送的信息，私钥用于接收方解密接收到的加密内容。公私钥的计算时间较长，主要用于加密较少的数据。常用的非对称加密算法有 RSA 和 ECC。非对称加密的解密过程如图 5－7 所示。

区块链在全网传输过程中，需要 TLS（Transport Layer Security）加密通信技术，来保证传输数据的安全性。而 TLS 加密通信，需要非对称加密技术和对称加密技术的组合：通信双方利用非对称加密技术，协商生成对称密钥，再由生成的对称密钥作为工作密钥，完成数据的加解密，从而同时利用了非对称加密不需要双方共享密钥、对称加密运算速度快的优点。

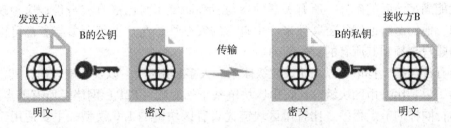

资料来源：《分布式账本技术：超越区块链》。

图 5－7　非对称加密的解密过程

（三）数字证书

单纯的 TLS 加密通信，仅能保证数据传输过程的机密性和完整性，但无法保障通信对端可信（中间人攻击）。因此，需要引入数字证书机制，验证通信对端的身份，进而保证对端公钥的正确性。数字证书一般由权威机构签发。通信的一侧持有权威机构根 CA（Certification Authority）的公钥，用来验证通信对端证书是否被自己信任（证书是否由自己颁发），并根据证书内容确认通信对端的身份。在确认通信对端身份的情况下，取出对端证书中的公钥，完成非对称加密过程。

此外，区块链中还应用了现代密码学最新的研究成果，包括同态加密[①]、零知识证明[②]等，在区块链分布式账本公开的情况下，最大限度地提供隐私保护能力。

---

① 同态加密，是用来保护云端数据的一种理念：让软件在不对数据解密的情况下对其进行实验。——维基百科
② 零知识证明，指的是证明者能够在不向验证者提供任何有用的信息的情况下，使验证者相信某个论断是正确的。——百度百科

第三节　区块链的主要类型

区块链系统根据应用场景和设计体系的不同，一般分为公有链、私有链和联盟链，分别适用于不同的信任环境。

一、公有链

公有链，是指任何人都可读取的、任何人都能发送交易且交易能获得有效确认的、任何人都能参与其中共识过程的区块链——共识过程决定哪个区块可被添加到区块链中和明确当前状态。

公有链的各个节点可以自由加入和退出网络，并参加链上数据的读写，运行时以扁平的拓扑结构互联互通，网络中不存在任何中心化的服务端节点。

在公有链中程序开发者无权干涉用户，所以区块链可以保护使用他们开发的程序的用户。任何拥有足够技术能力的人都可以访问，也就是说，只要有一台能联网的计算机就能满足访问的条件。所有关联的参与者都隐藏了自己的真实身份，这种现象十分普遍。他们通过他们的公共性来产生自己的安全性，在这里每个参与者都可以看到所有的账户余额和其所有的交易活动。

公有链包括比特币、以太坊、超级账本、大多数山寨币①以及智能合约，其中，公有链的始祖是比特币区块链。比特币区块链基于端对端（P2P）网络，所有节点对等，且都运行同样的节点程序。比特币区块链代表着区块链的 1.0 模型，主要适用于虚拟货币的交易。它的区块链架构对虚拟货币以外的应用场景支持非常有局限性，随着区块链技术从比特币中独立出来，其作为可编程的分布式信用基础设施的发展理念被逐渐确立，并过渡到区块链 2.0 模式——以太坊模式，以支持智能合约、去中心化应用为特征。

以太坊（Ethereum），是一个开源的有智能合约功能的公共区块链平台，通过其专用的加密货币以太币（Ether）提供去中心化的虚拟机来处理点对点合约。以太坊是可编程的区块链，允许用户按照自己的意愿创建复杂的操作，可以作为多种类型去中心化区块链应用的平台。和编程语言相似，它由企业家和开发者决定其用途。以太坊尤其适合那些在点与点之间自动进行直接交互或者跨网络促进小组协调活动的应用。

目前，大多数区块链项目都依靠以太坊作为公有链。除金融类应用外，任何对信任、安全和持久性要求较高的应用场景，比如资产注册、投票、管理和物联网等 3.0 时代应用，都会大规模地受到以太坊平台影响。

超级账本（Hyperledger）是一个旨在推动区块链跨行业应用的开源项目，由 Linux 基金会在 2015 年 12 月主导发起，成员包括金融、银行、物联网、供应链、制造和科

---

① 山寨币，指模拟比特币而来的国产虚拟货币，它们在业内被统一称为"山寨币"，高达 30 余种，比如无限币、夸克币、泽塔币、红币、隐性金条等。——百度百科

技行业的领军企业。项目的目标是区块链及分布式记账系统的跨行业发展与协作，并着重发展性能和可靠性使之可以支持主要的技术、金融和供应链公司中的全球商业交易。该项目将继承独立的开放协议和标准，通过框架方法和专用模块，包括各区块链的共识机制和存储方式，以及身份服务、访问控制和智能合约。

二、联盟链

允许授权的节点加入网络，可根据权限查看信息，往往被用于机构间的区块链，称为联盟链或行业链。

联盟链的各个节点通常有与之对应的实体机构组织，通过授权后才能加入与退出网络。各机构组织组成利益相关的联盟，共同维护区块链的健康运转。

联盟链适合于机构间的交易、结算或清算等 B2B 场景。例如在银行间进行支付、结算、清算的系统就可以采用联盟链的形式，将各家银行的网关节点作为记账节点，当网络上有超过 2/3 的节点确认一个区块，该区块记录的交易将得到全网确认。联盟链对交易的确认时间、每秒交易数都与公有链有较大的区别，对安全和性能的要求也比公有链高。

联盟链由参与成员机构共同维护，并提供了对参与成员的管理、认证、授权、监控、审计等全套安全管理功能。2015 年成立的 R3 联盟，就是银行业的一个联盟链，目前已加入的成员达 40 多个，包括世界著名的银行摩根大通、汇丰、高盛等。

三、私有链

网络中的所有节点都掌握在一家机构手中，称为私有链。私有链的各个节点的写入权限归内部控制，而读取权限可视需求有选择性地对外开放。私有链仍然具备区块链多节点运行的通用结构，适用于特定机构的内部数据管理与审计。

私有链的主要价值在于提供安全、可溯源、不可篡改、自动执行的运算平台，这是传统系统很难做到的。因为私有链加入节点少，所以交易速度快。私有链的交易速度可以比任何其他的区块链都快，甚至接近了并不是一个区块链的常规数据库的速度。而且因为就算少量的节点，也具有很高的信任度，所以并不需要每个节点都来验证一个交易（无须挖矿）。

私有链一般在企业内部应用，如数据库管理、审计等；在政府行业也会有一些应用，比如政府的预算和执行，或者政府的行业统计数据，这个一般来说由政府登记，但公众有权利监督。

公有链是"完全去中心化"的，特点是全网公开，无用户授权机制。由于私有链和联盟链都需要授权加入和访问，私有链和联盟链也称作许可链。区块链的三大类型——私有链、联盟链、公有链构成了未来区块链生态。区块链的三大类型各自的特点与相互区别见表 5-1。

传统机构无法突然之间转变成一个完全的公有链，联盟链是实现未来加密世界的重要步骤。相比中心化数据库，联盟链的最大好处就是加密审计和公开的身份信息。没有人可以篡改数据，就算发生错误也能追踪错误来源。相比公有链，私有链更加快速、成本更低，同时尊重了公司的隐私。联盟链或在传统机构中先落地应用，同时将区块链推广到企业的管理和应用中。

表 5-1　　　　　　　　　区块链的三大类型各自的特点与相互区别

类别	公有链	联盟链	私有链
参与者	任何人自由进出	联盟成员	链的所有者
共识机制	PoW/PoS/Dpos	分布式一致性算法	solo/pbft 等
记账人	所有参与者	联盟成员协商确定	链的所有者
激励机制	需要	可选	无
中心化程度	去中心化	弱中心化	强中心化
如初特点	信用的自创建	效率和成本优化	安全性高、效率高
承载能力	<100 笔/秒	<10 万笔/秒	视配置决定
典型场景	虚拟货币	供应链金融、银行、物流、电商	大型组织、机构
代表项目	比特币、以太坊	R3、Hyperleder	

资料来源：维基百科。

第四节　区块链发展概况、应用前景和未来趋势

在有效执行的情况下，区块链具有快速、保密、可靠和低成本的优势，特别适合于构建可编程的货币系统、金融系统及社会系统。虽然区块链有着诱人的前景，但也面临若干潜在风险与问题。

一、区块链发展概况与应用前景

区块链技术被认为是继大型机、个人电脑、互联网之后计算模式的颠覆式创新，很可能在全球范围引起一场新的技术革新和产业变革。联合国、国际货币基金组织，以及美国、英国、日本等国家对区块链的发展给予高度关注，积极探索推动区块链的应用。目前，区块链的应用已延伸到物联网、智能制造、供应链管理、数字资产交易等多个领域。

（一）区块链技术的发展阶段

区块链技术起源于化名为中本聪（Satoshi Nakamoto）的日本学者在 2008 年发表的奠基性论文《比特币：一种点对点电子现金系统》。目前，区块链技术被很多大型机构称为彻底改变业务乃至机构运作方式的重大突破性技术。同时，就像云计算、大数据、物联网等新一代信息技术一样，区块链技术并不是单一信息技术，而是依托于现有技术，加以独创性的组合及创新，从而实现以前未实现的功能。迄今为止，区块链技术大致经历了三个发展阶段，如图 5-8 所示。

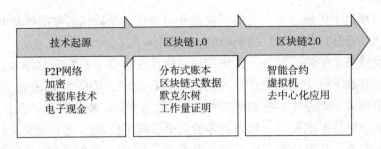

资料来源：《中国区块链技术和应用发展白皮书（2016）》。

图5-8　区块链的发展与演进

（二）区块链技术的应用发展

随着区块链技术的演进，越来越多的机构开始重视并参与到区块链技术的探索中来。从最初的比特币、以太坊等公有链项目开源社区，到各种类型的区块链创业公司、风险投资基金、金融机构、IT企业及监管机构，区块链的应用也在逐渐发展与丰富。区块链应用的发展如图5-9所示。

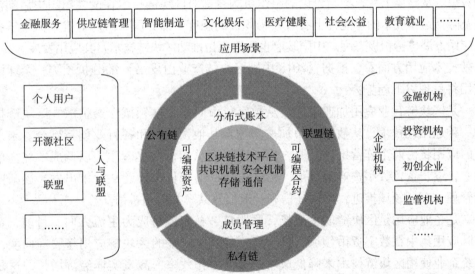

资料来源：《中国区块链技术和应用发展白皮书（2016）》。

图5-9　区块链应用的发展

不同于很多其他技术，区块链技术并非发源于科研院所，也不是来自企业，而是发源于开源社区，并在社区中发展壮大，此后逐渐受到金融机构、信息科技巨头等机构的关注。目前，具有代表性的区块链开源项目有两类：一类是以比特币、以太坊为代表的源自技术社区的开源项目。这一类项目主要以公有链为主，大部分项目采用PoW作为共识机制。相应的社区组成包括开发者、矿工[1]、代币[2]持有者及代币交易平

---

① 区块链区块创建过程称为挖矿，每个节点称为矿工。——维基百科
② 代币（altcoins），是指模仿比特币的加密货币。——维基百科

台等。另一类则是由传统企业发起的区块链开源项目，最具代表性的便是 Linux 基金会于 2015 年发起的超级账本项目（Hyperledger Project）。

随着区块链技术的快速发展，区块链领域的投资金额一直在成倍增长。自 2009 年以来，全球已有数十亿美元的资金投入到区块链行业中。2015 年以前，主要的投资集中在与比特币相关的企业中，比如矿机①芯片、交易平台、支付汇款、钱包服务等相关企业。随着区块链技术的发展，越来越多的资金投在了区块链技术研发及行业应用上，包括交易后清结算、智能合约、供应链、物联网、医疗、身份认证、数据存证、数据分析等。这些项目相对来说还处于比较早期的阶段。

到目前为止，区块链领域的投资金额仍处于线性增长阶段。其中，绝大多数的投资都集中在北美，其次是欧洲，最后是亚洲。由于区块链技术发源于欧美，相应的区块链初创公司数量也远高于亚洲。

2015 年下半年以来，"区块链"开始成为国际证监会组织、国际经济论坛、全球各大经济体监管机构、金融机构及商业机构如摩根士丹利、英国政府、花旗银行等争相讨论的对象。从整体上看，参与讨论的组织机构普遍对区块链技术在改善组织中后端流程效率及降低运作成本的可能性上有着较为积极的态度，部分国家政府对推动区块链技术及其应用发展也持积极态度。中国政府也积极探讨推动区块链技术及其应用发展。

就技术应用方面看，根据《2018 中国区块链产业白皮书》的分析预测，全球区块链应用将呈现以下趋势：

一是区块链行业应用加速推进，从数字货币向非金融领域渗透扩散。区块链技术作为一种通用性技术，从数字货币加速渗透至其他领域，和各行业创新融合。未来区块链的应用将由两个阵营推动。一方面，IT 阵营从信息共享着手，以低成本建立信用为核心，逐步覆盖数字资产等领域。另一方面，加密货币阵营从货币出发，逐渐向资产端管理、存证领域推进，并向征信和一般信息共享类应用扩散。

二是企业应用是区块链的主战场，联盟链、私有链将成为主流方向。目前，企业的实际应用集中在数字货币领域，属于虚拟经济。未来的区块链应用将脱虚向实，更多传统企业使用区块链技术来降低成本、提升协作效率，激发实体经济增长，这是未来一段时间区块链应用的主战场。

与公有链不同，在企业级应用中，大家更关注区块链的管控、监管合规、性能、安全等因素。因此，联盟链和私有链这种强管理的区块链部署模式，更适合企业在应用落地中使用，是企业级应用的主流技术方向。

三是应用催生多样化的技术方案。未来，区块链应用将从单一向多元方向发展。票据、支付、保险、供应链等不同应用，在实时性、高并发性、延迟和吞吐等多个维度上将高度差异化。这将催生出多样化的技术解决方案。

四是区块链技术应用于网络安全领域。区块链网络安全工具的出现可能是区块链

---

① 矿机，用于挖矿用的计算机。——维基百科

的下一个重要内容。随着勒索软件攻击的出现，区块链和物联网技术将更多地用于提升数字货币交易网络的安全性。

二、区块链的主要问题和未来趋势

区块链技术目前尚未成熟，现有技术本身也存在若干短板和缺陷，应用场景比较有限；共识算法、服务分片、处理方式、组织形式等技术环节都有提升效率的空间，在未来，区块链技术将进一步走向成熟，应用瓶颈也会逐步突破。

（一）区块链的主要问题

一是区块链技术目前还不太成熟。一方面，共识算法等区块链的核心技术尚存在优化和完善的空间；另一方面，区块链的处理效率还难以达到现实中一些高频度应用环境的要求。根据高德纳公布的 2017 年数据管理技术成熟度曲线，区块链与分布式账本达到"生产成熟期"预计仍需 5～10 年。

二是区块链也有很多适用条件。比如，区块链技术去中心化的特点适合多方参与的场景，如果只是单边或双边参与价值就不大。由于需要每个节点都去核对，区块链技术也不适用那些高频交易的活动。又如，区块链强调的是公开透明，并不适合对数据隐私要求特别高的场景。

三是法律监管环境具有不确定性。目前，区块链法律监管框架还不存在。区块链技术的应用也会对社会原有的风险管理框架带来新的问题。

上述问题的存在限制了区块链技术的应用。目前看来，虽然包括区块链在内的公共分布式账本将保持高热度，但各企业机构因为可扩展性、风险及治理问题而对公共（低权限）分布式账本概念的发展前景依然持谨慎态度。大部分商业使用案例尚未得到验证，且比特币仍处于极大的价格波动中。分布式账本也无法应用于大规模的关键任务情景。相比现有的成熟技术，其应用价值也尚不清晰，这对该技术的广泛普及造成了一定影响。由于有望改变行业运营模式并克服困扰公共账本的某些可扩展性、风险管理及治理问题，私有分布式账本概念正得到推动。但是，与区块链一样，许多商业使用案例目前仍未得到验证。

（二）区块链技术的未来提升方向

1. 安全加密技术。安全是区块链的基石。随着研发与应用的日益广泛，区块链进入者成分日趋复杂，甚至一些黑客或者破坏者的加入，使得区块链技术需要往更深层次发展，特别是安全加密技术将获得更多的关注和纵深。

由于 Equifax 这样的主要平台都出现了大规模数据泄露问题（见专栏 5.4），当前的身份数据系统亟需得到改进，因此需要一个更安全的基于区块链的身份识别方法。

虽然区块链系统从数学原理上讲近乎完美，具有公开透明、难以篡改、可靠加密、防分布式拒绝服务（DDoS）攻击等优点，但是，从工程上看，它的安全性仍然受到基础设施、系统设计、操作管理、隐私保护和技术更新迭代等多方面的制约。未来需要从技术和管理上全局考虑，加强基础研究和整体防护，才能确保应用安全。

【专栏 5.4】

美国信用评估机构 Equifax 遭史上最大规模用户信息泄露

美国三大信用评估机构之一的 Equifax（2017 年 9 月 7 日）发表声明称，公司在 2017 年 5 月中旬至 7 月遭遇黑客攻击，导致系统中大量用户的姓名、社会安保号、生日和地址等私人信息泄露，数据泄露规模可能涉及 1.43 亿美国人。根据美国统计局的数据，美国目前的总人口约为 3.23 亿人，换句话说，也就是将近一半的美国人会暴露在个人重要私密信息泄露的风险中。

这起事件另一个令人难以接受的方面是，Equifax 直到 9 月，也就是信息泄露事件发生近 2 个月后，才将此公之于众，尽管 Equifax 方面解释称，在发现事件后立即采取了相应措施，但这样的说辞显然不能令公众满意。该事件曝光后，Equifax 的股价在接下来的一个交易日大幅下挫超过 13%。

目前，Equifax 已经设立了一个特别查询网站，用户可以通过输入自己的姓名和社会安保号，来查询自己的个人信息是否在此次事件中受到影响，然而这一特别查询网站本身也存在缺陷。据美国科技网站 CNET 调查显示，在该网站进行查询后，并不能给用户确切的结果，只会告知用户，你可能受到泄露事件影响或者你可能没有受到泄露事件影响，CNET 还尝试输入编造的并不存在的姓名和社会安保号，居然也能得到"你可能没有受到泄露事件影响"的结果。从这样的查询结果可以得知，Equifax 的这套临时查询系统，或许根本没有将用户的输入信息与现有的数据库中的信息进行比对，以至于出现输入根本不存在的用户信息，也能反馈出结果而不是显示输入信息有误。

资料来源：http://tech.qq.com/a/20170909/025920.htm。

2. 超导网络。区块链的吞吐量，包括速率和容量，是限制区块链应用的重要瓶颈。解决这个问题，超导网络是一个方向。区块链是价值网络，通过区块链技术，可实现人们在互联网上进行价值交付和交换，让价值在互联网上自由流动，但是区块链的一个性能——延迟性会影响用户体验，人们总是希望在进行交易的时候能够很快成交，超导网络可以起到这个作用。

3. 多链交互。跨链技术是区块链实现价值互联网的关键。随着区块链应用的深化，支付结算、物流追溯、医疗病历、身份验证等领域的企业或行业，都将建立各自的区块链系统，当前一些国家也在上马自己的区块链。而要实现区块链的应用，这些链要进行融合、交互，才能一起发挥作用，甚至不同的资产链之间也有交互。因此，未来这些区块链系统间的跨链协作与互通是必然趋势。区块链的互联互通将成为技术发展的重点课题。

4. 技术融合。区块链要起作用，需要跟大数据、物联网、云计算、人工智能等前沿信息技术相融合。区块链与这些技术的结合也是必然趋势。区块链如何与这些技术融合，如何配合起来起到更好的作用，需要进行深入研发。

【本章小结】

1. 区块链，是一种管理持续增长的、按序整理成区块并受保护以防篡改的交易记录的分布式账本数据库。

2. 分布式账本，是一种可以在由多个网络节点、多个物理地址或者多个组织构成的网络中进行数据分享、同步和复制的去中心化数据存储技术。

3. 区块链的核心是参与者之间的共识。对一个时间窗口内事务先后顺序达成共识的算法称为"共识机制"。

4. 区块链技术具有去中心化、开放性、自治性、信息不可篡改、匿名性等特征。

5. 分布式账本可以有多种模式，拥有不同程度的集中化特性与不同类型的访问控制机制。

6. 共享账本的关键特点包括：加密对账技术、数据复制、访问控制、透明性和隐私性。

7. 智能合约，是指DLT网络参与者之间的协议条款，即基于分布式账本可信的不可篡改的数据，可以自动执行一些预先定义好的规则和条款。

8. 区块链安全技术主要包括：散列算法、对称加密、非对称加密、数字签名、数字证书、同态加密、零知识证明等。

9. 区块链系统根据应用场景和设计体系的不同，一般分为公有链、私有链和联盟链，分别适用于不同的信任环境。

10. 区块链具有快速、保密、可靠和低成本的优势，特别适合于构建可编程的货币系统、金融系统及社会系统。

11. 区块链技术目前尚未成熟，现有技术本身也存在若干短板和缺陷。

【关键概念】

区块链	区块	分布式账本	去中心化
区块结构	哈希值	共识机制	广播
分布式数据存储	共享账本	加密技术对账	共识算法
一致性	拜占庭问题	工作量证明（PoW）	权益证明（PoS）
智能合约	散列算法	对称加密与非对称加密	数字证书
公有链	私有链	联盟链	

【思考练习题】

1. 什么是区块链？分别说明区块、区块的构成及区块的连接方式。

2. 什么是分布式账本？在分布式账本中，数据的更新需要经过什么程序？

3. 什么是共识机制？共识机制的作用是什么？

4. 区块链技术具有哪些主要特征？

5. 什么是工作量证明（PoW）？权益证明（PoS）呢？

6. 什么是智能合约？智能合约的作用是什么？

7. 什么是散列算法？

8. 什么是对称加密、非对称加密？

9. 什么是数字签名？

10. 什么是哈希（值）？其作用是什么？

11. 区块链有哪些主要类型？试分别说明。

12. 区块链目前有哪些主要用途？

13. 区块链技术当前还有哪些主要缺陷？

14. 区块链或分布式账本的核心功能是什么？为什么说区块链或分布式账本是具有颠覆性的技术？

15. 区块链中的数据不可篡改是通过什么方式来实现的？试阐述说明。

16. 简要说明私有链、公有链与联盟链的区别与联系。

【数据资料与相关链接】

1. https：//en. wikipedia. org/wiki/Blockchain。

2. https：//www. ibm. com/blockchain。

3. http：//blockchain. people. com. cn/。

【延伸阅读】

1. 中本聪. 比特币：一种点对点式的电子现金系统［EB/OL］. https：//wenku. baidu. com/view/f26c8d916bec0975f465e236. html.

2. 分布式账本技术：超越区块链［EB/OL］. https：//mp. weixin. qq. com/.

3. 链塔智库，清华大学互联网产业研究院. 2018 区块链技术应用白皮书［R/OL］.

4. 中国区块链技术和应用发展白皮书（2016）［R/OL］. www. caict. ac. cn/kxyj/qwfb/bps/...P020180918696199759142. pdf.

5. 乌镇智库. 中国区块链产业发展白皮书（2017）［R/OL］.

第六章

金融科技公司

主要内容： 本章首先讨论金融科技公司的概念与发展现状；其次，介绍金融科技公司的主要类型；最后讨论金融科技公司发展的主要问题和未来趋势。

学习目标： 掌握金融科技公司的概念，清楚金融科技公司的主要类型，了解金融科技公司发展的主要问题和未来趋势。

引导案例：

京东金融，为什么不做金融了？

本案例反映的不只是中国也是全球金融科技公司所面临的一个普遍困境：是做科技还是做金融？做科技可以摆脱金融监管的严格规制，但将失去金融从业资格，金融是牌照准入，若无金融牌照，今后的京东将无从染指金融业务，京东金融也将失去来之不易的金融品牌优势；而做金融，就不再享有普通科技公司的经营自由，而必须接受金融的严格监管，满足一系列金融机构的监管指标。因为金融的本性是谨慎，这是与科技公司技术创新高失败概率风险不兼容的。因此，京东金融如果果真不再做金融了，那它到底是什么性质的公司呢？

2018年4月8日，在博鳌亚洲论坛上，京东金融CEO陈生强表示，京东金融将不再做金融。

京东金融自2013年成立以来一直都在从事金融产品相关服务。截至目前，京东金融旗下的产品非常丰富，金融公司涉及的业务，京东金融均涵盖其中，"一个都没有少"，包括消费金融、供应链金融、财富管理、众筹、保险、支付等。其中，供应链金融是其最早推出的金融服务。

最新数据显示，京东金融2017年累计服务客户数量超过4亿元，整体营收超过百亿元，已实现独立分拆和单季盈利。2017年，京东金融将核心战略转向大支付，推进了京东支付、京东白条以及京东小金库，并和银联等重量级伙伴合作联手。

从京东金融发布的数据可见，2017年京东支付开发的"京东闪付"产品，业绩非常可观。该产品不仅对线下各种场景实现了全覆盖，并且与银联云闪付和Apple pay合作，使线下交易规模增长近1000%。仅一年时间，京东支付年度活跃用户数首度过亿，外部活跃商户过百万。

那么，京东金融为什么不做金融了？

陈生强表示，随着公司规模的壮大，京东金融的模式将会遇到限制。科技公司做金融业务，限制较多。毕竟，所有的金融业务都要纳入监管，需要具有相关的金融牌照才能正常开展业务。特别是金融强监管的背景下，一不留神可能就会触礁，而专心做科技就不用担心了。因此从当前的政策环境以及整体逻辑来思考，京东金融产生了"不再做金融"的想法。

不做金融做什么？

京东金融目前将自己定位为一家服务于金融机构的科技公司。按照这个思路，未来，京东金融将会把资产和资金等一系列金融业务全部向金融机构转移。比如京东白条、京保贝、京小贷等业务，无论是资产、资金还是用户运营，均由金融机构直接去做，或者京东金融帮助金融机构在它的基础上去做资产、资金以及用户运营，京东金融本身不再持有这些资产。

整个运行过程就是，京东金融对接金融机构，并联合金融机构直接建模，同时提供全链条的服务：从获客到最后的坏账催收。其中，服务业务主要包括信贷，比如公司信贷、个人信贷、理财等。

此外，乐信 CEO 肖文杰近日也表示"乐信不做金融，不参与金融业务竞争，永远做大家最好的合作伙伴"。其实，蚂蚁金服之前也曾发表过"不做金融"的言论。

那么，以金融业务发家的互联网金融公司，纷纷表示不再做金融，是否代表这个行业未来的发展方向？未来，是否还会有更多的公司加入"不做金融，做服务"的队伍？互联网公司致力于通过科技手段为金融机构服务的路径是否顺利，公司会不会出现新的天花板？

资料来源：新浪财经，http://finance.sina.com.cn/money/bank/bank_hydt/2018-06-01。

第一节　金融科技公司

本节讨论金融科技公司的概念、地位及其作用。金融科技公司是指本身不提供金融服务，却能为金融机构提供技术服务的科技公司。

一、金融科技公司的基本概念

金融科技公司的内涵和外延目前尚无确切的界定。在此沿用在第一章的讨论中给出的金融科技公司的定义：金融科技公司，是指本身不提供金融服务，却能为金融机构提供技术服务的科技公司。

（一）金融科技公司的含义与属性

1. 金融科技公司的基本含义。国际金融稳定委员会（FSB）认为，所谓金融科技公司是指商业模式专注于金融科技创新的公司，而大型科技公司（BigTech）指的是直接提供金融服务或类似金融产品的大型技术公司。

FSB 的定义有助于我们从功能角度理解金融科技公司的性质，不过也容易引起概念上的一些混淆。其一，专注于金融科技创新，是指金融创新还是技术创新？若是前者则当为金融行为，因为在 FSB 的语义中，金融科技是指金融创新，即创造新金融服务产品的金融活动；其二，如果科技公司是指提供金融服务和产品的公司组织，那与普通大型金融机构有何差异？因为大型金融机构也提供金融服务与类金融产品，比如支付清算、代客理财、保险箱服务、金融信息服务等。因此，基于对金融与技术分属两个不同范畴的考虑，我们对金融科技公司提出以下定义：金融科技公司，是指本身不提供金融服务，却能为金融机构提供技术创新服务进而帮助实现、改进和革新金融服务的公司组织。

2. 金融科技公司的基本属性。根据定义，金融科技公司的属性有三：第一，金融科技公司是科技公司；第二，金融科技公司所从事的科技是与金融服务创新直接相关的科技；第三，金融科技公司具有高风险性。

第一，金融科技公司是科技公司。依据百度百科的解释，科技公司是指产品的技术含量比较高，具有核心竞争力，能不断推出适销对路的新产品，不断开拓市场的公司。其主要特征是：科技型公司不同于传统意义上的一般公司，其显著特点是高技术、轻资产、高成长性等。所以资本市场在对其估值时，常常是以价值发现、市场前景等作为决策重点。

科技公司具备较强的技术创新能力，从事技术和产品开发设计的科技人员、专业人员占总员工人数的比例较高；研发经费占销售收入的比例较高。根据我国高新科技公司认定要求，一般而言，科技人员占职工总数的比例要达到 15% 以上，公司技术开发经费占销售收入的比例要达到 3% 以上。

科技公司主要从事业界认可或有关部门的产品目录形式明确的技术产业领域的业务。公司的专利产品、新产品的销售收入和技术性收入[①]之和应占公司销售总额的40% 以上。

除航空航天、核能开发这类高技术大公司之外，大多数科技型公司的组织都是扁平、亚铃形的。原因是这类公司的核心业务是研究开发、营销运作或客户关系管理、技术或产品的集成，重视采用协作生产运营模式，把大部分劳动密集型业务外包，从而压缩了内部科层机构。

科技公司的产品或服务一旦在市场上获得成功，由于技术诀窍、技术领先、知识产权保护、品牌知名度，公司能有明显的市场份额，产品和服务的附加值较高，公司可以超常规成长。

品牌作为巨大的无形资产，不只是体现在科技公司的商标、服务标记、厂商名称上，更可以作为先进技术的支撑、优良品质的保障、诚信经营的依托。

---

① 技术性收入是指企业的技术咨询、技术转让、技术入股、技术服务、技术培训、技术工程设计承包、技术出口、引进技术消化吸收及中试产品销售等技术贸易收入。——百度百科

科技公司的类型有二：一类是通常意义上的科技型公司，主要从事信息、电子、生物工程、新材料、新能源等技术产业领域的产品和新技术的开发、应用。另一类为侧重以供应链管理或特许经营、知识密集型为业务特征的公司。

在这个分类中，金融科技公司当属第二类，主要从事信息、客户信息和偏好开发供应链管理或特许经营、知识密集产品开发设计与制造。

第二，金融科技公司所从事的科技是与金融服务创新直接相关的科技。金融科技公司是科技公司，但它所从事的科技是对金融服务有着直接的、革命性创新效应的科技，而不是泛指的普通传统科技。根据埃森哲发布的《2017 年 FinTech 100 金融科技创新者报告》，金融科技公司聚焦于大数据、云计算、人工智能、区块链、量子计算等最具颠覆潜力的前沿新兴技术，这些技术的作用在于助力客户在数字时代决策，实现业务转型。拥有海量用户和海量、多维、动态的大数据是大型金融科技公司的核心优势，它们提供的技术创新服务可以帮助金融机构实现、改进和革新金融服务。

第三，金融科技公司具有高风险性。移动互联、大数据、云计算、人工智能、区块链均具有一定的技术风险，当这些技术快速更迭时，风险也在逐步升级。而且，金融科技公司在"基因"上继承了互联网公司"不创新则死"的秉性，不仅面临一般公司的管理风险、技术风险和市场风险，还面临高创新风险。高创新赋予金融科技公司快速上规模的技术优势，但由于其普遍具有低利润率、轻资产的财务结构，抵御风险的能力弱，公司如何在追求高增长战略的同时确定市场、财务和经营风险，并将风险降到最低是一项艰巨的任务。尤其在初创阶段，公司不能提供一个相对稳定的可预见现金流，投资成功概率不大。以美国为例，从较近期的历史数据看，风险投资总体回报每年几乎都为负（丁辰灵，2012），[①] 这意味着高科技公司不仅失败率高，而且大部分都是亏损的。即便是大型高科技公司同样也面临创新失败的高风险。数据显示，最近 10 年来，有许多得到巨额资金支持并被广泛熟知的科技产品最终却以失败告终，还有许多占据巨大市场份额并拥有产品优势的公司也丧失了自己的领先地位。[②]

（二）金融科技公司与金融公司的联系和区别

为准确理解金融科技公司的概念，需要明确金融科技公司与金融公司的联系和区别。金融科技公司与金融公司有着密切的技术供应链关系，但在性质上却是截然不同的两类公司。

首先，金融科技公司与金融机构之间有着密不可分的内在联系。金融科技公司不同于传统的科技服务公司，它们与金融机构的关系不是简单的技术买卖关系，而是利益共同体关系，通过与金融机构进行价值分享，共同创造增量业务。大型金融科技公司常常拥有大数据资源，借助持续创新的科技手段可为金融机构创造增量业务，甚至开拓新市场。譬如，京东金融就将多年在电商零售以及金融场景下所积累的海量用户，如以 85 后、90 后为代表的年轻人、"创新驱动"的中小微企业、"三农"客户等开放

---

① 丁辰灵. 为什么科技创新活跃，投资的 VC 却大多失败？[EB/OL]. https：//www.tmtpost.com/6368.html.

② 廖建文，崔之瑜. 企业优势矩阵：竞争 VS 生态 [J]. 哈佛商业评论（中文版），2016（7）.

给金融机构。这些客户群正是多数金融机构出于风险考量排除在外的，未来，这类客户可能成为金融机构业绩增长的重要来源。[①] 相较于金融机构，金融科技公司以数据收集和产品分销为核心竞争力，金融机构的优势则在于资产负债表管理和对金融产品的认知。

其次，金融科技公司不是金融机构，也不是介于科技与金融二者之间的跨界企业。

金融机构，是充当债权债务媒介，经营货币信贷、证券发行与承销、保险承销与买卖的中介机构。金融机构执行业务需要取得金融监管部门授予的金融业务许可证。而金融科技公司无论自身业务是否与金融服务相关联，其本身不属于金融机构。其主体认定资格就是无金融监管部门的金融业务许可证。例如，蚂蚁金服本身就不是一个金融机构，尽管蚂蚁金服的控股企业——支付宝、网商银行（浙江网商银行）、阿里小贷（重庆市阿里巴巴小额贷款有限公司）、借呗、花呗（见专栏6.1）、天弘基金、余额宝（天弘余额宝货币市场基金）——拥有包括支付、基金、银行、小贷、互联网金融资产交易等金融牌照，但蚂蚁金服本身并未取得金融牌照，因此蚂蚁金服目前并非持牌金融公司，而是一家非金融集团公司。

科技与金融二者之间的跨界企业是指金融科技研发企业向下游产业拓展进入到金融市场中的企业。这类企业已经不再是技术企业，但本身也不是金融机构，而是金融信息中介企业。在我国，这类企业特指P2P网络贷款等金融信息服务企业，它们具有与金融机构十分不同的性质。

金融机构也是中介企业，但在行业性质上，金融机构属信用中介，其本身是债权债务的直接关系主体。信息中介本身不是债权债务的直接关系主体，仅提供资金供求双方需求的信息而不承担经营风险。

在我国监管适应方面，虽然信息中介不属金融机构，但其开展的业务是金融信息中介业务，涉及资金融通及相关风险管理，因此也要接受有关部门的业务监管。信息中介监管的重点在于业务基本规则的制定完善，而非机构和业务的准入审批。

【专栏6.1】

借呗、花呗业务介绍

中国互联网消费金融产业的参与主体主要为依托互联网渠道开展消费金融业务的各类型金融公司，以商业银行、消费金融公司、网络小贷公司、P2P以及助贷机构为代表的公司为消费者提供多样化的信贷服务。

蚂蚁金服旗下的借呗和花呗分别为消费者提供"指定用途"的个人消费贷款和消费分期贷款。目前，两个产品主要由旗下蚂蚁商诚小贷和蚂蚁小微小额贷款提供服务。

蚂蚁商诚小贷成立于2011年6月，2014年12月被蚂蚁金服控股。自2016年2月1日起，蚂蚁商诚小贷所有面向买家提供的融资服务（花呗）全部由蚂蚁小微小额贷

[①] 京东金融研究院.共建智能化财富管理生态圈报告［EB/OL］. https://www.xiniudata.com/file/report/.pdf.

款承接，新增业务需求也由蚂蚁小微小额贷款对接，蚂蚁商诚小贷则专注于开展蚂蚁借呗业务。

借呗业务是其在支付宝平台提供的一种小额贷款服务，蚂蚁商诚小贷根据风控和准入标准在支付宝实名用户的基础上进行客户筛选，对筛选后的优质客户给予不同的借呗额度。截至 2017 年 6 月，蚂蚁借呗对借款人发放的贷款余额共计 1659.85 亿元，逾期率为 0.68%，不良率为 0.47%。

花呗开始于 2014 年 12 月 27 日，本质为含消费场景的个人消费信贷，是由蚂蚁金服提供的，给予消费者一定消费额度，先购物、再还款的网购服务。花呗旗下有账单未分期、账单分期和交易分期三类业务，业务模式类似于信用卡账单服务。目前，账单分期是花呗的主要业务。截至 2017 年 6 月，蚂蚁花呗对淘宝及线下平台用户发放的消费性授信融资余额共计 992.09 亿元，其中账单分期为 893.24 亿元，交易分期（2017 年 4 月从商融商业保理处承接）为 98.86 亿元。

数据显示，进入 2017 年，蚂蚁花呗的交易规模出现明显增长，6 月已经达到 722 亿元，远高于 2016 年"双十一"的成交量。其中期限 1 个月的账单分期贷款余额达到 509 亿元，占比最高。由于花呗账单分期有 40 天免息期，期限 1 个月的账单分期为免息资产，逾期和不良率最低。

资料来源：https：//www.wdzj.com/news/yc/1768357.html2018 – 01 – 10。

二、金融科技公司的类型

金融科技公司可以根据资本来源与业务内容划分为不同的类型。按资本来源，金融科技公司可划分为产业资本与金融资本两种不同的类型；按业务内容可以划分为四种不同类型。

（一）不同资本来源金融科技公司基本类型

按资本来源，金融科技公司可划分为产业资本与金融资本两种不同的类型，前者大多由信息技术公司转型而来，后者主要由传统金融机构发起设立。

1. 来自产业资本的金融科技公司。按照 IDC 对金融科技公司的选择标准，来自社会资本的金融科技公司为金融服务的技术及解决方案提供商，是以技术驱动为核心的企业。其股本结构以发起公司控股，社会民间资本不同程度介入。在我国，这一类金融科技公司大都由互联网电商企业转型而来，如阿里巴巴、京东、腾讯等。

2. 传统金融机构设立的金融科技公司。以我国为例，目前已有 6 家金融机构设立了自己的金融科技公司。这 6 家机构分别是：中国建设银行、民生银行、招商银行、平安保险集团、兴业银行和光大银行。其股本结构或为独资，或为发起金融机构绝对控股（见专栏 6.2）。银行系金融科技公司一般由原机构内设的 IT 部门改制而来，主要功能是为集团内部提供科技服务。包括通过基础设施建设、应用系统搭建、技术内部孵化提升集团信息化水平；推动集团金融服务场景化、平台生态化、风险管理智能化，赋能集团金融科技转型；同时，促进集团创新体制朝着数字化、市场化方向发展。

此外，也有传统金融机构建立相关风险投资基金为金融科技公司提供资金、成为金融科技公司投资人、为金融科技公司提供金融服务等。不过这种类型较为少见，更常见的是金融机构同科技企业之间的各种业务合作形式，包括利用金融科技公司开发的产品或平台组建合作网络、开发并测试新技术与解决方案、推荐与其风险偏好不符的小微企业采用 P2P 网贷公司的产品或服务、合营企业或合创服务等。金融机构与科技公司合作，有助于降低成本，开展创新并增强客户服务能力。

（二）不同业务内容金融科技公司类型

按业务内容，金融科技公司可以划分为以下四类：

第一类，试图使用全新方法和创新科技进入金融服务领域的新入市者、初创公司和颠覆者。它们意图打造类银行的经济模式，获客成本是其主要挑战。

第二类，通过重大技术投资改进服务、应对竞争威胁和捕捉投资合作机会的传统金融机构。

第三类，通过金融服务巩固客户关系的技术公司所构成的大型生态圈。它们的公司规模优势可以规避获客成本挑战，因此可以直接进入金融服务领域（如蚂蚁金服），也可以与老牌企业合作（如苹果支付）。

第四类，是向金融机构销售基础设施的供应商，帮助金融机构变革技术堆栈，实现数字化和现代化，改进风险管理和客户体验。[①]

两相比较，前一方法标准统一，划分对象清晰；后一方法虽然指出了金融科技公司的具体类型，但并没有给出金融机构与科技公司之间的清晰界限。

【专栏 6.2】

银行系金融科技子公司正在"潮起"

2018 年 5 月 15 日，民生银行发起成立金融科技子公司，这是业内第六家银行系金融科技公司。自 2005 年兴业银行成立业内首家银行系金融科技子公司以来，股份制银行率先掀起一股金融科技公司成立潮。

1. 兴业银行。兴业银行是最早设立金融科技子公司的银行。2015 年 12 月，兴业银行通过旗下兴业财富资产管理有限公司，与高伟达软件、深圳市金证科技、福建新大陆云商三家公司共同设立兴业数字金融信息服务股份有限公司（以下简称兴业数金），注册资本为 5 亿元。其中兴业财富资产管理有限公司持股 51%，员工持股平台持股 19%，其余三家共同出资人分别持股 10%。

兴业数金最初的规划是以科技输出为基础，面向中小银行、非银行金融机构、中小公司提供金融信息云服务，并将探索发展基于金融云的互联网金融业务为后续发展目标。

2017 年 3 月，兴业数金与 IBM 联合发布"数金云"，对自身的金融云业务进行了

---

① 麦肯锡. 协同与颠覆：影响金融科技的十大趋势［EB/OL］. https：//www.mckinsey.com/industries/financial-services/our-insights/synergy-and-disruption-ten-trends-shaping-fintech.

一次升级。至此，兴业数金形成了"四朵云"的服务格局——为金融机构提供服务的银行云、为非银行机构提供服务的非银云、为政府公司提供服务的普惠云以及可以为全行业提供可靠基础架构的数金云。

截至 2018 年 1 月末，"数金云"累计服务超过 350 家合作银行，有 400 项从基础设施到解决方案的服务品种。

2. 招商银行。成立于 2016 年 2 月 23 日的招银云创作为招商银行的全资子公司，股权成分极为单一，但这也代表了招商银行的绝对控制权。

在其官方网站披露的信息中，招银云创的主要业务是云服务，并且是一个符合监管的公有金融云。

2017 年 6 月，招银云创也与 IBM 达成合作协议，并采用 IBM Power Systems 服务器及 Power 云服务等先进方案对旗下金融云业务进行升级，建设了国内首个基于 IBM System i 的金融行业云。据招银云创介绍，目前在技术方面，招银云创已成功地支持招商银行业务系统 7×24 小时全天候稳定运行，实现了招商银行重要业务系统 99.99% 的可用性。

3. 光大银行。光大银行从未明确表示旗下有金融科技子公司，而是采用一种迂回策略表示已经踏入金融科技领域。2016 年 9 月，光大银行发布公告称，为增强公司科技竞争力及服务公司业务快速发展，综合考虑外部政策、投资环境等因素，将投资设立或收购控股一家信息科技公司。

之后，工商信息显示，2016 年 12 月，光大科技有限公司成立，该公司股东为光大云付互联网股份有限公司。而后者的股东包括光大证券、光大集团等 6 家公司。

2018 年 3 月，光大集团董事长兼光大银行董事长李晓鹏表示，光大集团将通过"三个一"即"搭建一个平台""复制一批产品""成立一只基金"支持银行科技创新，以科技带动相关业务。其中，"搭建一个平台"即是指专门成立光大科技公司，负责集团下属机构包括银行的科技创新。

4. 建设银行。建设银行于 2018 年 4 月 18 日宣布成立全资子公司建信金融科技有限责任公司（以下简称建信金融科技），注册资本为 16 亿元。

在定位上，建设银行将建信金融科技称为"赋能传统金融的实践者、整合集团资源的链接者及推动银行转型的变革者"，在金融与科技的各细分领域不断深耕融合，以创新的产品，支撑建设银行集团；同时，期望通过内部科技积累，以共享的平台给同业提供技术输出。

创立初期，建设银行将原总行直属七个开发中心与一个研发中心近 3000 名员工划转至建信金融科技，主要服务于建设银行集团、各子公司和合作伙伴，并提供科技输出等外延性服务。

5. 民生银行。在建设银行宣布成立金融科技子公司之后不足一个月，2018 年 5 月 15 日，民生银行发起成立民生科技有限公司。民生银行表示，科技始终是民生银行发展的关键驱动力，全行已将科技金融提高到核心战略层面。民生科技有限公司的成立是推进科技金融银行战略实施的重要举措。后续会不断加大对科技公司的投入，并充分运用已有的基金进行联合创新。

新设立的民生科技有限公司定位于"立足母行、服务集团、面向市场"，即主要服务于民生银行集团、各子公司和业务伙伴，推动民生"科技金融银行"建设，同时提供科技能力输出，为中小金融机构、民营公司和小微公司提供金融科技转型所需的解决方案和专业科技产品。

6. 平安集团。平安集团旗下的金融壹账通于2015年成立，后来平安集团将前海征信、银行壹账通等业务并入，不断扩充和科技输出服务的种类和范围。

资料来源：http://finance.sina.com.cn/stock/hkstock/ggscyd/2018-05-16/doc-ihapkuvm3781799.shtml。

第二节　金融科技公司的资本来源与组织结构

金融科技公司具有多样化的资本来源，公司组织结构设计没有固定的模式。常见的组织结构形式包括中央集权、分权、扁平式以及矩阵式等。

一、金融科技公司的资本来源

金融科技公司属高风险公司，获得可靠的资金支持并非易事。金融科技巨无霸获得资本关注相对较易，而初创公司则困难得多，因此，下面重点讨论初创科技公司如何获得创业资本以及公司在不同成长阶段的融资方式选择。

（一）创业资金来源

资金来源按融资主体可分为内部资金来源和外部资金来源。相应地，融资可以分为内源融资和外源融资两种。内源融资是将融资主体内部的资金转化为投资的过程；外源融资是指吸收融资主体外部的资金。具体而言，初创金融科技公司创业资金的获得一般有以下几个途径：

1. 自有资金。自有资金主要是创业者的自身储蓄，公司发起人可以自有资金作为创业基金。

2. 股权融资。股权融资是指创业者或中小公司让出公司的一部分股权以获取投资者的资金，让投资者占股份，成为股东，而不是借贷，是带有一定风险投资性质的融资，是投融资双方利益共享、风险共担的融资方式。对于不具备银行融资和资本市场融资条件的中小公司而言，这种融资方式不仅便捷，而且可操作性强，是创业者与中小公司的现实融资渠道。

3. 债权融资。债权融资是指创业者或中小公司采用向银行等金融机构贷款或者民间借贷的形式进行融资，在借贷期满后当事人必须偿还本金并支付利息。向金融机构贷款需要具备抵押、信用、质押担保等某一条件，民间借贷更多的是依靠信用和第三方担保。由于初创公司具有规模小、实力弱、有形抵押物不足、市场前景不确定、专业信息不对称等问题，银行贷款获取比较困难。创业公司往往倾向于向亲友借款的民间借贷方式。

4. 天使投资。天使投资指具有一定净财富的个人或者家庭，对具有巨大发展潜力的初创公司进行早期投资的民间投资方式。天使投资是风险投资的一种，但与大多数风险投资投向成长期、上市阶段的项目不同，天使投资主要投向构思独特的发明创造计划、创新个人及种子期公司，为尚未孵化的种子期项目"雪中送炭"。它只将发明计划或种子期项目"扶上马"，而"送一程"的任务则由机构风险投资来完成。

5. 风险投资。科技公司成长阶段最重要的融资来源是风险投资。风险投资，主要是指向初创公司提供资金支持并取得该公司股份的一种融资方式。风险投资公司的资金大多用于投资新创事业或待上市公司，不以经营管理为目的，仅是提供资金及专业上的知识与经验，以协助投资目标公司获取更大利润为目的。市场上的投资公司有着不同特点。而实现前述不同融资目的的最佳方法就是寻找在该领域做得最好的投资公司，这些投资公司往往已经投资了许多领域，有丰富的操控运营经验，且与整个领域的上下游公司建立了联系，如果能够找到这样的投资公司作为投资方，公司就能够获得发展所需要的重要资源。

此外，在我国还可以求助于政策性贷款。政策性贷款是指政府部门为了支持某一群体创业而出台的小额贷款政策，同时也包括支持中小公司发展而建立的许多基金，比如中小公司发展基金、创新基金等。这些政策性贷款的特点是利息低，微利行业政策贴息，甚至免利息，偿还的期限长，甚至不用偿还。但是要获得这些基金必须符合一定的政策条件。

初创金融科技公司获得资本市场资金支持是实现长远发展的基础条件，获得资本认可是一个长期且漫长的过程，在这段征程上，公司需要勤修内功，努力提高自己的研发创新能力、技术方案、商业模式实现能力等，以专业、专注、务实来打动投资方，从而为公司的发展壮大增加砝码。

（二）公司成长周期与融资方式的选择

公司在不同的成长阶段需要不同的融资方式，科技公司也不例外。根据生命周期理论，产业链在不同时期具有不同特征，如表 6 - 1 所示。

表 6 - 1　　　　　　　　　　　行业生命周期主要特征

行业生命周期	初创期	成长期	成熟期	衰退期
市场需求	狭小	快速成长	缓慢增长或停滞	缩小
竞争者	少数	数目增加	许多对手	数目减少
顾客	创新顾客	市场大众	市场大众	延迟的买者
现金流量	负	适度	高	低
风险与收益	高风险低收益	高风险高收益	低风险收益下降	高风险低收益

1. 初创期。这一时期的市场增长率较高，需求增长较快，技术变动较大，产业中的公司主要致力于开辟新用户、占领市场，但此时技术上有很大的不确定性，在产品、市场、服务等策略上有很大的余地，对产业特点、产业竞争状况、用户特点等方面的

信息掌握不多，公司进入壁垒较低。

2. 成长期。这一时期的市场增长率很高，需求高速增长，技术渐趋定型，产业特点、产业竞争状况及用户特点已比较明朗，公司进入壁垒提高，产品品种及竞争者数量增多。

3. 成熟期。这一时期的市场增长率不高，需求增长率不高，技术上已经成熟，产业特点、产业竞争状况及用户特点非常清楚和稳定，买方市场形成，产业盈利能力下降，新产品和产品的新用途开发更为困难，产业进入壁垒很高。

4. 衰退期。这一时期的市场增长率下降，需求下降，产品品种及竞争者数目减少。

针对不同的生命周期，公司应选择不同的融资方式：

在初创期，公司技术成熟度低、市场不确定因素多、短期偿债能力差，公司可供选择的融资渠道主要是风险投资（VC）、私募股权基金（PE）、天使投资人和创业板上市等风险偏好性股权融资模式。

在成长期，公司技术相对成熟、市场风险相对较低、产业化生产逐步实现，相对应的融资渠道有保守型产业基金、国际组织贷款、政策性贷款等夹层资本。

在成熟期，公司技术风险和市场风险明显下降，盈利能力完全显现，对应的融资渠道有商业银行贷款、债券融资等低成本的债权融资模式；公司可新发行股票上市（IPO）或被其他投资人收购。

科技公司不同阶段的融资模式案例见专栏 6.3。

【专栏 6.3】

科技先行资本随后

1999 年 9 月，马云带领下的 18 位创始人在杭州的公寓中正式成立了阿里巴巴集团。创办一个月后，这个新生儿就从数家投资机构拿到了 500 万美元投资资金，四个月后又从软银等数家投资机构融资 2000 万美元。不得不说，阿里巴巴在当时的互联网公司中受追捧的程度非常热烈。经过不到二十年的高速发展，阿里巴巴的业务从最开始的 B2B 电商，扩展到如今的多个领域，其业务和关联公司的业务包括：淘宝网、天猫、聚划算、全球速卖通、阿里巴巴国际交易市场、1688、阿里妈妈、阿里云、蚂蚁金服、菜鸟网络等。2014 年 9 月 19 日，阿里巴巴集团在纽约证券交易所正式挂牌上市。2018 年 5 月 4 日，阿里巴巴集团公布的财报显示，2018 财年，阿里巴巴集团收入为 2502.66 亿元，同比增长 58%，创下 IPO 以来最高增速。消息一出，阿里巴巴股票大涨。2018 年 5 月 9 日，其市值已经突破 5000 亿美元，高达 5044.4 亿美元，按照当时的美元兑人民币汇率计算，其市值高达 3.22 万亿元人民币，是当时中国市值最高的上市公司。

1998 年 11 月，马化腾、张志东、许晨晔、陈一丹、曾李青五位创始人共同创立腾讯。这家只比阿里巴巴早成立一年的公司，其核心领域是社交。腾讯成立之初的业务是拓展无线网络寻呼系统，为寻呼台建立网上寻呼系统。1999 年 2 月，腾讯公司即时通信服务（OICQ）开通，与无线寻呼、GSM 短消息、IP 电话网互联。后来 OICQ 改名为 QQ，这个以企鹅为图标的即时通信软件在当年就拿下了 100 多万用户。2004 年 4 月，QQ 注册用户数再创高峰，突破 3 亿大关。同年，腾讯控股在香港联合交易所主板正式挂牌，成为第一家在香港主板上市的中国互联网公司。经过 20 年的高速发展，腾讯已经发展成为一家集社交通信、金融支付、游戏、资讯、娱乐、网络视频服务等于一体的互联网公司。目前的腾讯是中国最大的互联网综合服务提供商之一，也是中国服务用户最多的互联网公司之一。2018 年 5 月 9 日，腾讯的市值为 3.71 万亿港元，按照当时港元兑人民币汇率计算，其市值大概为 3.01 万亿元人民币，是当时中国第二大上市公司。

资料来源：http://baijiahao.baidu.com/s?id=1599956055526283352&wfr=spider&for=pc。

二、金融科技公司的组织结构

公司组织结构是指公司决策行政体系以及各部门分工协作体系。合理的组织结构能够最大限度地释放公司能量，使组织更好地发挥协同效应，达成不同阶段上的公司目标。

（一）组织结构类型

公司组织结构设计没有固定的模式，根据公司生产技术特点及内外部条件而有所不同。常见组织结构形式包括中央集权、分权、扁平式以及矩阵式等。

1. 中央集权——金字塔形结构。传统的公司组织结构多为金字塔形，其优点是：结构严谨、命令统一、分工明确、便于监控等。但过多的管理层次会影响信息从基层传递到高层的速度，而且信息在多层级的传递过程中容易失真，并使得计划的控制工作复杂化。

2. 分权结构。公司总部下设不同独立的经营单位，每一单位绩效自负并对公司负责；每一单位具有自身的管理层；分权化组织的业务虽然是独立的，但公司行政管理却是集权化的。分权化组织的优点是可以减轻高级管理层的决策负担，保证高级管理者能够集中精力于方向、筹划与目标。分权结构虽然具有一定的优点，但需要有雇员的高度自律。

分权结构的一种典型形式是事业部制。事业部制适用于规模庞大、品种繁多、技术复杂的大型公司。公司按地区或按产品类别分成若干个事业部。事业部单独核算，独立经营，自负盈亏；公司总部只保留人事决策、预算控制和监督大权，并通过利润等指标对事业部进行控制。IBM（国际商用机器公司）就可以看作该领域中一个典型的分权化组织案例。

3. 矩阵式。矩阵制也称"目标—规划制"。公司从垂直领导系统的各单位中抽调有关人员，组成为完成特定规划任务（如开发新技术、新工艺、新产品）的项目小组。成员一般都要接受双重领导，即在专业业务方面接受原单位和部门的垂直领导，而在执行具体规划任务方面接受规划任务负责人的领导。

矩阵结构机动、灵活，可随项目的开发与结束进行组织或解散结构，非常适用于横向协作和攻关项目。缺点是：项目负责人的责任大于权力，项目组成员易产生临时观念与短期行为，对工作有一定影响。

4. 扁平式结构。扁平式结构与"金字塔结构"相对。扁平式结构是在公司组织规模已定的情况下，通过增大管理幅度而减少管理层次的组织结构形态。

扁平化可以加快信息传递速度，使决策更快更有效率，同时由于扁平化，人员减少，使公司成本更低，同样由于扁平化，公司的分权得到贯彻实施，每个中层管理者都有更大的自主权可以进行更好的决策。扁平化的缺点是中层管理人员稳定性不足。

（二）典型金融科技公司的组织结构

金融科技公司的组织结构与一般的公司组织结构相类似，也具有前述几种不同的类型，不过金融科技公司的组织结构需要较大的弹性。相比而言，在机制上，金融科技公司的结构更加扁平化，决策机制更灵活，在用工、内部项目孵化、人员晋升等方面灵活性更好，对创新项目失败容忍度接受度更高。

强调管理效率是扁平化组织管理广泛应用于科技公司中的主要原因。大型科技公司在组织结构中倾向于采用扁平化结构，如苹果、IBM 等，其中的主要原因是：科技公司更需要对市场信息作出快速反应，更倾向于利用计算机和互联网技术，具有较高的人员素质。典型的国际科技巨头的组织结构见专栏 6.4。

【专栏 6.4】
疯狂的架构：六大著名科技公司组织结构图一览

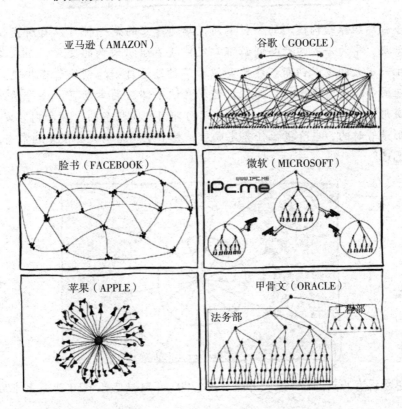

Web 设计师 Manu Cornet 曾在自己的博客上，画了一组美国科技公司的组织结构图。在他的笔下，亚马逊（Amazon）等级森严且有序；谷歌（Google）结构清晰，产品和部门之间却相互交错且混乱；脸书（Facebook）架构分散，就像一张散开的网络；微软（Microsoft）内部各自占山为王，军阀作风深入骨髓；苹果一个人说了算；庞大的甲骨文（Oracle），臃肿的法务部（Legal）显然要比工程部门（Engineer Ring）更加重要。

真是一组有趣的图，它很快风靡网络。传入中国后，在新浪微博上被转发了一万多次。

据此，《第一财经周刊》也尝试着炮制了一份中国主要科技公司的结构图——百度、腾讯、华为、联想、阿里巴巴、新浪。结果发现，它们也是彼此风格迥异。不同的公司成长历史、不同的业务架构和不同的管理风格，让它们的架构图也呈现出明显的不同。

华为

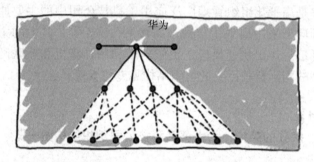

与很多强调组织结构稳定的公司不同，华为建立的是一种可以有所变化的矩阵结构。换句话说，华为每次的产品创新都肯定伴随着组织架构的变化，而在华为每3个月就会发生一次大的技术创新。这更类似于某种进退自如的创业管理机制。一旦出现机遇，相应的部门便迅速出击、抓住机遇。在这个部门的牵动下，公司的组织结构发生一定的变形——流程没有变化，只是部门与部门之间联系的次数和内容发生了变化。但这种变形是暂时的，当阶段性任务完成后，整个组织结构又会恢复到常态。

阿里巴巴

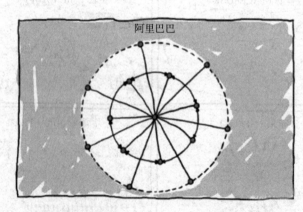

你能想象没有马云的阿里巴巴吗？尽管 2007 年阿里巴巴 B2B 业务上市后，马云开

始练太极、习道学、悟阴阳，但是，在阿里巴巴马云的影子似乎无时无处不在。现在，他又向公众展示了一条完美的产业链。万网提供域名，并量身定制出两套网站——B2B 和 B2C，再通过阿里巴巴网站和淘宝商城、淘宝集市三大平台，精确对接细分用户。分散在全国的 7 个百万平方米以上的阿里大仓、若干个小仓，由物流宝打通的从供应商到阿里大小仓直至用户之间的物流数据流，囊括了大阿里战略中所有的业务。而马云，正如他自己所说，"已经融化在这家公司里"。

新浪

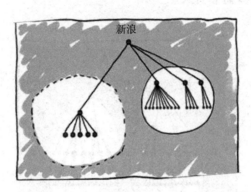

2009 年，新浪的收入下滑 3%。但这一年新浪推出了微博。不到两年，这个产品就成为新浪最重要的增长引擎，活跃用户过亿，股价翻了两倍。分析机构上海睿析科技估计，新浪拥有中国 57% 的微博用户和 87% 的微博活动。都说华尔街喜欢听故事，这一次新浪用微博讲了一个诱人的故事。与过往新浪推出的产品不同，微博既有媒体的属性也有互动的属性，可以发布内容，同时又是很好的传播平台。如果说此前新浪的用户大多数以浏览性为主，看完就走，那么从微博开始，用户开始沉淀下来。图中虚线所圈部分表示新浪依托微博画了一张大饼，只是现在还没有实现。而且，它还要面对腾讯和搜狐的竞争。

百度

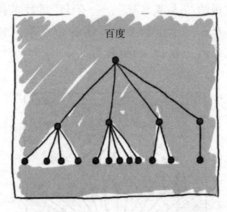

百度前任 COO（首席运营官）叶朋称，"百度崇尚简单"。这句话同样可以套用在百度的组织结构上——百度看上去是一家只需要 CEO 就够了的公司。在叶朋 2008 年 4

月担任 COO 之前，这个职位空了一年之久。而在他 2010 年离职后，这个职位一直空缺至今。回过头去看百度的发展历史，COO 职位已经出现了三次为期不短的真空期。同样的遭遇也发生在 CTO 职位上。而在 2008 年，这家公司竟然同时缺失 COO、CFO（首席财务官）和 CTO（首席技术官）。一些分析师认为，出现这种情况，是因为内部清洗和股票禁售到期两股力量同时夹击。但是互联网观察家谢文却认为，百度在找高管方面"判断有些失误"，他建议百度应该下决心把管理班子弄好，它还是需要一个 5 到 7 人、各有专长的核心高管团队。

联想

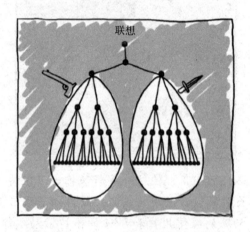

与很多公司一样，联想希望能够大小通吃，既做好消费者市场，又出击商用市场。前者是以渠道为核心的交易型业务，后者则是以大客户为对象的关系型业务。一家公司同时做这两块业务，某种程度上就像金庸小说里的左右互搏。联想 COO 刘军则将此比喻成长枪与短刀，要想舞得好，就要在价值链的各个环节做到合理的区分与整合，并细致地平衡各方利益，化解模糊地带容易发生的冲突。举例而言，与双模式相对应，联想国内的生产线、供应链的设计也兼顾了大客户和中小客户的采购特点。联想中国有两类生产线，一类即所谓的"大流水线"，一台 PC 通过不同工序多人组装，这种模式适合大批量、规模化生产；对于小批量、多品种的订单，联想则采用单元式的生产线，由一位工人从头到尾完成一台 PC 的组装。

腾讯

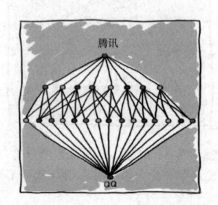

腾讯是个令人费解的内外两重世界，就像一堵围墙，墙内的人觉得公司简单欢快如大学校园，墙外的人却觉得企鹅彪悍且来势汹汹。反映在腾讯的业务和组织架构上，这种矛盾性也处处存在。经过几次大大小小的架构调整，腾讯将不断增设的新部门重新归类后细分为八大单元。

其中，根据业务体系划分出四个业务系统，即无线业务、互联网业务、互娱业务、网络媒体业务；另外，根据公司日常运转划分出四个支持系统，即运营支持、平台研发、行政等职能系统及公司发展系统。看起来很清爽吧？可是找出腾讯的产品与服务结构图来比较就会发现，腾讯产品与部门之间有着千丝万缕的关系。而此中的原因便是，作为腾讯盈利的法宝，QQ不仅是即时通信平台的核心，也搭载或捆绑着腾讯诸多产品与服务。

资料来源：https：//www.digitaling.com/articles/13998.html。

第三节　全球金融科技公司产业布局

全球金融科技公司在大数据、云计算、人工智能、区块链等领域有着不同的产业布局，各个公司由于自身的技术经济要求不同，而在布局上呈现出不同特征。就全球范围看，北美仍然是不断创新、占据整个金融科技领域最大投资的市场，亚太地区也有很多新兴的相似模式，而中国公司则是在互联网金融或金融科技应用方面发展最快的市场。大公司将在行业资源整合中扮演更重要的角色。

一、大数据与云计算产业布局

（一）大数据大公司布局

国外知名的大数据公司有SAS BI、IBM的cognos、Oracle BIEE、SAP BO、Informatica、QlikView、Tableau等；国内知名的大公司有百度、腾讯、阿里巴巴等互联网巨头以及华为、浪潮、中兴等国内领军公司，这些公司涵盖了数据采集、数据存储、数据分析、数据可视化以及数据安全等领域。

除了这些领军公司外，还有一类是初创的大数据公司，它们依赖于大数据工具，针对市场需求，为市场带来创新方案并推动技术发展。国内大数据公司的基本情况见专栏6.5。

【专栏6.5】

国内大数据主力阵营

1. 阿里巴巴。阿里巴巴拥有交易数据和信用数据，更多是在搭建数据的流通、收集和分享的底层架构。

2. 华为。华为云服务整合了高性能的计算和存储能力，为大数据的挖掘和分析提供专业稳定的IT基础设施平台，近来华为大数据存储实现了统一管理40PB文件系统。

3. 百度。百度的优势体现在海量的数据、沉淀十多年的用户行为数据、自然语言处理能力和深度学习领域的前沿研究。近来百度正式发布大数据引擎，将在政府、医疗、金融、零售、教育等传统领域率先开展对外合作。

4. 浪潮。浪潮互联网大数据采集中心已经采集超过2PB数据，并已建立5大类数据分类处理算法。近日成功发布海量存储系统的最新代表产品AS130000。

5. 腾讯。腾讯拥有用户关系数据和基于此产生的社交数据，腾讯的思路主要是用数据改进产品，注重QZONE、微信、电商等产品的后端数据打通。

6. 探码科技。探码科技自主研发的DYSON智能分析系统，可以完整地实现大数据的采集、分析、处理。

7. 中兴通讯。中兴通讯推出的"聚焦ICT服务的高效数据中心整体服务解决方案"，可帮助运营商有效解决大数据时代建设IDC面临的大部分问题，提升运营商ICT融合服务能力。

8. 神州融。神州融整合了国内权威的第三方征信机构和电商平台等信贷应用场景的征信大数据，通过覆盖信贷全生命周期管理的顶尖风控技术，为微金融机构提供大数据驱动的信贷风控决策服务。

9. 中科曙光。中科曙光XData大数据一体机可实现任务自动分解，并在多数据模块上并行执行，全面提高复杂查询条件下的效率。

10. 华胜天成。华胜天成自主研发了大数据产品"i维数据"，近期又与IBM达成战略合作关系，涵盖Linux on Power市场、智慧城市、存储业务、管理服务、咨询与应用管理服务。

11. 神州数码。神州数码启动"智慧城市"战略布局，先后推出市民融合服务平台、自助终端服务平台等产品，并在佛山、武汉等"智慧城市"建设中实践运用。

12. 用友。用友在商业分析、大数据处理等领域进行研发，先后推出用友BQ、用友AE等产品。

13. 东软。东软大数据战略以医疗行业为突破口，凭借在社保、医疗行业积累的资源，搭建了东软熙康这一智慧医疗平台。

14. 金蝶。金蝶KBI与金蝶ERP无缝集成，实现BI数据采集—集成—分析决策支持的一体化应用。

15. 宝德。宝德大数据云备份，是一个专为大数据而设的云备份方案，支持实体机及虚拟机备份，而且具有无限扩充的可能，并且完全自动。

16. 启明星辰。启明星辰提供了终端审计、终端数据防泄露、日志审计，通过综合审计平台来帮助用户解决IP治理需求等解决方案。

17. 拓尔思。拓尔思通过收购天行网安，可以拓展在公安行业的应用，目前正着力开拓行业应用市场，挖掘各个产业链中的大数据价值。

18. 荣之联。零售、证券、生物、政府等都是荣之联大数据业务的主要目标行业，已为零售业提供了大数据分析的解决方案，解决了库存问题。

19. 中科金财。中科金财作为国内领先的高端 IT 综合服务商，主要服务于金融业的大数据。

20. 美亚柏科。美亚柏科专注于公安市场，其业务包括电子数据取证、电子数据鉴定、网络舆情分析、数字维权、公证云、搜索云以及取证云服务。

21. 赛思信安。国内存储技术与服务供应商赛思信安推出了自主研发的大数据管理系统，适用范围包括互联网、公众服务、商业智能、金融、医疗卫生、能源等多个行业。

22. 华宇软件。华宇软件为大数据、食品安全、法务软件等相关热门行业服务，同时也是公安领域大数据的上市公司。

23. 天玑科技。天玑科技的数据中心运维管理服务，为大数据的分析能力提供了强大的后台支撑和保障。

24. 东方国信。东方国信的主营业务为公司商业智能软件及系统解决方案，该公司收购北科亿力和科瑞明，有效拓展了工业和金融大数据领域。

25. 华三。华三融合虚拟化网络技术能够极大简化网络结构，减轻网络管理和维护量，为公司数据中心大规模建设提供强有力的技术支持。

26. 海康威视。海康威视基于英特尔 Hadoop 发行版，融合可以灵活按需调配 IT 资源对应用和服务进行支持的开放架构云计算技术，打造出了视频智能云计算方案。

27. 高德。高德与阿里巴巴将在地图搜索、产品商业化、数据共享、云计算等领域展开合作，特别是在数据共享方面，高德和阿里巴巴将共建一个大数据服务体系。

28. 四维图新。四维图新作为提供导航地图、地理信息系统软件建设的内容提供商，现在已尝试使用大数据为政府部门提供决策。

29. 海捷科技。海捷科技专注于商业智能领域（BI）、数据仓库领域、数据库领域的专业咨询、项目实施、软件开发、系统集成等方面，为金融、电信、快速消费品等行业提供相应方案。

30. 北京信合运通。北京信合运通专注于为运营商和行业客户提供基于大数据的深度分析和挖掘技术、渠道支撑服务及行业解决方案。

31. 海云数据。海云数据专注于从事数据可视化，可为客户提供数据可视化的创意设计、制作和软硬件集成系统服务。

32. 九次方金融数据。它是国内唯一从公司大数据分析的角度对有投资价值和并购价值的公司进行价值判断，持续跟踪公司动态变化的金融大数据公司。

33. 永洪科技。永洪 BI 通过完全自主知识产权的数据集市产品（Z – Data Mart）支持大数据，Z – Data Mart 汇聚了数十项自有专利，涵盖了分布式存储和计算、分布式传输和实时通信等关键领域。

34. 集奥聚合。集奥聚合作为大数据服务提供商，其 DataQuate 解决方案主要用于解决运营商大数据的接入、挖掘及应用，为运营商大数据的价值转化提供端到端服务。

35. 华院数云。华院数云以数据挖掘为核心、以商业智能和精准营销为主线、以

SAAS云平台为主要服务模式，目前专注于电商领域，为客户提供行业领先的数据分析和精准营销平台服务。

36. 杭州诚道科技。杭州诚道科技致力于为浙江、全国公安交通管理行业提供一流的信息化服务、产品和方案解决能力，其借助英特尔Hadoop分发版，已解决了大数据的采集和处理问题。

37. 勒卡斯。勒卡斯是致力于为客户提供全方位直复营销解决方案和服务的大数据公司，主要有潜客沟通、会员管理、CRM软件定制及客户市场调研四大业务。

38. 北京阿尔泰科技。北京阿尔泰科技是专业数据采集系统制造商。

39. 智拓通达。主要做中国主流社交平台的大数据分析，通过整合各大社交平台的用户数据、行为数据和UGC内容，为公司和个人用户提供定制化服务。

40. 国双科技数据中心。拥有基于OLAP技术的强大交互式数据挖掘平台，可提供不同深度的分析报告，满足不同视角的数据挖掘和分析需求。

41. 时云医疗科技。发布了医疗领域的大数据"未病"预警云服务"康诺云"，有针对个人健康管理而设计的云律血压节律仪、云悦体质分析仪和云动智能健康监测腕表3款智能硬件。

42. 百分点。主要为电子商务公司提供站内流量转化和商业智能分析的整体优化解决方案，旗下有推荐引擎技术平台以及跨网站消费偏好平台。产品主要有BRE和BAE。

43. 精硕科技AdMaster。国内少有的第三方数字营销监测和调研机构，专注于为广告主提供全流程的网络广告效果监测、分析评估、媒介优化咨询和技术解决方案等服务。

资料来源：https：//www.zhihu.com/question/29548293/answer/126968264。

我国大数据公司综合竞争力整体分布比较集中，少数龙头公司优势突出。以华为、阿里巴巴、腾讯、百度为代表的信息技术龙头公司处于第一阵营（见表6-2）。同时，随着公司排名向后推移，公司发展指数的跨度逐渐降低，公司的实力更加接近。绝大部分大数据公司发展指数处于20以下，具有广阔的发展潜力空间。

表6-2　　　　　　　　　中国大数据前十大科技公司综合竞争力排名

排名	公司	新闻媒体影响力	技术创新度	自媒体影响力	综合得分
1	华为	10	8.84	8.64	9.13
2	腾讯	9.87	6.92	9.89	8.70
3	浪潮集团	7.83	10	7.01	8.45
4	中国移动	9.46	7.33	8.91	8.45
5	百度	6.95	8.66	9.47	8.39
6	国家电网	8.41	9.80	6.33	8.34

续表

排名	公司	新闻媒体影响力	技术创新度	自媒体影响力	综合得分
7	中国电信	7.37	7.74	8.09	7.74
8	阿里巴巴	8.90	5.74	8.92	7.64
9	中兴通讯	6.03	8.76	6.59	7.29
10	中国联通	6.21	7.16	7.80	7.07

注：技术创新度指该机构大数据专利申请情况。

资料来源：国家信息中心。

现阶段，我国大数据公司发展大多以研发创新、专利布局等创新驱动为主，比例高达72.3%；以大数据基础软硬件厂商为代表的基础带动型公司占15.9%；受数据主权以及数据跨境流动等因素的影响，我国大数据公司仍以国内市场为主，大多数公司并未承接相关国际业务，市场拓展型公司占比仅为11.8%。

我国大数据公司业务范围不断拓展，几乎覆盖了产业链的各个环节。其中以从事大数据分析挖掘业务的公司最为集中，所占比例高达63.7%；从事数据采集业务的公司占比为37.4%；从事IDC①、数据中心租赁等数据存储业务的公司比重最低，仅为8.5%；从事数据分类、清洗加工、脱敏等预处理业务的公司占比27.8%；从事数据可视化相关业务的公司占比为14.3%；从事大数据交易、交换共享等数据流通业务的公司占比为18.3%。

（二）大公司云计算转型布局

大数据时代需要更多的计算资源，需要云计算的快速增长。在大数据中心建设的推动下，全球互联网巨头都已经将云服务作为其未来的重要战略。

一是加速实现向云计算转型。从文档处理的微软到媒体设计的Adobe、设计软件Autodesk、ERP领域的SAP、虚拟化的VMware，以及硬件存储公司EMC等，所有的公司都在向云计算转型。SAP通过持续不断的并购来加速向云计算转型，微软、Adobe则是依靠自身来完成云计算的转型。

二是云服务商资本开支不断扩大。电信咨询公司Ovum最新数据显示，2016年全球互联网内容服务商（ICP），如谷歌、亚马逊、BAT（百度、阿里巴巴、腾讯）等，资本开支达到540亿美元，相比上年增长18%。在新数据中心建设的驱动下，微软、脸书和亚马逊的资本开支都大幅增长。ICP资本开支主要集中在数据中心基础设施、数据中心互连（海底和陆地光纤链路）、宽带接入、媒体技术和支持物联网。未来两年，ICP资本支出增幅将从个位数上升至两位数，其中谷歌和脸书的增速将保持两位数增长。

图6-1给出了北美云服务商资本近几年的开支走势。

---

① IDC为互联网内容提供商（ICP）、企业、媒体和各类网站提供大规模、高质量、安全可靠的专业化服务器托管、空间租用、网络批发带宽以及ASP、EC等业务。——百度百科

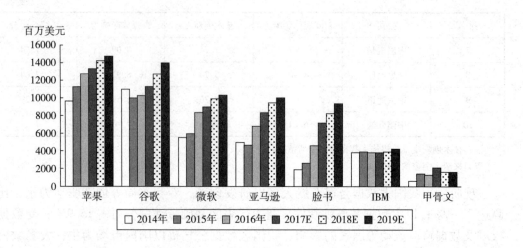

资料来源：智研咨询。

图6-1 北美云服务商资本开支走势

ICP 资本开支中通信网络方面的占比不断提升。2011 年云服务提供商资本开支在通信资本开支中的占比仅为 9%，到 2015 年初通信资本开支占比已经接近 20%。到 2019 年，通信服务商（CSP）的资本支出占比分别为 29%（固定）和 44%（移动），而 ICP 通信资本开支占比将达到 24%（2011 年仅为 9%），同时运营中立提供商（CNP，如 Equinix、光环新网等），占比也将达到 3%。图6-2 为云服务商通信网络设施的建设投资分布。

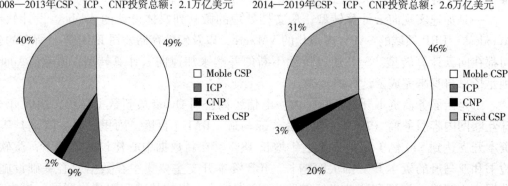

注：世界电信咨询公司 OVUM 将通信供应商（Communications Provide，CP）划分为三大类：通信服务商（CSP）——移动（Mobile CSP）和固定（Fixed CSP）、互联网内容提供商（ICP）和运营中立提供商（CNP）。
资料来源：智研咨询。

图6-2 云服务商通信网络设施的建设投资（单位：万亿美元）

三是光模块采购支出迅速上升。自 2015 年起，随着云计算巨头发力和数据中心光模块产品高端化，云服务商的光模块采购支出开始快速增长。市场研究公司 Light-Counting 最新的以太网光模块市场报告表示，亚马逊、谷歌、脸书、微软等主要互联网公司的数据中心光模块采购金额从 2016 年的 5 亿美元增长到 2017 年的 10 亿美元，到 2022 年，这一市场还将翻倍，占同类光模块市场的 30%。整个以太网光模块市场未来 5 年的年均增速将达 18%，到 2022 年达到 60 亿美元。图 6-3 为美国光模块市场销售规模（即商业服务与互联网内容提供商采购支出）。

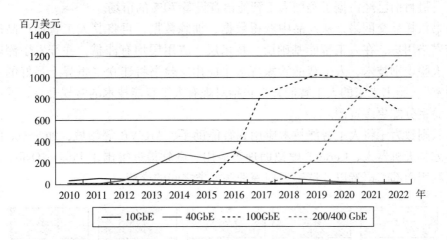

资料来源：光通信市场数据。

图 6-3　美国光模块市场销售（采购支出）规模

二、人工智能产业布局

以 2013 年深度学习的成功为标志，全球大型科技公司积极布局人工智能，通过巨额的研发投入、对外投资、收购相关产业，完善在人工智能领域的战略布局。海外市场上以亚马逊、谷歌、英特尔、微软、苹果等为代表的巨头公司早已深入人工智能产业链；国内市场上百度、阿里巴巴、京东、腾讯等一干科技巨头以及相当一部分新兴的"独角兽"公司[①]，在国家政策的大力支持下也在纷纷追赶。

（一）海外巨头人工智能布局

海外巨头人工智能布局以 2018 年全球市值最高的 5 家科技公司苹果、谷歌、微软、亚马逊、脸书为代表（见图 6-4）。

苹果自 2010 年以来已收购 15 家人工智能公司，并将其人工智能技术融入到各种产品中。2018 年在其春季发布会上，苹果推出了含有教育功能的平板电脑，并喊出"人人都能编程"的口号，意在进军人工智能教育。在最新的移动操作系统（iOS）中引入先进的面部识别技术后，苹果宣布将在未来数月内专注于开发这种技术在数字标

---

① 独角兽（unicorn），指成立不到 10 年但估值 10 亿美元以上，未在股票市场上市的科技创业公司。——维基百科

牌领域的应用。

2016 年，谷歌的发展战略从"移动第一"转变为"人工智能先行"。2017 年 12 月，谷歌宣布成立中国人工智能中心，联手中国学术界，提高人工智能及机器学习教育支持。

亚马逊则对加入人工智能市场谋划多年。2014 年，亚马逊推出以 Alexa 为核心的智能音箱 Echo。如今，Echo 已经成为世界上最赚钱的人工智能产品，据第三方机构统计，亚马逊目前已经占据了美国人工智能语音设备 70% 的市场。

脸书依托社交网络，从产品中获得数据、训练数据，再将其人工智能产品反作用于社交网络用户，在人工智能基础层、技术层、应用层均有涉猎，并开发了深度学习框架、人脸识别技术、人工智能管家等多个应用。脸书将建立"世界上最好的人工智能实验室"。脸书未来的人工智能开发包括对现有人工智能技术的常规升级，并向人工智能实验室分配更多资源。

微软则致力于将人工智能技术应用到智能助手、AR/VR 等领域，如 Skype 即时翻译、小冰聊天机器人、Cortana 虚拟助理等应用。微软最近推出了 Project Oxford，该系统可以利用面部、语音以及情感识别等理解人类之间的交流。

苹果	谷歌	亚马逊	脸书	微软
·已收购15家人工智能公司，并将其人工智能技术融入到各种产品中	·在云服务、无人驾驶、虚拟现实、无人机、仓储机器人等领域均有布局	·智能音箱Echo已经成为世界上最赚钱的人工智能产品	·从产品中获得数据、训练数据，再将其人工智能产品反作用于社交网络用户	·致力于将人工智能技术应用到智能助手、AR/VR等领域

资料来源：前瞻产业研究院。

图 6 - 4　海外 5 大巨头人工智能布局

（二）国内公司人工智能布局

国内人工智能领域主要由互联网巨头公司和创业型公司组成。人工智能需要数据与技术相结合才可衍生出盈利业务，国内互联网巨头在这方面数据资源占优，优势较大。

2017 年以来，国内互联网巨头加大力度进行战略合作与投资并购，百度先后与北汽集团、博世、大陆、哈曼、联想之星等公司达成战略合作协议，投资语音识别公司涂鸦科技和感知视觉公司 xPerception。阿里巴巴投资混合智能汽车导航公司 WayRay，菜鸟物流与北汽集团和东风汽车成为战略合作伙伴。腾讯注资特斯拉和人工智能初创公司 Innovega，并依托腾讯 AI lab 发布"AI in all"战略。百度、腾讯和阿里巴巴人工智能布局见图 6 - 5。

我国创新型公司人工智能分布见图 6 - 6。在这些公司中，科大讯飞、小 i 机器人、

百度	阿里巴巴	腾讯
·以数据、计算、技术开发为核心，通过技术开发平台和AI应用开发两种形式，全面进入产业	·以数据资源、开放云技术平台服务为主，构建各种应用	·以海量社交数据、算法、拓展图片识别、语义理解等虚拟服务为核心，创新提供各种产品

资料来源：前瞻产业研究院。

图6-5　我国互联网巨头公司AI布局

捷通华声、旷视科技等创业型公司在技术的多向发展方面具有较大优势；羽扇智、优必选、智齿客服、图灵机器人等公司则在各自相应的应用产品方面具有很大优势。

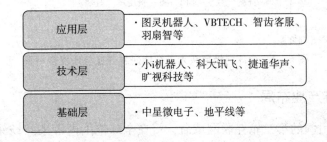

应用层	·图灵机器人、VBTECH、智齿客服、羽扇智等
技术层	·小i机器人、科大讯飞、捷通华声、旷视科技等
基础层	·中星微电子、地平线等

资料来源：前瞻产业研究院。

图6-6　我国创新型公司人工智能布局

从国际对比的角度看，在研发支出上，无论是研发开支额或者研发费用占营业收入的比重，海外巨头均占领先优势。亚马逊以1093.78亿元的研发费用位居第一，国内公司中，研发费用最高的华为也不过投入637.87亿元研发支出，费用相差近2倍；亚马逊、谷歌、英特尔、微软和苹果这五家公司的平均研发费用为881.36亿元，而我国5大巨头的平均研发费用仅为252.40亿元，仅为对方的28.6%，追赶空间巨大；在研发费用率上，英特尔和脸书的研发投入占营业收入的比重均达到21%，我国华为、阿里巴巴及腾讯等几大公司的研发费用率均在15%左右，仍有不及。

在资本投向上，截至2017年6月，国内人工智能领域投融资主要集中于计算机视觉、自然语言处理和自动驾驶等应用技术领域，人工智能芯片领域的累计融资额仅占人工智能产业总融资额的2.1%。相比之下，美国人工智能产业的这一比例高达31.5%。在公司数量上，截至2017年6月，国内人工智能芯片公司数量为14家（仅为美国的42%），且均为规模较小的初创公司，难以满足芯片领域技术和资金门槛极高的要求，而美国芯片领域则不乏谷歌、英特尔、IBM、高通、英伟达等科技巨头。

总体上，国内公司除基础技术较弱外，研发支出也有较大的提升空间。全球科技巨头人工智能研发开支与研发费用率如图6－7所示。

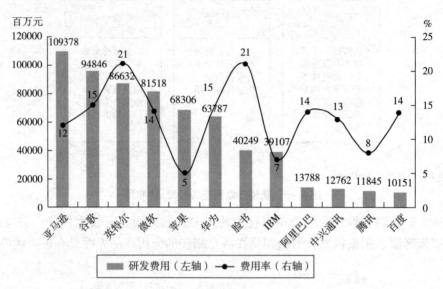

资料来源：前瞻产业研究院。

图6－7　全球科技巨头人工智能研发开支与研发费用率

三、区块链产业布局

以区块链为引领的第二轮互联网革命，将在全球范围内带来一场深度重构。目前，全球区块链发展呈现加速态势，行业布局区块链技术应用迅速发展，区块链的应用已从单一的金融行业应用延伸到经济社会的诸多领域。随着越来越多行业与区块链产生关联，以区块链为底层技术的全新生态体系正在初步形成。

（一）全球区块链产业布局

1. 全球区块链创业公司风险融资状况与产业阶段。截至2017年第一季度，全球区块链创业公司累计获得VC（风险资本）投资15.7亿美元（见图6－8），自2014年迎来爆发期以来，近三年保持稳定增长态势，全球热度持续攀升。同时，高盛、摩根士丹利、纽约梅隆银行、花旗银行、汇丰银行、三菱UFJ金融集团、埃森哲、微软、IBM、SAP、思科、腾讯、阿里巴巴等全球知名金融机构、咨询公司、IT厂商及互联网巨头接连入场，加速实验室科研及资本布局，区块链成为新一轮风口，与人工智能、大数据并立为三大核心金融科技。

然而，整体来看，区块链行业还处在早期发展阶段，绝大多数获投公司为天使轮及A轮阶段，独角兽席位空缺，区块链产业化进程中尚蕴藏着巨大的不确定性和巨大的机会。

从获投风险投资资金规模全球区块链创业Top10（公司前10位）的投资方向看，Top10集中在比特币数字资产交易平台、比特币挖矿基础设施及以比特币等加密代币为结算工具的跨境支付三大领域。

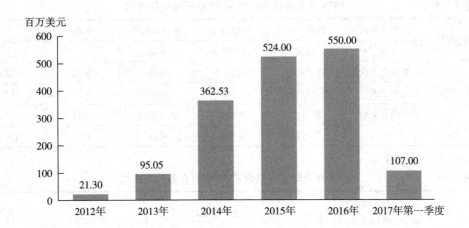

资料来源：数据观。

图 6 - 8　区块链 VC 投资额

Top10 投资分布表明此阶段属区块链 1.0 阶段。区块链 1.0 阶段的核心特点表现为：以比特币为应用核心；比特币等数字代币主要发挥其类似于货币的价值储藏（资产）及交易媒介职能（支付手段）。

随着 Top10 纷纷迈入准独角兽行列，区块链 1.0 阶段全球竞争格局基本确定。以智能合约为核心、数字代币转为去中心化应用（DApp）内置燃料的区块链 2.0 阶段拉开序幕，全球初始加密代币发行（ICO）市场空前火爆，行业未来 3~5 年发展中存在巨大的竞争机会和不确定性。

2. 全球区块链布局结构。全球区块链布局结构可以分为基础层、应用层和生态层三个层面：其中，基础层包含协议、公有链、联盟链、跨链、侧链和存储；应用层包含数字身份认证、社交通信、物联网、能源、游戏、不动产、供应链溯源、社交媒体、电商、体育、人工智能、大数据、金融等；生态层含媒体资讯、投资机构、行情服务、第三方评测和咨询等。

中欧创业营①联合圳链科技研究院②遴选的 2018 年全球区块链创新 50 强的产业分布，可以反映出全球区块链产业的整体布局。全球 50 家最具代表性的区块链公司中，有 21 家分布于基础层、18 家分布于应用层（包括数字身份认证、社交通信、物联网、能源、游戏、供应链溯源、预测、社交媒体、版权、电商、内容平台、互联网流量、流媒体、大数据、人工智能、金融、不动产和体育）、11 家分布于生态层。50 家公司全球区块链布局结构如表 6 - 3 至表 6 - 6 所示。

---

① 中欧创业营，为中欧国际工商学院 2012 年在中国大陆率先开设的中欧创业营课程。——百度百科
② 圳链科技研究院，是由南方科技大学大数据创新中心、招商证券、前海人寿、比银集团、华大基因、信元资本作为共同发起单位的"区块链研究院"。研究院设立于 2016 年，位于深圳市南方科技大学。——链闻

表 6 – 3　　　　　　　　　2018 年全球区块链创新 50 强行业结构布局

生态层	媒体资讯	投资机构	行情服务	第三方测评	咨询	
	交易平台	钱包	安全服务	矿业		
应用层	数字身份认证	社交通信	物联网	能源	游戏	不动产
	预测	供应链溯源	社交媒体	版权	电商	体育
	内容平台	流媒体	大数据	人工智能	金融	
基础层	协议	公有链	联盟链	跨链	侧链	存储

资料来源：中欧创业营。

表 6 – 4　　　　　　　　　2018 年全球区块链创新 50 强行业基础层布局

货币	BTC	数字货币领域黄金	公链	ETH	去中心化应用平台	基础设施	RSK	比特币智能合约侧链
	Zcash	匿名数字货币		EOS	商用区块链 OS		Polkadot	跨链
	Decred	算法和共识创新数字货币		Cardano	学术研究导向开发平台		OX	去中心化交易协议
公司联盟	Hypei Ledger	区块链开源联盟		DFinity	无限扩容的区块链虚拟机		LN 闪电网络	海量实时支付协议
	R3	金融区块链技术联盟		Aeternity	可拓展智能合约		IPFS	超媒体分布式存储
	EEA 公司以太坊联盟	区块链开源联盟		Zilliqa	下一代可拓展高吞吐平台			
	China Ledger 联盟	中国分布式总账基础协议联盟		Ontology	融合分布式信任的下一代公链			
				NAS	自进化底层公链			
				HashGraph	全新的分布式账本协议			

资料来源：中欧创业营。

表 6 – 5　　　　　　　　　2018 年全球区块链创新 50 强行业应用层布局

应用层					
数字身份认证	Civic	个人数字身份安全管家	电商	CyberMiles	电子商务市场标准化的区块链底层平台
社交通信	Status	去中心化的社交通信平台	内容平台	ContentBox	区块链数字内容平台
物联网	IOTA	下一代物联网账本	互联网流量	Merculet	注意力经济和首席增长官
能源	POWER LEDGER	可再生能源 P2P 交易网络	流媒体	Theta	去中心化的流媒体网络
游戏	DECENTRALAND	基于以太坊的VR 游戏平台	大数据	DATA	去中心化的 AI 驱动的可信数据联盟

续表

应用层					
供应链溯源	VECHAIN	区块链商品和信息平台	人工智能	SingulatityNET	全球去中心化的 AI 网络
预测	Wicc	区块链预测平台	金融	DCC	分布式银行
社交媒体	Yoyow	基于区块链的内容生产领域平台	不动产	I – House Token	全球不动产区块链平台
版权	INK	文化产业 IP 确权和交易的去中心化生态平台	体育	All Sports	中心化、全球化的体育产业链

资料来源：中欧创业营。

表 6 – 6　　2018 年全球区块链创新 50 强行业生态层布局

生态层					
交易所	币安	领先的数字资产交易平台	钱包	lm Token	投资属性的钱包 APP
	Okex	领先的数字资产交易平台		Bitpie	安全方便的管理和交易多种资产
	火币	领先的数字资产交易平台		Ledger	硬件钱包
	Bitfinex	领先的数字资产交易平台	安全	白帽汇	安全大数据 + 区块链安全
矿业	比特大陆	全球最大的 ASIC 矿机生产商		慢雾科技	区块链生态安全
	嘉楠耘智	全球领先的 ASIC 矿机生产商			

资料来源：中欧创业营。

（二）中国公司的区块链布局

根据工业和信息化部信息中心发布的《2018 年中国区块链产业发展白皮书》，截至 2018 年 3 月底，我国以区块链业务为主营业务的区块链公司数量已经达到了 456 家，产业初步形成规模。以 BAT 为代表的科技公司争先布局区块链技术，打造区块链金融消费创新场景，各区块链创业公司持续探索区块链行业应用，已深入金融、能源、物联网、医疗、文化娱乐等多个领域。

从中国区块链产业的新成立公司数量变化来看，2014 年该领域的公司数量开始增多，到 2016 年新成立公司数量显著提高，超过 100 家，是 2015 年的 3 倍多。2017 年是近几年的区块链创业高峰期，由于区块链概念的快速普及，以及技术的逐步成熟，很多创业者涌入这个领域，新成立公司数量达到 178 家。

股权投资情况可以较好地反映社会资本对产业的关注和支持力度。涉及区块链公司股权的投资事件数量为 249 起。从 2016 年开始，区块链领域的投资热度出现明显上升，投资事件达到 60 起，是 2015 年的 5 倍。2017 年是近几年的区块链投资高峰期，投资事件数量接近 100 起。在 2018 年第一季度，区块链领域的投资事件数量达到了 68 起。2013—2017 年中国区块链产业新设立公司数量和融资事件变化趋势如图 6 – 9 所示。

从中国区块链公司融资轮次分布状况来看，目前有接近 90% 的投资事件集中在早期阶段（A 轮及以前），另外有 9% 的投资事件属于战略投资，B 轮及以后的投资事件占比仅为 2%。因此，区块链产业目前还处于非常早期的阶段。随着整个产业的高速发

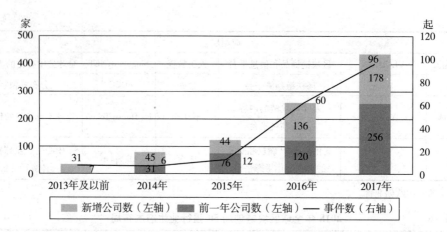

资料来源：工业和信息化部信息中心、起风财经。

图6-9　近五年中国区块链产业新设立公司数量和融资事件变化趋势

展以及项目落地速度的加快，融资轮次将逐渐往后延伸，未来会出现更多进入中后期阶段的项目。

从区块链产业细分领域新成立公司分布状况来看，截至2018年3月底，区块链领域的行业应用类公司数量最多，其中为金融行业应用服务的公司数量达到86家，为实体经济应用服务的公司数量达到109家。此外，区块链解决方案、底层平台、区块链媒体及社区领域的相关公司数量均在40家以上。

2017年中国独角兽公司共164家，其中有32家公司正研发或已经上线区块链项目。随着区块链技术和市场的快速成熟，涉足区块链技术的独角兽公司将会越来越多，逐渐形成清晰的战略思路，制定战略并积极开展投资布局和实验探索，更好地适应行业发展趋势。

第四节　中国金融科技公司的商业模式与创新规范

中国金融科技公司处于全球领先位置，但目前金融科技公司尚未形成准确定位，商业模式也在形成之中。我国金融科技公司应当在明确定位的基础上，理顺关系，保护创新，规范发展。

一、中国金融科技公司的商业模式

中国金融科技从互联网起步，金融科技的高速发展也就仅仅几年时间，金融科技公司的法律地位还未明确，还没有形成比较明确并被广泛接受的业务模式。就整个行业发展看，金融科技还需要确立方向、达成共识、形成标准。

金融科技公司的商业模式需要坚守金融科技的核心内涵。金融科技的核心内涵，实际上有两层：第一，金融科技的商业模式是企业服务，服务对象是金融机构，而不是为自营金融业务服务；第二，金融科技必须有很强的科技能力。基于对金融科技的这一理解，可以得出以下两个结论：

其一，金融科技公司的商业模式应当是价值分享的企业服务。首先，价值分享的企业服务不同于传统的企业服务范畴。传统的企业服务，一些是IT厂商，如IBM、惠普、甲骨文等公司，这类公司为金融机构提供的更多是硬件、软件、系统集成或者咨询服务，也有一些流程外包服务。还有一些公司通过托管模式或者云服务的模式为中小金融机构提供科技服务。这一类服务模式的共同特点是可以改善金融机构的成本效率。通过这种企业服务，金融机构可以压缩业务成本，改善存量业务流程，提升效率。这些服务带给金融机构的更多的是在运营层面的提升，不能带来新市场、新业务以及增量收入，更不能增加金融机构的商业模式。价值分享的企业服务，和金融机构是一种利益共同体的关系，能够为金融机构带去增量业务和增量收入，在和金融机构共同创造增量业务的过程中，实现与金融机构的价值分享。其次，价值分享的企业服务不仅服务于金融机构，而且能服务于金融机构价值链上的核心流程环节，或者说核心价值创造环节，如获客、客户运营以及风控等。在为金融机构降低成本、提高效率的同时，还能增加收入，另外还能够为其降低风险，改善用户体验，甚至形成新的商业逻辑。最后，价值分享的企业服务不倾向于自己做业务闭环，以获得最大的收益，而是选择将企业自身的客户资源以及业务能力开放出来，服务于金融机构。本章引导案例中提出的京东金融不做金融了要去做什么的疑问，在此已经有了答案。京东金融现在践行的就是价值分享的企业服务模型。京东金融现在的定位是做一家"服务金融机构的科技公司"。例如，在为金融机构提供增量客户和增量业务方面，京东金融把自身多年在电商零售以及金融场景下所积累的海量用户，包括以"85后""90后"为代表的年轻人、"创新驱动"的中小微企业、"三农"客户等统统开放给金融机构，这些客户群恰恰是金融机构特别需要补充的。再以风控来说。众所周知，线上风控能力，必须以很大规模的业务数据为基础，京东金融这些年通过自营业务场景，积累了海量、多维、动态的数据，并通过不断迭代的模型与算法，形成了强大的风控能力和风控经验，包括信用风险评估、反欺诈、反洗钱等。截至目前，京东金融已经构建出3万个风控变量、500多个风控模型、5000多个风险策略，实现对3亿用户进行信用风险评估。现在京东金融把这种风控能力输出给金融机构，让金融机构在现阶段缺乏线上数据积累的情况下，可以迅速发展线上金融业务，在提高增量收入的同时，实现业务模式的完善和迭代。

其二，提供企业服务的金融科技公司必须是前沿科技公司。科技革命本身代表着效率革命。所以一切商业模式的进步，都离不开新兴科技的驱动。金融科技公司，必须拥有最前沿的科技能力和持续的投入。而对于金融科技公司而言，不管是输出风控还是用户运营，都是基于海量、多维、动态的大数据，而要处理这些数据，人工智能是一个必需品。例如，近期，京东金融又在硅谷成立了人工智能实验室，致力于开发人工智能领域最前沿的技术，不仅在应用层面，还包括技术底层和未来的技术。

二、中国金融科技公司的创新规范

从行业比较来看，中国金融科技公司处于全球领先位置，中国的金融科技是全球创新最为活跃的领域。与此同时，中国金融科技"创新不足""伪创新"等问题也较为明显。

一是脱离实体经济需要、偏离金融科技正轨的"伪创新"。这类"创新"不解决任何真实的金融需求，而是披着金融科技外衣的"圈钱游戏"。最典型的是各种类型的虚拟货币的代币发行（ICO）。2018 年，我国已明令禁止 ICO，对虚拟货币交易所进行清理，并限制比特币的开采，然而虚拟货币交易活动并未终止。

二是前台创新与中后台创新不平衡。目前金融科技的创新，主要集中在能够直接带来客户、产生现金流、最终获取收益的前台产品创新，在中后台的风控、合规、社会责任等方面创新明显薄弱。金融科技公司对于中后台的管理，仍然停留在各类数字报表、各种规章制度和监督检查等传统手段。

三是模式创新背后缺乏坚实的科技创新支撑。金融科技的产生和发展，与科技进步是密不可分的。如果没有大数据、云计算、人工智能、密码技术、移动互联技术、应用程序编程接口（APIs）等技术创新的支持，金融业务的精细化运作、金融服务集约化发展、智慧金融、信用背书数字化、普惠金融发展等都是不可想象的。没有这些技术的支撑，金融科技的创新只能是沙滩上的城堡，经不起风吹浪打。

金融科技行业大量"伪创新"的存在将导致行业的无序竞争，带来业务的同质化，影响用户信心。为克服上述问题，金融科技公司必须要认清目标，端正方向，遵循科技创新规律，打造真正的创新。真正的创新，应当达成下述目标：

一是围绕金融需求。就其应用而言，金融科技本质上是金融领域的创新，因此它必须遵循金融本质，围绕金融需求。金融的功能在于融通资金，沟通融资方与投资方，并合理控制风险。所以，金融科技创新必须以提高资金融通效率、便利融资、提高投资收益、促进风险控制为标准展开。

二是增进金融服务效率。增进金融服务效率的关键在于金融科技公司对自身创新路径的选择，究竟是填补传统金融机构的业务空白，还是为传统金融机构提供技术服务。前一种路径增加市场上金融产品的供给，服务长尾人群，践行普惠金融理念。后一种路径可以帮助传统金融机构降低科技投入成本、促进传统金融业务流程优化，改善金融服务质量，使社会整体效益增加，传统金融机构也可从中获益。

三是满足用户需求。首先需要金融科技公司准确定位自身业务模式，究竟是向 C 端用户还是向 B 端用户提供服务。在精准定位自身业务模式的基础上，一方面要真正理解不同类型用户的需求，开发针对不同类型用户的金融科技产品；另一方面也必须加强后端风险控制，合理评估业务运营风险，保证创新风险可预估、可预防、可控制。

四是金融创新必须恪守法律规范的底线。由于金融行业的特殊性，法律对不同的金融业务设置了不同的监管规范体系。金融科技公司应当明确自身金融业务类型及在相关法律关系中的地位，自觉落实相关监管要求，强化底线意识，坚决不进行突破法律规范的"创新"。

在竞争更加激烈的数字化时代，金融科技公司只有沿着现实路径打造真正的创新，长远布局平衡的创新，以科技为支撑铸造牢固的创新，高度重视业务底层技术研发，构建自有完善的技术体系，加强知识产权保护，夯实业务发展基础，才能在激烈的市场竞争中立于不败之地。

【本章小结】

1. 金融科技公司是指本身不提供金融服务，却能为金融机构提供技术服务的科技公司。

2. 金融科技公司的属性有三：第一，金融科技公司是科技公司；第二，金融科技公司所从事的科技是与金融服务创新直接相关的科技；第三，高风险是金融科技公司的本质特征。

3. 金融科技公司与金融公司有着密切的技术供应链关系，但在性质上却是截然不同的两类公司。

4. 金融科技公司无论自身业务是否与金融服务相关联，其本身不属于金融公司而是非金融公司。

5. 科技与金融二者之间的跨界公司是指金融科技研发公司向下游产业拓展进入到金融市场中的公司。这类公司已经不再是技术公司，但本身也不是金融公司，而是金融信息中介公司。

6. 金融公司也是中介公司，但在行业性质上，金融公司属信用中介，其本身是债权债务的直接关系主体。

7. 按资本来源，金融科技公司可划分为产业资本与金融资本两种不同的类型。

8. 金融科技公司当前主要集中于人工智能、大数据、互联网技术、分布式技术、安全五大新兴信息技术领域。

9. 初创金融科技公司创业资金的获得一般有以下几个途径：自有资金、股权融资、债权融资、天使投资、风险投资。

10. 中国金融科技是全球创新最为活跃的领域。与此同时，中国金融科技公司"创新不足""伪创新"等问题也较为明显。

【关键概念】

金融科技公司	科技公司	金融公司	非金融公司
金融信息中介公司	跨界公司	信用中介	初创金融科技公司
创业资金	自有资金	股权融资	债权融资
天使投资	风险投资		

【思考练习题】

1. 什么是金融科技公司？金融科技公司有哪些主要属性？

2. 金融科技公司有哪些主要类型？分别是什么？

3. 金融科技公司有哪些融资方式？分别是什么？

4. 金融科技公司的组织结构有哪些主要类型？

5. 什么是"伪创新"？

6. 简述金融科技公司与金融公司的联系和区别。

7. 从资本来源看，金融科技公司可分为哪几种类型？试分别说明。

【数据资料与相关链接】

1. 中国金融科技公司数据库，http：//www. fintechdb. cn/。

2. https：//www. cbinsights. com/research/fintech－250－startups－most－promising/。

3. https：//www. forbes. com/fintech/2019/#3f79caa42b4c。

【延伸阅读】

1. 零壹财经. 2018 年全球金融科技发展指数（GFI）与投融资报告［R/OL］. http：//www. btntou. com/p/20190117/100277. html.

2. 上海市信息中心. 全球科技创新中心评估报告［R/OL］. http：//222. 66. 64. 131：8080/xxzx _ admin/upload/myupload _ 11214. pdf.

3. CFA Institute. 2018 亚太金融科技概览［EB/OL］. https：//www. cfainstitute. org/ －/media/documents/book/industry －research/fintech －chinese. ashx.

4. 德勤. 中美独角兽研究报告［R/OL］. https：//www2. deloitte. com/content/dam/Deloitte/cn/Documents/deloitte －private/deloitte －cn －cvinfo －china －us －vc －pe －companies －report －zh －170906. pdf.

5. 毕马威中国. 2017 中国领先金融科技公司 50［EB/OL］. https：//assets. kpmg/content/dam/kpmg/cn/pdf.

6. 硅谷银行. 2018 年中国科技创业公司展望［EB/OL］. http：//www. 199it. com/archives/715026. html.

7. 蚂蚁金服、百度金融、京东金融为何"去金融化"［EB/OL］. http：//www. sohu. com/a/229215771 _ 104421.

第三篇
金融科技的应用场景

　　第一篇初步介绍了金融科技的应用类别。本部分则具体阐述金融科技的不同应用场景，从应用价值、关键技术、产品服务、风险管理等不同侧面，解析金融科技在数字资产、数字货币、银行、保险、证券等多个金融领域的应用。

第七章

大数据在金融领域的应用

主要内容： 本章首先讨论金融大数据的应用条件与应用价值；其次，讨论大数据应用的主要类型、技术实现和相关应用及场景案例。

学习目标： 了解金融大数据的主要应用场景，掌握各种大数据应用场景的基本内容、业务特征及应用流程。

✔ 引导案例：
站在行业变革风口，科技如何为金融赋能？

区块链热议、支付宝收编、余额宝限购，这些金融相关词汇越来越引起普通民众的兴趣，如今科技在金融业已扮演着举足轻重的角色。金融科技并非是金融与科技的简单叠加，其核心为科技在金融领域的应用，以显著改进传统金融行业的运作水平和服务效率。本案例通过业界人士的发言，让我们可以一窥金融科技在中国金融实践中的可能应用。

科技、创新、金融是金融科技行业发展过程中离不开的三个主题，关于金融业的创新，无论是在宏观层面还是在微观层面，都与政府、金融机构、各类消费者息息相关。在行业变革风口下，如何坚持科技为金融赋能的正确方向，业内人士发表了不同的看法。

付钱拉冯超表示，随着信息技术创新步伐的加快，消费者获取金融产品及服务的方式已经发生巨变，人们对便捷性、简单化、个性化定制的需求越来越高，这些日新月异的需求也成为驱动传统金融机构变革的主要因素。传统金融机构需要借助金融科技公司的力量，在创新及改善客户体验等方面跟上科技发展的步伐，否则有可能因为中介和第三方机构的积极创新而流失客源。

国槐科技马宝君表示，当前金融科技发展迅猛，前沿信息技术为包括银行业在内的各类金融机构注入了新的活力。如何利用金融科技产业理念解决发展"痛点"、完善服务体系、成就客户价值，是银行业发展转型的关键思路。银行业应该以开放心态积极开展同各类金融科技公司的合作，深化金融领域领先科学技术的运用，从而轻松应对转型中面临的挑战。

从大型商业银行、中小银行，到城商行、农商行、村镇银行，与金融科技企业合作的深度与广度正逐步加深，二者在数据、技术、客户、产品等方面具有较强的优势互补性。

据武汉众邦银行张宜介绍，民营类银行具备灵活快速的产品设计及市场应用的优势，在互联网浪潮的冲击下，武汉众邦银行适时调整了传统银行固有的经营理念，主动寻求与优质金融科技公司合作，在业务发展中植入技术创新基因，并充分发挥众邦银行自身在支付结算、资金托管、市场交易方面的优势，注重提升以客户为核心的产品研发，加快向智能化方向转型。

在备受关注的区块链技术方面，国槐金融张闻扬表示，区块链是一个应用开发技术，在银行零售业务特别是信贷业务上有去中心化的优势，用户能够自己维护个人数据，而不被第三方或者被某些公司所利用或者重复使用，这将是未来的一个趋势。

针对区块链技术未来的发展方向，中国互联网金融协会李礼辉明确，规模化应用是区块链未来的发展方向。2018年中国互联网金融协会将积极推进区块链标准化建设、建立权威的第三方认证系统、区块链科技人才队伍培养与建设以及区块链技术与其他新技术融合应用方面的工作。

资料来源：https：//baijiahao.baidu.com/s? id。

第一节　金融大数据的应用价值、技术特征与应用流程

金融是典型的数据密集型行业，金融机构在数据资源方面拥有相对优势，利用大数据技术既有条件又有必要。大数据可以从根本上改变金融机构传统的数据运作方式，为之带来巨大的商业价值。

一、金融大数据的应用条件和应用价值

金融大数据的应用条件主要包括需求动力、数据基础与技术可行性三大基本条件。

首先，从内在需求看，在金融科技企业的跨界冲击下，整个金融业的运作模式正在重构，行业竞争日益激烈，基于数据的精细化运营需求日益迫切；监管部门对于数据管理和监测的要求也在不断提高，要求金融机构加强数据管理，提高数据信息质量，采用数据挖掘和大数据技术深层利用、提炼数据以提升经营管控效能，这也激发了金融机构的数据化需求。

其次，从应用基础看，金融行业拥有海量数据资源。金融行业为数据行业，经过多年的信息沉淀，各系统内积累了大量高价值的数据，拥有用于数据分析的基础资源。以银行业为例，100万元的创收平均会产生130GB的数据，数据成为金融机构的核心

资产。在不断增长的海量数据背景下，采用具有更有弹性的计算、存储扩展能力的分布式计算技术成为必然选择。

最后，从技术可行性看，大数据已经发展到公司及第三方处理分析大量终端用户数据的阶段，大数据技术越来越成熟，技术供给越来越丰富，部署成本直线下降。此外，部分先行者为大数据部署提供了宝贵的应用案例，使得金融大数据解决方案日趋完善。

金融大数据的应用价值主要体现在：大数据可以从根本上改变金融机构传统数据的运作方式，为之带来巨大的商业价值。数据是独立于劳动和资本的重要生产要素，大数据分析可以为企业提供完整的数据解决方案，使数据产生价值。基于大数据的应用促进了搜索技术的日益强大，从而可为行为分析提供支持，并可以从各种不同来源收集信息并加以运用，进而以比以往更加综合全面的方式确定和衡量风险、趋势以及客户偏好。具体而言，大数据分析可以帮助金融机构提升决策效率、强化数据资产管理能力、实现精准营销、增强风险管理能力。相比常规的商业分析手段，大数据可以使业务决策具有前瞻性，让企业战略制定过程程序化理性化，实现资源优化分配，依据市场变化迅速调整业务策略，提高用户体验以及资金周转率，从而获取更高的价值和利润。

二、金融大数据的技术特征及其关键技术

金融大数据是指在金融交易中所产生、收集、分析、挖掘、使用的数据；金融大数据运用是对大量、动态、能持续的数据，通过运用新系统、新工具、新模型的挖掘，获取数据价值；大数据应用需要遵循一定的流程。

（一）数据特征

与传统数据相比，金融大数据具有结构多样、结构化数据占比高、时效性强等突出特征。

1. 数据的多样性。在金融机构自身产生的数据中，一部分是结构化数据，比如客户的存贷款数额、购买理财产品的编号等；另一部分是半结构化或非结构化的数据，比如用户各种身份和资产证明的复印件、行为数据、社交网络数据等。当前，商业银行企业级数据结构化数据占比较高，而互联网数据结构化数据相对较低。结构化数据与非结构化数据相比，在分析工具成熟度方面具有明显优势。因此，近期金融业开展大数据应用，数据清洗环节将较为简单。但随着传统金融机构不断拓展互联网业务、远程业务办理、无人营业网点、机器人大堂经理等现代金融科技的不断丰富演进，金融行业半结构化数据和非结构化数据的占比将快速增长。表7-1给出了中国银行业2012—2016年数据规模与结构的变化趋势。

表 7 –1 　　　　　　　　　　2012—2016 年中国银行业数据规模　　　　　　　　单位：TB

数据类型	年份				
	2012	2013	2014	2015	2016
电话记录数据	938	1294	2459	4501	5671
业务数据	1688	2735	3610	6858	9807
数据仓库数据	3125	5938	12469	14090	18598
其他结构化数据	5313	9670	15085	20213	27288
非结构化数据	3938	4962	7641	14213	20609

资料来源：Celent。

2. 数据的连通性。数据的连通性是指各个数据集之间的连通关系。由于很多数据是基于不同渠道、场景和主键进行的汇聚，要把这些碎片化数据进行准确整合，需要有很强的身份映射能力，数据的连通解决不同数据是否归属于同一主体的能力。大数据之大，单一组织是无法满足各种需求的，这就涉及是否要接外部数据，实现各个维度的数据打通。

3. 数据的连续性。数据的连续性是指由数据的可关联性、可溯源性、可理解性及其内在联系组成的一整套数据保护措施，其作用是保障数据的可用性、可行性和可控性，降低数据的失用、失信和失控风险。数据汇聚需要在约定的频率下持续不断、全面地进行才能产生集合价值。

4. 数据的颗粒度。数据的颗粒度是用于表示某数据集的最小单元。对于同样一类数据，数据的颗粒度会体现出不一样的价值。数据的颗粒度主要针对指标数据的计算范围，如银行储户这个数据项是以街区为范围还是一个社区为范围统计的。颗粒度越小，就越精细。

5. 数据的合规性与强一致性。数据的合规性是指数据的来源、采集、处理、使用等各个环节及数据内容上符合法律政策规范与业界的共同规则。数据的使用与流通，要符合严格的安全要求。金融行业核心实时交易系统数据要求强一致性，正常状态下数据错误率为零。

6. 流动性。金融数据一般具有很高的流动性、处理实时性要求高、可展示性需求强等特征。与其他行业相比，金融数据逻辑性强，要求具有更高的实时性、安全性和稳定性。大数据处理系统必须在毫秒级甚至微秒级的时间内返回处理结果。以国内最大的银行卡收单机构银联商务为例，其日交易量近亿笔，需对旗下 540 多万个商户进行实时风险监控，在确保这些商户合规开展收单业务的同时，最大限度地保障个人用户的合法权益。这样的高并发、大数据、高实时应用需求需要有高效的大数据处理系统相匹配。

（二）关键技术

金融大数据的处理通常需要以下几类关键技术：

1. 数据分析技术。数据分析技术包括数据挖掘、机器学习等人工智能技术，主要应用在用户信用分析、用户聚类分析、用户特征分析、产品关联分析、营销分析等方面。金融系统安全性、稳定性和实时性要求比较高，对大数据计算处理能力也要求非常高。

2. 数据管理技术。数据管理技术包括关系型和非关系型数据管理技术、数据融合和集成技术、数据抽取技术、数据清洗和转换技术等。金融行业对数据的实时处理能力要求非常高，需要灵活地进行数据转换配置和任务配置。

3. 数据处理技术。数据处理技术包括分布式计算、内存计算技术、流处理技术等。通过新型数据处理技术更有效地利用软硬件资源，在降低信息技术投入、维护成本和物理能耗的同时，提供更为稳定、强大的数据处理能力。

4. 数据展现技术。数据展现技术包括可视化技术、历史流展示技术、空间信息流展示技术等。主要用于金融产品健康度监视、产品发展趋势监视、客户价值监视、反洗钱反欺诈预警等方面。

三、金融大数据的系统构建与应用流程

金融大数据应用需要定制化系统构建。首先，金融企业要进行顶层设计，把技术和业务结合起来，将技术应用在企业价值链的每个场景上。通过一体化大数据平台，数据的汇聚和共享得以实现，从而提升数据价值。其次，金融企业需要大规模的系统改造。为实现数据的汇聚，需要将原来存储在分散信息系统的数据进行整合，重新设计并搭建数据采集、存储、传输的架构。再次，形成良好的数据管理体系。良好的数据管理体系的标志是数据的共享和集成水平比较高，数据管控体系实现了标准化，数据的质量、安全得以保证。最后，金融大数据需要更加完善的安全保障措施。数据管理职能应该由专门的部门实施，因此应成立专门的数据管理领导小组和数据管理（处理）部门，将数据的监管职责赋予数据管理部门，由数据管理部门集中管理监控数据，各有关职责部门配合。

从数据处理流程来看，大数据分析可分为四个步骤：一是建立一个收集和存储的大数据系统构架；二是各种关系型和非关系型数据信息的整合、处理；三是知识发现，依靠人工建模分析、机器学习等进行数据分析，发现规律；四是构建以信用及定价为核心的主要应用场景，提供智慧决策（见图7-1）。

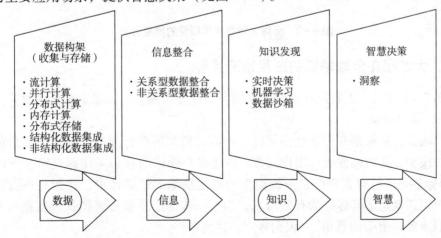

资料来源：中国信息通信研究院。

图7-1 金融大数据的应用流程

第二节　大数据在金融领域的应用维度

目前金融大数据已经在银行、证券、保险、支付清算、互联网金融等领域全面尝试；以价值变现为中轴，金融大数据应用主要包括四个维度：客户画像、精准营销、风险管控与运营优化。

一、大数据在金融领域的应用维度分布

大数据应用的目的无非是发现并利用数据的价值，因此，虽然金融不同细分行业在大数据应用上各有特点，但动因上又无不是为着寻求数据价值变现。以此为中轴，金融大数据应用主要包括四个维度：客户画像、精准营销、风险管控与运营优化。图7-2给出了金融大数据应用场景的维度分布。

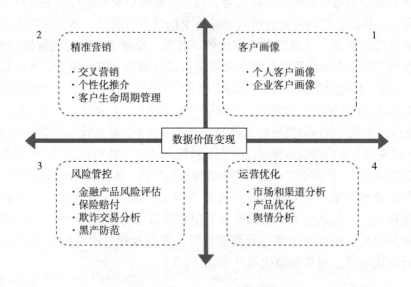

图7-2　金融大数据应用场景的维度分布

二、大数据在金融领域的应用维度解释

由图7-2可见，大数据在金融领域的应用可分为四个不同维度，分述如下。

（一）客户画像

客户画像，是根据客户的社会属性、生活习惯和消费行为等信息而抽象出的标签化的客户模型，客户画像也称用户画像。构建客户画像的核心工作即是给客户贴"标签"，而标签是通过对客户信息分析而来的高度精练的特征标识，目的是进行客户识别。客户识别就是了解客户的有效需求，为下一步的产品服务营销提供依据。大数据时代我们需要"上帝的视角"，识别客户，找到客户。

客户画像分为个人客户画像和企业客户画像。个人客户画像包括人口属性、消费

能力数据、兴趣数据、风险偏好等；企业客户画像包括企业的生产、流通、运营、财务、销售和客户数据、相关产业链上下游等数据。客户画像数据分布在客户关系管理、交易系统、渠道和产品系统等不同信息系统中。

客户画像分五大步骤：（1）画像相关数据的整理和集中；（2）找到同业务场景强相关数据；（3）对数据进行分类和标签化（定性定量）；（4）依据业务需求引入外部数据；（5）按照业务需求，利用数据管理平台（DMP）[1] 筛选客户。

（二）精准营销

在客户画像的基础上企业可以有效开展精准营销。精准营销应用目标有三：一是精准定位营销对象；二是精准提供智能决策方案；三是精准业务流程，实现精准营销的"一站式"操作。

营销手段包括：（1）实时营销。根据客户的实时状态进行营销，比如根据客户当时的所在地、客户最近一次消费等信息来有针对性地进行营销。（2）交叉营销。根据客户交易记录分析，有效识别小微企业客户，然后用远程银行来实施交叉销售。（3）个性化推荐。如根据客户的年龄、资产规模、理财偏好等，对客户群进行精准定位，分析出其潜在金融服务需求，进而有针对性地营销推广。

（三）风险管控

大数据风险管控，是指通过运用大数据构建模型的方法对客户进行风险控制和风险提示。与传统风控多由各机构内设风控团队，以人工方式对企业客户或个人客户进行经验式风控不同，通过采集大量客户的各项指标进行数据建模的大数据风控更为科学有效。大数据风控可以广泛应用于金融产品风险评估、保险赔付、证券、欺诈交易分析、黑产防范、消费贷款等多个具体业务领域。

（四）运营优化

运营优化的目的是跨越数据到增长的鸿沟，让企业在一个集成且开放的平台上建立增长的完整体系，从连接全渠道到各种用户数据的集中管理，从大数据分析到可执行的最佳运营策略，从自动化执行到效果监测，帮助企业内外协同，跨越从数据到增长的鸿沟。运营优化的主要内容包括：市场和渠道分析、产品优化、舆情分析。

金融大数据应用的四大维度各司其职而又相互关联，以价值发掘为核心，形成了严密的内在逻辑关系，凭借金融大数据分析的先进技术处理手段，共同助推大数据的价值实现，提升金融服务效率。以下我们对金融大数据在银行、保险、证券等不同行业中的应用场景讨论均按此四大维度进行。

---

① DMP（Data Management Platform），即数据管理平台，是把分散的多方数据进行整合纳入统一的技术平台，并对这些数据进行标准化和细分，让用户可以把这些细分结果推向现有的互动营销环境里的平台。——百度百科

第三节　大数据在各金融子行业中的应用

一、大数据在银行业中的应用

（一）用户画像

1. 银行个人用户画像。银行个人用户的主要业务需求集中在消费金融、财富管理、融资服务，用户画像要从这几个角度出发，寻找目标用户。个人用户数据可分为金融信息与非金融信息，数据类型包括个人信息、资产数据、信用数据和交易数据等。银行个人用户画像数据如图 7 - 3 所示。

银行个人用户画像可以依照前述用户画像的五大步骤进行：先利用数据仓库进行数据集中，筛选出强相关信息，对定量信息定性化，生成 DMP 需要的数据。利用 DMP 进行基础标签和应用定制，结合业务场景需求，进行目标用户筛选或对用户进行深度分析。同时利用 DMP 引入外部数据，完善数据场景设计，提高目标用户识别精准度。

寻找目标用户包括：

（1）分期用户。利用银联数据 + 自身数据 + 信用卡数据，发现信用卡消费超过其月收入的用户，推荐其进行消费分期。

（2）高端资产用户。利用银联数据 + 移动位置数据（别墅/高档小区）+ 物业费代扣数据 + 银行自身数据 + 汽车型号数据，发现在本行资产较少，但在其他行资产较多的用户，为其提供高端资产管理服务。

（3）理财用户。利用自身数据（交易 + 工资）+ 移动端理财用户端/电商活跃数据，发现用户将工资/资产转到外部，但是电商消费不活跃的用户，其互联网理财可能性较大，可以为其提供理财服务，将资金留在本行。

（4）境外游用户。利用自身卡消费数据 + 移动设备位置信息 + 社交环境外强相关数据（攻略、航线、景点、费用），寻找境外游用户为其提供金融服务。

（5）贷款用户。利用自身数据（个人信息 + 信用信息）+ 移动设备位置信息 + 社交购房/消费强相关信息，寻找即将购车、购房的目标用户，为其提供金融服务（抵押贷款、消费贷款）。

图 7 - 3　银行个人用户画像数据

2. 企业用户画像。企业用户画像与个人用户画像的步骤相同，但企业用户画像又与个人用户画像有很大区别。个人用户画像是以人口统计学特征为基础，将个人行为特征数字化，而企业没有这些特征，企业用户画像包括企业的生产、流通、运营、财务、销售和用户数据、相关产业链上下游等数据。因此企业用户画像需要描述的是企业的基本情况、经营情况、资产负债状况、信用状况、贷款产品需求等。企业用户画像需要定性定量分析相结合。企业信用风险画像技术应用案例见专栏 7.1。

【专栏 7.1】

企业信用风险画像，破解中小企业融资难

面对量大面广的中小微企业，如何合理判断其信用风险，一直困扰着金融机构。如今，借助大数据这一问题有望得到破解。

日前，上海数据交易中心正式对外发布重磅级数据产品 CRP，即"中国企业信用风险画像库"。该画像库在合规、效率、质量等方面基于科技创新，将为行业提供合规高效互信的数据供应，为金融机构服务中小微企业提供有力的工具和平台。

数据产品 CRP 是上海数据交易中心最新的研究应用成果，该产品成功解决了数据去身份化流通和数据授权两大数据交换流通的业界难题。

作为该画像库的首批使用者，上海银行表示，全面落实金融服务回归本源"脱虚向实"，做好小微企业金融服务已经成为全社会关心的焦点话题。然而，要真正做好中小微企业的金融服务，金融企业在多个方面面临挑战：

首先，传统征信体系覆盖范围有限；其次，伴随着技术的发展各类欺诈手段层出不穷；再次，银行在受理中小微企业贷款过程中存在较为严重的效率和成本投入问题；最后，银行对贷后产生的逾期和不良资产缺乏有效的技术手段。

针对这些问题，上海银行与上海数据交易中心在企业征信数据方面进行了深度的合作，一站式探查获取多供方数据源，实时获取信贷主体的"属性、行为、关系、评价"这四大维度信用相关数据字段，用大数据增强风险定价能力，进一步推动为中小微企业提供快捷、优质、全方位、可持续的金融服务。

作为面向金融风控场景的企业级数据产品，CRP 基于上海数据交易中心分布式数据流通交易平台优势，联合多方力量，以 xID 标记技术为安全基础，以多源多维度数据为标志，为金融行业服务中小微企业的金融需求提供普惠金融服务支持。

xID 标记技术组合了数据分类规则、不可逆标记生成、传输控制等多项技术，使得交易数据无法识别个体且不能复原个人信息，形成无特定标识的个体标记数据，即"无脸数据"。同时，基于真实应用场景，在数据流通规则的控制下，在线实现数据的合规按需获取。

xID 标记技术结合了"公安部公民网络身份识别系统"的网络电子身份标识（eID）技术和上海数据交易中心数据流通技术和运营规则。该技术也为《网络安全法》实施后，大数据的合规交易提供了基础保障。

具体到 CRP，使用方可以在平台上选择高质量数据，并通过一点实时数据接口，从多源供方获得自身业务运行所需数据，用于训练调校业务算法模型，多维度刻画企业信用风险，为金融业务持续发展提供基础数据服务。

在可扩展性上，CRP 也相当出色。当前覆盖全国约 5000 万家企业的工商税务、司法行政、海关物流、知识产权等多维度数据以及企业关联人相关信用数据，CRP 更多维度数据供应将随用户业务发展的需求不断扩展。

资料来源：上观新闻。

（二）精准营销

在用户画像的基础上银行可以有效地开展精准营销，包括：

1. 实时营销。实时营销是根据用户的实时状态来进行营销，比如根据用户当时的所在地、用户最近一次消费等信息来有针对性地进行营销（例如，某用户采用信用卡采购孕妇用品，可以通过建模推测怀孕的概率并推荐孕妇类喜欢的业务）；或者将改变生活状态的事件（如换工作、改变婚姻状况、置居等）视为营销机会。

2. 交叉营销。即不同业务或产品的交叉推荐，例如，招商银行可以根据用户交易记录分析，有效地识别小微企业用户，然后用远程银行来实施交叉销售。

3. 个性化推荐。银行可以根据用户偏好进行服务或者银行产品的个性化推荐，例如，根据用户的年龄、资产规模、理财偏好等，对用户群进行精准定位，分析出其潜在金融服务需求，进而有针对性地营销推广。

4. 用户生命周期管理。用户生命周期管理包括新用户获取、用户防流失和用户赢回等。例如，招商银行通过构建用户流失预警模型，对流失率等级前 20% 的用户发售高收益理财产品予以挽留，使得金卡和金葵花卡用户流失率分别降低了 15 个和 7 个百分点。

银行业大数据精准营销案例见专栏 7.2。

【专栏 7.2】
银行业大数据精准营销：交通银行湖北分行

交通银行湖北分行通过建设客户经理工作平台，促进客户名单制精准营销、基于产品的交叉销售等高级业务应用。其中，精准营销是客户经理工作平台的重要内容，包括客户统一视图、客户群管理、客户名单筛选、客户营销及跟踪、业绩登记等内容。

该行营销体系应用先进的精准营销管理理念，经过前期营销活动策划和数据洞察验证后，在 CRM 系统通过客户筛选模块筛选活动的目标客户，进而进行终端送达。

1. 营销系统架构体系

交通银行湖北分行数据仓库整体架构结合总行数据仓库架构、总行下发数据及本行业务发展进行规划设计。根据数据业务需求，将各数据源数据进行梳理、整合，进行多粒度多层次的汇总加工，构建数据集市，为营销和客户管理提供数据支持。

数据集市中的业务功能流程分为基础数据、汇总衍生数据和分析数据。

2. 营销组织体系

通过将数据权限、营销活动决策权和岗位层级相关联，不同层级的执行者只能看到相应权限范围内的客户信息。使得客户信息安全得到保证，营销活动执行和营销活动数据得到有效保护，杜绝隐私数据泄露。

3. 营销考核评估体系

营销考核评估体系主要体现在建立激励措施、按劳分配机制以及竞争和淘汰机制。交通银行湖北分行营销评估体系通过统计查阅客户经理、网点、支行名下所有客户在一定时期内的资产变化情况及产品营销情况数据信息，支持对个人、机构的营销工作情况进行考核。

资料来源：上观新闻。

（三）风险管控

风险管控包括中小企业贷款风险评估和欺诈交易分析等手段。

1. 信贷风险评估。相对于传统的风险评估方法，大数据信贷风险评估更能反映贷款企业风险、识别用户需求、估算用户价值、判断用户优劣、预测用户违约风险。银行可通过企业的生产、流通、销售、财务等相关信息结合大数据挖掘方法进行贷款风险分析，量化企业信用额度，控制信贷风险。

2. 供应链金融。供应链金融是金融机构将核心企业与上下游企业联系在一起提供灵活运用的金融产品和服务的一种融资模式。银行通过审查整条供应链，利用大数据技术分析企业之间的关系图谱，进行关联企业分析及风险控制；利用交往圈分析模型，持续观察企业间的通信交往数据变化情况，通过与基线数据的对比来洞察异常的交往动态，评估供应链的健康度及企业贷后风险。专栏7.3给出了工商银行供应链融资发展状况。

【专栏7.3】

工商银行供应链融资发展实践

工商银行供应链核心企业资源十分丰富，拥有大型、超大型企业数在国内银行业中处于绝对领先地位，这为供应链金融的发展提供了沃土。同时，工商银行拥有实力雄厚的科技研发力量和专业的人才团队，这也为供应链金融的发展提供了有效的技术支撑。

自2009年开办供应链融资业务以来，工商银行累计发展供应链超过3200条，近五年为11000多户中小企业发放融资超过8000亿元，特别是2012年以来，工商银行借助行内金融科技优势，运用互联网、大数据、物联网等技术通过贸易背景信息电子化交互、债项控制专业化协作、融资支付智能化处理实现了供应链融资创新转型发展。支持了包括一汽大众、华为集团、奇瑞路虎、中建集团、吉大附属医院、蒙牛股份、天津物产等多个优质供应链项目在内的多家上下游用户的融资需要。2015年，基于融

e购平台数据，为中建集团打造了"互联网＋供应链＋产业"的集采融资新模式，实现了"一触即贷"，在业界形成了较大的影响，开创了同业的先河，也标志着工商银行供应链业务正式进入3.0时代。

资料来源：https://www.sohu.com/a/197604395_99907134。

3. 实时欺诈交易识别和反洗钱分析。银行可以利用持卡人基本信息、交易历史、客户历史行为模式、正在发生行为模式（如转账）等，进行实时的交易反欺诈分析。例如，IBM金融犯罪管理解决方案帮助银行利用大数据有效地预防与管理金融犯罪，摩根大通银行则利用大数据技术追踪盗取客户账号或侵入自动柜员机（ATM）系统的罪犯。

（四）运营优化

1. 市场和渠道分析。通过大数据，银行可以监控不同市场推广渠道尤其是网络渠道推广的质量，从而进行合作渠道的调整和优化。同时，也可以分析哪些渠道更适合推广哪类银行产品或者服务，从而进行渠道推广策略的优化。

2. 产品和服务优化。银行可以将用户行为转化为信息流，并从中分析用户的个性特征和风险偏好，更深层次地理解用户的习惯，智能化分析和预测用户需求，从而进行产品创新和服务优化。例如，兴业银行目前对大数据进行初步分析，通过对还款数据的挖掘比较区分优质用户，根据用户还款数额的差别，提供差异化的金融产品和服务方式。

3. 舆情分析。银行可以通过爬虫技术①，抓取社区、论坛和微博上关于银行以及银行产品和服务的相关信息，并通过自然语言处理技术进行正负面判断，尤其是及时掌握银行以及银行产品和服务的负面信息，及时发现和处理问题；对于正面信息，可以加以总结并继续强化。同时，银行也可以抓取同行业的银行正负面信息，及时了解同行做得好的方面，以作为自身业务优化的借鉴。

二、大数据在保险行业中的应用

（一）用户画像

网络时代，保险用户画像已经成为保险公司的必要技术手段。保险公司依赖大数据平台给出目标客户群的画像或标签（见专栏7.4）。

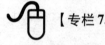
【专栏7.4】

440万位保险用户画像出炉

日前，中国太平洋保险公司推出了一款名叫"阿尔法保险"的智能保险顾问，迄今访问用户累计超过440万位。于是，基于440万位用户的用户画像报告出炉了，这

---

① 爬虫技术，是一种按照一定的规则，自动抓取互联网信息的程序或者脚本。它们被广泛用于互联网搜索引擎或其他类似网站，可以自动采集所有其能够访问到的页面内容，以获取或更新这些网站的内容和检索方式。从功能上来讲，爬虫一般分为数据采集、处理、储存三个部分。——百度科学百科

是保险公司首度详细披露如此体量的用户需求画像。

440 万人长啥样? 想什么?

440 万位用户覆盖了 31 个省份的 361 个城市。"阿尔法保险" 免实名、免身份证、免电话号码的设计, 使其无法反映个人好恶, 但我们仍能一窥 440 万人的数据群像, 包括: 关注保险的人有什么健康习惯? 结婚生子情况如何? 收入支出比例? 资产负债情况如何? 有何养老期望和保险偏好?

生活习惯方面

28%: 定期运动人数占比

14%: 按时吃饭、按时睡觉、不酗酒、不抽烟以及定期运动, 5 项同时做到

近一半人不按时睡觉, 还有喝酒、抽烟的习惯, 有 9% 的人上面一项都做不到。生活在四线城市的人睡觉最有规律, 不抽烟、不喝酒的比例最高, 生活习惯最健康。

家庭结构方面

27.7 岁: 一线城市平均生育年龄

19%: 一线城市单身人数占比

一线城市中单身人士占比 19% (一线城市单身贵族比例是四线城市的近 2 倍), 平均年龄为 27.7 岁, 这也是一线城市的平均生育年龄, 比其他地域晚 1~2 年。

经济支出方面

24.7%: 日常支出占比

数据显示, 各项家庭支出中, 日常支出占 24.7%, 子女教育支出占比达 9.1%, 赡养父母支出占比为 6.7%, 随着孩子与老人年龄的增长, 占比也随之增加。

37%: 有非工资性收入来源的家庭占比

在收入支出方面, 随着年龄的增长, 非工资性收入来源占比会提高。数据显示, 37% 的家庭有非工资性收入来源; 45~55 岁, 非工资性收入的人群占比超过 40%, 推测是随着家庭财富的累积, 带来的房租、利息等非工资性收入。

调查用户中, 女性用户占 60%, 70/80 后占了 78%; 而在已婚有娃的用户中, 女性用户占比 64%; 30~45 岁家庭风险防御能力最弱, 有保险刚需。

64%: 已婚有子女的女性用户

33%: 担忧退休后生活质量的用户

数字化时代, 就是要从消费者视角来看产品和服务的每一个环节。于是互联网携新技术向保险业不断渗透。大数据已经应用到售前的需求分析、产品设计、定价, 以及售后的理赔等多个环节。

资料来源: http://insurance.cngold.org/c/2017-12-11/c5532195。

(二) 精准营销

保险公司通过收集互联网用户的各类数据, 如地域分布等属性数据, 搜索关键词等即时数据, 购物行为、浏览行为等行为数据, 以及兴趣爱好、人脉关系等社交数据, 可以在广告推送中实现地域定向、需求定向、偏好定向、关系定向等定向方式, 实现精准营销。

保险公司利用大数据画像精准营销的案例见专栏7.5。

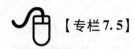

【专栏7.5】

泰康在线大数据应用

泰康在线是国内第一家由传统保险集团发起的互联网保险公司，拥有过亿用户，可提供全程互联网保险服务。其2015年8月上线的大数据产品"泰健康"，目前已有650万名会员，是行业内第一个将客户价值数字化、全面量化的评估体系。在"互联网＋保险"的垂直行业，泰康在线可谓是大数据应用的先行者。

具体来说，泰健康评分本身是基于现有的过亿用户，通过健康保障度、健康资料完整度和健康活跃度等五个维度给用户做评分画像，基于这样的体系给每个用户不同的分数段以及推荐不同的服务。画像的结果可以增加用户的黏性，也可以作为未来决策定价的基础。在这些维度中，通过热数据，比如说用户在腾讯云上做了一些丰富的健康测试，基于这些行为，可以对其健康度进行评分，因为热数据更能体现健康行为和倾向的变化，从而为后续产品、服务定价和决策提供支撑。在泰健康的支持下，通过客户价值和数字化评分完整地给650万名泰健康用户做一个健康的刻画，通过永洪BI的产品做后续的数据分析会发现，在这650万名泰健康会员里面有23.4万人肠胃不适，可针对用户的实际情况，推荐一些有针对性的健康和服务。通过数据分析对用户进行差异化分取和运营，给用户提供差异化的服务。

资料来源：http：//www.cbdio.com/BigData/2016–12/26/content_5415210.htm。

（三）风险管控

保险企业对保费的定义是基于对一个群体的风险判断。大数据为风险判断带来了前所未有的创新。保险公司通过大数据分析可以大幅度改进风险管理。比如，通过智能监控装置搜集驾驶者的行车数据；通过社交媒体搜集驾驶者的行为数据；通过医疗系统搜集驾驶者的健康数据。以这些数据为出发点对用户进行风险判断，制定灵活定价模式，提高用户黏性。

保险欺诈严重损害了保险公司的利益，传统的保险欺诈专项调查往往耗费大量时间。保险企业借助大数据手段，可以建立保险欺诈识别模型，筛选疑似诈骗索赔案例，再展开调查，调高调查效率。此外，保险企业可以结合内部、第三方和社交媒体等数据进行异常值检测，包括了用户的健康状况、财产状况、理赔记录等，及时采取干预措施，减少先期赔付。

基于企业内外部交易和历史数据，实时或准实时预测和分析欺诈等非法行为，包括医疗保险欺诈与滥用分析以及车险欺诈分析等。

（四）运营优化

1. 产品优化。过去在没有精细化的数据分析和挖掘的情况下，保险公司把很多人都放在同一风险水平上，用户的保单并未完全解决用户各种风险问题。但是，保险公司可以通过自有数据以及用户在社交网络的数据，解决现有风险控制问题，为用户制定个性化的保单，获得更准确以及更高利润率的保单模型，给每一位顾客提供个性化解决方案。

2. 运营分析。基于企业内外部运营、管理和交互数据分析，借助大数据台，可全方位统计和预测企业经营和管理绩效。基于保险保单和用户交互数据进行建模，借助大数据平台快速分析和预测再次发生或者新的市场风险、操作风险等。

3. 代理人（保险销售人员）甄选。根据代理人员（保险销售人员）业绩数据、性别、年龄、入司前工作年限、其他保险公司经验和代理人员思维性向测试等，找出销售业绩相对最好的销售人员的特征，优选高潜力销售人员。

三、大数据在证券行业中的应用

大数据在证券行业有着广泛的应用价值，国外证券行业大数据应用目前已经在产品创新端进行了初步尝试，还涉及了针对情绪指标的量化分析。国内券商在境外同行的经验基础上，正积极研究探索本地化的相关大数据产品和应用。

（一）用户画像

证券公司应用大数据技术，针对用户进行用户画像，目的是把握用户动向，找到营销对象。

1. 用户细分。通过分析用户的账户状态（类型、生命周期、投资时间）、账户价值（资产峰值、资产均值、交易量、佣金贡献和成本等）、交易习惯（周转率、市场关注度、持股比例、平均持股市值、平均持股时间、单笔交易均值和日均成交量等）、投资偏好（偏好品种、下单渠道和是否申购）以及投资收益（本期相对收益和绝对收益、今年相对收益和绝对收益及投资能力等），来进行用户聚类和细分，从而发现用户交易模式类型，找出最有价值和盈利潜力的用户群，以及他们最需要的服务，更好地配置资源和政策，改进服务，抓住最有价值的用户。

2. 流失用户预测。券商可根据用户历史交易行为和流失情况来建模从而预测用户流失的概率。例如，2012 年海通证券自主开发的"给予数据挖掘算法的证券用户行为特征分析技术"主要应用在用户深度画像以及基于画像的用户流失概率预测。通过对海通证券 100 多万样本用户、半年交易记录的海量信息分析，建立了用户分类、用户偏好、用户流失概率的模型。该项技术最大的初衷是希望通过对用户行为的量化分析，来测算用户将来可能流失的概率。

中国互联网证券用户画像见专栏 7.6。

【专栏 7.6】

中国互联网证券用户画像洞察

互联网证券用户有下述特点：

证券服务应用男女比例为 4:1，男性用户更热衷于股票投资，愿意承受更大的风险以获取超额收益；在证券服务应用用户省市分布中，广东、上海和江苏的用户占比最多，上海市用户占比超过 8%，是全国证券投资用户最多的城市；证券投资用户年龄主要分布在24~35岁，占总用户的72%，此年龄段用户处于事业成长期，对投资理财需求较大，风险承受能力较强。证券投资用户消费水平较高，中等以上消费者占总用户的84%，此类用户具有较高的消费转化能力，愿意为信息、培训等服务付费，用户价值高；证券服务类用户求知欲强，对浏览器和综合资讯有很高的需求，同时，因用户经常在移动端进行资金交易，用户安全意识高，十分注重移动端安全管理。

证券服务应用时常涉及银证转账，与银行服务应用具有较高的协同性，证券服务也可满足用户的理财需求，用户因风险偏好不同会选择不同的理财应用，总体来看，证券服务应用用户高度关注投资理财应用。

在关注投资理财的同时，他们也关注天气、综合电商、移动音乐等高品质应用，注重生活的舒适感，享受理财收益带来的丰富物质生活。

证券交易之余，喜读综合资讯，证券类用户喜爱内容类资讯：证券服务类应用在开市时间最活跃，休市之后，用户们通过各类综合资讯应用了解新闻时事，关注上市公司的经营状况；证券类用户更加关注内容类咨询应用，搜狐新闻、网易新闻、新浪新闻更加重视用户学习，推送更多理财教育类资讯，得到证券类用户的喜爱。

证券服务类用户并非关注所有的金融服务，相较于其他金融服务，他们对网络借贷、消费金融和信用服务没有明显的应用偏好，网络借贷和消费金融主要服务于资金紧缺人群，用户偏向年轻化，与证券类人群完全不同，证券类用户更关注投资理财和金融工具。

证券类用户在理财方面有多方面需求，包含记账、购买理财产品、购买基金、P2P投资、信用卡管理等，投资理财中应用偏好最高的是记账理财应用网易有钱。

下图为大数据挖掘的互联网证券类人群常用应用，核心用户为高净值人群。

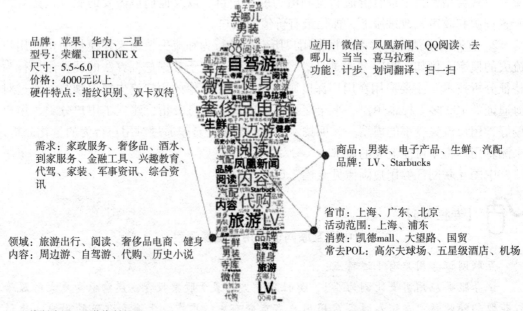

品牌：苹果、华为、三星
型号：荣耀、IPHONE X
尺寸：5.5~6.0
价格：4000元以上
硬件特点：指纹识别、双卡双待

需求：家政服务、奢侈品、酒水、到家服务、金融工具、兴趣教育、代驾、家装、军事资讯、综合资讯

领域：旅游出行、阅读、奢侈品电商、健身
内容：周边游、自驾游、代购、历史小说

应用：微信、凤凰新闻、QQ阅读、去哪儿、当当、喜马拉雅
功能：计步、划词翻译、扫一扫

商品：男装、电子产品、生鲜、汽配
品牌：LV、Starbucks

省市：上海、广东、北京
活动范围：上海、浦东
消费：凯德mall、大望路、国贸
常去POL：高尔夫球场、五星级酒店、机场

资料来源：网络资料整理。

（二）精准营销

根据用户画像选择目标用户，同时根据用户的差异化特征提供点对点的产品与服务，从而全面提升券商与用户的信息交互，进而加强公司的竞争力与影响力。

1. 实时营销。根据用户的实时状态来进行营销，比如若市场进入调整，用户倾向于把权益类资产权重降低，更多配置泛固定收益类资产，当确认用户开始首次搜索泛固定收益类资产时，就可以开展针对性营销；或者将改变生活状态的事件（如换工作、怀孕、改变婚姻状况、安居等）视为营销机会。

2. 交叉营销。即不同业务或产品的交叉推荐，例如，数据检测发现某用户的资金经常在保证金账户和银行托管账户间转换，同时炒股和购买银行理财，则券商可以加大资管产品的营销力度，实现交叉销售。

3. 个性化推荐。券商根据某类型用户的独特偏好进行服务或者提供个性化推荐，例如，根据用户的年龄、资产规模、理财偏好等，对用户群进行精准定位，分析出其潜在金融服务需求，进而有针对性地营销推广；如用户偏好高杠杆、高风险类投资，则可以联动期货公司和资管部门推荐股指期货投资或者劣后级产品份额。

4. 用户生命周期管理。用户生命周期管理包括新用户获取、用户防流失和用户赢回等。例如，招商银行通过构建用户流失预警模型，分别有效降低中端卡、高端卡流失率15%和7%。券商可以参照建立自己的预警模型，对流失率等级前30%的高净值用户通过调佣、发售高收益产品、加强投顾跟踪服务等方式予以挽留。证券行业目前也可以参照银行的操作模式，对构建用户管理模型进行全生命周期的维护以增强用户体验。

（三）风险管控

1. 股市预测。利用大数据技术预测行情与股价，以把握市场机会与风险规避。证券公司应用大数据对海量数据进行持续性跟踪监测，对账本投资收益率、持仓率、资金流动情况等一系列指标进行统计分析，拓宽证券企业量化投资数据维度，构建投资研究模型，对股票市场行情进行预测。大数据股市预测可以运用指数法（见专栏7.7）。

【专栏7.7】

3I 指数

2012年，国泰君安推出"个人投资者投资景气指数"（以下简称3I指数），通过一个独特的视角传递个人投资者对市场的预期、当期的风险偏好等信息。国泰君安研究所对海量个人投资者样本进行持续性跟踪监测，对账本投资收益率、持仓率、资金流动情况等一系列指标进行统计、加权汇总后得到3I指数。

3I指数通过对海量个人投资者真实投资交易信息的深入挖掘分析，了解交易个人投资者交易行为的变化、投资信心的状态与发展趋势、对市场的预期以及当前的风险偏好等信息。在样本选择上，选择资金100万元以下、投资年限5年以上的中小投资者，样本规模高达 10 万，覆盖全国不同地区，所以，这个指数较为有代表性。在参数方面，主要根据中小投资者持仓率的高低、是否追加资金、是否盈利这几个指标，来看投资者对市场是乐观还是悲观。"3I 指数"每月发布一次，以 100 为中间值，100 ~ 120 属于正常区间，120 以上表示趋热，100 以下则是趋冷。从实验数据看，从 2007 年至今，"3I 指数"的涨跌波动与上证指数走势拟合度相当高。

下图是 2012 年 1 月到 2014 年 2 月的 3I 指数（虚线）和上证综指运行（实线）走势图。

注：3I 指标在 80 以下表明个人投资者的投资景气度"低迷"，100 以下表明"趋冷"。

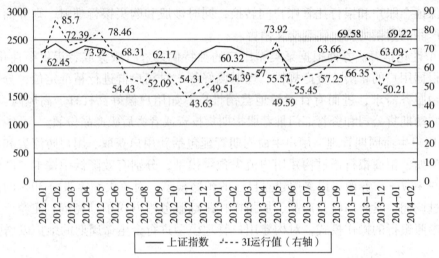

资料来源：国泰君安。

证券行业沿用了罗伯特·席勒的投资模型，该模型主要参考三个变量：投资项目计划的现金流、公司资本的估算成本、股票市场对投资的反应。市场对投资的反应亦称市场情绪，可以通过建立情绪指标（见专栏 7.8），用大数据技术进行捕捉跟踪。市场本身带有主观判断因素，而大数据技术可以收集并分析社交网络如微博、朋友圈、专业论坛等渠道上的结构化数据和非结构化数据，了解市场对特定上市公司的看法，获得市场对投资的反应。

【专栏 7.8】

Twitter 情绪指标管用吗？

2011 年 5 月英国对冲基金 Derwent Capital Markets 建立了规模为 4000 万美元的对冲基金，该基金是首只基于社交网络的对冲基金，该基金通过分析 Twitter 的数据内容来感知市场情绪，从而指导进行投资。利用 Twitter 的对冲基金 Derwent Capital Markets 在首月的交易中确实盈利了，其以 1.85% 的收益率，让平均数只有 0.76% 的其他对冲基金相形见绌。

麻省理工学院的学者，根据情绪词将 Twitter 内容标定为正面或负面情绪。结果发现，无论是如"希望"等正面情绪，或是"害怕""担心"等负面情绪，其占总Twitter内容数的比例，都预示着道琼斯指数、标准普尔500指数、纳斯达克指数将下跌。

美国佩斯大学的一位博士则采用了另外一种思路，他追踪了星巴克、可口可乐和耐克三家公司在社交媒体上的受欢迎程度，同时比较它们的股价。他发现，Facebook上的粉丝数、Twitter上的听众数和Youtude上的观看人数都和股价密切相关。另外，品牌的受欢迎程度，还能预测股价在10天、30天之后的上涨情况。

但是，Twitter情绪指标，仍然不可能预测出会冲击金融市场的突发事件。例如，2008年10月13日，美国联邦储备委员会突然启动一项银行纾困计划，令道琼斯指数反弹，而3天前的Twitter相关情绪指数毫无征兆。而且，研究者自己也意识到，Twitter用户与股市投资者并不完全重合，这样的样本代表性有待商榷，但仍无法阻止投资者对于新兴的社交网络倾注更多的热情。

资料来源：网络资料整理。

2. 大数据风险量化分析。一是可以有效利用交易数据，交易数据是证券行业大数据应用的最大支撑，拥有海量结构化数据的券商和交易所能够通过交易数据的分析与建模，抓住不同用户群体的交易规律与风险特征，提高模型的风险敏感性；二是可以有效利用资金数据，通过大数据模型动态调整不同用户群体间的抵（质）押物比例；三是可以有效利用信息数据，券商可以根据用户过往信用水平，结合监管部门用户风险等级评定，重构用户的违约风险识别模型。

3. 风险缓冲。通过大数据技术有效分析出用户过往融资融券或股权质押的还款情况，改进拨备计提方法，增强风险缓冲能力。

4. 创新风险管理。通过大数据技术对创新业务进行分析，动态监控各项业务的风险敞口，尤其是针对杠杆率较高的金融衍生品业务和做市业务。

5. 市场交易监控。利用大数据技术对操纵市场、内幕交易、老鼠仓等违法行为进行动态监测（见专栏7.9）。

【专栏7.9】
大数据渐成金融稽查利器　设数百指标进行监控分析

证监会公布一系列老鼠仓案

中国证监会曾经向外宣称，自2013年9月以来，证监会根据相关线索发现了一批利用未公开信息交易股票、非法牟利的嫌疑账户。并且至2013年底，证监会针对基金从业人员利用未公开信息交易股票的违法违规行为，共启动调查10多起。而目前部分案件已经有了结果。

在以往，针对老鼠仓或者内幕交易的查处，其线索要么来自举报，要么是现场突击检查，但是对于那些具有专业知识和经验的从业人员来说，在交易的各个程序上都会力求完善，可想而知，要想凭借传统稽查方式去发现和查处，其难度必定很大。

而在大数据年代，一旦交易所的监控系统发现某只股票有异常交易行为，监管层会立刻锁定在此期间交易的可疑账户，然后会调动各省的派出机构核查人员对这些账户同时展开调查，还会找到上市公司的内幕知情人，然后逐一对这些目标的账户资金来源、个人联系做调查。而前述证监会披露的一系列涉嫌老鼠仓案件，其线索来源，均是交易所日常监控下的大数据分析。

证券交易监控系统

2013 年 4 月，证监会开始筹划和分步实施以"一个平台、四个系统"为核心的稽查执法综合管理平台建设工程。公开资料显示，上海证券交易所和深圳证券交易所各有一套证券交易监控系统，上海证券交易所异动指标分为 4 大类 72 项，敏感信息分为 3 级，共 11 大类 154 项；深圳证券交易所建立了 9 大报警指标体系，合计 204 个具体项目，其中包括典型内幕交易指标 7 个，市场操纵指标 17 个，价量异常指标 15 个。而大数据监测的具体步骤大致分为三步：首先是通过对网络信息和交易数据的分析挖掘出可疑账户，其次通过分析交易 IP、开户人身份、社会关系等进一步确认，最后进入调查阶段。比如系统发现两个交易账户交易的品种、时间、频次、手法非常接近，而其中一个是基金账户，那另一个就很有可能是老鼠仓。两个账户的交易时间、标的股票和操作手法都很接近，则基本可以确定两个账户间存在关联关系。大数据监测现在已经成为交易所的"核武器"以维护资本市场繁荣与公平。

资料来源：http://finance.ifeng.com/a/20140610/12511815_0.shtml。

（四）运营优化

1. 市场和渠道端优化。通过大数据分析，券商可以监控不同地区、不同形态市场的推广渠道，尤其是网络渠道推广的质量。同时，由于券商业务与二级市场高度相关，更宜通过大数据模型分析市场季节性，有针对性地进行渠道推广策略的优化。

2. 产品和服务端优化。券商可以将用户行为及时转化为信息流，分析客户群体性的特征和风险偏好，了解客户当前的习惯，并结合过往案例和模型预测客户需求，从产品服务的优化升级再到未来产品创新。

3. 舆情监控。券商舆情监控最大的特点在于同步于市场行情，却优先于诸多当前使用的情绪指标。券商也可以抓取业界同行的正负面信息，及时比对、了解，以准确定位自身发展和借鉴同业先进经验。

四、大数据在支付清算行业中的应用

（一）交易欺诈识别

目前，支付服务操作十分便捷，客户已经可以做到随时随地进行转账操作。面对盗刷和金融诈骗案件频发的现状，支付清算企业交易诈骗识别挑战巨大。大数据可以利用账户基本信息、交易历史、位置历史、历史行为模式、正在发生行为模式等，结合智能规则引擎进行实时的交易反欺诈分析。整个技术实现流程为实时采集行为日志、实时计算行为特征、实时判断欺诈等级、实时触发风控决策、案件归并形成闭环。

（二）数据资产变现

目前，支付服务的客户渗透率越来越高。人们大量使用移动设备进行网上小额支付。支付清算行业真正的"金矿"就是这些高价值的用户消费数据。这些数据不仅可以将应用于支付清算业务的优化，还可以直接转化成资产用于分析了解客户的"消费路径"，包括客户进行日常消费时的典型顺序、购物地点、购买内容和购物顺序。通过对数据进行关联分析，将分析结果销售给商家或营销公司，实现数据资产变现。

五、大数据在互联网金融行业中的应用

（一）用户画像

典型互联网金融的客群来自线上，主要是大量无信贷记录的人群，以及监管信用评分难以覆盖的人群。互联网金融平台可以借助大数据评判用户的信用度（见专栏7.10），对客户质量进行筛选把控，基于大数据平台的黑白灰名单技术，对客户进行判定。基于大数据的自动评分模型、自动审批系统和催收系统可以弥补无信用记录客户的缺失信贷数据。

【专栏 7.10】

大数据评判用户信用度

数据是金融机构在信贷审核中绕不开的话题。在传统金融机构中，银行有多种渠道接触到用户的信用信息。如央行的个人信用记录、工作情况、收入水平和负债情况。而面对缺乏信用文件，几乎没有信贷记录，且工作不稳定的申请人，传统数据方式显得有些束手无策。

但随着金融科技公司的兴起，大数据的普遍运用有助于解决这个难题，如德国的 Kreditech 和中国的买单侠，都在审核中运用了自动化的大数据采集系统。

德国的 Kreditech 通过连入用户的社交媒体账户，采集数据。每次申请，Kreditech 会采集两万个用户动态数据点，研究大量数据的相关性，从而评判用户的信用度。比如分析用户的朋友有哪些。近朱者赤，近墨者黑。已经赖账的人的朋友很可能也不还钱。

Kreditech，总部位于德国汉堡。它于2012年成立，员工目前200人。面对无信贷记录的人群，提供个体化金融服务，如小额分期贷款、个人财务管理、透支和支付服务。Kreditech 提供最高 500 欧元的贷款，纯线上审核申请，平均35秒审核，15分钟到账。

同样运用大数据做用户审核的还有买单侠。买单侠是上海秦苍信息科技有限公司旗下的一款 APP 产品，为蓝领人群提供手机分期服务。蓝领消费金融审核采用线上线下相结合的方式。通过前端风险督察员和后台反欺诈引擎联合防范，用 APP 实现双方的信息即时交互，实时配合做风险防护。这种模式，既需要结合新信用卡的线下防控要素，又需要发挥线上防控的特点，而且要成本可控。

买单侠采用机器进行批量化采集和信息处理，再对接决策引擎和反欺诈引擎，加快审核速度和准确性。"秒批"策略对部分用户实现了1分钟内完成审核，3分钟内放款。同时，买单侠 APP 会分析用户的社交网络，通过建模，识别抱团欺诈团伙。

买单侠用大量数据做实验。通过信审引擎，通过风控的模型和政策做重复的判断。比如"冠军挑战者"模型，用小额贷款测试不同的策略，过了一段时间，就主要使用效果最好的策略。

所以，科技创新变革了金融领域。大数据的应用，大量节约了人力成本和审核时间，并且即使面对没有信用记录的客户，也做到了风险可控。

资料来源：http：//tech. hexun. com/2016 - 03 - 18/182837672. html。

（二）精准营销

基于用户画像确定的用户推荐合适的互联网金融产品。原则上，白名单用户属于精准营销判定的推荐用户；黑名单用户则是不能服务的用户；灰名单用户为风险提示类用户。作为精准营销的前台，通过 API 接口打通数据存储层、数据处理层、算法层以及高级业务层，通过门户网站、App、App 接口等方式提供互联网金融产品推荐、用户准入、用户跟踪管理等高级营销策略。

大数据需要贯穿用户全生命周期的始末。机构可以根据大量数据分析制定评分卡模型策略，用于用户分群。然后根据贷后行为来验证之前的评分卡模型是否合理，需要持续监控至少 2 个月，如果合理可以继续沿用，不合理时则及时调整（见专栏 7.11）。验证完评分卡模型后，所筛选出的优质用户还需差异化的用户管理。通过提高优质用户额度、延长还款期及降低不良用户额度等来把控可能发生的风险，并提高复贷率。

 【专栏 7.11】

ZestFinance 信用评分

FICO 是美国主流的个人信用评分工具，FICO 评分是传统金融机构对大数据的运用。FICO 评分的基本思路是：把借款人过去的信用历史资料与数据库中的全体借款人的信用习惯相比较，检查借款人的发展趋势和经常违约、随意透支甚至申请破产等各种陷入财务困境的借款人的发展趋势是否相似。

典型互金机构 ZestFinance 对大数据的运用不同于 FICO，ZestFinance 的客群主要是 FICO 评分难以覆盖的人群，要么是在 FICO 得分过低金融机构拒绝放贷的人，要么是 FICO 得分适中，金融机构同意放贷但利率较高的人。

在 ZestFinance 的评分模型中，会大量应用非征信数据（50% ~ 70%），在其官方宣传中，提到会用到 3500 个数据项，从中提取 70000 个变量，利用 10 个预测分析模型，如欺诈模型、身份验证模型、预付能力模型、还款能力模型、还款意愿模型以及稳定性模型，进行集成学习或者多角度学习，并得到最终的消费者信用评分。

而欺诈风险的防控，本质上也是通过对历史欺诈行为的分析，不断梳理完善风险特征库，比如异地登录、非常用设备登录等行为，都是一种风险信号，建立一系列的风险规则判定集，预测用户行为背后的欺诈概率。

资料来源：http：//www. weiyangx. com/242871. html。

（三）消费信贷

消费信贷具有小额、分散、高频、无抵押和利息跨度极大的特点。贷款额度可以小到 100 元人民币；一家机构一天的放贷数量可能达到数万到数十万笔；其中 90% 以上是纯信用贷，只能依靠数据进行审批。大数据用于消费信贷的案例见专栏 7.12.

【专栏 7.12】

大数据解读消费金融用户画像

消费金融凭借互联网和大数据的赋能开创智能金融的新生态，过去金融要么靠线下网点渠道坐等用户上门，要么陌生拜访主动推销获客，在智能金融时代，基于用户画像的精准获客将成为新的业务形态。

一、用户数据

Wind 数据显示，美国人均持有 2.9 张信用卡，这是中国 2016 年第一季度人均持有信用卡数量（0.3 张）的十倍左右。中国目前有 13.75 亿人，乘以人均 0.3 张持卡量，所以 2016 年中国信用卡持卡总量约为 4.1 亿张，预计覆盖 3 亿用户；去掉小孩和老人约 5 亿人，将近 6 亿用户没有信用卡，享受不到基础的金融服务。

我国央行征信系统收录的 8.7 亿人中有信贷记录的仅有 3.7 亿人，而能够生成信用报告的仅有 2.75 亿人，信用信息覆盖率为 27%，远低于美国的 75%，而蓝领人群覆盖率更低。还有 6 亿~7 亿人没有央行征信记录。

据不完全统计，中国目前活跃的小额现金贷用户（有多次借款行为的用户）有 1500 万左右，人口渗透率为 1.1%，远低于美国的 4%。如果中国小额现金贷渗透率达到 4%，可推测中国网络信贷有 5000 万~6000 万目标人群，市场体量过万亿元。

没有被征信记录覆盖的群体，除去小孩和老人，主要包括广大的蓝领、灰领、年轻白领、无业青年，工资收入满足不了日常消费需求，而传统金融机构又无法为他们提供信贷服务，这里有万亿元的市场机会，突破地理位置、熟人关系、烦琐流程的在线小额信贷就是在这个市场机会中蓬勃发展起来的。

二、用户在哪里

从地理位置来看，现金贷用户分布在全国各地。但主要集中在一二线城市，特别是南方的各大城市居多。

从网络平台分布来看，现金贷用户分布在各个提供网络服务的角落，哪里有流量，哪里就有现金贷用户。

从急用钱时找借款服务的行为看，用户会集中主动去应用市场、搜索引擎、借款导航平台，或直接去别人推荐过或之前有看到过的平台。

三、用户的需求场景

刚毕业初入职场的年轻人，在大城市工作，收入偏低，但城市租房、物价等高，年轻人消费欲望强，每月工资不够花，需要靠家里补贴或借钱来维持。

高中毕业后在外务工的小伙子，已经结婚生小孩，每月收入不够家用，需要每月

固定借点钱补贴家用。

30多岁的单身妈妈，迫于生活压力，想做点小本生意，但是本金不够，需要借点钱来启动。

这个月几个同学结婚，得随份子，突然增加一笔不小的花费，急需一笔钱救急。

iPhone 8上市了，我也想给自己添一个。

……

结合上面的场景和现金贷平台用户数据，我们可以看到现金贷用户的一些共有属性：

用户年龄集中在18~40岁，偏年轻；男性居多，占到70%以上；学历偏低，过半是大专及以下文凭；收入偏低，月收入在3000~8000元；职业主要是公司基层职员、蓝领、个体户等。

他们一般在三四线城市出生，在一二线城市工作，收入和经济压力、消费欲望不匹配，月光，每月都有借钱需要。

可以看到，用户主要是银行等传统金融机构没有服务到的用户，他们没有信用卡，征信空白，很难获得银行的服务。

在"在线现金贷平台"出现之前，如果银行不借钱给他们，他们只能向亲戚朋友等熟人借钱。

向熟人借钱有几个痛点。比如不好意思开口，或者开口了人家也没有，或者人家有但不一定借给你，还有亲戚朋友有限，也不可能经常找他们借钱。

这就为打破地理位置、打磨人际关系、快速申请的在线现金贷平台提供了条件。

互联网消费金融正是因为有现实的市场需求支撑，所以有自身的发展前景。并且消费金融避开了传统金融的直接竞争，是区别于传统金融的新的金融形态，将享受到新型行业发展的红利期！

资料来源：http：//blog.sina.com.cn/s/blog＿14d08b0ec0102wv6m.html。

（四）风险管控：黑产防范

黑产，是黑色产业的简称，指利用互联网病毒木马来获得利益的一个行业。互联网金融企业追求服务体验，强调便捷高效，简化手续。不法分子利用这一特点，虚假注册、利用网络购买的身份信息与银行卡进行套现，"多头借贷"乃至开发电脑程序骗取贷款等已经形成了一条"黑色"产业链。大数据能够帮助企业掌握互联网金融黑产的行为特点，如从业人员规模、团伙地域化分布以及专业化工具等情况，并制定针对性的策略，识别黑色产业链和减少损失（见专栏7.13）。

【专栏7.13】

面对黑产，如何搭建反欺诈策略与模型

消费金融作为政策和经营双重风险行业，消费分期一直面临着两种风险的困扰，其一是信用风险，其二则是欺诈风险。

风控的核心是反欺诈

据了解，当前，骗贷之风横行，道德风险已成为消费金融发展路上的一大隐患。消费金融与线下场景的结合，滋生出一批靠骗贷为生的中介机构。

骗贷团伙大多是用同一批资料，短时间内在多个由只有十几个风控变量构建的风控体系的互联网消费金融平台进行连续骗贷，通过大量"试错"，迅速找出平台的这些风控变量以及风控侧重点，从而虚构借款人个人材料，比如年龄、收入，高过平台设定的审批通过标准，成功骗取大量资金。针对这种情况，只有通过发现的早晚尽快进行紧急调控。

多位消费金融领域业内人士透露，当前整个互联网消费金融领域坏账率在10% ~ 15%，其中60% ~ 70%的坏账就是由黑中介"创造"的。多数消费金融平台的借款申请人里，10% ~ 15%都由黑中介幕后操纵。

究其原因，主要是优质客户资源被牢牢掌握在银行系手中，消费分期平台的服务对象主要是无法通过银行获得信用贷款的低消费群体。为了抢夺客户，不少消费分期平台的服务人群逐步下沉至农村、大学生、流动人口甚至"黑户"。

消费金融数额小、数量多，这意味着如果某个环节的运作方式不能实现边际成本递减，那么它将会为成本控制带来压力。此外，直至信贷款项收回，成本核算才能结束，这也表明，短期看来良好的经营状况，可能在长期会问题重重。

值得一提的是，随着放贷规模的不断扩大，消费金融的风险开始逐步暴露。作为持牌系消费金融公司中体量规模最大的两家，捷信消费金融与中银消费金融的坏账率均出现了不同程度的上涨。据捷信ABS募集说明书披露，捷信消费金融2017年第一季度的坏账率已达4.75%，风险控制水平有待提高。

对此，有人直言，消费分期的风控是平台与欺诈用户之间的一场战争，技术创新是赢得这场战争的关键。

当前，科技与金融创新应用越来越多，大数据、机器学习、人工智能等技术也都应用在了消费金融风控中。据介绍，大数据技术和机器学习贯穿了消费分期业务的渠道、数据、信审、反欺诈、额度、后期服务六大阶段，构成了线上化、机器化、模块化的风控构架体系。

"精准化的风险预测评级，胜过人工判断。"有业内人士强调，自动化收入鉴定、生物识别、基于R引擎的内嵌模型、设备指纹和持续的反欺诈政策改进，形成了多重数据验证反欺诈信息，这比传统的线下审核模式更强悍、更有效率。

资料来源：https://www.wdzj.com/hjzs/ptsj/20180107/431963 – 1.html。

第四节　金融大数据应用的发展趋势

从未来趋势看，数字化转型是金融发展的必由之路。随着大数据技术的完善，大数据和人工智能的融合，大数据在金融领域发挥的作用将越来越大，在应用广度和深

度上还有很大的发展空间。

一、大数据应用水平显著提高

金融大数据应用已经在多个维度推进金融业务模式不断发生改变，有效降低了成本、提高了效率。在数字经济时代，金融业务创新越来越依赖于大数据应用分析能力；大数据应用水平的高低直接影响金融机构的坏账率、营收和利润；更有效的数据资产管控，将成为金融机构的核心竞争力。

金融机构为了应对新的竞争挑战，将更充分利用数字化机遇。银行、保险、证券等行业当前已经采取措施在新兴的竞争格局中维持其竞争优势地位，众多金融机构已经在发展数字化战略和开发潜在能力方面全面布局。例如，充分利用网络平台来削减分支网络机构的规模，同时维持并增强金融产品营销与服务能力。

随着数据价值获得更广泛的认可，尤其是在金融企业业务转型时期，基于数据的业务及内部管理优化使得金融领域的大数据应用市场规模在未来几年将以高于整体水平的速度增长。

二、数据融合成必然趋势

目前，美欧等发达国家和地区的政府都在数据共享上作出了表率，开放大量的公共事业数据。我国政府也在积极推进公共数据的开放。2015年8月，国务院发布的《促进大数据发展行动纲要》（国发〔2015〕50号）提出：到2018年，中央政府层面实现税务、海关、财政、审计等多个中央政府宏观经济管理部门专有信息系统通过统一平台进行数据共享和交换。2017年2月，中央全面深化改革领导小组审议通过了《关于推进公共信息资源开放的若干意见》，要求着力推进重点领域公共信息资源开放，释放经济价值和社会效应。公共部门数据开放有利于金融大数据整合应用。

同时，金融数据与其他跨领域数据的融合应用也将不断强化。伴随大数据技术日趋成熟，数据采集技术快速发展，通过图像识别、语音识别、语义理解等技术实现外部海量高价值数据收集，包括政府公开数据、企业官网数据、社交数据。金融机构得以通过客户动态数据的获取更深入地了解客户。

三、数据应用技术瓶颈获得新突破

一是数据资产管理水平上升。金融行业数据资产管理目前存在的数据质量不高、数据获取方式单一、数据系统分散等一系列问题都有望得到解决。

二是金融机构原有的数据系统架构逐步实现大数据应用的技术改造，行业大数据分析应用模型获得改进，资源利用效率和客户体验好感提升。

三是行业标准与安全规范将进一步完善。金融行业内部如何加快元数据、数据交换、数据交易、数据质量、安全保密等重点共性标准的制定是大数据建设的关键。当前，金融大数据的相关标准仍处于探索期，金融大数据缺乏统一的存储管理标准和互通共享平台，涉及金融行业大数据的安全规范还存在较多空白。相对于其他行业而言，金融大数据涉及更多的用户个人隐私，在用户数据安全和信息保护方面要求更加严格。随着大数据在多个金融行业细分领域的价值应用，行业统一安全标准和规范建设将显著提速。

四、数据安全问题更受重视

安全与隐私保护是大数据应用的一个关键问题。隐私保护、数据安全与数据利用是一个两难选择。从长期看，要寻求不同价值目标的平衡。

金融大数据应用必然涉及个人隐私保护。大数据技术，其特点是"挖掘"，原本的零散信息通过大数据的整合很可能变成对个人隐私"挖掘"很深的数据。事实表明，即使无害的数据被大量收集后，也会"挖掘"出大量隐私而被不当利用。因此，数据隐私的伦理和法律问题必须受到高度关注。金融大数据应用不能以牺牲个人隐私和公正性为代价。应通过严格执法和行业自律，确保大数据在数据安全、权利保障有效和结果公正的框架下发挥更大的价值，取信于社会和广大金融消费者。

对金融机构来说，大数据应用为数据安全带来新的风险。数据的高价值、可复制、可流动等特性为数据安全管理带来了新的挑战。一是网络恶意攻击成倍增长，组织数据被窃的事件层出不穷。二是大数据使得金融机构内海量的高价值数据得到集中，并使数据实现高速存取，信息泄露乃至一次性失去全部数据资产的风险大为增加。数据泄露后还可能急速扩散，甚至出现更加严重的数据篡改和智能欺诈情况。所有这些，对金融机构的数据安全管理能力提出了更高的要求。这不仅需要技术手段的保护，也需要政策法规的完善和严格的监管自律。

【本章小结】

1. 金融大数据应用主要包括四个维度：用户画像、精准营销、风险管控与运营优化。

2. 大数据可以从根本上改变金融机构传统数据运作方式，为之带来巨大的商业价值。

3. 金融大数据是指在金融交易中所产生、收集、分析、挖掘、使用的数据。

4. 金融大数据运用是对大量、动态、能持续的数据，通过运用新系统、新工具、新模型的挖掘，获取数据价值。

5. 金融大数据应用需要定制化系统构建；数据处理流程可分为四个步骤。

6. 用户识别就是了解用户的有效需求，以为下一步的产品服务营销提供依据。大数据用户识别的主要手段是为用户画像。

7. 精准营销的第一步是用户画像，就是对平台用户打标签；第二步是个性化营销。

8. 大数据风险管控，是指通过运用大数据构建模型的方法对用户进行风险控制和风险提示。

9. 营运优化的主要内容包括：市场和渠道分析、产品优化、舆情分析。

10. 大数据在金融领域发挥的作用将越来越大，在应用广度和深度上还有很大的发展空间。

【关键概念】

金融大数据	金融大数据运用	用户识别	精准营销
风险管控	运营优化	个人用户画像	企业用户画像
大数据风险量化分析	交易欺诈识别	数据资产变现	黑产防范

【思考练习题】

1. 什么是金融大数据？

2. 金融大数据应用可以分为几大维度？分别是什么？

3. 金融大数据有哪些主要技术特征？

4. 大数据在银行业中可以有哪些应用？

5. 大数据在保险行业中有哪些主要应用？

6. 大数据在证券行业中有哪些应用？

7. 什么是大数据风险量化分析？

8. 大数据在支付清算行业中有哪几类应用？

9. 简述大数据应用的条件和价值。

10. 试述金融大数据应用维度之间的关系。

11. 简述银行个人用户画像与企业用户画像的基本内容。

12. 试用案例说明黑产防范的必要性。

【数据资料与相关链接】

1. https：//study. com/academy/lesson/big－data－applications－in－finance. html。

2. http：//bigdatafinance. eu/。

3. https：//www. microfocus. com/zh－cn/industry/big－data－financial－services。

4. https：//www. infoq. com/articles/big－data－in－finance。

【延伸阅读】

1. 中国信息通信研究院 . 大数据在金融领域的典型应用研究 ［EB/OL］. www. caict. ac. cn/kxyj/qwfb/ztbg/. . . /P020180327605403296958. pdf.

2. 中国大数据重点行业应用市场研究白皮书 ［R/OL］. https：//www. intel. com/. . . / pdfs/ccid－report－full－version－20140411. pdf.

3. 工商银行股份有限公司河北省分行课题组 . 商业银行大数据分析与应用研究

［EB/OL］．http：//www. cff. org. cn/zgjrlt/cffqk7/92737/123560/127594/134968/20180628152
20267814. pdf.

4. IBM. 大数据：新锐洞察促进行业变革 ［EB/OL］．www. ibm. com/services/.../
cn _ zh _ oct _ 4 – bigdata – IT _ solution. pdf.

第八章

云计算在金融领域的应用

主要内容：本章首先讨论云计算的应用价值、技术建构与类型；其次，介绍云计算金融应用场景；最后讨论金融云计算运用的主要问题和未来趋势。

学习目标：清楚云计算的主要应用场景；掌握各种应用场景的基本内容、业务特征和操作流程。

✍ 引导案例：
兴业数金全面升级金融行业云服务能力

案例中的"数金云"是一个面向金融行业提供从基础设施到解决方案的全行业云计算服务平台，作为运营经验与以云计算为代表的新技术相融合的代表，为金融机构用户提供专业的云计算服务。案例表明，在数字金融时代，积极开展云计算架构规划，制定云计算标准，建立行业云平台，主动实施架构转型，已经成为行业趋势。

基于对行业政策和市场形态的研究，兴业数字金融服务（上海）股份有限公司（以下简称兴业数金）宣布，将联合 IBM 对旗下金融云业务进行从基础设施到解决方案的服务升级，并正式对外发布全新的金融行业云服务品牌"数金云"。

为帮助金融业更好地采用云计算技术加速业务创新，兴业数金将对原有金融云业务进行全面的服务内容与服务能力升级，并推出全新的金融行业云服务平台品牌"数金云"。

"数金云"脱胎于兴业银行此前的"银银平台"科技输出业务，在借助 IBM Power Systems 服务器及 Power 云服务等先进方案完成基础设施云服务能力升级的同时，实施包括专属云服务、容灾云服务、备份云服务、区块链云服务、人工智能云服务、金融组件云服务等服务内容、服务能力全面升级，从而为中小金融机构提供更专业、更全面的金融行业云服务平台。

以与 IBM 的合作为新起点，"数金云"在现有 X86 云平台和 Power 虚拟化平台的基础上，引入基于高端 Power Systems 硬件平台的 MobileCPU、GDR、HA 等先进技术，帮助数金云实现 Power 架构资源的全面云化。与此同时，兴业数金还将采用 IBM 先进的区块链技术，提升数金云区块链云服务的性能和安全性，而借助 IBM PowerAI 技术，金融行业用户将获得更高性能的人工智能云服务。

IBM Power Systems 凭借其在性能、稳定性、扩展性、灵活性等多方面的综合优势，一直在金融业的关键业务领域扮演着重要角色。作为 IBM 认知系统的重要组成部分，Power Systems 在加速计算、HPC、深度学习、人工智能等领域持续进行投入。

IBM 在区块链基础技术平台的研究和行业区块链服务领域投入了大量的资源，其中，基于 LinuxONE 服务器打造的高安全区块链业务网络，能够实现隔离的、高度安全的环境，从而为客户构建高安全、高性能企业级区块链云服务平台。

兴业数金与 IBM 的合作，标志着国内首个支持 Power Systems 的金融行业云项目落地，将为以银行、非银行金融为代表的金融行业客户提供传统与创新应用相结合的多场景，以及更专业全面的云服务解决方案。

兴业数金依托兴业银行，已经开展多年金融行业云服务，是中国的银行业云服务领导者。截至 2017 年 3 月底，兴业数金金融云业务已有超过 300 家银行合作用户，积累了超过 400 项从基础设施到解决方案的服务品种，成为国内最大的银行信息系统云服务商。从大型商业银行、中小银行，到城商行、农商行、村镇银行，与金融科技企业合作的深度与广度正逐步加深，二者在数据、技术、客户、产品等方面具有较强的优势互补性。

资料来源：http：//51180. yuneb. com/article/show. php？ itemid = 1932403。

第一节　云计算的应用价值、技术建构与类型

作为金融科技的重要技术之一，云计算的主要功能是为传统机构解决信息存储和运营问题，提供计算服务，帮助用户从海量数据中获得决策信息。金融机构应用云计算的首要目的是缩短应用部署时间、节约成本和业务升级不中断。

一、云计算在金融领域的应用价值

云应用是云计算技术在应用层的体现，是直接面对客户解决实际问题的产品。云应用所具有的跨平台性、易用性、轻量性等技术特征可以提供银行级的安全防护，将传统由本地木马或病毒所导致的隐私泄露、系统崩溃等风险降到最低。

（一）加速金融行业分布式架构转型

云计算能够帮助金融机构弹性扩容，大大缩短应用部署时间、实现故障自动检测定位以及业务升级不中断，从而更好地适应数字金融的服务模式。金融业经过多年发展已经形成了一套基本成熟的集中式架构运维系统[①]，数字化转型的快速深入，对其运维系统的高效敏捷运行提出了严峻挑战。与之相比，云计算的特点是在低成本、标准化的开放硬件和开源软件的基础上，通过分布式处理架构实现系统处理能力的无限扩展。在分布式架构实现中，云计算以其资源池化、应用开发分布式架构的特点，可以

---

① 运维系统，IT 运营维持系统的简称，也称管理信息系统（MIS），指由研发、测试、系统管理等技术部门构成的 IT 支撑系统。——维基百科、百度百科

满足信息化系统自动扩容、底层硬件兼容、业务快速部署的需求；通过数据多副本容错、计算节点同构可互换等措施，满足系统高性能、高可用和数据容灾①备份等方面的要求，有效保障运维系统的可靠性。

（二）有效降低金融机构 IT 成本

除稳定性目标外，金融业系统运营的目标便是最大化地减少物理成本和费用，提高线上业务收入。云计算可以帮助金融机构构建"云金融信息处理系统"，减少金融机构在诸如服务器等硬件设备上的资金投入，使效益最大化。在 IT 性能相同的情况下，云计算架构的性价比远高于以大型机和小型机②作为基础设施的传统金融架构。

（三）提高运维自动化程度

云计算操作系统一般设有监控模块，通过统一的平台管理金融企业内部服务器、存储和网络设备。通过设备集中管控，可以显著提升企业对 IT 设备的管理能力，有助于实现精细化管理。此外，通过标签技术可以精准定位出现故障的物理设备。通过现场设备更换可以快速实现故障排除。传统集中式架构下，若设备发生故障，需要联系厂家进行维修，缺乏自主维护能力。

（四）数据连通与信息共享

云计算采用了分布式中间件或分布式数据库实现联机交易处理的一致性等事务管理要求，可以帮助金融机构通过统一平台，承载或管理内部所有的信息系统，消除信息孤岛。此外，信息系统的连通可以将保存在各系统的数据集中到一起，形成"数据仓库"，从而实现内部数据的集中化管理。

传统架构下，不同金融机构的网络接口标准大相径庭。通过构建云系统，可以统一接口类型，最大简化诸如跨行业务办理等技术处理的难度，同时也可减少全行业硬件系统构建的重复投资；通过构建云系统，还可以使其扩展、推广到多种金融服务领域，诸如证券、保险及信托公司均可以作为云金融信息处理系统的组成部分，在整个金融系统内分享各自的信息资源。

（五）资源优化

云计算具备资源高效聚合与分享、多方协同的特点，它能够整合金融产业链各方参与者所拥有的面向最终客户的各类服务资源，包括产品、网点服务、客户账户信息等，为客户提供更加全面、整合、实时的服务信息与相应的金融服务。

得益于云计算这种创新的计算资源使用方式以及基于互联网标准的连接方式，金融企业可以利用云计算，将依赖计算资源进行运作的业务，以一种更便捷、灵活的方式聚合，并按需分享，实现更高效、紧密的多方协同。而基于云计算技术的云业务模式，可以通过资源聚合、共享和重新分配，实现资源的按需索取。

---

① 数据容灾，指建立一个异地数据系统，该系统是本地关键应用数据的一个可用复制。在本地数据及整个应用系统出现灾难时，系统至少在异地保存有一份可用的关键业务的数据。详见专栏 8.2。

② 大型机，大型主机的简称；小型机，性能和价格介于 PC 服务器和大型主机之间的一种高性能 64 位计算机。详见专栏 8.1。

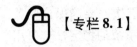

【专栏 8.1】

大型机与小型机

大型机，或者称大型主机（mainframe）。大型机使用专用的处理器指令集、操作系统和应用软件。"大型机"一词，最初是指装在非常大的带框铁盒子里的大型计算机系统，以区别于小一些的迷你机和微型机。但大多数时候它是指从 system/360 开始的一系列的 IBM 计算机。这个词也可以用来指由其他厂商，如 Amdahl，Hitachi Data Systems（HDS）制造的兼容的系统。也有人用该词来指 IBM 的 AS/400 或者 iSeries 系统，这种用法是不恰当的；因为即使 IBM 自身也只把这些系列的机器看作中等型号的服务器，而不是大型机。

小型机是指采用精简指令集处理器，性能和价格介于 PC 服务器和大型主机之间的一种高性能 64 位计算机。国外小型机对应的英文名是 minicomputer 和 midrange computer。midrange computer 是相对于大型主机和微型机而言，该词汇被国内一些教材误译为中型机，minicomputer 一词是由 DEC 公司于 1965 年创造的。在中国，小型机习惯上用来指 UNIX 服务器。1971 年贝尔实验室发布多任务多用户操作系统 UNIX，随后被一些商业公司采用，成为后来服务器的主流操作系统。

小型机跟普通的服务器（也就是常说的 PC – SERVER）是有很大差别的，最重要的一点就是小型机的高 RAS 特性。RAS 是 Reliability、Availability、Serviceability 三个英文单词的缩写，它们反映了计算机的高可靠性、高可用性、高服务性三个典型特征，它们的具体含义如下：

高可靠性：计算机能够持续运转，从来不停机。

高可用性：重要资源都有备份；能够检测到潜在要发生的问题，并且能够转移其上正在运行的任务到其他资源，以减少停机时间，保持生产的持续运转；具有实时在线维护和延迟性维护功能。

高服务性：能够实时在线诊断，精确定位出根本问题所在，做到准确无误快速修复。

资料来源：百度百科。

二、金融云的技术建构

金融云是服务于银行、证券、保险、基金等金融机构的行业云。从技术上讲，金融云就是利用云计算机系统模型，将金融机构的数据中心与客户端分散到云里，从而达到提高自身系统运算能力、数据处理能力，改善客户体验评价，降低运营成本的目的。

金融云关键技术架构涉及银行、保险、证券、互联网金融等多个细分行业及其业务场景，其架构功能要能支撑丰富的业态。同时，金融行业对业务连续性[①]有着非常严

---

① 业务连续性，是指在中断事件发生后，组织在预先确定的可接受的水平上连续交付产品或提供服务的能力。它明确一个机构的关键职能以及可能对这些职能构成的威胁，并据此采取相应的技术手段，制订计划和流程，确保这些关键职能在任何环境下都能持续发挥作用。——百度百科

格的要求，它的实现涉及管理制度、技术方案和物理设施等多个层次，要确保这些关键职能在任何环境下都能持续发挥作用。这就使得金融机构对 IT 系统的稳定性、可用性、网络时延性①以及数据安全性具有更高的要求。银行、券商等金融机构的关键业务系统如果停机 10 分钟以上，就属于极度严重的金融事故，会造成巨大的经济损失。因此，典型的金融云架构需在技术上满足下述要求：

第一，安全可控。金融机构要掌握关键技术，提高互联网金融的平台竞争力，注重灵活性，能够响应市场频繁变化的需要。第二，具有弹性。金融 IT 架构要能够经受因促销等原因而产生的巨大访问量的考验。由于金融机构数据的敏感性，很难把自己的业务系统放在共有云上，弹性需求成为金融 IT 的发展需求和金融云的内在驱动力。

具体到技术架构方面，要构建多云管理平台，统一管理 IT 资源。技术架构可分为物理设备层面和虚拟化层面。在物理设备层面，传统金融机构经过多年的信息化建设，拥有相当复杂的 IT 基础设施体系，包括 X86 服务器、小型机、大型机、SAN 存储、NAS 存储、OSD 存储②和网络等。在虚拟化层面，不同的设备拥有各自的虚拟化软件，各类设备组成多个资源池。因此，金融机构需要一个多云管理平台来统一管理这些 IT 资源，以实现内部系统打通运作和数据整合。金融云计算平台一般架构体系如图 8-1 所示。

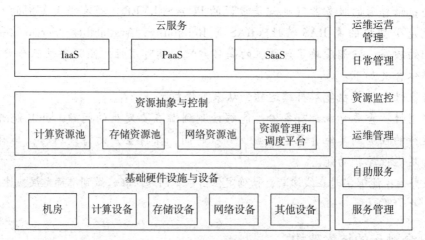

资料来源：《云计算技术金融应用规范　技术架构》。

图 8-1　金融云计算平台一般架构体系

---

① 也称网络延迟，是指各类数据在网络介质中通过网络协议（如 TCP/IP）进行传输，如果信息量过大不加以限制，超额的网络流量就会导致设备反应缓慢，造成网络延迟。——百度百科

② SAN 存储、NAS 存储、OSD 存储分别指存储区域网络、网络存储与对象存储。SAN 存储采用网状通道（FC）技术，通过 FC 交换机连接存储阵列和服务器主机，建立专用于数据存储的区域网络。NAS 存储，基于标准网络协议实现数据传输，为网络中的 Windows/Linux/Mac OS 等各种不同操作系统的计算机提供文件共享和数据备份。OSD 存储，综合了 NAS 和 SAN 的优点，同时具有 SAN 的高速直接访问和 NAS 的数据共享等优势，提供了高可靠性、跨平台性以及安全的数据共享的存储体系结构（参见第三章分布式数据存储技术部分）。——百度百科

为满足业务连续性要求，金融企业还要建立完善的灾难备份和灾难恢复体系。灾难备份主要有三种方式，分别为同城灾备、异地灾备和两地三中心模式（见专栏8.2）。通过业务和数据的备份可以减少系统停机时间，保证业务连续运行。

并将本地或云端数据备份到新的云存储平台，进行云灾备，包括本地到云端、云端到云端之间进行数据存储和定时复制，以及数据迁移、数据恢复、应用切换，保证灾备端应急接管业务应用等。

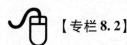 【专栏8.2】

灾难备份

灾备，即灾难备援，它是指利用科学的技术手段和方法，提前建立系统化的数据应急方式，以应对灾难的发生，包括数据备份和系统备份、业务连续规划、人员架构、通信保障、危机公关、灾难恢复规划、灾难恢复预案、业务恢复预案、紧急事件响应、第三方合作机构和供应链危机管理，等等。建立灾备中心是信息安全应急工作的一个重要环节，这对于保障国民经济、金融运行安全有着重大的意义。灾备有同城灾备、异地灾备和两地三中心三种模式。

同城灾备，指在同一城市构建主、备两个数据中心，两个中心的核心节点间由高速链路（DWDM）连接。二者都可独立承载全部业务，防范机房等建筑物级别的风险。

异地灾备，是指在不同的地域，构建一套或者多套相同的应用或者数据库，起到灾难后立刻接管的作用。异地灾备对企业应用及数据库起到了增强安全性、业务连续性等方面的作用，因此它与私有云或者公共云起到的容灾结果是完全不同的。

伴随着业务量的激增和业务连续性重要性的提升，传统的单数据中心已难以抵御地域性灾难及突发事件对企业数据的安全和业务连续性的影响，而只做本地的数据冗余保护或容灾建设，已不能规避区域性灾难对企业数据的破坏。因此包括同城备份中心进行应用级容灾，在异地灾备中心作为全部数据级灾备和部分应用级灾备的两地三中心架构，逐渐成为当下最有效的数据及业务保护架构之一。简言之，两地，就是当地和异地两地；三中心就是原单数据中心、同城备份中心和异地数据中心，简称"两地三中心"。同城灾备中心主要用于防范生产中心机房或楼宇发生的灾难，异地灾备中心用于防范大规模区域性灾难。例如，中国工商银行、中国建设银行、中国农业银行、中国银行这四大银行都把全国数据中心分别建设在北京和上海两地；交通银行、光大银行等股份制银行的全国数据中心和灾备中心也都是建在上海和北京；中国人民银行已在无锡建立了灾难应急备份中心，还计划在上海建设全国支付系统数据的备份中心；招商银行的生产中心在深圳，灾难备份中心建在南京。

资料来源：灾备行业最全常用术语 http://www.sohu.com/a/161177892_737713。

金融行业 IT 系统应用历史包袱比较重，拥有大量的传统 IT 设施，多数机构的核心系统采用了集群数据库架构。现在，金融机构都在尝试从集中式向分布式架构转型，然而金融系统对于资金账户安全性及交易一致性的要求远超互联网公司。其核心 IT 能力必须保证交易一致性（见专栏8.3）和高可用性[1]，向客户提供可靠的金融服务。合适的架构设计需要围绕业务对于数据的事务处理特性来决策，金融业务特性需要集中式和分布式的系统架构共存。同时新建系统架构需要具有开放、外联、安全的特征，能够提供API级的接口服务，与其他产业相结合，吸引更多客户，构建以API为核心的全新生态环境。

【专栏8.3】

交易一致性问题

假设有一个主数据中心在北京M，然后有成都A、上海B两个地方数据中心。假设成都、上海各自的数据中心有记录变更，需要先同步到主数据中心，主数据中心更新完成之后，再把最新的数据分发到上海、成都的地方数据中心A、B，地方数据中心更新数据，保持和主数据中心的一致性（数据库结构完全一致）。数据更新的消息通过一台中心的MQ进行转发。

为简明起见，假设A增加一条记录Message_A，发送到M，B增加一条记录Message_B，发送到M，都是通过MQ服务器进行转发，那么M系统接收到一条消息，增加两条数据，M再把增加的消息群发给A、B，A和B找到自己缺失的数据，更新数据库。这样就完成了一个数据的同步。

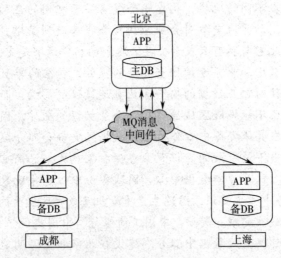

上述过程正常情况下没有问题，逻辑完全合理，但是可能出现以下三种情况：

1. 如何保证A→M的消息，M一定接收到了？同样地，如何保证M→A的消息，A一定接收到了？

2. 如果数据需要一致性更新，比如A发送了三条消息给M，M要么全部保存，要

---

① 高可用，指的是通过技术手段，尽量缩短因日常维护操作（计划）和突发的系统崩溃（非计划）所导致的停机时间，以提高系统和应用的可用性。

么全部不保存，不能够只保存其中的几条记录。这里，我们假设更新的数据是一条一条发送的。

3. 假设 A 同时发送了多条更新请求，如何保证顺序性要求？

这三个问题就是分布式环境下数据一致性的问题。

资料来源：http://elf8848.iteye.com/blog/2067771。

金融服务类系统为保证资金账户安全性及交易一致性，可以采用集中式的架构设计，以传统关系型数据库为核心进行系统建设，采用成熟的集群和高可用方案保证业务连续性。对于商业银行，可以将其应用系统分为传统金融服务和面向互联网服务两类，根据集中式、分布式共存的复合型架构进行设计和建设。

面向互联网的系统通常面对高并发、大数据量、需灵活扩展等需求，可以采用分布式架构进行建设。通过合理的分布式架构设计，可以动态灵活地根据系统的负载增加处理节点，快速提升系统的吞吐量并减少不必要的资源浪费，避免由于单个节点失效而使整个系统崩溃。

目标上，应搭建一套可以同时支撑传统金融业务与互联网金融业务的系统架构，具备领先的核心业务洞悉规划能力，系统架构灵活部署及全面实施能力，长期敏捷的IT 运维服务能力。

金融机构使用云计算技术通常采取从外围系统开始逐步迁移的实施路径。在部署顺序上，优先部署开发测试环境，其次部署生产环境。互联网金融、辅助性业务优先使用云计算架构，强一致性核心业务最后考虑上云。

金融机构一般会选择从渠道类系统、客户营销类系统和经营管理类系统等辅助性系统开始尝试使用云计算服务，因为这些非金融的辅助性业务系统安全等级较低，不涉及核心业务管控风险。此外，互联网金融系统优先应用云计算架构，包括网络支付、网络小贷、P2P 网贷、消费金融等业务，这些系统基本全部需要重新建设，历史包袱相对较轻。

三、金融云的应用类型

云计算主要分为三种部署形式，分别为公有云、私有云及混合云，就国内而言，前者以阿里云、腾讯云为代表，后者以华为云、太极云、浪潮云、华三云为代表。公共云由第三方公司自有和管理的硬件开发而成。公有云部署通常用于提供基于 Web 的电子邮件、网上办公应用、存储以及测试和开发环境。私有云来自用户专用和管理的系统。混合云由 2 个或以上的公共云和私有云环境组合而成。在实际使用层面，不同类型的金融机构有着不同的云计算技术应用类型。

中大型金融机构倾向于使用混合云，在私有云上运行核心业务系统，存储重要敏感数据。这些机构通过购买硬件产品，虚拟化管理解决方案、容器解决方案、数据库软件、运维管理系统等方式搭建私有云平台。在生产过程中，实施外包驻场运维、自主运维或外包运维。在公有云上，运行面向互联网的营销管理类系统和渠道类系统。

小型金融机构倾向于将全部系统放在公有云上，通过金融机构间在基础设施领域的资源合作共享，在金融行业内形成公共基础设施、公共接口、公共应用等一批公共云服务。小型金融机构一般购买云主机、云存储、云数据库、容器 PaaS 服务、金融 SaaS 应用等服务。

根据中国信息通信研究院的调查，金融机构更倾向于采用自建私有云模式。在国内已经使用云计算技术的 161 家金融机构中，69.57% 的金融机构采用自建私有云模式搭建云平台，19.25% 的金融机构采购由专业云服务商提供的行业云服务，同时，11.18% 的金融机构使用公有云。

企业上云，安全性和可持续性仍是金融行业的首要关注。在开源问题上，大部分企业还是赞成开源和闭源共同存在，或者是协同发展。七成金融机构计划在未来信息化建设中采用开源与闭源技术相结合的应用方式。

在存储方面，金融机构逐步开始应用 Ceph、Swift 等软件定义，在数据库方面，Oracle 和 DB2 还是主流数据库，其他的数据库也在逐步尝试。

运维方面，更多是定制化运维平台。金融机构主要基于 BMC、HP、Puppet 等软件定制化运维平台。

第二节　云计算在金融领域的应用维度

云计算应用的目的是在保证安全可控的前提下，降低成本，提高灵活性和弹性，以及优化资源利用，从而提高竞争力。围绕这一目的，云计算在金融领域中的应用主要包括三大维度：数据处理、系统安全与产品服务。

一、云计算在金融领域的应用维度分布

云计算在金融领域中的应用主要包括三大维度：金融数据处理系统中的云应用、金融机构系统安全的云应用、金融机构产品服务体系的云应用。图 8-2 给出了云计算在金融领域应用场景中的维度分布。

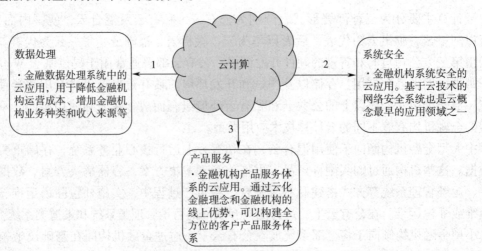

图 8-2　云计算金融应用维度分布

二、云计算在金融领域的应用维度解释

由图 8-2 可见，金融云计算应用分为三个不同维度，分述如下。

（一）金融数据处理系统中的云应用

1. 构建云金融信息处理系统，降低金融机构运营成本。网络金融机构运营的核心之一，便是最大化地减少物理成本和费用，提高线上（虚拟化）的业务收入。云计算可以帮助金融机构构建"云金融信息处理系统"，减少金融机构在诸如服务器等硬件设备上的资金投入，使效益最大化。

2. 构建云金融信息处理系统，使不同类型的金融机构分享金融全网信息。金融机构构建云化的金融信息共享、处理及分析系统，可以使其扩展、推广到多种金融服务领域。诸如证券、保险及信托公司均可以作为云金融信息处理系统的组成部分，在全金融系统内分享各自的信息资源。

3. 构建云金融信息处理系统，统一网络接口规则。目前国内金融机构网络接口标准大相径庭。通过构建云金融信息处理系统，可以统一接口类型，最大简化诸如跨行业务办理等技术处理的难度，同时也可减少全行业硬件系统构建的重复投资。

4. 构建云金融信息处理系统，增加金融机构业务种类和收入来源。上述信息共享和接口统一，均可以对资源使用方收取相关费用，使云金融信息处理系统成为一项针对金融系统同业企业的产品，为金融机构创造额外经济收入来源。

（二）金融机构安全系统的云应用

基于云技术的网络安全系统也是云概念最早的应用领域之一。现在，瑞星、卡巴斯基、江民、金山等网络及计算机安全软件全部推出了云安全解决方案。其中，占有率不断提升的 360 安全卫士，更是将免费的云安全服务作为一面旗帜，成为其产品竞争力的核心。

将云概念引入到金融网络安全系统的设计当中，借鉴云安全在网络、计算机安全领域成功应用的经验，构建"云金融安全系统"具有极高的可行性和应用价值。这在一定程度上能够进一步保障金融系统的信息安全。

（三）金融机构产品服务体系的云应用

通过云化金融理念和金融机构线上优势，可以构建全方位客户产品服务体系。例如，地处 A 省的服务器、B 市的风险控制中心、C 市的客服中心等机构，共同组成了金融机构的产品服务体系，为不同地理位置的不同客户提供同样细致周到的产品体验。这就是"云金融服务"。

事实上，基于云金融思想的产品服务模式已经在传统银行和其网上银行的服务中得到初步应用。金融机构可通过对云概念更加深入的理解，提供更加云化的产品服务，提高自身市场竞争力。

例如，虽然各家传统银行的网上银行都能针对客户提供诸如储蓄、支付、理财、保险等多种不同的金融服务，但作为客户，其同一种业务可能需要分别在多家不同银行平台同时办理。当有相应需求时，就需要分别登录不同的网上银行平台进行相关操

作，极其烦琐。而云金融信息系统，可以协同多家银行为客户提供云化资产管理服务，包括查询多家银行账户的余额总额，同时使用多家银行的现金余额进行协同支付等，均得以在金融机构单一的平台上实现。这将为客户提供前所未有的便利性和产品体验。

第三节　云计算在各金融子行业中的应用

随着云计算的不断深入，近年来，金融行业加快了云计算的应用步伐。目前我国银行、证券、保险机构正分批次将所有的系统，先从不重要的再到核心的，全部部署在自行搭建的私有云或由云服务商搭建的私有云或公有云上。在金融行业中，银行云计算应用居首，保险次之、但后续发展劲头强劲，中小金融机构对金融云的需求也在提升。

一、银行业云计算应用

从全球范围看，最近几年，越来越多的国外银行开始考虑将传统 IT 基础设施迁移到云平台上，国内商业银行也纷纷启动云平台建设项目。[1] 部分银行已将云计算作为重要的创新工具，开展业务模式创新、收入模式创新、运营创新。众多银行出于业务和技术的发展需要，从私有云开始广泛地接纳和应用混合云和公有云。

（一）银行私有云与行业云

1. 大型银行私有云。银行私有云适用于技术实力和经济基础比较强的大型机构。这是银行业云化的特点，数据安全、隐私保护、容灾备份等必须满足监管要求。核心、主要业务上私有云，少量业务5% ~10% 会采用公有云，未来可能会形成混合云模式。

银行私有云基于银行内部网络，采用云计算相关技术和产品，部署云计算平台，提供云服务，从而实现银行 IT 资源池化、敏捷部署和灵活调度，推动 IT 建设和服务转型。

典型地，银行私有云架构包括云服务、云管理、资源池等部分，同时还与配置管理、监控管理、流程管理、容量管理等相结合，共同实现云管理的相关功能。其中，基础设施资源层面内容包括管理计算型服务器（包括 X86 服务器和小型机）、存储资源及网络资源；在资源之上，构建弹性计算资源池、网络资源池、存储资源池，并通过云管理平台对各个资源池进行统一管理、统一调配，将各类资源整合为各种云服务，为应用提供快速的资源供给。

银行私有云平台具有如下几个特点。

（1）云服务定义与管理。云服务以服务目录的形式提供给用户，通过识别服务、限定服务对象和内容、确定服务级别和规范来建立服务目录；通过云服务的业务定义设计、结构模型开发、操作模型开发、集成测试、服务发布几个过程完成云服务的开发；并通过将服务对应目录发布到用户自服务门户中，实现服务目录到云服务的映射。

云服务管理将云服务开发的结果注册到云管理平台中，云管理平台根据注册的云

---

① 中国人民银行科技司. 中国金融标准化报告（2015）［M］. 北京：中国金融出版社，2016.

服务信息，并结合自动化工具实现云服务的自动部署，形成服务实例以提供云服务能力。云服务管理功能模型见图8-3。

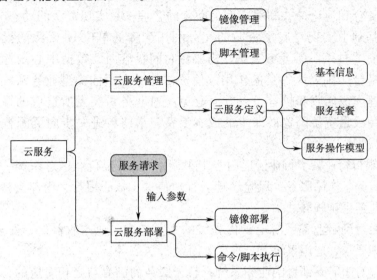

资料来源：《中国建设银行私有云探索与实践》。

图8-3 银行云服务管理功能模型

（2）资源的全生命周期管理。基础设施资源管理方面，银行可以通过虚拟化、资源池化的方式统一管理和分配资源，实现IT资源从规划、纳管、申请、分配、运维到回收的全生命周期管理（如图8-14所示）。同时，将云计算理念与用户实际需求相结合，规划设计适应银行架构的基础设施云服务，实现以云服务方式按需交付IT资源，以自动化方式响应用户需求，实现资源供给时间从"周"到"分钟"的转变，大大提高服务交付效率，初步达到"标准化、敏捷化、自动化"的目标。

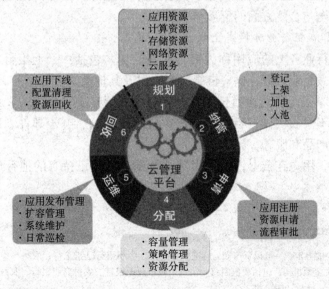

资料来源：《中国建设银行私有云探索与实践》。

图8-4 资源管理生命周期

（3）资源的动态分配与共享。银行云平台将云服务基础信息、服务套餐信息、服务操作模型、云服务参数有机结合，同时，对资源池进行有效的结构分层，通过将资源进行整合和池化，并利用高度自动化的管理工具实现资源的动态分配和共享，在规模化的基础上实现对底层资源的充分利用，降低单位 IT 资源的投入成本。例如，面对电商"秒杀"等业务突增、需要短时间扩容时，数据中心发挥统一的资源池和云管理平台"削峰填谷"的作用，使资源能够在不同类型业务系统之间进行重新配置，快速完成回收和扩容，一方面避免应对业务量突发所造成的系统疲软，另一方面又避免大量资源闲置而产生的成本浪费，最终将进一步向资源智能化动态弹性伸缩方向发展。

2. 中小银行行业云。行业云适用于中小型银行[①]。银行业信息系统一般包含渠道服务、客户服务、产品服务、风险管理、管理信息、核心银行、内部支持和基础平台八个主要的业务系统领域。

中小型银行确定业务系统上云优先级的主要考虑是成本收益比、安全保护要求、监管机构管理要求、应用系统上云难度等因素。

原则上，对于需新部署的业务系统，且云服务商已有与之相对应的比较成熟的业务，从价值收益的角度不分业务类型，都首选云服务；已有信息化系统，上云后价值效益明显的，也宜尽快上云，尤其像访问流量有突发变化特征或对数据融合处理有较高要求的系统，上云后能够带来明显的效益提升；对于已有信息化系统，按照非核心系统和核心系统的区分确定优先级，先上非核心系统，后上核心系统。

使用行业云的关键是选择云服务商。金融机构在选择云服务商时应充分考虑云服务商的服务能力、稳定性等风险，根据行业准入标准，以金融业务特性与行业监管为出发点，考虑能够在安全与合规、创新和共建生态等方面具有一定实力和影响力的云服务商。对基础设施安全、数据安全、内容安全、运行安全等要素进行综合考察，审核云服务商在安全与合规方面的资质与资格。

（二）云计算在银行业务模式上的可能应用

云计算在银行业务上的应用称为银行业务云化。包括：云上银行、零售业务、特约商户服务、小微企业服务、供应链金融等，以及其他类别金融服务。

1. 云上银行。云上银行由直销银行（互联网银行）上云而来，在这种模式下银行没有营业网点，不发放实体银行卡，客户主要通过电脑、电子邮件、手机、电话等远程渠道获取银行产品和服务。

一般情况下，用户在云上银行 APP 完成注册，通过已持有的他行借记卡（Ⅰ类账

[①]　对于银行大小的界定，一般以资产额为标准。在我国，中小银行是指工行、农行、中行、建行，交行五大商业银行以外的银行类金融机构，包括股份制商业银行、城市商业银行、农村商业银行、农村合作银行、村镇银行等。——百度百科

户)① 生成一个云上银行账户（Ⅱ类账户）②，用户不用亲临银行柜台，就可以购买产品（部分产品因监管要求需在柜台进行风险评估）、享受服务等。因没有网点经营费用，云上银行可以为客户提供更有竞争力的存贷款价格及更低的手续费率。

云上银行面对的主要客群包括两大类：一类是以平台企业为纽带，与核心平台企业相互连接的各类互联网平台企业，另一类是使用互联网平台服务的个人用户。云上银行通过创新客群经营模式，为这两类客户提供便捷的支付结算、融资、财富管理等金融服务。

云上银行业务架构如图 8 - 5 所示。

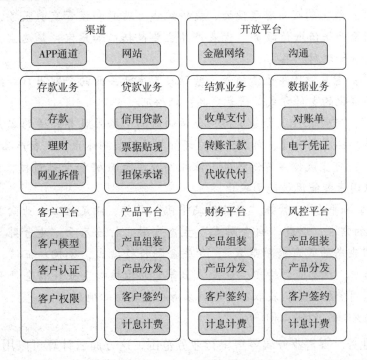

资料来源：阿里云。

图 8 - 5　云上银行业务架构

直销银行的云应用目前还在发展中，直销银行云应用的典型情景见专栏 8.4。

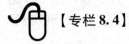【专栏 8.4】
民生银行直销银行"4 朵云 +1"新模式

2014 年 2 月 28 日，民生银行直销银行正式上线。民生银行直销银行突破了传统实体网点经营模式，主要通过互联网渠道拓展客户，具有客群清晰、产品简单、渠道便捷等特点。

2015 年中国民生银行启动直销银行 2.0 版本。直销银行 2.0 将提供更加丰富的产品、更智能化的金融服务。直销银行 2.0 模式支持全线上交易，客户只需一部手机或一台电脑便可开户交易，没有实体网点的限制。

2018 年全新亮相的民生直销银行 2.0 创新构建"4 朵云 + 1"（"财富云""网贷云""支付云""数据云" + "共享自金融平台"）新模式，为客户提供从日常生活到投融资理财的全方位"一条龙"服务，为传统企业提供金融科技服务支持。

"财富云"：线上购买 + 普惠便捷，提供纯线上理财和投资交易服务，兼顾收益与流动性，创新资产保值增值服务。代表产品主要包括：如意宝、慧选宝、基金通、天天增利、民生金等理财产品。

"支付云"：智慧便捷 + 生活场景，紧贴日常生活，面向全网用户，提供多种账户和介质以及多样化的支付方式。代表产品：轻松汇。

"网贷云"：可获取性 + 资金支持，合适的时间、场景服务合适的客户，更高的可获性与覆盖性，拥有多维度、自动化客户评价与风险监测体系。代表产品：民生好借。

"数据云"：可靠风控 + 智能服务，依托高质量大数据和金融科技，借鉴"银团"服务理念，双因素智能风控能力输出。

"共享自金融平台"：紧抓"产业链扁平化"趋势，满足核心企业向其生态 b 端和 c 端客户辐射的需求，形成"自金融式"生态金融。打造基于"电子账户 + N"标准输出模式的"生态圈式自金融范式"，开展金融科技输出，风控、征信、运营能力输出，支付、账户、结算能力输出，资金输出等，助推核心企业获取全产业大数据；降低全产业生态圈金融成本；获取额外利润来源；夯实核心地位。

资料来源：百度百科，中国电子银行网。

2. 零售业务。零售业务属零售银行业务范围，这方面云计算可以用于产品销售、网点服务、账户信息、个人委托贷款等。

（1）产品销售。云计算可用于一站式产品营销，客户可通过统一的界面，在不同渠道（无论是网银、手机 APP 还是其他渠道）查询到所有银行及其他金融机构发布的可购买的金融产品，并可用任何一张银行卡购买所需的任何金融产品。客户还可以建立圈子，加强同类客户之间的理财交流，可向银行提交产品创新建议，由银行收集后针对这群客户专门设计产品并定向销售。

（2）网点服务。通过云实现不同银行之间的网点服务资源共享。客户可根据所要办理的业务品种，通过个人笔记本电脑、手机等联网设备实时查询离他最近、预计排队等待时间最少的网点，并实时了解网点业务资源。客户可以通过联网设备进入网点排队系统，并进行某些业务的预填单。

（3）账户信息。客户可通过一个界面获得其名下所有银行、基金、保险的账户实时信息，包括整合的资产、交易明细（如商家名称、金额等）等。客户还可以获得基于对其本身以及同类的消费与理财行为智能分析得出的针对性的消费建议、理财建议，甚至相应的产品推荐。

（4）个人委托贷款。为客户建立贷款自主服务平台，借款方与出借方基于金额、期限、利率、贷款用途、风险等级等条件进行撮合，并提供贷款审批、发放、归还、催收全流程自主服务。利用云的多方协同特点，与征信系统等进行实时协同，协助客户自主完成服务。而银行收入模式可以从原有的贷款利息收入转变为提供贷款服务平台的中间业务收入。

3. 特约商户服务

（1）预付卡管理。特约商户无须自己搭建预付卡管理体系，可从银行获得基于云的标准化的商业预付卡支付清算业务处理支持。同时，银行通过云提供弹性的业务处理支持，服务能力不受商户业务处理规模增长的限制。

（2）积分管理。特约商户可以从银行获得标准化的积分管理运营支持，无须自己建立积分管理体系。银行从促进银行卡消费的角度，利用云的特点，围绕各家特约商户积分进行进一步的创新，例如，联合不同类型的商户，为银行卡客户建立积分通兑的商户联盟。

（3）客户消费信息。改变当前银行只能从特约商户获取简单的交易流水的现状，在交易发生时，银行从商户处获取更为全面的实时业务信息，例如，航空订票服务中的缴费金额、价格折扣、行程等。银行基于其所聚合来自内外部的多方位、实时客户信息，通过云的智能分析，在为商户营销提供深入洞察与营销线索的同时，也可将相关信息反馈给客户，帮助其更合理地消费，甚至推荐合适的银行产品。

4. 小微企业服务

除了贷款业务，银行还可以利用云的可扩展性、资源共享和标准化服务的特点，为小微企业提供支付结算、现金管理等服务。

（1）收款与对账。针对某些需要服务人员向客户收取费用的服务性小微企业，提供具有特殊功能的移动 POS 设备，员工在完成刷卡交易的同时，自动向云端提交相关客户信息与对应的银行卡交易信息。同时，小微企业的管理人员通过云可以实时了解每个员工及每个客户的收款情况，如每个员工已经完成的客户或业务、需收取的金额、已付待付状态、银行卡交易信息、资金到账情况等。

（2）现金管理。为小微企业提供基于云的现金流管理服务，汇总企业整体收付款情况、应收、应付计划，并与企业的财务信息进行整合，提供在线财务分析工具（如现金流分析），便于小微企业的财务人员准确、高效地进行资金管理，并发起支付等银行业务操作。

5. 供应链金融。在供应链核心企业及其上下游企业之间，通过云实现上下游企业在采购、销售、物流等环节的流程协同，实现整个交易链条的信息实时传输与共享，实现高效的端到端供应链协同。银行根据云提供的端到端供应链信息，为上下游企业在采购到付款的各环节提供各种融资服务，以及支付结算、现金管理、保险代理、税

务管理等解决方案。

6. 客户信用信息与合规性应用

（1）客户信用信息。银行可以通过云获取更全面的客户信用信息，包括来自公安、税务等政府机构的客户信息；由于云能够支持建立信息实时获取与分享机制，银行可以根据业务需要选取相关信息，定制报告模板；云的可拓展性特点使得它能够支持大量用户的同时使用，通过云建立客户各类身份信息之间的关联关系后，银行可以获得唯一的客户身份识别，并通过云与银行内部管理的客户身份信息实现协同，由此，银行不再需要各自投入资源清理客户身份信息。

（2）监管报告。通过云，银行无须各自为监管报告投入 IT 建设与业务运营资源，而能够使用兼容的监管报告接口与标准化报文服务。银行与监管方可获得分析报表及历史数据检索，可基于同一数据源形成不同报告，避免银行为符合各级监管的要求重新提供各种报表与信息。同时，云能够实现强大的扩展性，使得各银行可快速加入并使用该服务。

7. 后台业务处理。对于不同银行之间相似性较高的业务处理流程（如微型贷款业务处理），银行可以使用云提供的标准化的流程处理服务，而无须自己再投入资源建设。

利用云资源聚合与分享的特点，银行可以将后台作业处理中心的人力资源与网点人力资源的使用进行优化，例如，网点柜员在网点繁忙时负责前台业务受理，而在网点空闲时负责后台作业中心自动派发的数据录入工作。

8. 房贷业务处理。单个银行或几家银行联合，可以针对房贷业务中银行需要协同的房产抵押登记机构、资产评估公司、地产中介等各类合作伙伴，建立标准化的业务流程协同云，同时基于聚合信息的智能分析，为参与银行以及所有合作伙伴提供业务洞察。

9. 银行卡反欺诈。银行可以通过云实时获取客户触发或与客户相关的非交易信息（如手机方位信息），并且将其纳入实时反欺诈监测模型，实时发现可能存在的银行卡欺诈风险，并实时向银行及客户发出预警信号，执行相关确认和反欺诈举措。

以上可见，云计算在银行业中可能的应用场景是多方面的，它将给银行业带来多维度的业务模式创新机会。

二、保险业云计算应用

云计算可应用于保险产品设计、定价承保、生态分销、理赔服务和技术系统等不同环节。目前，保险业对云的需求正在积累，随着技术的不断完善，云计算在保险行业的应用将不断深化，对整个保险业的信息化建设产生巨大影响。

（一）保险企业上云

保险行业全面上云，可以有效解决系统转型过程中的痛点问题，加快保险机构新一代 IT 系统构建的步伐，促进行业自身业务和服务水平的提升，实现创新发展。同时，保险科技的蓬勃发展，互联网保险产品的快速迭代，使得保险行业传统 IT 基础架构已无法满足其发展，构建新的云架构迫在眉睫。

与银行上云的情形相类似，大型保险公司更多倾向于私有云形式。而中小保险公司受制于成本和技术的局限，希望以购买服务的形式开展业务。云服务商面对中小保险机构及初创企业提供本地私有云与托管私有云相结合的混合云是一种可行的选择。

目前，国内已有诸多保险企业将云计算应用于信息系统创新建设中。既有传统保险企业积极开展私有云建设，又有新兴互联网保险企业全业务上行业云（见专栏8.5）。云计算应用不断深入保险业，对保险业诸多方面建设产生越来越大的影响。保险业通过"云化"创新，将会有更广阔的发展空间。

2017 年中国保险监督管理委员会①发布的《中国保险业发展"十三五"规划纲要》明确指出要"推动云计算、大数据在保险行业的创新应用，加快数据采集、整合和应用分析"。未来，会有更多的保险企业探索云计算，实现企业上云。

 【专栏 8.5】

保险企业上云

一、中国太平保险集团私有云平台建设

中国太平保险集团（以下简称太平集团）作为第一家在境外上市的中资保险企业，管理总部设立在香港。太平集团经营区域涉及中国、中国香港、中国澳门、北美、欧洲、大洋洲及东南亚等国家和地区；业务范围涵盖寿险、财险、养老保险、再保险、再保险经纪、互联网保险、资产管理、证券经纪、金融租赁、不动产投资、养老、养老产业投资等领域，业务种类齐全，为客户提供一站式综合金融保险服务。

2017 年 8 月，太平集团太平云建设规划第一期工程启动，着手打造太平云。第一期工程主要以建设 IaaS 为主，基本满足虚拟化、SDN，实现在此之上部署一些 PaaS 服务。服务主要面向应用开发部门，使之可以快速高效地拥有完备的应用开发测试环境。

2018 年 3 月，太平云建设规划一期落地，实现了"太平云"平台的五个子目标，太平集团拥有了一个在架构和功能上都较完整、先进的，真正意义上的私有云。

第一，给集团各单位提供统一、快捷、按需申请的基础设施分配服务。

第二，面向应用开发能够提供开箱即用的开发平台、应用支持、安全防护等 PaaS 服务。

第三，统一管理的多地域、多数据中心资源。

第四，提供多租户方式下的调度管理和服务计费功能。

第五，满足现有虚拟化的资源需求，支持未来灵活的需求。

---

① 中国保险监督管理委员会（简称中国保监会）成立于 1998 年 11 月 18 日，是国务院直属事业单位。2018 年 3 月，根据第十三届全国人民代表大会第一次会议批准的国务院机构改革方案，将中国保险监督管理委员会的职责整合，组建中国银行保险监督管理委员会；将中国保险监督管理委员会审慎监管基本制度的职责划入中国人民银行；不再保留中国保险监督管理委员会。——中国政府网

目前，太平云处在规划建设的 2018—2019 年阶段，建设中心是 I - PaaS，更多的还是面向应用开发部门，目的是为之提供更好的 PaaS 服务，同时让更多的专业子公司使用这个平台。平台除了可以纳管云平台之下的资源，还能将 VMware、裸机等系统统一在一起管理。以便集团可以清晰地知道哪些资源在用、哪些闲置、哪些该扩容、哪些该撤销，往资源集约化、降本增效的方向运作。

二、互联网保险公司开业，搭建"云服务"

保监会官网近日批复，同意安心财产保险有限责任公司（以下简称安心保险）开业，这是继众安保险、泰康在线之后的全国第三家互联网保险公司，注册资金为人民币 10 亿元。未来公司全业务系统将搭建在腾讯云上，成为国内首家全业务运行在"云"上的保险公司。

在筹备初期，安心保险已开始自下而上地在腾讯云上搭建互联网保险的业务系统架构，借助腾讯云的云安全、云处理、信息识别等核心技术，完善理赔服务。

互联网保险有两个特性，一是利用互联网的海量数据进行用户需求的捕捉与开发，二是通过互联网互联互通的特性让客户得到全天候、全覆盖的极致服务。

理赔难、客户体验差在财产保险方面尤为突出，为解决这类顽疾，安心保险未来将开辟更多的互联网保险应用场景，服务过去希望服务却服务不到的客户。

不同于其他互联网保险公司，安心保险会根据客户所在区域产生的服务需求来建立服务中心，用来管理线下服务供应商，保证线下能够及时处理线上、线下服务中遇到的问题，而不是完全依赖第三方解决。

资料来源：http://money.people.com.cn/insurance/n1/2016/0116/c59941 - 28060171.html。

（二）保险云平台服务模式

云计算在保险业务中的应用是服务平台化。从传统业务模式转变为平台业务模式，可以推动保险企业从"面向产品"向"以客户为中心"转型。云计算支持的大数据平台，以安全、可靠、高效的技术特性决定互联网保险的承保、理赔能力。

保险云平台可由一个或多个保险公司拥有，也可由保险公司和云服务商共建。基于云计算的保险平台一般建构如图 8 - 6 所示。

平台业务模式具有以下特点：

1. 创造有助于各方建立联系、进行互动和开展合作的环境。保险平台需要稳定的架构和强有力的监管，以确保生态系统中所有合作伙伴之间的互动安全可靠。

2. 推动实现产品与服务一体化和个性化。由互为补充的产品和服务所组成的生态系统构成的业务平台，可及时为广大保险消费者解决常见问题，为他们提供价格实惠、多样化的产品和服务。

3. 开放性。开放性平台可吸引新的参与者，从而进一步提升整体客户价值。标准化开放平台接口，有助于在各方之间以及在整个生态系统中建立信任。业务平台所有者负责提供底层基础架构，网罗互为补充的企业，如供应商，其目的是不断扩大生态系统。

4. 安全性。保险行业构建立体、全面的云安全保障体系十分必要。云平台可通过编排调用现有内/外网云数据中心网络安全设备、防火墙、IPS组建网络安全，通过流量引导以编排的形式为各种应用场景自定义不同的安全机制。

在业务功能上，保险云平台可以实现新产品快速部署、大数据、高流量客户甄别等功能。

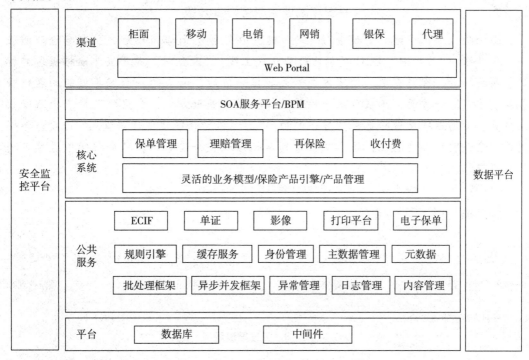

资料来源：甲骨文（Oracle）。

图8-6 基于云计算保险平台的一般建构

（三）云计算在保险企业中的具体业务场景

1. 云投保。云投保是应用云计算进行的移动展业模式创新。它将移动展业场景与智能手机、远程电子签名技术创新融合，通过浏览器签名、升级版加密算法及影像合成等新技术应用，打造移动投保新流程。投保者通过PAD端的一键触发和智能手机端的四个简单步骤，即可交互完成远程投保（见图8-7）。

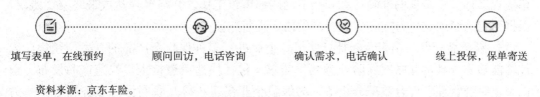

填写表单，在线预约　　顾问回访，电话咨询　　确认需求，电话确认　　线上投保，保单寄送

资料来源：京东车险。

图8-7 云投保流程

云投保突破了投保时间和空间的制约，解决了长期出差、留守老人、求学学生等异地人群不能远程投保签名的行业性难题。

2. 云理赔。借助云平台，保险公司能快速反应或主动采取行动，提高业务敏捷性。例如，当发生自然灾害时，保险公司能够在云平台上迅速开展后台理赔流程，通过移动员工现场满足客户需求、处理理赔诉求（见专栏8.6）。

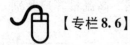

【专栏8.6】

平安车险理赔服务再度升级

在保险业务上，继"极速查勘""一键包办"服务引爆市场后，平安车险理赔服务再度升级，"云理赔"O2O定制化服务正式上线。"云理赔"是平安车险根据客户标签、事故场景、客户需求、处理方式等大数据分析后，形成的一套完善智能的理赔服务定制方案。一方面，车主可以个性化选择报案和查勘方式、自主化选择定损维修解决方案、多通道提交理赔资料；另一方面，"云理赔"还能实现理赔节点、进度、维修过程、金额明细的透明化，从车主报案到车辆修理整个过程中，可全程实现进度可视化、可查询。

资料来源：http://tech.ifeng.com/a/20170921/44692339_0.shtml。

云理赔流程如图8-8所示。

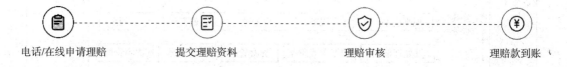

| 电话/在线申请理赔 | 提交理赔资料 | 理赔审核 | 理赔款到账 |

资料来源：京东车险。

图8-8　云理赔流程

云平台客户索赔操作简便。在赔偿申请时限内，客户只需按以下操作步骤就可完成索赔申请：（1）登录保险公司管理平台；（2）勾选目标实例，单击申请赔付；（3）在赔付管理页面，提交申请，单击确定申请赔偿。

提交申请后，客户可以在已申请赔偿页面查看申请记录；如果对赔偿金额有疑问，可以在赔付管理页面单击申诉，或者在实例列表页面单击申请复议，提交工单，进行赔偿申诉。

在提交的索赔材料真实齐全的情况下，保险公司根据保险合同的约定和相关的法律法规进行保险赔款的准确计算和赔案的内部审核工作，并与客户达成最终赔偿协议，根据商定的赔款支付方式和保险合同的约定支付赔款。

3. 新产品开发与销售。云计算使保险企业进行多种保险新产品的开发与销售。云计算能够充分满足互联网保险业务场景需求，包括快速渠道接入、快速产品发布、全面渠道综合管理、综合数据分析等，为保险企业快速获得互联网保险业务核心竞争力提供了强有力的系统支持。云计算灵活、动态、智能，可以进行从场景到数据链的全面整合，解决营销效果反馈、量化的问题，精准量化评估营销效果，针对消费者的变化，实时支持不同的业务场景，进行场景拓展（见专栏8.7）。

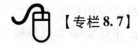【专栏8.7】

云计算临床决策支持解决方案

美国安泰保险金融集团（Aetna）位居健康保险行业的前列，公司始建于1850年，提供多种产品、服务和计划，包括医疗、牙科、行为健康、药物以及人寿和团体残疾保险等，为大约3670万保险受益人服务。

安泰保险子公司（Active Health Management）推出以医院及医生为主要用户的基于云计算的电子病例与决策支持平台。通过电子病例，医生可以掌握某个病人在不同医疗机构所有的化验、诊断与治疗信息，并基于数据分析提示医生最佳治疗方案；电子病例还可提醒医生他所服务的病人中，哪些最需要关注，并设置检查提醒。通过连接、分析和共享大量来自不同系统及来源的临床和管理数据，该平台将减少医疗错误、提高医疗服务效率，并降低保险人与医疗保险机构的医疗费用支出。

资料来源：根据网络资料整理。

4. 普惠保险与微型保险后台处理服务。云计算技术可以针对低收入消费者打造"微型保险"服务。根据瑞士再保险公司的估计，目前全球微型保险市场价值为400亿美元，以生命保险和健康保险为主，涉及40亿人。腾讯最近推出的微保就是借助微信平台获客的普惠保险平台（见专栏8.8）。

【专栏8.8】

腾讯首款健康险——"微医保"上线

2017年11月2日，腾讯正式发布旗下保险平台——微保WeSure（以下简称微保）。作为腾讯首家控股保险平台，微保将携手国内知名保险公司，为用户提供优质的保险服务。秉承着腾讯"连接一切"的理念，未来微保用户可以通过微信与QQ这两个国民级生活服务平台直接进行保险购买、查询以及理赔，让保险触手可及。

针对普罗大众对健康的日益关注，微保同时推出该平台的首款健康险——"微医保·医疗险"（以下简称"微医保"）。"微医保"秉承"微小投入、全面保护"普惠大众的理念，旨在成为老百姓刚需的"全民医保"。除了高性价比优势外，购买"微医保"的用户还可以享受一系列优质、省心的重疾快速就医服务，包括押金垫付、专家预约、专人陪诊、专家病房、手术安排等。

资料来源：根据网络资料整理。

此外，应用云技术，通过多渠道采集实时数据，将成为保险企业的业务核心和主要创新来源。深入分析客户数据，长久以来一直都是保险企业的核心业务。车载信息技术的应用又为保险企业的数据采集工作打开了一扇大门，例如，财产险公司在被投保的厂房与仓库放置湿温度感应设备，为被投保的房产放置住房数据收集设备，等等。通过对这些实时数据进行分析，保险企业将会改变其客户群体细分、赔付率确定，以及制定承保政策的方式。

与过去做法所不同的是，保险企业现在不再依赖历史数据，而是应用持续不断的大数据流来确定风险。这样，保险企业的风险评估将会更加准确，并且能够为低风险客户提供定价更优的合同。

三、云计算在证券业的应用

证券企业上云可以克服业务挑战，降低网络安全风险，减少IT建设成本。证券企业上云一般是从私有云做起，逐步云化。云计算可应用于证券交易、行情系统、后台业务管理等不同业务领域。

（一）证券企业上云要考虑的主要因素

证券企业对数据安全非常敏感，也非常关注云安全。上云步骤一般是从私有云做起，逐步云化。在做云计算之前先把数据进行分类，分离私密性、敏感性数据，根据业务类型实际需要，有序地部署虚拟化和云计算来改善业务和管理流程。

证券业务可以大致分为核心业务、账户业务、内部业务、前端业务、数据业务。核心业务主要指证券机构的核心应用系统，这类应用在机构的整体架构中处于关键位置。账户业务主要指与核心业务直接关联、会涉及账户等系统的业务。内部业务主要指辅助证券机构开展业务工作的应用系统，基本处理一些流程、数据上的应用系统。前端业务主要指部署在系统架构前端的那些系统，用于处理外部的数据。数据业务主要指如大数据应用等系统，对外部收取的数据进行采集、挖掘、分析。由于各类业务应用系统的需求各不相同，因此证券机构在建云时，还应该考虑为各类应用配置合适的基础设施资源。

（二）证券私有云与行业云

证券私有云具有以下五个特征：（1）应用虚拟化技术构建共享数据中心，实现了资源的按需分配和海量数据的可靠处理；（2）构建了基于多点冗余和有效隔离原则的云计算可信网络平台；（3）提供了面向证券行业的标准化业务平台云服务；（4）架构了高性能应用基础平台云服务；（5）实现了多种网上应用系统的部署和运行，形成了以统一化、标准化和自动化为特征的企业云计算平台运维管理体系。

证券私有云平台架构如图8-9所示。

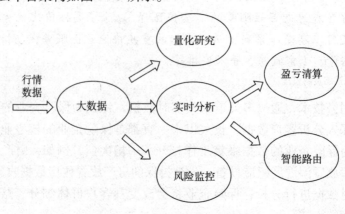

图8-9　证券私有云平台架构

行业云由云服务商针对证券业特征提供更适合的云应用，并最终实现落地。行业云可以用处于全球领先地位的阿里金融云进行说明。

阿里金融云是与公有云完全隔离的行业云，可满足硬件与机房、网络通信、安全合规、运行管理等标准化要求。阿里金融云提供整体架构解决方案，赋能证券交易行业IT体系平稳、有序地切换到新技术体系。金融合规保障了容灾能力和稳定性；多运营商BGP优质网络接入为客户提供了流畅的网络体验，规避了运营商网络之间的互联互通风险。

1. 交易所核心云上架构。阿里金融云帮助交易所核心在云上部署，实现交易的稳定可靠。阿里云交易所核心云上业务架构如图8-10所示。

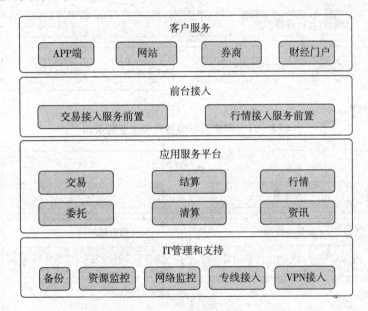

资料来源：阿里云。

图8-10 阿里云交易所核心云上业务架构

2. 行情/资讯云上架构方案。阿里金融云为证券公司、财经门户的行情资讯系统提供云端扩展方案，解决随着行情起伏而出现的业务波动大的难题。阿里云行情资讯云上业务架构如图8-11所示。

3. 委托交易云上架构方案。委托交易上云可以实现客户的业务升级以及业绩提升。阿里金融云为证券行业提供委托交易上云方案，实现客户的业务升级以及业绩提升。阿里云委托交易云上业务架构如图8-12所示。

架构图对应解决的业务问题有：

(1) 把交易接入服务器（和事务处理机）部署于金融云，同时使用负载均衡（SLB）提供互联网访问，提供低延迟、高稳定性的交易委托网络环境；

(2) 交易/委托指令通过专线到达核心交易机房（双运营商专线），满足监管要求；

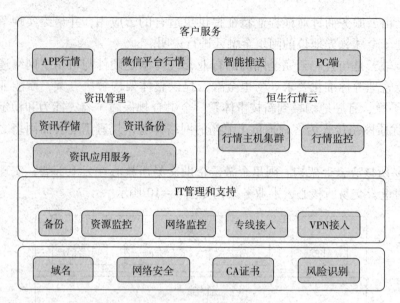

资料来源：阿里云。

图 8-11　阿里云行情资讯云上业务架构

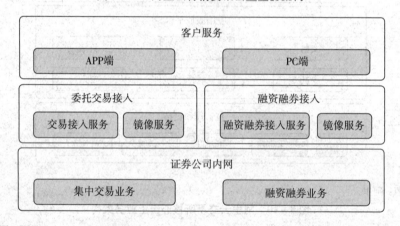

资料来源：阿里云。

图 8-12　阿里云委托交易云上业务架构

（3）通过云计算的方式部署，降低计算/存储成本，通过阿里云骨干网络分发，降低访问延时，增加访问稳定性。

云计算在证券业中的应用主要是云平台解决方案，平台的运行能够很好地满足业务量的爆炸性增长，并保证长期业务发展需要。从行业发展、业务逻辑和技术应用的可能场景来看，云计算在证券行业有着进一步发展的巨大空间。

四、云计算互联网金融应用场景

云计算技术可以充分满足互联网金融企业对于 IT 系统高度弹性、快速部署、按需选择、按量收费、灵活伸缩的诉求，为互联网金融赋能，广泛应用于 P2P、第三方支付、众筹、金融网销等互联网金融业务场景。互联网金融巨头可以构建云平台，而中小互联网金融企业可以直接购买云服务商产品。

（一）互联网金融云平台

在快速变化的互联网金融行业里，云计算实际上就是互联网金融的支撑平台，它为整个互联网金融的发展奠定了一个安全、可靠、坚实的基础。

云平台采用开放的分布式互联网技术架构，维护系统安全稳定，按互联网金融多服务场景灵活匹配定制。云服务可快速接入并支持自主选择模块。通过智能授权和大数据分析的场景化应用进行风险趋势分析，完善金融企业的风险管控体系。

1. 综合互联网金融云平台。互联网金融云平台，可以为客户打造一站式整体线上金融服务解决方案，帮助客户提升获客、营销、客服、产品、支付、风控等互联网金融平台基础能力。多功能的互联网金融云平台架构如图 8 – 13 所示。

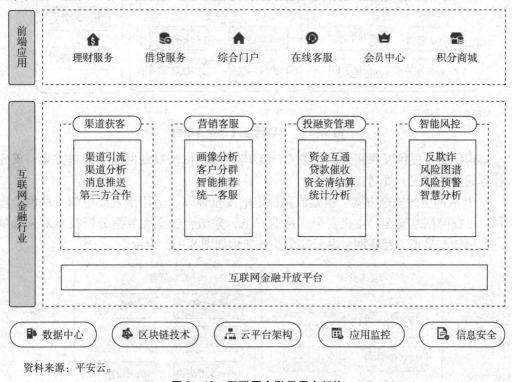

资料来源：平安云。

图 8 – 13　互联网金融云平台架构

2. 互联网金融方案。互联网金融方案适合初创的互联网金融公司快速搭建平台，满足在开业筹备期间快速完成各类监管验收所需的系统搭建和业务功能。互联网金融云业务架构如图 8 – 14 所示。

架构说明：初创互联网金融公司的关键系统是风控系统和网申系统；通过合理的网络和部署规划，可在云平台上实现高安全和高可用的规划、方案；确立面向互联网业务的应用体系，决定互联网应用在应用架构内的位置和边界；确立系统间的关联关系，形成应用架构基线。

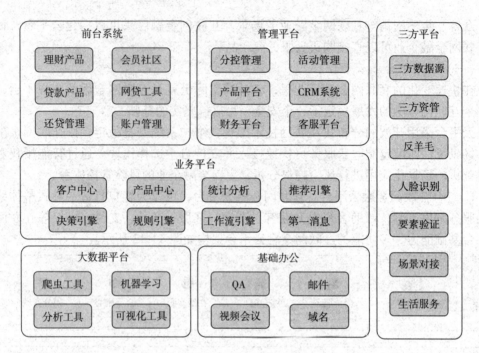

图8-14 互联网金融云业务架构

架构优势：提供互联网金融业务系统架构参考；按需规划网络、部署方案；确定云计算的使用范围，规划安全体系。

3. 互联网金融安全方案。搭建成熟稳定的安全体系，适用于发展中的互联网金融公司，可保障网络安全、主机安全、移动安全，并结合安全大数据分析技术对未知威胁进行感知与呈现。互联网金融云安全业务架构如图8-15所示。

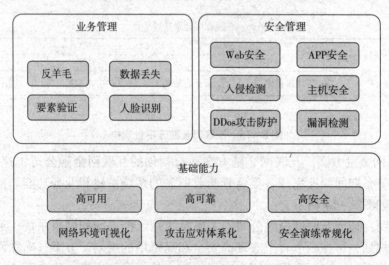

图8-15 互联网金融云安全业务架构

架构说明：可保障网络安全、主机安全、移动安全；结合安全大数据分析技术对未知威胁进行感知与呈现，对于可视化威胁的情况，展示入侵路径，溯源给出攻击者画像；给互联网金融用户一支安全运营团队，保证互联网金融用户更安全、可靠地开展业务。

架构优势：轻松应对 DDoS 攻击；严密的防控手段；预防敏感数据泄露；发现未知威胁。

（二）云计算在互联网金融的应用场景

1. 云支付。云支付指的是基于云计算架构，依托互联网和移动互联网，以云支付终端为载体，为包括个人、家庭、商户、企业在内的客户提供以安全支付为基础的结算、金融业务、信息、电子商务、垂直行业应用、大数据等各种云服务的新一代支付模式。

云支付可以克服移动支付可能发生的商户不支持、安全隐患及付费失败等问题，以提高支付流程的安全性和稳定性，提升用户信心，减少用户投诉。以腾讯云支付为例，腾讯云支付至今的订单故障率在每百万单 1 单以下，中间态的恢复时间一般在 10 秒以内。云支付在支付流程中的位置如图 8-16 所示。

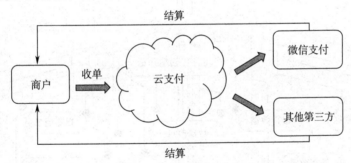

图 8-16 云支付在支付流程中的位置

云支付内部其他模块建构如图 8-17 所示。

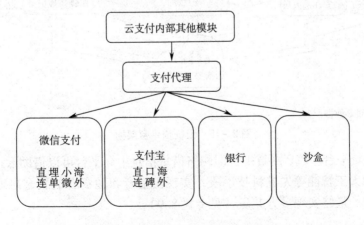

图 8-17 云支付内部其他模块建构

一个构建良好的云支付，基本上可以在保证数据安全性的基础上，为商户服务商提供简单、易用、数据视图一致、逻辑视图一致、用户视图一致的商业支付解决方案，降低商户/服务商使用第三方支付的门槛，降低错误率，提升用户信心，保障用户和商户的资金安全。

2. 客户征信：云征信。云征信采用分布式零存储创新模式，数据更安全。一站式查询所有的征信数据，方便快捷；行业 P2P 平台对接联盟，有效预防多头贷款，抵制行业老赖；采取点对点连接查询（即分布式查询），数据提供方为知名 P2P 平台、征信公司、大数据公司，在保证数据来源可靠性的同时又保证了数据的安全性。

云征信平台通过云端整合对象各方面关联数据，云端分发，回应客户查询请求。云征信平台架构如图 8 – 18 所示。

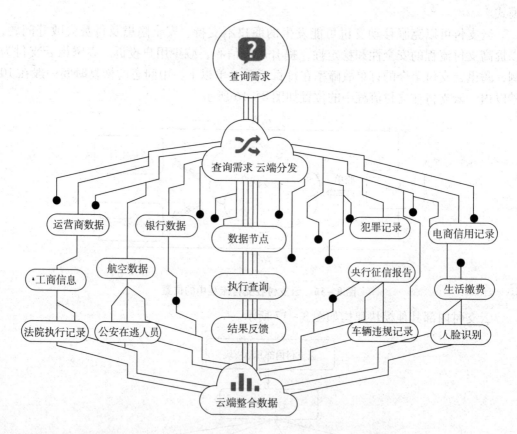

资料来源：蜜蜂数据。

图 8 – 18 云征信平台架构

3. P2P 网贷平台。P2P 网贷平台即网络借贷信息中介平台可以借助云计算、移动支付、大数据和人工智能等先进科技手段，实现出借者和融资者的资金融通，满足双方的投融资需求，最终实现多方共赢（见专栏 8.9）。

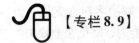

【专栏8.9】

PPmoney 平台解决方案

PPmoney 是中国互联网金融行业中专注于消费金融的网络借贷信息中介平台。平台于 2012 年 12 月正式上线，由 PPmoney 万惠集团旗下全资子公司运营。

2014 年 PPmoney 网贷开始布局 P2P 业务，最初公司按照传统模式租用 IDC 服务，将全部用户信息存放在 IDC 当中。按传统方式，公司需要与 IDC 签订合同，在部署架构的同时需要去采购设备服务器，最短需要 15 天左右，随后服务器搭建在 IDC 的过程需要 4 个工作人员 1 周时间完成，总共需要 20 多天。推广新业务需要消耗极大的人力成本与时间成本，而后期的技术支持也需依靠外部力量。

PPmoney 网贷选择了一向以安全著称的由世纪互联运营的 Microsoft Azure 云服务。目前 PPmoney 的 PP 借贷平台中用户信息和合同信息全部存储在 Azure 上。Azure 提供的存储服务适合不同规模的数据，并且可实现数据加密上传以保障金融行业的信息合规性。PPmoney 网贷将数据用磁盘加密传到 Azure 上，使用时需要通过解密才能在前台显示，Azure 云存储的高性能在确保了数据的安全的同时，完全实现了企业搭载云服务的初衷：快速交付，节约成本。

通过使用 Azure 云服务，PPmoney 网贷诸多方面获得收益：

（1）按量计费云存储提供高性价比服务。Azure 特有的按流量计费模式更加灵活地适用于 PPmoney 网贷的业态，PPmoney 网贷在热播高 IP 剧中投放广告，每日播剧时间将迎来流量高峰。相比按带宽计费的云服务商，按量计费模式不必在高峰期间受限于带宽不足以支撑高并发需求，而且减少了低峰期间带宽闲置的资源浪费。

（2）新业务上线耗时大幅缩减，PPmoney 网贷传统 IDC 正常部署需要 20 多天，现在有业务新需求时只需几分钟即可启动 Azure 虚拟机，从而实现第一时间抢占市场的目标；在 Azure 的稳定性与高效性支持下，PPmoney 网贷可实现同时在线用户数 50000人、日活跃用户数 50 万人、总活跃用户上百万的规模。

（3）Azure 保障低成本高安全运转。PPmoney 网贷的注册用户为 100000 万人，互联网小贷平台每天访问量大，基于 Azure 的解决方案，仅需 3 位技术运维人员，即可支持平台实现上亿元收入，为 PPmoney 网贷节约了大量的人力成本。

未来 PPmoney 网贷计划将互联网借贷业务重组构建大规模平台，把产品里的各条业务线做成平台化，减少额外投入，减少不合规现象。同时将会把更多的业务迁移到 Azure 上，将继续尝试 Azure 的 Dcoker 虚拟化管理平台、Blob 块存储服务平台等服务。

资料来源：http://www.sohu.com/a/197358138_190235。

4. 借贷反欺诈。云计算可以克服网络借贷中常见的欺诈问题，及时预警潜在的针对客户的欺诈风险，使信贷欺诈显形。

下面以腾讯云天御借贷反欺诈（AntiFraud，AF）为例进行说明。

天御借贷反欺诈专注于识别银行、证券、互联网金融、P2P 等金融行业的欺诈风险。

通过腾讯云的人工智能和机器学习能力，准确识别恶意用户与行为，解决客户在支付、借贷、理财、风控等业务环节遇到的欺诈威胁，帮助客户提升风险识别能力，降低企业损失。

（1）贷前审核。天御借贷反欺诈适用于银行、互联网金融、P2P 等金融行业的借贷场景，有效提高欺诈风险识别能力，降低企业损失。通过贷前审核，快速判断申请人的欺诈风险，有效识别黑白用户。天御借贷反欺诈贷前审核功能界面如图 8 – 19 所示。

资料来源：腾讯云。

图 8 – 19　天御借贷反欺诈贷前审核功能

（2）消费分期。适用于消费金融、银行、电商平台等消费分期场景，提高欺诈风险识别能力，避免用户钱货两空。天御消费分期反欺诈功能界面如图 8 – 20 所示。

资料来源：腾讯云。

图 8 – 20　天御消费分期反欺诈功能

天御借贷反欺诈操作步骤见专栏 8.10。

【专栏 8.10】

腾讯云天御借贷反欺诈操作步骤

第 1 步：登录注册

登录腾讯云控制台。如果没有账号，请参考账号注册教程。

第2步：进行企业认证

对接腾讯云天御借贷反欺诈服务账号主体需完成云账号的企业资质认证，腾讯云服务目前支持2种认证方式，如已经完成云服务账号认证可直接跳过此步骤。

第3步：获得腾讯云密钥

进入云API密钥页面，选择左侧导航栏的API密钥管理，单击新建密钥。如果您已经具有腾讯云密钥可以跳过这一步。

第4步：申请服务权限

因借贷反欺诈服务涉及资质审核，请通过工单申请开通借贷反欺诈服务接入权限。

第5步：API接入

获取权限后，按照指定API进行代码编写接入，详情见借贷反欺诈API文档。

第6步：查询调用数据

成功接入后，可进入天御业务安全防护控制台，选择服务监控，即可查询到对应服务的调用数据。

资料来源：腾讯云。

第四节　金融云计算应用的主要问题与发展趋势

从未来趋势看，随着大数据技术的完善、大数据和人工智能的融合，云计算在金融领域发挥的作用将越来越大，在应用广度和深度上还有巨大的拓展空间。

一、金融云计算应用发展趋势

（一）国际上云计算在金融行业的发展趋势

国际新兴金融科技公司以云计算为依托，结合了大数据技术以及人工智能技术。这些技术不仅改变了金融机构的IT架构，也使得其能够随时随地访问客户，为客户提供了方便的服务，从而改变了金融行业的服务模式和行业格局。金融科技公司对于云计算的使用目前多在于支持非关键业务，比如提升网点营业厅的生产力、人力资源、客户分析或者客户关系平台，并没有在核心系统，比如说支付、零售银行以及资金管理核心业务系统中使用云计算。就发展趋势看，云计算在国外金融领域的应用将向核心业务拓展。

在云类型使用上，调查显示，近30%的企业目前使用私有云，但到2020年，使用私有云的企业将下降19%，这说明企业越来越看重公共云。这是超大规模云计算增长的基础。企业中目前有近四分之一（22%）正在部署超大规模的云计算，而到2020年预计将有近三分之一（32%）的企业实施。此外，使用混合云的预计将从12%增加到17%，而预计使用公共云的提供商的企业数量到2020年将从15%增加到22%。[①]

---

① IDC. 金融公司所面临的云计算难题［EB/OL］.

（二）国内云计算在金融行业的发展趋势

首先，政策环境支持云计算在金融业的应用。国家层面高度重视金融行业的云发展，随着国家"互联网＋"政策的落地，金融行业"互联网＋"的步伐也不断加快，同时银保监会和人民银行颁布了相关的指导意见和工作目标。国务院颁布了《关于积极推进"互联网＋"行动的指导意见》，明确指出"互联网＋普惠金融"是推进方向，鼓励金融机构利用云计算、移动互联网、大数据等技术手段加快金融产品和服务创新。原银监会《中国银行业信息科技"十三五"发展规划监管指导意见》，首次对银行业云计算明确发布了监管意见，是中国金融云建设的里程碑事件，明确提出积极开展云计算架构规划，主动和稳步实施架构迁移。正式支持金融行业公有云，除了金融私有云之外，银监会第一次强调行业云的概念，正式表态支持金融行业云的发展。人民银行颁布了《中国金融业信息技术"十三五"发展规划》，要求落实推动新技术应用，促进金融创新发展，稳步推进系统架构和云计算技术应用研究。

其次，传统金融机构与互联网金融机构云建设积极推进。在政策环境支持、业务及运行维护系统高效敏捷运行需要、业务模式更新与增效减负的成本节约等因素激励下，金融机构开始高度关注分布式云计算架构下 IT 的发展与应用部署，积极拥抱云计算，纷纷加强机构上云规划与落地措施。随着云计算技术的进一步成熟与监管规则的细化和明晰，国内金融云计算的发展有望居于全球领先地位。

二、金融云计算应用的主要问题

金融行业应用云计算的主要问题，体现在两个方面，一是相关监管合规要求不明确。传统金融机构 IT 系统无法适应现有云计算架构，原有监管要求同样约束了现在的云计算系统，有一些监管要求数据隔离，而云计算架构不能完全满足原来的监管要求，所以相关监管机构应当调整对云计算架构的监管要求。

二是试错风险比较高。金融行业对 IT 系统稳定性有着相当高的要求，对事故是零容忍，一旦系统宕机，则会导致重大社会影响，因此，金融机构对系统迁移比较谨慎，不会一步就将原有系统迁移到云上。另外云计算在金融行业应用处于起步阶段，其中很多问题需要云计算服务商探索解决。

此外，就具体的金融企业应用而言，融合式架构管理是一个重要问题，现在金融行业使用云计算需要从外围系统到核心系统逐步迁移，对原来广泛依赖于传统集中式 IT 架构的金融机构而言，在未来一段很长时间内将处于集中式与分布式两种架构并存的时期。对于金融机构来说，最大的挑战就是如何管理好融合式架构，应进行相应的研究，做好分布式架构的规划和实施。

再者，金融行业使用云计算现在多用于开发环境，关键系统并没有迁移到云上，这会大大降低云计算的效率，因此研究金融行业使用云计算的可行性，应鼓励金融行业逐步将核心系统迁移到云上。

最后，金融云计算产品和服务有待建立专门的评估方法。现在市面上云计算产品和服务五花八门，没有针对金融行业的专门评估，计算产品和服务的评估标准缺失，导致金融机构难以选择，因此需要明确建立评估标准，推进第三方评估，规避 IT 系统转型技术风险。

【本章小结】

1. 金融机构应用云计算的首要目的是缩短应用部署时间、节约成本和业务升级不中断。

2. 金融行业使用云计算有两种模式：私有云和行业云。私有云适合于大型机构；行业云适用于中小机构。

3. 云应用可以提供银行级的安全防护，将传统由本地木马或病毒所导致的隐私泄露、系统崩溃等风险降到最低。

4. 金融云是服务于银行、证券、保险、基金等金融机构的行业云。

5. 云计算主要分为三种部署形式，分别为公有云、私有云及混合云。

6. 云计算在金融领域中的应用主要包括三大维度：金融数据处理系统中的云应用、金融机构安全系统的云应用、金融机构产品服务体系的云应用。

7. 银行私有云适用于技术实力和经济基础比较强的大型机构；行业云适用于中小型银行。

8. 云计算在银行业务上的应用是指将数据中心与客户端行为偏好习性等数据对接，实时发送至云计算机系统，以提高金融系统的运算和处理能力，改善客户体验和评价。

9. 云计算可应用于保险产品设计、定价承保、生态分销、理赔服务和技术系统等不同环节；云计算在保险业务中的应用是服务平台化。

10. 云计算可应用于证券交易、行情系统、后台业务管理等不同业务领域。

11. 云计算可以为互联网金融赋能，广泛应用于 P2P、第三方支付、众筹、金融网销等互联网金融业务场景。

【关键概念】

金融云	金融云关键技术架构	云金融信息处理系统
云金融安全系统	云金融产品服务体系	银行私有云
混合云	中小银行行业云	保险云平台
证券私有云	证券私有云平台架构	交易所核心云上架构
互联网金融云平台	综合互联网金融云平台	互联网金融方案
互联网金融安全方案	云支付	云征信
云借贷反欺诈	云消费分期反欺诈	

【思考练习题】

1. 云计算在金融领域的应用价值是什么？

2. 什么是金融云关键技术架构?

3. 什么是中小银行行业云?

4. 保险云平台业务模式的特点是什么?

5. 综合互联网金融云平台的主要功能有哪些?

6. 云借贷反欺诈有哪些主要内容?

7. 金融云应用可以分为几大维度?并分别说明。

8. 试述云计算在银行业务模式上的可能应用。

9. 简述云计算在保险企业中的具体业务应用。

10. 试以阿里金融云说明证券行业云。

【数据资料与相关链接】

1. 阿里云, https：//cn. aliyun. com/。

2. 腾讯云, https：//cloud. tencent. com/。

3. 华为云, https：//www. huaweicloud. com/。

4. 百度金融云, https：//cloud. baidu. com/solution/finance. html。

5. 平安云, https：//yun. pingan. com/。

6. https：//www. ibm. com/cloud – computing/cn – zh/services/。

【延伸阅读】

1. IDC. 金融行业云计算白皮书 ［R/OL］. https：//obs – cn – shanghai. yun. pingan. com/. . . /20181710093746.

2. 阿里金融云平台技术白皮书 ［R/OL］. http：//www. namipc. com/wp – content/uploads/A6 _ v1. 3. pdf.

3. 中国信息通信研究院. 2018 中小银行上云白皮书 ［R/OL］. www. caict. ac. cn/kxyj/qwfb/ztbg/. . . /P020180327605403296958. pdf.

4. 中国信息通信研究院. 金融行业云计算技术调查报告（2018 年）［R/OL］. www. caict. ac. cn/kxyj/qwfb/ztbg/. . . /P020180327605403296958. pdf.

5. 商业银行云计算应用 ［EB/OL］. https：//www. sohu. com/a/214566921 _ 481495.

6. Oracle. 保险行业 IT 趋势分析和云计算 ［EB/OL］. https：//www. oracle. com/technetwork/cn/community/developer – day/1 – it – cloud – computing – trend – analysis – 2053017 – zhs. pdf.

第九章

人工智能在金融领域的应用

主要内容：本章首先讨论人工智能的应用价值、技术建构与类型；其次，介绍人工智能在金融领域的应用场景；最后讨论人工智能在金融领域应用的主要问题和未来趋势。

学习目标：理解人工智能的应用价值；清楚人工智能在金融领域的主要应用场景；掌握各种应用场景的基本内容、业务特征和操作流程。

⚡ **引导案例：**

押注人工智能和大数据，网贷头部平台发展提速

前些年互联网金融的野蛮生长衍生出 P2P 网贷的急速扩张，在互联网金融规范整顿过程中，一轮轮的网贷平台暴雷潮，引发了业界对网贷平台的普遍担忧，生存还是死亡，这是网贷平台必须面临的选择。案例显示，借助人工智能等新科技的应用，网贷平台有可能摆脱困境，走上一条有技术含量的新型发展道路，实现助力普惠金融的初心。

用什么来拯救"风雨飘摇"的互联网金融行业？多家头部平台给出了答案：科技。

7 月 24 日，拍拍贷宣布，将在 2018 年底成立智慧金融大学，推动理念和技术的双输出。

除了拍拍贷，千亿估值的京东金融也从不掩盖其对科技的"执着"。上周，京东金融展示了京东无人车、无人机、无人超市等人工智能落地应用，以及大数据与人工智能在城市商业和经济、智能交通、城市规划、环境和能源、公共安全、智能政务等城市画像的应用。

事实上，以大数据和人工智能为代表的科技成果的应用不仅仅局限于互联网金融领域。大数据和人工智能的浪潮正在席卷学术圈和工业界，大量的数据和急切的行业需求，对我们从数据中挖掘知识，并把知识转化成智能应用的能力提出了更高要求。

资料来源：https://news.p2peye.com/article-518644-1.html。

第一节　人工智能在金融领域的应用条件和应用价值

作为高度数据化的领域，金融领域是最适宜与人工智能进行结合并产生价值的领域。人工智能可以应用于银行、证券、保险等垂直领域，为金融行业的各参与主体、各业务环节赋能，助力金融业的产品创新、流程再造和服务升级，帮助金融企业防范风险，提高金融服务的效率。

一、人工智能在金融领域的应用条件

人工智能在金融领域的应用主要取决于技术、成本与需求三方面。

一是计算储存技术进步与成本下降。包括：（1）处理器速度加快、硬件成本降低、云服务普及等因素，促使计算能力极大增强；（2）开发出目标数据库、软件、算法，促使数据存储、解析、分析的成本大幅降低；（3）数字化和网络服务日益普及，促使用于学习和预测的数据集快速增长。2009—2017年，全球以数字形态存在的数据量从2ZB增至26ZB，增长了12倍；而每TB的存储成本从9美分降至0.5美分，下降了94%。

二是金融基础设施与大数据进步。包括：（1）电子交易平台、零售信贷评分系统等金融基础设施日益完善，结构化的高质量市场数据日益增加，市场的电脑化使人工智能算法与金融市场实现了直接交互；（2）网络搜索趋势、收视率模式和社交媒体等数据集，以及金融市场数据日益增长，促使金融领域可供挖掘的数据来源日益增加；（3）数字化程度。新一代人工智能技术尤其依赖数据的数量与质量。在此前提下，数据收集整合与运用的生态系统以及一个清晰的数据战略，对企业发展人工智能至关重要。企业需要采取一种程序化的方法来构建数据资产，并在所有业务部门的支持下，利用数据资产来改变企业。

三是人工智能人才逐渐增加。数据科学家、算法类人才以及链接技术与商业的桥梁型人才是设计、开发、部署人工智能技术过程中的关键因素。目前，人工智能技术人才虽有所增加，但在市场中也处于紧缺状态，即使在硅谷这样的全球性人工智能中心也是如此。在中国，大型互联网公司由于技术积累优势、业务相关性优势等，对人工智能人才的吸引力很大，这对其他行业决定打造自有人工智能团队的企业来说是一个挑战。同时，链接技术与商业的桥梁型人才也是发展人工智能应用的关键，他们能将业务问题转化成技术问题，同时将技术解决方案与实际业务困难进行对接，对于人工智能技术在实际业务场景中的运用发挥着重要作用。

总体看来，金融行业具备人工智能应用的基础性条件。作为高度数据化的行业，金融为人工智能应用提供了充分的数据基础；同时，金融体系内各个分支领域界限相对明确，银行、证券、保险等业务相对独立，便于人工智能在垂直领域中进行应用。

二、人工智能在金融领域的应用价值

人工智能在金融领域的应用主要是以人工智能核心技术（机器学习、知识图谱、自然语言处理、计算机视觉）作为主要驱动力，为金融行业的各参与主体、各业务环节赋能，突出人工智能技术对于金融行业的产品创新、流程再造、服务升级的重要作用。

人工智能具有降成本、获风险管理收益、提高生产力从而增强盈利能力的潜力，促使金融机构将其用于满足业务需求。人工智能技术的运用一方面将拓展大数据的应用场景，从帮助业务人员认知到实现企业最优决策，另一方面，自然语言处理的进步也正在解决人机交互的部分问题，自然语言查询、自然语言生成都将进一步释放商业智能的效率和价值。

新一代人工智能技术的应用将给金融业带来众多新的可能性，颠覆现有的行业格局，催生出全新的智能金融模式：重构用户连接和服务的价值链、重构风险评估和管理体系、重构服务的边界、重构基础设施的建设标准和运行逻辑，进而使得金融服务变得更易获得，推动金融服务朝着"随人"（千人千面）"随需"（精确满足）"随时"（线上处理）"随地"（无休服务）的标准不断进步，实现零距离、服务公平、低成本，践行普惠金融。

人工智能的深度应用最终会改变金融业的现有格局，使得整个金融服务领域都更加个性与智能化。

人工智能也可以帮助金融机构和监管部门满足不断提高的监管合规要求：（1）不断出台的数据法律框架、数据标准、数据报告要求、金融服务制度，提高了金融机构对合规性的要求，促使其不断提高自动化水平并采用新的分析工具；（2）监管机构承担着评估更大、更复杂、更快速增长数据集的责任，需要更强大的分析工具，以对金融机构实施更有效监管。

在我国，人工智能在金融领域的应用意义在于创新智能金融产品和服务，发展金融新业态，采用智能客服、智能监控等技术和装备，建立金融风险智能预警与防控系统。[①] 近年来，人工智能已经成为金融行业数字化转型与商业创新的重要支持力量。

第二节　人工智能在金融领域的应用维度

对应着人工智能的三种不同类型能力，人工智能在金融领域中的应用主要包括三大维度：数据处理、安全与产品服务。

一、人工智能在金融领域的应用维度分布

人工智能可部分替代人类的三种能力，分别是感知能力、决策能力和行动能力

---

① 中华人民共和国国务院. 新一代人工智能发展规划［EB/OL］. (2017 – 07 – 20).

（见专栏9.1）。感知能力可再划分为两大类别：文本图像识别和语音识别，它们分别代表了人类最主要的信息输入模式和与外界的交互模式。决策能力代表了人类寻找最优解的思维模式，这种能力在一切有流程优化、决策判断的领域均适用。行动能力代表了人类付诸实施的能力，这种能力常用于替代高人力体力成本的工作。

　　尽管对于不同行业而言，由于场景和痛点的不同，人工智能这三种能力的应用形式各有不同，但就其人工智能应用的抽象层次来看，其实质内容又是共通的，都是机器智能在不同程度上替代人类的体能和智能。与人工智能的三大能力相对应，在功能层次上，人工智能在金融领域的应用可分成服务智能、认知智能和决策智能三个维度。图9-1给出了人工智能在金融领域的应用维度分布。

二、人工智能在金融领域的应用维度解释

　　由图9-1可见，金融大数据应用场景分为三个不同维度，分述如下。

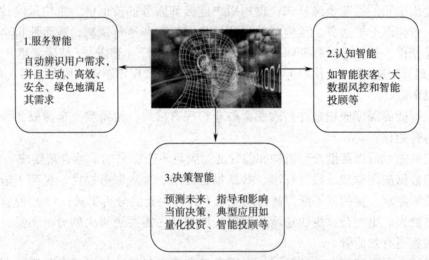

图9-1　人工智能在金融领域的应用维度分布

（一）服务智能

　　服务智能是指能够自动辨识用户的显性需求和隐性需求，并且主动、高效、安全、绿色地满足其需求的服务。得益于算力的提升，可进行有监督学习，如人脸识别、语音识别和智能客服，达到提升交互服务和效率的目的。例如，百度的人脸识别验证准确率能够达到99.77%。

　　服务智能实现的是一种按需和主动的智能，即通过捕捉用户的原始信息，通过后台积累的数据，构建需求结构模型，进行数据挖掘和商业智能分析，除了可以分析用户的习惯、喜好等显性需求外，还可以进一步挖掘与时空、身份、工作生活状态关联的隐性需求，主动给用户提供精准、高效的服务。这里需要的不仅仅是传递和反馈数据，更需要系统地进行多维度、多层次的感知和主动、深入的辨识。

（二）认知智能

随着向垂直领域和场景深入延展并不断获得充足有用的数据，人工智能能够达到与人类比肩或在容错范围内稍有突破。如智能获客、大数据风控和智能投顾等，以有监督学习为主，辅以无监督方式挖掘特征变量，让风险识别和定价更精细。这是金融科技巨头的优势所在，也是当前智能金融的主流方向。

（三）决策智能

以无监督学习为主，通过预测人脑无法想象的尚未发生的情境，人工智能可实现全面超越人类，指导和影响当前决策，典型应用如量化投资、智能投顾等。

在行业类别上，人工智能在金融领域的应用包括银行、证券、保险、投资等垂直领域；各领域应用包括研发、营销、服务及其他（见表9-1）。

表9-1　　　　　　　　　　　人工智能应用场景概览

		研发	制造	营销	服务	其他
金融	银行	• 数据驱动的理财产品设计	N/A	• 基于行为预测的智能CRM • 基于视觉与文本技术的合规工作自动化 • 预测性坏账风控	• 网络与实体网点内的智能客服 • 数字化资产配置与虚拟财富管家 • 行业间短期拆借预测性优化	• 基于视觉技术的客户身份认证 • 基于高吞吐量数据流处理的实时结算与清算系统
	证券	• 高频交易中的智能交易策略	N/A	• 基于视觉与文本技术的合规工作自动化 • 预测性抵押品结构优化	• 证券类财富管理机构实体网点内的智能客服	• 购买定增股票时的风险评估 • 网点内基于视觉技术的客户身份认证
	保险	• 数据驱动的寿险产品设计 • 智能寿险、财险产品定价	N/A	• 智能销售团队管理 • 基于行为预测的智能CRM	• 图片文字分析智能化定损 • 智能理赔客服 • 预测性反欺诈风控	无
	投资	• 量化交易与投资中的智能交易策略	N/A	• 智能投资雷达	• 基于航空图像的智能尽调 • 数字化资产配置优化	无

资料来源：《中国人工智能创新应用白皮书》。

第三节　人工智能在金融领域的应用场景

人工智能在金融领域的应用近年来不断深化，目前已经形成了包括智能信贷审批、风控与反欺诈、客户身份鉴权、智能投顾、人工智能辅助量化交易、无人银行、智能客服等诸多创新应用，其应用领域还在不断地试验和拓展。下面我们围绕服务智能应用、认知智能应用与决策智能应用三个方面进行集中阐述。

一、服务智能应用

服务智能应用即人工智能服务，简称智能客服。在应用前景上，智能客服可以全流程、全维度定制，从前端需求初步筛选（如贷款、办卡需求排查），到中期需求（如贷后管理），再到后端催收等环节，均可以介入。

（一）智能客服的应用价值、基本功能与特征

智能客服是一个用语音或文字同客户进行对话交流的计算机系统，也常称为"对话机器人"。由于人工智能可以代替人完成那些烦琐、单一的工作，并为客户提供更为周到、耐心、高效的服务，在降低成本的同时，提升用户体验。因此由智能客服来部分替代大量人工客服的工作正在成为趋势。场景示例见专栏9.1。

1. 应用价值。辅助人工客服，帮助人工客服更加科学地服务顾客，帮助客服管理层更高效地管理客服团队，是智能客服关键价值所在。智能客服当前应用主要限于前台服务，其他中后端应用尚在探索之中。

【专栏9.1】

智能客服的效率

一家美国银行部署了认知计算客户服务功能，帮助实现联络中心转型，通过减少话务量、缩短平均通话时间、提高客户满意度和改善客户体验，实现成本的节省。

该银行的自助式虚拟银行助理解决方案可全程处理客户通话，累计已处理超过70万次通话——相当于55名联络中心客服代表的工作量。这个基于人工智能的解决方案还帮助联络中心客服代表更快地响应客户查询。该银行预计，通过将通话完成率提高到50%以上，将通话准确率提高到85%以上，五年内每年可以实现620万美元的收益。

亿欧智库研究认为，智能客服确实可以起到资源最大利用化、缩减回答问题时间、数据化管理、服务模式的演进等作用。数据显示，交通银行使用了小i智能机器人后，每月减少了200万通电话，节省了4000万元的成本。然而，目前的智能客服还处于弱人工智能阶段，无法自给自足，仍然需要大量人力的参与。智能客服与人工客服将共同协作，一起打造全面化的服务。

资料来源：《IBM：对话式银行》。

与传统客服相比，前者操作烦琐，问题解决周期长，而后者更高效，用户体验更好。传统客服与智能客服的比较如图9-2所示。

2. 主要功能。智能客服可以回答客户普通问题。目前智能客服系统主要是整合包括邮件、电话、微博、微信、网页、API接口、移动SDK（软件工具开发包）等渠道在内的服务渠道，并统一自动分配工单，同时留存用户信息便于下次咨询时识别。

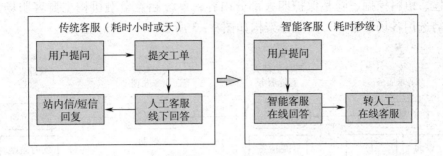

资料来源：智研咨询。

图 9 – 2 传统客服与智能客服的比较

包括：

（1）7×24 小时全天候在线智能客服，系统稳定性高，可同时接入大量客户，无须排队等候，随时响应客户的相关咨询和需求；

（2）建立客服机器人的内容库，用深度学习的方式自动回复重复问题；

（3）接入人工时机器人给予部分回复建议，加快反馈速度；

（4）接入内部办公系统，推动多部门协作反馈以及用户精准营销；

（5）后台实时数据统计汇总，管理用户评价，进行数据挖掘和数据分析，辅助商业决策。客服语音记录转文字，利用自然语言处理技术分析文本，挖掘客户信息，辅助制定企业商业策略。场景示例见专栏 9 – 2。

【专栏 9.2】

客户画像—呼叫中心语音分析

某保险公司采用认知计算对呼叫中心的语音进行分析，形成客户的全方位画像，如性格、偏好等。基于这些信息，对以往的坐席应答流程进行优化，例如，根据客户的性格，为其匹配性格最默契的坐席接听电话，并采用有针对性的话术与客户交流。积累了大量的数据之后，该保险公司通过认知计算分析得出客户近期关注的热点和共同的痛点，并流转到中后台部门，推动服务和产品的设计和改进。

资料来源：《IBM：认知时代下的数字化保险》。

3. 基本特征。智能客服的基本特征有二：一是人类自然交互方式的实现（包括语音、肢体语言等）。这就要在实现了简单的完全匹配的一问一答自助服务基础上，增加人机自然交互功能。例如，接入自然语音处理和语义处理（ASR 和 TTS），从而能听懂客户的需求内容，以及用客户化语言来进行服务。二是在服务过程中实现自学习优化，即通过对每次服务交互过程中客户的反馈来自动优化下一次同类型服务诉求的服务方式或内容。只有实现了这两个重要特征的智能客服，才能提供符合客户期望的服务。

（二）业务架构与功能

1. 业务架构。智能客服的业务架构是一个人机交互的综合系统，包括智能问答、语音质检、语料挖掘、隐私保护四大部分内容；系统涵盖金融机构主要客服场景，用户可按需选用各场景服务。其业务架构如图9-3所示。

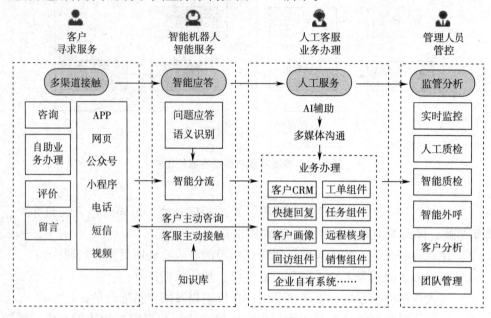

资料来源：《平安云：银行解决方案》。

图9-3 人机交互智能客服业务架构

2. 功能。一个设计良好的智能客服体系可以用于银行等金融机构全渠道客户服务场景中，帮助客户实现成本管理和客户体验提升，大幅度降低人力成本与客户等待时间，并提升客户体验。

（1）精准问答。如果机器人不够聪明，经常无法准确识别客户问题，客户体验差，事倍功半，而客服机器人使用先进的自然语言处理（NLP）算法，深度语义理解，问答准确率高。

（2）上下文理解，满足多轮对话。针对上下文语义无法关联、人机对话生硬、用户表达必须遵循机器人规则的场景，客服机器人可实现上下文语义分析，支持多轮问答，机器人问答流畅、自然度高。

（3）智能追问辅助业务办理。针对无法主动引导用户完成在线信息收集及办理的业务痛点，客服机器人可实现智能追问业务信息，并进行实体抽取，对接业务核心系统从而完成业务办理。

（4）任务与问答自由切换。针对机器人无法适应人类跳跃性思维，业务办理过程中不能穿插问答的情况，客服机器人可实现任务场景与问答自由切换，在业务办理过程中可随时进行问答，也可随时回到业务流程中。

（5）深度自学习。机器人不具备学习能力，需要人工进行逐条知识维护，工作烦琐，易遗漏，知识库维护成本高。而客服机器人通过深度自学习，人工辅助确认，大大减少了人力成本。

（6）中控机器人。同一服务入口承接多个业务线，每个业务线单独维护机器人，多个机器人间无法协同合作，而中控机器人可识别客户意向，将问答任务调配至相应业务领域的机器人。

（三）工作流程及场景解读

1. 工作流程。智能客服通过网上在线客服、智能手机应用、即时通信等渠道，以知识库为核心，使用文本或语音等方式进行交互，理解客户的意愿并为客户提供反馈服务。对话由人工助理处理还是对话机器人处理主要取决于对话的复杂程度与客户档案信息。

除了纯人工对话与全自动对话机器人对话以外，人工客服与对话机器人还可以协同工作。对于某些对话，对话机器人可以在后台协助人工客服。其他一些情况则需要人工客服监控或审核由对话机器人生成的响应。

在图9-4中，客户向对话机器人咨询了抵押贷款相关信息。在这个案例中，由认知技术支持的对话机器人会在将对话转接给人工顾问之前，收集与客户的财产状况有关的必要数据。在与客户谈话时，人工顾问可以在没有了解客户背景信息的情况下，通过对话机器人的后台帮助，顺利与客户进行对话。对话结束后，控制权回到对话机器人手中，人工顾问继续监控对话内容，以确保客户在整个进程中获得满意体验。

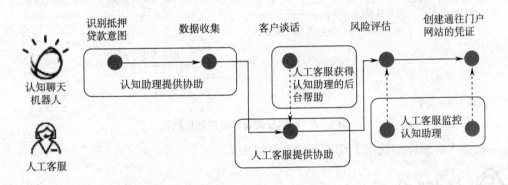

资料来源：《IBM：对话式银行》。

图9-4　人工客服与智能客服协同引导客户业务咨询

2. 场景解读

（1）智能问答。智能问答的步骤包括：①用户通过人机对话界面，语音输入；②智能客服语音识别：通过智能语音实时识别；③智能客服通过预处理、语义理解、问答检索、问句匹配等一系列计算程序输出答案处理，完成一轮人机对话。场景示例见专栏9.3。

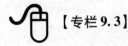【专栏9.3】

房贷人机对话

某银行推出的智能客服，就是通过聊天的方式引导客户办理业务。客户如果对房贷感兴趣，可能发生以下对话与情景。

客户："我能贷出多少房贷？"

机器人："您现在多少岁了呢？"

客户："三十。"

机器人："您是买新房申请新贷款，还是旧房增贷呢？"

客户：（点击"新房申贷"）

机器人："麻烦告诉我要评估的新房地址，要有县市和明确的路段哟。"

客户：（用语音或文字输入详细地址）

机器人："请问是否有电梯呢？住房房龄是多长呢……"（最后给出一个优选的贷款额度利率评估，再与客户预约确定线下的面签时间与地点）

资料来源：《IBM：对话式银行》。

（2）智能坐席辅助。企业客服中，新人上岗、新业务上线、业务知识众多、业务掌握不熟练等原因，会造成人工坐席无法及时准确回复客户问题，从而引起客户等待甚至问题不能得到准确答复等不良体验。机器人客服可辅助人工坐席快速匹配客户问题，并给出统一、准确答复，保证良好的客户体验。腾讯云的智能坐席辅助流程如图9-5所示。

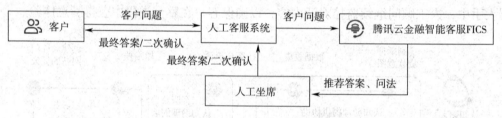

资料来源：腾讯云。

图9-5　腾讯云的智能坐席辅助流程

机器人客服办理信用卡场景示例见专栏9.4。

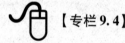【专栏9.4】

办理信用卡

客户："我要办张信用卡。"

机器人："我行有多种类型的信用卡可以办理，有星座时尚类、网络购物类、环保类等，请问您想要办哪种卡？"（意图识别，进入信用卡申请流程）

客户："网购的吧。"

机器人："好的，向您推荐 PASS 网络购物信用卡，它有 200 万元航意险、至尊租车礼遇等优点。"（根据上下文补全信息）

客户："什么是至尊租车礼遇？"

机器人："至尊租车礼遇是'至尊租车'向客户提供的一种特惠礼遇。"（流程被打断，机器人通过问答功能回答此问题）

客户："有金卡吗？"

机器人："有的，PASS 卡有金卡和普卡，金卡年费 200 元，普卡年费 80 元。"（返回对话流程，并根据上下文补全信息）

客户："那算了。"

机器人："您是说不要金卡了吗？"（意图识别，歧义排除，并确定流程分支）

客户："对，我就申请普卡了。"

机器人："好的。"

资料来源：《IBM：对话式银行》。

机器人客服的保险应用见专栏 9.5。

【专栏 9.5】

当保险客服遇到 AI 技术

智能客服在保险企业中应用得最广泛。近日，中国平安发布 10 大 "AI +" 创新服务，其中最受人关注的是平安人寿的 "AI 客服"。而泰康在线在 2016 年即推出了国内首款保险智能机器人 "TKer"，弘康人寿也在微信平台上线了机器人客服。

以前这些基础服务都是需要人工来完成的，与之前的 AI 保险理赔不同，这一次 AI 技术运用于客服领域，或许将带来国内保险公司客服效率大幅度提升，保险业竞争和人才格局也会因此发生变化。

早在 2016 年 4 月，弘康人寿成为国内第一家应用人工智能技术的保险企业。其在业内首次引入人脸识别技术，通过后台将客户身份证照片与公安部下辖的身份证认证中心的照片进行智能比对，用于替代人工认证，从而将保全服务智能化。其现在的人脸识别技术已应用于公司几乎所有需要识别客户身份的服务项目。

同年 8 月，泰康在线推出国内首款保险智能机器人 "TKer"。其能够运用人脸识别、语音交互等技术，实现自主投保、保单查询、业务办理、人机协同、视频宣传等功能，并能主动迎客以及智能会话，以后还将结合健康、运动智能硬件等提供如测量体温、血压、脉搏等健康服务。

2017 年 9 月 4 日，中国太平保险集团的人工智能语音客服 "小慧" 开始在旗下太平共享金融服务（上海）有限公司客户联系中心试运行。"小慧" 能在车险结案回访场景中与客户进行积极的语音互动，语气和内容高度拟人。

日前，中国平安基于全球最前沿的 AI 技术，旗下寿险、产险、养老险、银行等联合推出 10 大创新服务。其中，平安人寿的 "AI 客服" 和平安好医生的 "AI 医生"，均为业内首次推出。

资料显示，保险业内还有不少公司正在研究 AI 客服，相信在未来 AI 客服在保险业的运用会越来越多。

资料来源：https://www.sohu.com/a/216119372_300703。

二、认知智能应用

当前认知智能应用的主要领域是人工智能风控。人工智能风控，简称智能风控，是指人工智能技术在信贷风控、反欺诈、反洗钱、交易监控、保险理赔等不同场景中的应用。

（一）智能风控的工作原理与分析流程

智能风控有多种称谓，如大数据风控、决策引擎、风险计量引擎、风险模型实验室等。其实质是通过大数据平台的计算分析能力、机器学习或深度学习模型在金融领域不同场合的应用，提升风险管理能力，本质上是以数据与算力驱动的风险管控与运营优化。

智能风控是互联网、数字金融时代风险管理实务的变革与创新。智能风控改变了过去以合规、满足监管检查为导向的风险管理模式，强调用金融科技降低风险管理成本、提升客户体验、数据驱动风控能效，代表了一种精准风险管理思维。

传统金融机构采用传统评分卡模型和规则引擎等"强特征"进行风险评分，而智能风控根据履约记录、社交行为、行为偏好、身份信息和设备安全等多方面行为"弱特征"进行用户风险评估。两种风控方式从操作到场景都呈现出明显的差异化效应，进入移动互联网时代后，智能风控的优势愈加凸显，成为传统风控的有效补充。

与传统金融风控相比，智能风控并未改变"数据＋模型＋规则"的处理逻辑，而是突出了机器学习模型的应用，如线性回归、逻辑斯回归、支持向量机、神经网络、深度学习、集成学习等。无论是对个人或是企业的银行贷款、抵（质）押或担保贷款，抑或是供应链贷款、评分卡、巴塞尔协议中的贷款，传统风控与方兴未艾的智能风控，其基本原理都是衡量客户的还款能力和意愿。智能风控只是通过更多的数据维度来刻画客户特征，从而更准确地量化客户违约概率，实现对客户的合理授信。其优点是通过自动化审批来替代人工审核，降低人力成本。

智能风控技术架构的重心在于全维度数据的机器学习算法构建模型（见图 9-6）。面对网络来源数据繁杂的问题，基于深度学习的特征生成框架已被成熟运用于大型风控场景中，对诸如时序、文本、影像等互联网行为和运营商非结构化数据实现了深层特征加工提取，显现出对模型效果超出想象的提升。在授信申请、违约损失计算、逾期预测、反欺诈等业务目标确定后，通过内外部数据的整合、预处理（如采样、主成分分析方法、缺失值填充、归一化）、特征统计等方法，再选择合适的算法进行分析。

还有一些商业银行基于大数据构建了新一代风险管理体系，其本质也是依托于大数据平台的计算能力以及大数据金融风险计量模型，为智能化、自动化风控决策提供支持。这类风险管理体系从全行角度接入包括客户信息、对公信贷、个贷、信用卡、外部数据（工商、税务、司法等）。在商业银行中，智能风控组件多集成于电子银行、互联网金融等业务部门的后端平台中，作为线上秒贷平台、反欺诈、反洗钱等系统的独立的规则或决策单元。

智能风控的业务架构与工作流程如图 9-7 所示。

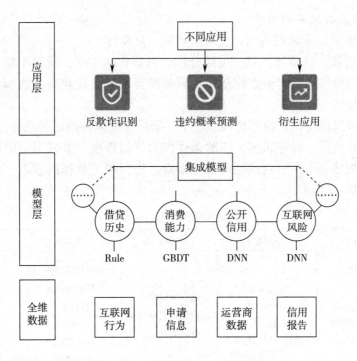

资料来源：同盾科技。

图 9 - 6 智能风控全维度数据模型

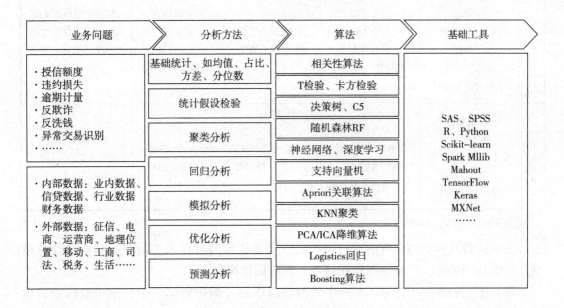

资料来源：埃森哲。

图 9 - 7 智能风控的业务架构与分析流程

（二）智能风控的应用场景

1. 银行与互联网金融机构的信贷风险控制、反欺诈

（1）信贷风控。信贷风控是一项综合性、系列化的工作，贯穿于整个信贷业务流程，自贷前信用分析、贷时审查控制、贷后监控管理直至贷款安全收回，人工智能可以参与每一个环节。

以消费信贷风控为例，按照贷前、贷中、贷后作为风控的时间维度，以信用品质、偿债能力、押品价值、财务状况、还款条件作为评估维度，形成不同的信贷风险关注要点。信贷机构结合不同信贷风险的关注要点，进行相关数据的获取。信贷风险管理控制体系如表9-2所示。

表9-2　　　　　　　　　　信贷风险管理控制体系

	信用品质	偿债能力	抵押品价值	财务状况	还款条件
贷前	营销指引 准入规则 渠道控制 工商、司法数据 申请资格审查 交易数据	收入调查 盈利率计算 行业标准比对 货物周转率计算	经营时间收入 客户违约成本核算 押品类目准入	资产情况调查 负债情况调查 杠杆率 居住情况 职业情况 收入情况	贷款用途 企业偿债能力 贷款背景调查 生产设备技术水平 必要批准文件
贷中	身份核实 逻辑检查 评分卡及策略 征信调查 黑名单检查 贷款、交易记录	收入核实 交易历史 最低收入 贷款期限/利率/金额	最大/最小成数 最大/最小额度	资产负债表 利润表 现金流表 银行交易流水	供应商/销售商情况 资金来源及使用情况 预期资产负债与损益 营运计划
贷后	司法/刑事责任 信用品质 个人风险预警信息 交易信用 欺诈交易信息	企业经营状况 交易量下降情况 逾期次数增加 客户履约能力变化	所有权/经营权变更 抵（质）押变更	企业交易变动 贷后款项追踪	回访异常反馈 管理层及核心人员变化 关键限制性条件变化

资料来源：毕马威（KPMG）。

消费信贷从业机构在贷前进行风控时，主要依赖两种技术手段：一是构建评分模型，预防信用风险；二是挖掘欺诈规则，预防欺诈风险。

评分模型的每一项打分、每一个预测都应该是"数据驱动"的，这也意味着数据源本身非常重要。风控方可以对所采用的数据源（以及相应的策略和模型）用"冠军挑战"的方式筛选（见专栏9.6）。

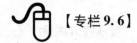

【专栏9.6】

数据、策略、模型的"冠军挑战"

在接进数据时，风控方会和数据方做一些测试，但是这个测试通常是拿历史数据来测的。这就伴随着一个问题：历史上在用户测试上有效果的数据，是否在今天判断新进来的客户上同样有效。

因为任何情况下基于历史作出的假设，以及在历史里获得的经验，不一定完全适用于未来。为了控制未来和历史经验之间的差别所导致的决策风险，就需要设计一种"冠军挑战"机制。

"冠军挑战"是这样操作的：把目前表现理想的策略、数据和模型定义成"冠军组"，这个数据可能在历史上半年的时间内、在几批用户上是有效果的。要判断这个"冠军组"是否适用于新的一批客户，就在这个数据源接进来之后，用测试组来测试其在当前这批客户上的表现。

测试开始之后，业务在测试组里也在自然增长，一段时间之后，这策略的效果就能体现出来了，这时就可以根据这个策略的实际效果来判断其是否真的在新客户上有效。

在当前策略、模型、数据的产出实际表现之前，它都是"挑战组"。"挑战组"如果能达到预期，或是比现在的"冠军组"表现更优，就可以正式把这个"挑战组"的内容升级，与"冠军组"做对比。

这样就永远会存在一些组不停地挑战现在的"冠军组"，它们要拿出更好的表现才能击败"冠军组"成为新冠军，从而最后被智能信贷数据决策系统使用。持续保持冠军挑战的策略机制，可以形成内部竞争，提升策略效果，形成持续优化的有效机制。

资料来源：https://www.jianshu.com/p/dba3ae200487。

（2）智能催收。催收在信贷管理中至关重要。催收的重要性体现在两个方面：一是能够最大化降低坏账损失；二是通过强大的催收能力抢滩较高风险的业务并获得收益。随着信用卡的普及与网络信贷的发展，一方面客户量迅速增长，另一方面客户欠款越来越难催，行业性坏账不断攀升。智能催收作为一种新型方式应运而生。

智能催收是"智能催收机器人"的简称，实质是以人工智能技术来优化整个催收流程。现在面世的智能催收机器人，典型的有腾讯催收机器人、覆盖催收和回收债务场景的 SaaS + 机器人智能语音交互服务。

智能催收机器人可支持多路话务并行的操作；其在提高系统工作效率的同时，大幅缩短了催收任务的执行时间，能满足催收业务量日益增长的需求。

智能催收的业务流程分为两个步骤：

第一步，任务配置。客户填写催收场景相关信息，比如消费贷、信用贷等的相关信息；客户提交被催收人信息，并选择任务类型（催收或者是提醒），根据以上信息完成催收任务的配置。

第二步，催收处理。用户信息提交上传后，由智能催收机器人完成信息汇集、通过语音、短信机器人催收、获得催收结果，生成报告供用户查看。

智能催收机器人依据催收标的类型（比如信用贷、消费贷等）、被催收人画像、心理学理论和相关合规要求等，采用大数据模型算法确定催收计划和催收策略；智能催收机器人在催收计划和策略执行过程中根据实时反馈可实时调整催收策略，并在保证催收效果的同时大幅减少催收成本；智能催收机器人在完成一个催收周期任务后会为客户返回催收结果报告，从而为客户下一轮的催收服务购买提供决策依据。

机器人催收业务流程如图9-8所示。

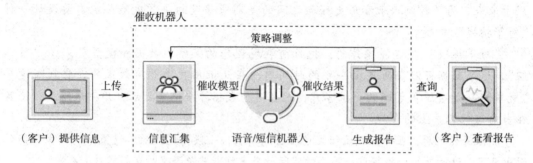

资料来源：阿里云。

图9-8 机器人催收业务流程

智能催收既可用于欠款催收，也可用于还款提醒：在借款人出现逾期但达不到上门催收程度的早期催收阶段，可以选择机器人语音和短信的方式进行催收；若借款人借款即将到期，可以选择机器人语音和短信的方式进行还款提醒。

（3）信贷反欺诈。人工智能技术可以帮助金融机构进行反欺诈以及降低信用风险。智能反欺诈凭借人工智能和机器学习能力，可以准确识别恶意用户与行为，解决客户在支付、借贷、理财、风控等业务环节遇到的欺诈威胁，帮助客户提升风险识别能力，降低机构损失。

反欺诈是一项识别服务，是对交易诈骗、网络诈骗、电话诈骗、盗卡、盗号等行为的一项风险识别。

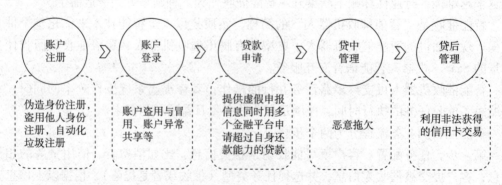

图9-9 贷款各环节的欺诈风险

如图9-9所示，在贷款环节中，从账户注册到登录，到贷款申请、管理、支付、放款、还款，每个步骤，网络欺诈都无孔不入，但都须伪装身份。因此，信贷反欺诈的首要环节便是"身份识别"，运用人工智能技术打造出一个"火眼金睛"的欺诈识别系统，通过在线检测分析手段和机器学习的方法，识别数据形态，将信息整合到一起，获得对顾客的完整认识。然后从普通的行为活动中分辨出欺诈行为。

智能反欺诈的实质是利用机器深度学习提升反欺诈能力。其核心是通过大数据的收集、分析和处理，建立反欺诈信用评分和反欺诈模型，解决不同场景中的欺诈风险问题。

利用深度学习技术反欺诈的原理，实际上是从银行与互联网金融机构反欺诈痛点着手，不再只通过传统策略引擎，而是通过机器收集到大量异构、多源化的信息，包括可交叉验证信息主体所提供的信息以及第三方信息来源的真实性，形成共享库。通过对数据的采集和分析，再通过机器学习及复杂网络等模型算法技术，对数据进行深度挖掘，从传统历史数据中量化抽取风险特征指标，利用复杂网络关联分析技术从历史违约数据中发现实时欺诈业务风险指标，丰富深度学习风险模型的业务维度，建立人工智能反欺诈模型，从而发现欺诈者隐藏的蛛丝马迹，识别欺诈者身份。智能反欺诈与传统经验规则配合使用，大幅提升借贷欺诈风险的防控能力。

欺诈分析所使用的数据主要来源于内部数据和外部数据，针对不同的数据源，通过多种采集方式对数据进行有效采集，并集中在数据库中进行融合存储。根据预测模型分析的需求，通过配套的数据处理技术工具对数据进行预处理，最终输出模型训练所需的样本数据。

国内常见反欺诈产品有：众安保险的Xmodel，腾讯的天御借贷反欺诈AF，阿里云的云盾，蚂蚁金服的蚁盾；模式多为SaSS服务，产品形态为客户端控制台+服务端调用反欺诈API。

采用先进人工智能技术的借贷反欺诈产品，如腾讯云天御借贷反欺诈，可用于贷前审核、消费分期、信用卡开卡等场景。

智能借贷反欺诈流程如图9-10所示。

①贷前检测。客户在申请信贷过程中的典型欺诈就是伪造资产证明材料和银行流水，通过虚假信息换得信贷申请的通过。借贷反欺诈服务会在用户申请借贷时发起检测，精准识别虚假信息申请、冒用身份申请、高危用户申请、机构代办、多头借贷、组团骗贷等互联网金融风险，帮助客户提升反欺诈识别能力。支持对手机号、银行卡、设备、邮箱等信息的检测，输出风险欺诈分及风险详情。

②贷中复审。针对完成借款申请但还未放款的复审环节，动态监测贷款用户继借款申请之后新增的风险变动信息。

③贷后监控。客户只需定期发起对存量用户的检测，便可以及时发现跨平台逾期、多头借贷、用户异动等风险问题，以便重新设置对借贷人的催收关注度，减少逾期坏账概率。

图 9-10　智能借贷反欺诈流程图

④黑产情报。全面掌握互联网金融黑产行为特点、从业人员规模、团伙地域化分布以及专业化工具等情况，使得借贷反欺诈服务能够全面掌握黑产特点，并作出针对性打击策略。

⑤风险分析。客户可以通过借贷反欺诈服务查询平台的风险情况，包括对各类型风险事件的分布和趋势分析。

2. 证券异常交易行为、违规账户侦测。与银行业智能风控专注于信贷风控、反欺诈等不同的是，证券公司、交易所更关注于"实时""事中"交易违规行为的侦测。

异常交易行为特征描述本质上是一个用户画像项目，对高频交易客户进行群体划分，建立用户画像体系，基于客户交易行为中的各种指标提取特征，使用这些特征作为模型的输入，输出为该用户所属的类别。常见证券异常交易行为类别及特征见专栏9.7。

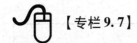【专栏9.7】

证券异常交易行为类别及特征

一、构成拉抬打压异常交易的行为特征

1. 投资者以明显偏离最新成交价的价格大额或频繁申报买入或卖出相关证券。

2. 证券交易价格受到影响。

3. 投资者的拉抬或打压行为是致使股价变动的重要原因。

二、构成涨跌幅限制价格大额申报异常交易的行为特征

1. 投资者以涨幅或跌幅限制价格大额申报或连续申报。

2. 该证券交易价格达到或维持涨幅或跌幅限制。

3. 投资者以涨幅或跌幅限制的价格大额申报或连续申报的行为是致使股价变动的重要原因。

三、构成基金异常交易的行为特征

1. 投资者通过拉抬打压、虚假申报、自买自卖、关联账户交易、涨跌幅限制价格大额申报等方式交易基金。

2. 基金交易价格偏离基金参考净值。

3. 投资者的异常交易行为是致使基金交易价格偏离基金参考净值的重要原因。

四、构成自买自卖或关联账户交易等异常交易的行为特征

1. 单个或两个以上固定的或涉嫌关联的证券账户之间，大量或频繁进行反向交易。

2. 证券交易价格或交易量受到影响。

3. 投资者的自买自卖、关联账户交易行为是致使证券价格或交易量变动的重要原因。

五、构成虚假申报异常交易的行为特征

1. 投资者申报金额较大，撤销申报占比较高。

2. 成交股数较少或者成交占比低，不以成交为目的。

3. 投资者的申报可能对证券交易价格产生较大影响。

资料来源：https://baijiahao.baidu.com/s？id=1606388712128975442&wfr=spider&for=pc。

特征指标有交易活跃度（下单次数、下单频率等）、每单报价、持有标的、总资产、资金与持仓信息等。在证券业务层面，则需要覆盖经纪业务、自营、资管等业务。

事中风控一般需要在短时间内（50ms以内）对交易数据流作出分析结果。交易指令在提交给交易系统进行处理的同时，旁路同样的指令到事中风控子系统进行分析处理；当触发事中风控规则后，系统自动报警，由人工进行处置。

业务应用可分为两类：对于经评估和实际验证合格的特定接入渠道和特定投资者，公司与其签署专项交易风险管理协议，并通过事中风控子系统对其交易行为实时监控；针对所有用户，可对其在单个业务交易系统或者多个业务交易系统（一般是指集中交易和融资融券业务）上的交易行为实时监控。事中风控规则如表9-3所示。

表 9 – 3　　　　　　　　　　　　　　　　事中风控规则

风控规则	规则解释
连续竞价期间频繁虚假申报	监控委托流水中大胆委托某证券但频繁撤单的行为
盘中异常申报（拉抬打压）	监控连续竞价期间申报价格高于（低于）最近成交价申报买入（卖出）造成股价大幅上涨或下跌的情况
大单拉涨停	监控以涨停价或接近涨停价格大量委托买入某证券的行为

3. 保险风控。保险风控的主要应用领域是保险风险定价、反保险欺诈与智能理赔。基本方法是借助内外部数据在财产险的查勘、定损、核算等环节，通过生物特征识别、人脸与图像识别等人工智能技术，识别风险特征，提高欺诈识别率，降低理赔成本。

（1）保险风险定价。人工智能技术可以帮助保险公司洞察客户特征和需求，提升保险产品风险定价能力，进行精准产品定价和风险控制（见专栏 9.8）。

保险定价合理与否取决于是否拥有充分的信息从而对保险铲平风险进行准确定价。传统上保险产品定价缺乏充分信息，因而导致费率过高、费率过低或费率分类不公平等价格错误风险。但"一刀切"的定价模式又会导致用户价值流失。大数据、人工智能等技术的发展，数据与数据种类的大量增长带来了一个更可预测的风险管理环境，为保险企业改变评估风险方式提供了条件。保险公司可以结合投保人的生活习惯、年龄、投保经历等基础信息，在大数据的基础上结合人工智能技术，挖掘投保人的保险偏好，针对性地设计投放策略、组合方案，为每一位消费者量身定制保险产品并提供差异化定价。根据用户画像，快速了解多变的客户需求，可以让保险产品设计场景化、定制化、规模化、个性化。

例如，大数据及人工智能技术将深刻影响延续数百年的寿险精算定价，使之更精准、更适合不同个体在不同年龄段的具体情况。再如，借助大数据及人工智能持续跟踪客户出行情况，从而提供差异化的产品及定价策略。

【专栏 9.8】

"风险引擎"为保险风险定价

Cytora 开发了一种被称为"风险引擎"的技术，商业保险公司可以利用其人工智能算法进行风险定位和定价。

该公司已经与 QBE、XL Catlin 和 Starr 等知名保险公司建立了合作关系，在商业发布之前，进行"风险引擎"迭代。

资料来源：https://www.iyiou.com/p/77638.html。

（2）反保险欺诈。保险欺诈是指保险金诈骗类欺诈行为，主要包括故意虚构保险标的，骗取保险金；编造未曾发生的保险事故、编造虚假的事故原因或者夸大损失程度，骗取保险金；故意造成保险事故，骗取保险金的行为等。

反保险欺诈有多种专业的保险反欺诈工具可用。比如 SAS 的反欺诈框架工具、

IBM 的反欺诈解决方案等，国内的百度云、阿里云、腾讯云等也提供专业的保险反欺诈工具。这类反欺诈工具可以助力保险公司个体索赔欺诈交易监控系统，侦测出有组织的欺诈团伙；帮助特别调查组（SIU）、欺诈分析师和保险公司的索赔管理人员侦测、预防和管理多条业务线上的投机诈骗和专业诈骗。它能够进行欺诈侦测、警报管理和案件管理，同时提供揭露欺诈罪犯之间相互关系的能力，让保险公司能够集中精力制止价值最高的欺诈网络。

（3）智能理赔。保险理赔是保险人在保险标的发生风险事故后，对被保险人提出的索赔请求进行处理的行为，是保险行业价值链上重要的一环。传统上，理赔流程需要经过多道人工工序才能完成，手续复杂、理赔速度慢，公众对保险的服务体验差。通过利用人工智能技术，处理海量数据，保险公司可以把很多处理流程自动化，比如给某些索赔案件提供"快速通道"服务，降低处理的整体时间，在提升客户体验的同时还能够降低成本。

在理赔各业务环节，基于"大数据＋人工智能"的图像识别可以优化定损流程，缩短理赔周期，提高用户从投保到理赔的效率，辅助降低赔付成本，提升客户体验。当意外事故等发生时，根据客户报警记录、就诊信息等，保险公司可快速对客户作出理赔决定，实现自动理赔，在降低成本的同时为客户提供便利。

人工智能的应用还可以为客户提供小额、高频、碎片化的产品，从而以低成本大大拓宽保险公司的产品线。依靠人力自身的传统保险产品核保核赔过程效率低而且成本高，因此一般只能处理大额、低频的保险产品。而应用人工智能之后，通过机器识别处理，大幅提高了核保核赔的效率并节省了人力成本，使小额、高频、碎片化保险产品的推出成为可能。

智能理赔是一个由风险信息输入、风控规则的风险筛查、风险识别处理以及风险预警输出构成的完备的事前、事中、事后理赔风险闭环管理机制。智能理赔业务架构与处理流程如图 9 - 11 所示。

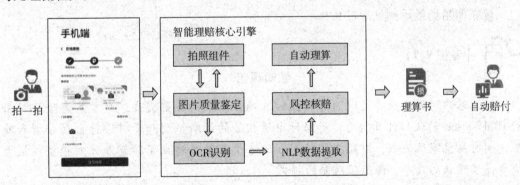

资料来源：蚂蚁金服官网。

图 9 - 11 智能理赔业务架构与处理流程

智能理赔使用的技术主要包括图像、语音识别技术以及自然语言处理（NLP）

技术。

图像、语音识别可以通过人脸识别、证件识别以及声纹识别等方式进行身份认证。更重要的是,图像识别还可以处理非结构类数据,比如将笔迹、扫描、拍照单据转换成文字,对视频、现场照片进行分类处理等。例如,阿里巴巴旗下蚂蚁金服保险平台的人工智能图片识别技术就是核赔流程重要应用之一,蚂蚁金服消费保险的理赔环节中,超过九成是依靠后台技术识别和判定,而其中更重要的环节是对图片相似度的识别。

除了图像识别技术以外,人工智能还可以通过物联网技术来实现实时定损。各种物联网传感器和数据捕捉技术组合,比如无人机,将取代传统的人工报案方式。损失发生之后,理赔分类流程和维修服务将会被自动开启。比如,交通事故发生之后,保单持有人先对事故现场进行摄像,然后转换成损失说明,系统将自动估算理赔金额。

基于人工智能深度学习算法的用户行为预测模型,可以预测恶意欺诈人群的行为,从而提高精算效率,降低保险成本,促进交易。保险公司往往拥有大量理赔案例,结合以往的理赔案件,利用深度学习技术可以挖掘出一套动态定损模型。当客户提出报销修理费用或为客户定损时,可以参考算法模型给出的结果,对于那些明显高于算法结果的,再加入人为核查。

目前国内几家较大的保险企业都已推出基于 APP 或微信公众号的线上理赔系统。综合看来,这些理赔系统具有以下产品功能:

①客户端 E 化服务功能。实现客户端全自助理赔服务体验,包括自助申请、理赔材料自助上传、自助查询、自助补充材料等功能。

②系统端自动化审核功能。实现后台业务系统自动受理案件、智能化审核以及智能风险评估,理赔案件从进入系统至结案达到秒级。

③依靠自动化理算触发规则和风险筛查规则,以及强大的智能风险评分系统,实现理赔案件的全自动处理以及快速结案。

智能理赔场景示例见专栏 9.9。

【专栏 9.9】

认知理赔

随着客户对保险业务处理的时效性和准确性要求的日益提高,日本某寿险公司借助 IBMWatson 的认知计算能力,对赔付申请相关的诊断证明和资料进行自动分析和处理,同时简化审核流程,缩短报销时间,还基于大数据建立了防范欺诈的模型,极大地提高了理赔的效率,降低了理赔的损失。

资料来源:《IBM:认知时代下的数字化保险》。

三、决策智能应用

决策智能以无监督学习为主,预测人脑无法想象的尚未发生的情景。决策智能在金融领域的应用目前还处于初期尝试阶段。典型应用如智能投顾。

（一）基本定义与应用价值

智能投顾，又称机器人投顾（robo-advisor），其实质是人工智能与专业投顾相结合的产物——人工智能技术赋能投资行业的计算机网络系统。

智能投资算法可以获得更高收益。2008年，智能投顾在华尔街迅速崛起。2014年也成为中国智能投顾元年，各类互联网科技公司和金融机构竞相涉足智能投顾。

传统投资顾问以投资顾问的专业素养和从业经验为基础，结合投资者的资产状况、风险偏好、预期收益等，为投资者提供专业投资建议，一切以人为核心。而智能投顾，依据现代资产组合理论，结合个人投资者的风险偏好和理财目标，利用算法和友好的互联网界面，为客户提供财富管理和在线投资建议服务。

人工智能可以对数据进行24小时不间断的处理、分析，这是传统投顾所不具备的能力。智能投顾基于大数据建模分析，对投资趋势、方向形成预判，基于行情数据、用户情绪数据以及场外数据等多个维度，进行大数据的收集、建模以及分析。

智能投顾的巨大优势在于机器服务成本非常低，边际成本近乎为零，能很好地服务广大投资人群，市场空间巨大；而且机器是没有情绪波动的，严格按照模型算法执行，可以高效完成不受人类情绪干扰的理性投资决策。

投资者对于投资顾问的需求主要体现在"情绪管理"和"投资策略建议"：一方面，投资者在投资过程中容易产生贪婪或恐慌等情绪波动；另一方面，投资者对金融市场信息的了解相对较少，信息不对称。

与传统投顾相比，智能投顾具有低门槛、低费用、投资广、透明度高、操作简单、个性化定制等优势。因此，智能投顾更能满足广大投资者的需求。

传统投顾以人为核心，服务内容一般都是非标准化的产品，因投资顾问的能力而差异巨大，很难给用户形成持续的服务。而智能投顾则以标准化产品形式提供服务，用户可以自主完成使用、购买以及投资的全流程，无须过多的客服介入，极大地减少了人为因素对投资者的误导。

（二）理论模型与业务类型

1. 理论模型。在理论模型方面，智能投顾大都以马科维茨的均值—方差模型及其衍生理论（现代投资组合理论MPT、B-L模型等）作为资产配置的理论基础。投资标的也都是选择追踪不同的ETF（交易所交易基金）作为基础品种，覆盖面宽且流动性较好。

理论模型的复杂性并不高，主要提供了几十个模板，基于客户风险偏好评级，来套用不同的模板。基本思路是，将负相关资产放在一个组合里，通过平滑掉波动来获得一个长期收益，从概率上而言，时间越长，获得长期收益的可能性就越大，这对于信奉长期投资的美国投资者而言的确是有效的。

2. 业务类型。典型地，投顾业务一般分为六个步骤：信息收集、投资者分析、大类资产配置、投资组合分析与选择、交易执行、资产再平衡。如果针对的是美国市场，通常还会多出一个"税收规划"板块。对应金融投资的不同业务阶段,所用到的智能系统功能也大不相同。按功能划分出现了以下三种类型的智能系统:大类资产配置型智能投顾、投研型智能投顾、智能量化交易系统。

应用于销售前端的大类资产配置型智能投顾,主要是通过用户分析为客户解决大类资产配置问题,而 Wealthfront 应用于投资分析阶段的投研型智能投顾,主要通过海量数据挖掘和逻辑链条解决投资研究的问题,而 Kensho 应用于策略、交易和分析的智能量化交易系统,主要通过人工智能手段取代交易员,应用于投资交易,如桥水基金(Water Bridge)的全天候人工智能交易。

不同的系统对应到整个投资流程的不同阶段,因其作用的不同,覆盖的功能也不同,如表9-4所示。

表9-4 不同智能投顾系统功能

项目	客户分析	资产配置	投资分析	策略形成	交易执行	分析反馈
大类资产配置型智能投顾	具备	具备	不具备	不具备	具备	具备
投研型智能投顾	不具备	具备	具备	不具备	不具备	不具备
智能量化交易系统	不具备	不具备	具备	具备	具备	具备

(1)大类资产配置型智能投顾。智能投顾,主要根据投资者的实际状况,如收入状况、年龄、投资目的、心理风险承受能力等因素来评估用户实际风险偏好,为其提供量身定制的资产投资组合建议。智能投顾的投资标的主要为各类 ETF 基金,属于资产配置型的被动投资。

相比传统投顾,智能投顾有着更低的成本,使得普通家庭也能够享受专业的投顾服务。另外,智能投顾发挥算法优势且由机器自动执行,因此配置和执行更为高效。而传统财富管理则有着覆盖面有限、资源配置效率低下、普通消费者缺乏财富管理意识以及刚性兑付未完全打破等短板。

按人力参与程度,智能投顾可分为机器导向、人机结合以及以人为主三种模式。机器导向模式的核心特点在于门槛低、费用低,缺陷在于因无法吸引大量高净值客户,其资管规模存在天花板。针对高净值客户,人工投顾显得必不可少,近段时间人机结合的投顾模式逐渐受到重视,有望成为做大投顾规模的发展趋势。

(2)投研型智能投顾(智能投研)。智能投研的目标是实现数据到投资理念的一步自动完成。智能投研是基于知识图谱和机器学习等技术,搜集并整理信息,形成文档,供分析师、投资者等使用。现阶段智能投研已经可以初步自动实现上下游产业链分析、生成智能财务模型、热点事件影响分析等项目内容。

人工智能可以大幅提高传统投研效率。凭借快速的计算能力、良好的人机交互性、强大的深度学习能力,通过构建事件数据库及知识图谱的综合图表模型,智能投研可以解决投资分析中的"速度、规模、自动化"三大挑战。利用人工智能技术,可以帮助分析师更快地从海量数据中发现不同信息的逻辑关系,寻找事件和资产之间的相关性,预测事件对资产未来价格走势的影响,从而更加精准快速地作出决策。

虽然智能投研可以削弱信息不对称性，改进投研效率，但现阶段尚无法自我形成新因果关系，无法区分因果性与相关性。其发展态势初露雏形，还未成规模。①

（3）智能量化交易系统（量化投资）。量化投资通过对历史数据进行分析，借助一系列数学方法进行归类和判断，因此和纯粹的主动投资相比更具理性，其风险控制也显得更为严格。然而量化投资的策略本身依旧是人制定的，是将人的投资经验和策略赋予程序，然后通过不断回测和改进最终形成策略。因此，量化投资策略最终是人的策略，并非机器的策略。

量化投资通常使用多层感知和递归神经网络共同完成市场特征的识别和数据的预测。

如同图片特征可以被识别一样，市场特征也可以被识别，将图片中的每一个像素理解成影响市场行情的因素，这些因素就构成了可用于预测的特征图。在行情预测方面，可以构建一个多层次的异构学习系统，利用正向和反向激励机制寻找数据中的相关性和潜在规律。在整个金融市场中有着大量的结构化数据，通过多层感知网络模型，如应用于历史行情数据，则可以用来进行行情特征的智能识别；若应用于基本面、财务数据，则可以进行价值投资领域的特征提取。

递归神经网络主要用作时间序列分析。因为市场变化是有先后顺序的，利用这类模型对历史数据进行训练，可以用于学习市场的历史规律，并利用其时间序列的特性进行市场数据的预测。

量化投资在国外已有大约30年的历史，随着资本市场越来越成熟，金融衍生工具不断涌现以及技术不断发展，量化投资正迎来发展机会。目前看来，虽然无论在实际操作层面还是在监管层面，智能投顾都面临一系列难题，但将程序化决策应用到金融投资领域越来越得到市场人士的认可。

第四节 人工智能金融应用的主要问题与发展趋势

人工智能正在加速金融生态变革。从未来趋势看，随着人工智能技术的完善，人工智能在金融领域的应用广度和深度上还有巨大的拓展空间，长期内金融智能化是必然趋势，但这也使得金融监管变得更加复杂。

一、人工智能金融应用的发展趋势

（一）全球金融业将为人工智能所改变

智能金融是以人工智能为代表的新技术与金融服务深度融合的产物，它依托无处不在的数据信息和不断增强的计算模型，提前洞察并实时满足客户各类金融需求，真正做到以客户为中心，重塑金融价值链和金融生态。

---

① 东吴证券研究所. 全球独角兽研究系列报告［EB/OL］.

近年来，全球金融业正在人工智能的催化下悄然改变，智能金融融入各国顶层设计。世界各国纷纷加大了对基础研发的投资，推进人工智能的研发和产业利用。

具体就金融领域的应用而言，据金融稳定委员会（FSB）报告，国际金融业对人工智能的应用主要集中在以下几个方面：一是面向资本运营，集中于资产配置、投研顾问、量化交易等；二是面向市场分析，集中于趋势预测、风险监控、压力测试；三是面向客户营销，集中于身份识别、信用评估和虚拟助手；四是面向金融监管，集中于识别异常交易和风险主体。

下一步，在国家战略与公共私人部门投资推进下，人工智能技术本身的进步与其在金融领域应用的实践和试验将助力智能金融更广泛深入发展，全球金融业生态将为之出现深刻改变和全新重塑。

在商业模式创新方面，智能技术将不仅仅在"效率"上发挥价值，而且将通过与产业链的深度结合，在"效能"上有所作为。在金融领域，移动互联网时代更多体现的是"渠道"迁移；人工智能时代则使得技术在金融的核心即风险定价上发挥更大的想象力。智能金融时代技术将真正成为核心驱动力，技术驱动商业创新的影响力及范围会进一步扩大。"技术＋"成为终极演进规律，会在一定程度上颠覆原有商业创新逻辑，从移动互联网时代的模式创新到技术时代的应用创新，使技术在应用层面进一步深挖价值。技术和产业链全面深入结合，将带来应用层终极变革。

在产品服务方面，"个性化"不再仅限于客群层面，而是提供单个客户专享的产品服务。基于海量的客户信息数据、精细的产品模型和实时反馈的决策引擎，每一个客户的个性数据将被全面捕获并一一反映到产品配置参考和定价中。所有产品不再是为了"某些"客户提前设计，而是针对"某个"客户实时设计，实现产品服务的终极个性化。智能金融最终将金融服务推向新的高度，真正实现以客户为中心，未来，"随时（无休服务）、随地（线上处理）、随人（千人千面）、随需（精确满足）"将成为智能金融的评价标准。①

（二）国内智能金融将获得前所未有的发展空间

就国内看，无论是政策环境、应用基础还是市场供求因素均为智能金融发展提供了良好条件。

首先，政策环境支持人工智能在金融业的应用。中国政府自 2015 年起便将人工智能纳入了国家战略发展规划，为人工智能的发展提供充分的资金支持和政策鼓励。金融作为人工智能落地的最佳场景之一，政府正大力鼓励金融领域的技术创新，迈向普惠金融的目标。党的十九大提出，"推动互联网、大数据、人工智能和实体经济深度融合，在中高端消费、创新引领、绿色低碳、共享经济、现代供应链、人力资本服务等领域培育新增长点、形成新动能"。2017 年 7 月，国务院印发《新一代人工智能发展规划》，将智能金融上升到国家战略高度，明确指出要大力发展"智能金融"，创新智

---

① 参见埃森哲与百度金融联合报告《揭秘智能金融》。

能金融产品和服务，发展金融新业态。国家的方针政策在给行业发展提供坚实的政策导向的同时，也给金融行业发出积极信号。

与此同时，国家也越来越明确在金融改革与创新过程中对于金融风险防控的重视和关注态度。党的十九大提出健全金融监管体制，守住不发生系统性金融风险的底线的政策目标。近期金融监管部门规范整顿现金贷，发布资产管理新规，及时有效引导行业健康发展，使得智能金融能够在发展的高速通道上规范前行。金融监管部门与科技部通过共同推进"促进科技和金融结合试点"工作，围绕科技创新的规律和特点，引导金融在产品、组织和服务模式等方面与科技深入融合。在符合金融监管政策的条件下，鼓励试点城市勇于探索和大胆尝试，形成经验和模式并择优推广，从而加快科技创新驱动发展战略的部署。

其次，中国金融已经经历了从电子化到互联网化的转变，现在又因其与数据的高度相关性，已成为最先与人工智能相融合的行业之一。目前，中国智能金融已经全面覆盖客服、风控、营销、投顾和授信等各大金融业务核心流程，衍生出互联网金融、网上征信、第三方支付等一系列新兴金融业务领域，人工智能技术赋能中国金融已经初见端倪。

最后，与成熟的欧美金融体系相比，中国的金融业发展起步较晚，具有广阔空间，现有人群的服务也需要能力升级，这既包括产品设计的创新能力，也包括客户的触达和服务能力。而中国近年来数字化转型的迅速发展备受全球瞩目。中国移动支付的市场规模和渗透率已达到世界领先水平；中国居民消费理念和消费方式的转变推动了第三次消费升级的热潮，并在互联网领域表现得尤为突出；国内传统金融机构和互联网巨头相继布局智能金融，各大银行纷纷推出智能投顾，如招商银行的"摩羯智投"，BATJ与中行、农行、工行、建行分别签署战略合作协议；资本市场对于金融科技的创新企业青睐有加，数字化能力建设在全行业受到前所未有的重视。在互联网巨头所营造的增值服务和美好体验的氛围下，客户对于金融业的诉求已不再是简单的"更多产品"或"更高效率"，而是更好的品质和服务体验。

展望未来，中国智能金融的发展将围绕"以用户为中心"的理念，提供更加丰富、便捷、个性的服务。这不再是对金融行业的局部提升，而将会是对金融服务的重新想象和重新构造。一个基于智能监控等技术和装备的金融风险智能预警与防控系统也将全面建成。

二、人工智能金融应用的主要问题

人工智能在金融领域的应用将对金融市场、金融机构以及金融服务供给与监管产生重大影响。智能化在为金融行业带来变革并催生金融创新的同时，也必将使金融生态面临全方位的挑战，这些挑战既包括传统金融业与科技本身固有的风险，也涵盖金融与科技融合过程中新生的问题，包括技术与安全、监管与合规、道德与责任等方面。

（一）技术与安全

人工智能技术还处于发展阶段，距离成熟还需要若干年的时间，其间存在技术风险挑战。虽然人工智能经历了多轮发展，但仍处于弱人工智能阶段，对于何时能达到甚至是否能达到强人工智能，业界尚未形成共识。人工智能技术上的不成熟有待克服。

还有安全问题。现阶段人工智能技术不成熟导致安全风险，包括算法不可解释性、数据强依赖性等技术局限性问题，以及人为恶意应用，可能会带来金融安全风险。目前，人工智能产品和应用的研发主要是基于谷歌、微软、亚马逊、脸书、百度等科技巨头发布的人工智能学习框架和组件。但是，由于这些开源框架和组件缺乏严格的测试管理和安全认证，可能存在漏洞和后门等安全风险，一旦被攻击者恶意利用，可危及人工智能产品和应用的完整性和可用性，甚至有可能导致重大财产损失和恶劣社会影响。

（二）监管与合规

智能金融需要系统法律规范。在现有的法律和监管体系下，很难界定人工智能由于故障或行为而引发的社会责任问题。然而，在现实操作中，人工智能是建立在大量的程序基础上的，发生故障的可能性较大。人工智能自身的学习、决策机制的产生等行为无法追溯。法律监管的滞后与缺失也加大了开发人员人为造成风险的可能性。例如，如果个别研发人员设计出一个恶意的智能代理，并被一些集合性质的基金所使用，就可能引发个别股票价格的异动。对于这样的违规行为，现有监管法规将难以界定责任主体。

（三）道德与责任

人工智能应用缺乏道德规范约束，资本逐利本性会导致金融消费者权益受到侵害。企业具有天生的资本逐利性，在利用用户数据追求自身利益最大化时，往往忽视道德观念，从而损害用户群体的权益。例如，金融机构可能基于用户行为数据分析，对客户进行价格歧视；利用人工智能有针对性地向用户投放理财、投资风险产品，从中获取利益。

（四）金融理论冲击

传统金融理论的基础是理性人假设，但人类理性与机器人理性并不在同一量级，阿尔法狗击败人类围棋冠军已经宣告了人工智能在算力和数理逻辑上的绝对性压倒优势。伴随认知智能与决策智能技术的进一步发展，量子计算的算力将天文级倍数于人类智力，人类理性与之相比将极为有限。智能金融的下一步发展将基于全数据与无限理性，这意味着现有的金融理论都必须改写，否则无从解释日益复杂的智能金融现象。例如，现在人工智能与互联网社交网络的融合发展，已经对法玛定理提出了新的挑战，有可能出现超级法玛定理，即金融科技大数据的自动分析在市场信息充分、透明的情况下，投资者掌握的信息均等化，市场效率特别高，股票市场接近充分有效市场假说的时候，会出现超级法玛。在计算速度无限快的情况下，人工智能的算法能够分析市场上所有的相关信息，而且永远比人类分析师提前知道真实的股票价格，从而战胜人类投资者。类似的还有人工智能炒股挑战马科维茨投资组合理论，与阿尔法狗模仿人类棋手一样，它可以模仿市场前100个基金经理的策略，然后优化成自己的策略下单，在与人类的股市博弈中胜出。此外，人工智能技术也对期权定价理论提出了挑战。人工智能算法可以根据互联网市场上众多使用者的信息，预估公众的风险偏好，用这个公众的风险偏好替代期权定价模式里的国债利率，会给出投资者最好的价格。如此一来，期权定价模式理论中的无风险套利的基准理论就可以用人工智能算出的社会风险偏好来替代。

总之，人工智能在金融领域加快应用是未来的发展方向，监管机构既要正视这种趋势，积极抢占人工智能发展高地，又必须重视人工智能应用给金融领域造成的冲击，未雨绸缪地开展前瞻性研究和战略性部署，对人工智能在金融领域的应用提供法律人伦规范，确保智能金融的健康发展。

【本章小结】

1. 作为高度数据化的行业，金融行业是最适宜与人工智能进行结合并产生价值的领域。

2. 人工智能可以应用于银行、证券、保险等垂直领域，为金融行业的各参与主体、各业务环节赋能。

3. 在功能层次上，人工智能在金融领域的应用可分成服务智能、认知智能和决策智能三个维度。

4. 智能客服是一个用语音或文字同客户进行对话交流的计算机系统。

5. 人工智能风控，是指人工智能技术在信贷风控、反欺诈、反洗钱、交易监控、保险理赔等不同场景中的应用。

6. 信贷风控贯穿于整个信贷业务流程，自贷前信用分析、贷时审查控制、贷后监控管理直至贷款安全收回。

7. 智能催收是"智能催收机器人"的简称，实质是以人工智能技术来优化整个催收流程。

8. 智能反欺诈可以准确识别恶意用户与行为，解决客户在支付、借贷、理财、风控等业务环节遇到的欺诈威胁，帮助客户提升风险识别能力，降低机构损失。

9. 异常交易行为特征描述本质上是一个用户画像项目。

10. 保险风控的主要应用领域是保险风险定价、反保险欺诈与智能理赔。

11. 智能理赔是一个由风险信息输入、风控规则指示下的风险筛查、风险识别处理以及风险预警输出构成的完备的事前、事中、事后理赔风险闭环管理机制。

12. 智能投顾，实质是人工智能与专业投顾结合的产物——人工智能技术赋能投资行业的计算机网络系统。

13. 长期内金融智能化是必然趋势，但也使监管变得更加复杂。

【关键概念】

服务智能	认知智能	决策智能	智能客服

人工智能风控	信贷风控	智能催收	信贷反欺诈
异常交易行为特征	保险风控	保险风险定价	反保险欺诈
智能理赔	智能投顾	智能投研	量化投资

【思考练习题】

1. 人工智能在金融领域的应用维度有哪几个？分别是什么？

2. 智能客服可以为客户提供哪些服务内容？

3. 智能风控在银行与互联网金融领域有哪些应用场景？分别是什么？

4. 智能理赔是如何理赔的？

5. 简述人工智能风控的主要内容。

6. 试谈您对智能投顾的看法。

7. 人工智能有可能在何种程度上改变既有金融理论？全数据和超算会使得金融理论无效吗？

【数据资料与相关链接】

1. https：//www. imperial. ac. uk/business – school/executive – education/open – programmes/ai – machine – learning – in – financial – services/。

2. http：//www. raystudio. net/case/zipeiyi. asp。

3. https：//blog. prophix. com/ai – in – finance – three – steps – to – digital – transformation/。

【延伸阅读】

1. 国务院关于印发新一代人工智能发展规划的通知（国发〔2017〕35 号）［EB/OL］. http：//www. gov. cn/zhengce/content/2017 –07/20/content _5211996. htm.

2. 乌镇智库. 全球人工智能发展报告（2017）［R/OL］. https：//wenku. baidu. com/view/7d74a12754270722192e453610661ed9ad5155f0. html.

3. 艾瑞咨询.2018 年中国人工智能行业研究报告［R/OL］. http：//www. 199it. com/archives/706529. html.

4. 埃森哲百度智能金融联合报告：与 AI 共进，智胜未来［R/OL］. http：//www. 199it. com/archives/685480. html.

5. 德勤. 解读人工智能如何改变金融服务生态系统［EB/OL］. https：//www2. deloitte. com/cn/zh/pages/financial – services/articles/how – artificial – intelligence – is – transforming – the – financial – ecosystem. html.

第十章

区块链在金融领域的应用

主要内容:本章首先讨论区块链的应用价值;其次,介绍区块链金融应用场景;最后讨论区块链运用的主要问题和未来趋势。

学习目标:理解区块链的应用价值;清楚区块链的主要应用场景;掌握各种应用场景的基本内容、业务特征和操作流程。

⊙ 引导案例:

区块链给未来金融业带来了无穷想象

区块链给金融业带来无限遐想,因为它把金融业的最大痛点——信任问题改变成了证据问题,让信任有了客观可靠的证据基础。

比特币的底层技术——区块链给未来金融业带来了无穷想象。"未来 20 年,区块链给世界带来的影响将与互联网过去 20 年所产生的影响一样深远。"

2016 年 1 月,英国政府发布区块链专题研究报告,积极推行区块链在金融和政府事务中的应用;中国人民银行召开数字资产研讨会探讨采用区块链技术发行法定数字货币的可行性,以提高金融活动的效率、便利性和透明度;加拿大央行正在开发基于区块链技术的数字货币——加元 CAD - coin。相比于纸币,数字货币不但具有不可伪造的属性,而且能够提供直接、明确的价值转移机制。

美国纳斯达克于 2015 年 12 月率先推出基于区块链技术的证券交易平台 Linq,成为金融证券市场去中心化趋势的重要里程碑;德勤和安永等专业审计服务公司相继组建区块链研发团队,致力于提升其客户审计服务质量。截至 2016 年初,全球资本市场已经相继投入 10 亿美元以加速区块链领域的发展。初创公司 R3CEV 基于微软云服务平台 Azure 推出的 BaaS(Blockchain as a Service,区块链即服务)服务,已与美国银行、花旗银行等全球 40 余家大型银行机构签署区块链合作项目,致力于制定银行业的区块链行业标准与协议。

"未来 20 年,区块链给世界带来的影响将与互联网过去 20 年所产生的影响一样深远。"瑞银专家表示,区块链将开启一扇通往新金融模式的大门,大幅降低成本,提高

效率，从根本上改善金融系统，颠覆许多现有的商业模式。

资料来源：《区块链：让世界为你作证》。

第一节　区块链在金融行业的应用价值

一、增强互信，减少成本开销

区块链作为一种分布式账本技术，将传统的对中心化信用机构的信任转变为对区块链账本的数据公信。由于交易不再依赖于一个中央系统来负责资金的清算结算和交易信息存储，中央处理或清算组织成为冗余，同时可以规避中心化系统需要支出庞大的服务器成本问题；再因为交易的真实性是由区块链上所有参与者共同验证和维护的，所以作为第三方的信用中介也失去了存在价值。这不仅可以大幅减少因信用中介机构的存在而产生的交易成本，还可以解决因信用中介而来的"中心化"数据安全问题。区块链还以其防篡改、高透明的特性，保证数据的真实性和可追责性，减少审计流程，降低金融监管成本。

二、节约时间，改进效率

区块链有助于实现高效低成本的交易模式。金融业内部在资产流通方面的一些既定的烦琐程序可以由建立在区块链上的智能合约轻松简化，从而大幅减少时间成本。"清算"这个资金交付环节在区块链网络中将不复存在，所有的交易都是"发生即清算"的，交易完成的瞬间所有的账本信息都完成了同步更新。通过计算机程序自动确认执行双方交易结果，大幅度提高了金融交易和结算效率，使交易完成时间从几天降低至实时或准实时，大大提高资产利用率。

三、增强安全性与隐私保护，减少欺诈

区块链技术可以提供一种安全的加密方式，以保证数字资产的流通。基于多方间的加密确认和验证流程，区块链为每个交易都提供了高度的安全性。由于每笔交易都单独加密，且这样的加密被区块链上其他各方验证，任何试图篡改、删除交易信息的行为都会被其他各方察觉，然后被其他各个节点修正。区块链中数据不可篡改保证了客户账户的安全性。

区块链上的匿名性避免了用户在传统金融领域中繁杂的个人信息提交和验证的高成本，同时起到了很好的保护隐私的作用。区块链技术通过基于节点的授权机制，通过隐私权限设计完善用户个人信息保护制度。

总之，区块链技术在金融领域的应用可以消除或缓解交易摩擦，降低交易成本，改善交易效率，促进金融资源配置优化。

第二节　区块链在金融行业的应用场景

区块链是驱动互联网变革的核心技术，使互联网从信息互联网向价值互联网转变。作为价值互联网，根据实现方式和作用目的的不同，区块链在金融领域的应用可以概括为三个维度：价值创造、价值转移与支付。具体表现在数字资产、供应链金融、跨境支付结算、证券发行与交易，以及反保险欺诈、医疗记录追踪、再保险等业务细分领域。

区块链价值创造，有广义和狭义之分。广义上，是指区块链能够支持使用者在安全环境中交换价值或者降低系统性风险，从而创造价值；狭义上，是指利用区块链创造数字资产与数字货币。我们下面的讨论采用狭义概念：区块链价值创造，是指数字资产与数字货币的创造。

一、数字资产

（一）数字资产的概念

数字资产，是指行为人所拥有或控制的可以为之带来收益的资源的数字标识，即可流通的加密数字权益证明，简称通证（token）①。

数字资产的构成需要具备三个要素：权益证明、加密、流通。三个要素缺一不可。

1. 权益证明。数字资产必须是以数字形式存在的权益凭证，它代表的是一种权利，一种内在的价值。数字资产可以代表一切权益证明，从身份证到学历文凭，从货币到票据，从钥匙、门票到积分、卡券，从股票到债券，社会经济的全部权益证明，都可以用数字资产来代表。

2. 加密。数字资产的真实性、防篡改性、保护隐私等能力，由密码学予以保障。每一笔数字资产，都是由密码学保护的一份权利。

3. 流通。数字资产是可以在区块链网络内流通，随时随地可验证，且在一定程度上可交易、兑换的资产。区块链的数据权属特性使电子化的数据不再可以无限复制，从而实现数据的唯一性和不可篡改，使数字表征的资产具有了电子化的凭证载体。同时，区块链去中介化的价值传递特性，又使数字资产的流通交换具有了货币现金类等的自由度。

（二）数字资产确权

数字资产是以资产上链——通过数字资产确权，将实际经济中的各种有形或无形资产进行数字标识，使资产具有权属、流通等特性的方式创造的。

数字资产必须经过确权才能上链交易。资产确权是确认某一有形或无形资产的使用权和所有权的隶属关系，以利于权益保护并提高资产的流动性。资产上链首先解决

---

① 关于数字资产，目前尚无公认的定义，这是笔者根据对这一概念的实际使用情况的分析和归纳给出的定义。

的便是数据权属问题，数据可以追溯，同时数据交易时的变更可以进行确认。在信息互联网模式下，因为电子数据是可以无限复制的，所以在互联网上传递的所有价值凭证都必须通过第三方权威机构依据法律相关规定予以认证。这种确权方式存在信息不对称、人为篡改记录、信任风险等内在缺陷。区块链技术资产确权，无须通过第三方权威机构认证，而是通过密码学原理——私钥和地址来确立的。私钥类似于银行账户密码，地址类似于银行账号。区块链由个人拥有数字加密资产私钥的绝对控制权来实现资产确权，拥有私钥就意味拥有数字资产，而地址则标志着数字资产的储存位置，二者必须同时拥有才可以行使自己的数字资产权属。

私钥是一串无规则的字符，从密码学的角度来说，重复的概率非常小，所以这也保证了数字资产的安全性。只有拥有私钥才能打开自己的加密内容，实现数据拥有的唯一性权属。一般情况下，私钥存储在钱包（详见下文）文件里，由钱包软件进行管理。

区块链上的每一个节点都会生成属于自己的私钥，然后这个私钥会生成一个公钥，公钥再经过一系列哈希及编码运算就可得到地址，地址可以理解为公钥的摘要，由一串字符表示，如 16FQCgFD5gBoJvD8kauX9oVoRQhs1NTvb4。地址类似于银行账号，若只公开地址不必担心里面的资产被盗走。地址不需要实名登记，也没有任何身份信息，也可以脱机产生。地址的作用就是标记数字资产的存储位置，每一个地址都是唯一的，所以数字资产，如比特币，也就有了唯一性，不可被重复生成。

（三）数字资产存储

数字资产在存储上一般有两种方式：一是把数字资产存储在钱包里面，二是把数字资产存储在交易所。

钱包，并非传统意义上个人随身携带的钱包，而是管理公钥和私钥的工具。按照私钥存储方式，钱包分为冷钱包、热钱包两类。

冷钱包，与热钱包相对应，也称离线钱包或者断网钱包，是区块链钱包种类之一，意指网络不能访问到用户私钥的钱包。冷钱包通常依靠"冷"设备（不联网的电脑、手机等）确保私钥的安全，运用二维码通信让私钥不触网，避免了被黑客盗取私钥的风险，但是也可能面临物理安全风险（比如电脑丢失、损坏等）。例如，将私钥储存至不会与网络联机的设备上，包括打印、手抄（纸钱包），甚至自行背诵（脑钱包），以确保储存期间的绝对安全。不过上述钱包在进行交易时，仍必须将私钥输入到一般的软件钱包，而最高标准的冷钱包，还必须能进行脱机签署，只将签署过的交易发出来。例如，将私钥储存在额外的特制硬设备上，使用时交易需在硬件内部进行交易签署才送出，只要硬件没有被破解，就绝对安全。如果此硬设备完全脱机，只送出签署过的交易信息，那同时也是最高标准的冷钱包。

热钱包，与冷钱包相对应，也称在线钱包或者联网钱包，是区块链钱包种类之一，也就是网络能够访问到用户私钥的钱包。热钱包因其联网特性，外人可能通过互联网访问用户的私钥，因此安全性比冷钱包低，但比冷钱包更便利。另外，无论是使用冷钱包还是热钱包，私钥都是关键所在。

交易所，是一个基于数字资产发行、管理、交易等全套服务设计的网络交易平台，其实也是一种钱包形式——在线钱包。但交易所不会提供私钥给使用者，所以一旦存入，就只能依靠交易所的机制来提取。

两相比较，存储在交易所时，如果要更换交易所，步骤会比较麻烦，而且要支付相应的资产提取手续费；但交易所大都为中心化结构，容易被攻击，存在安全隐患（见专栏10.1）；而存储在钱包，相对于交易所更安全，也便于统一管理自己所有的数字资产。

总之，不管以哪种方式存储数字资产，最主要的还是安全问题，除了系统的安全，使用者也要把自己的账户相关信息存储起来，提高自身风险防范意识。

 【专栏10.1】
如何存储你的币比放到交易所更安全？

2013年，当时的全球比特币第三大交易平台Vircurex遭到了两次黑客袭击，这让Vircurex陷入了严重的财务危机，迫不得已，其在2014年3月停止了比特币、莱特币以及其他虚拟货币的提款。

2014年2月25日上午，世界最大的比特币交易所Mt. Gox在一次重大比特币失窃案中被盗了744408个比特币。按28日比特币均价计算，合4.75亿美元。Mt. Gox宣告破产。

2018年1月26日，Coincheck在当天02：57左右非法移除约26万名NEM持有者，随后暂停了一些功能。

2018年3月7日，世界第二比特币大交易所"币安Binance交易所"的大量用户的账户被盗。面对这次突如其来的黑客攻击，币安对所有异常的交易进行了回滚处理。

上述血淋淋的教训告诉我们，再牛的交易所，都不能保证核心资产、用户数字货币的安全。

资料来源：https：//zhuanlan. zhihu. com/p/47951607。

（四）数字资产交易与流通

数据经过确权，就成为数字资产，可以在网上交易和流通。资产的自由流通是资产数据化的必要条件，并不是所有的数据都能够成为资产，只有可流通变现的数据才有可能成为资产。并且，也只有通过交易流通，才能发现数字资产的真正价值，形成资产的公允价格。数字资产可以在区块链交易体系进行，也可以在交易所——中心化数字资产平台进行。

在区块链网络上，任何两人之间的交易可以不需要第三方机构来确认。典型如比特币，比特币交易以私钥作为数字签名，允许个人直接支付给他人，不需经过如银行、清算中心、证券商等第三方机构，任何用户只要拥有可联机互联网的数字装置即可使用。

交易所的作用是为数字资产提供交易场所，并为交易者提供兑换法币或其他资产的便利，其重要性可以简单理解为连接数字资产一级市场和二级市场的桥梁，是为个人和机构投资者提供购买和出售数字资产的平台。简言之，交易所是构建起数字资产交易、流通性以及价格波动的交易平台，它在数字资产流通中扮演着至关重要的角色，是不可或缺的存在。此外，交易所也拥有智能数据分析系统，为用户提供多种交易策略和成果分析，让交易更加灵活便捷。

二、数字货币

数字货币是数字资产的具体形式，包括以比特币为代表的各类非法定数字货币及以中央银行牵头研究的法定数字货币两大类型，本部分讨论非法定数字货币。

（一）数字货币的概念及其发展概况

非法定数字货币（digital currency），简称数字货币，又称密码货币（cryptocurrency）或加密货币，是一种使用密码学原理来确保交易安全及控制交易单位而创造的交易媒介。数字货币不具有具体的物质形态，它只是保存在区块链上的一段数据。不同于仅限于在网络游戏中使用的游戏币，数字货币可以用于真实的商品和服务交易，为零售支付（如电子商务、跨境交易、个人对个人支付等）提供便利，使支付速度更迅捷、成本更低廉。

数字货币的发行者不是货币当局，而是任何个人、企业或机构。作为一种区块链上基于智能合约的新型通证，它不依赖于中心化货币当局的信用保证，而是基于去中心化的共识机制。去中心化的性质源自使用分布式账本的区块链技术。

尽管数字货币无货币当局背书，但却是一种典型的数字资产，也具有价值，可替代货币的支付功能，还可以同法定货币兑换。数字货币的价值源自区块链网络用户对它的共同认可，而非对货币当局的信任。数字货币采用加密数字签名使用户能够签署数字资产或证明该资产所有权的交易。通过适当的架构，数字签名也可用于解决伪冒与双重支付问题。

数字货币以比特币为代表。比特币允许支付行为不必通过银行或交易清算中心等，可以直接转入他人账户，避免了高额手续费、监管体系和中间复杂的流程。从货币发行和控制的角度看，比特币有着显著的优点：作为记账单位，最终流通的比特币总是略少于 2100 万个，并可划分为更小的单位；作为记账系统，比特币实现了不由中央发行机构发行新钱、维护交易的目标，在每笔交易前，钱币的有效性都必须经过检验确认，由加密算法保证交易安全，交易记录由全体网络计算机收录维护。

2009 年 1 月，比特币面世，成为第一个去中心化的数字货币，之后数种类似的数字货币被创造，称作代币（altcoins）。比特币数字货币平台建立至今，区块链作为基础支持技术，逐渐独立出来应用于更多场景，产生了多种基于此概念的数字货币，比如莱特币、狗狗币、瑞波币等。也有金融机构正在研究加密数字代币在金融平台交易和结算中的作用，如瑞士信贷银行的"多用途结算货币"、花旗银行的"花旗币"。

2015 年，以太坊开源项目带来的智能合约平台概念，实现了各种不同类型资产及合约的注册和转移，方便了数字货币的发行和流通，极大程度地丰富了数字货币类型。特别是从 2017 年初开始，通过 ICO（首次发行代币）的方式，各种代币层出不穷，带来了数字货币的新一轮繁荣。据得得智库统计，截至 2018 年 7 月 31 日，全球数字货币共发行 1707 种，总市值为 2895.31 亿美元。在市值排行榜上比特币以 1398.5 亿美元列首位，占总市值的 48.3%。市值排位前 30 的币种总计 2646.78 亿美元，占总市值的 91.42%。数字货币的最新进展是天秤币（Libra），Libra 由脸书发起，Libra 就其本质与代币无异，不过加入了国际货币作为代币定价基础，故又称稳定币，Libra 现在仍处于送审阶段，前景尚不确定。

（二）数字货币的基本特征

数字货币具有四大特征：去中心化、匿名性、支付便捷与安全性。

1. 去中心化。数字货币没有一个集中的发行体，而是通过网络节点的计算产生，理论上任何人在任何时间、地点都可以参与制造数字货币，例如，比特币每 10 分钟向网络中释放 50 个（后调整为 25 个），并逐步减半。去中心化可以避免单一的网络攻击与中心化机构道德风险、人为干预或控制。数字货币点对点网络的去中心化特性与算法本身可以确保无法通过大量制造比特币来人为操控币值。仍以比特币为例，它的发行总量按照预定设计的速率逐年增加，并最终在 2140 年达到 2100 万个的上限。目前，全世界每小时只不过产生 300 个比特币而已。共识机制与算法保证比特币无法大量生产，这是其他货币如美元或欧元所不具备的。

2. 匿名性。基于密码学的设计确保了货币所有权与流通交易的匿名性。一是数字货币交易可以在购买环节就实现匿名，用户仅需提供资金或通过信用卡就可以购买数字货币，交易过程中较少涉及用户的身份信息。二是数字货币的匿名性还在于其有不同于传统电子交易的替代支付方式，这使得整个交易过程中外人无法辨认用户身份信息。例如，在总部位于英国的 Ukash 支付平台，用户申请时不需拥有银行卡或账户，也不需要注册和提供任何个人信息，即可将现金兑换成 19 位编码的代金券，这些代金券在所有支持 Ukash 支付系统的国际网站上均可以使用，较好地实现了数字货币交易过程的匿名性。

3. 支付便捷。以货币跨境转汇为例，传统货币转汇境外需要通过银行机构进行较为复杂的手续，如环球金融电信协会（SWIFT）的业务识别码、特定收款地的国际银行账户号码等，同时，整个资金转移过程耗时较长，一般为 1~8 个工作日，并且需要支付较高的手续费；而数字货币则能实现境外转汇的低成本便捷化服务，例如，通过在线支付服务商 PayPal 办理境外转汇业务时，可以在接受支付命令后即时将转汇金额记入收款人的 PayPal 账户，实现业务交易的即时性。

4. 安全性。数字货币不依靠特定货币机构发行，它依据特定算法，通过大量计算产生，使用整个 P2P 网络中众多节点构成的分布式数据库来确认并记录所有的交易行为，并使用密码学的设计来确保货币流通各个环节的安全性。例如，基于密码学的设计可以使比特币只能被真实的拥有者转移或支付。这同样确保了货币所有权与流通交易的匿名性。

（三）数字货币的发行、流通与交易

数字货币的发行、流通与交易可以比特币为典型代表说明。

1. 发行方式。比特币的发行方式取决于算法和工作量证明，发行数量或者基于发行人的发行策略，或者基于算法解的确定数量；新货币通过工作量证明机制产生。

比特币的符号为 BTC，1BTC = 100000000 聪，聪为比特币的最小单位。比特币本质上是由分布式网络系统生成的数字货币，其发行过程不依赖特定的中心化机构，而是依赖于分布式网络节点共同参与的一种称为工作量证明（PoW）的共识过程。只有所有用户达成完全一致的共识，才能产生出新的比特币，系统才能正常运行。因此，比特币的作用就是用来激励所有用户和开发者主动地来参与这一共识过程。

比特币的底层技术是区块链，区块创建的过程称为挖矿，每个节点称为矿工。挖矿的目的是形成共识、创建新的区块。各节点须贡献自己的计算资源来竞争解决一个难度可动态调整的数学问题，成功解决该数学问题的矿工将获得区块的记账权，并将当前时间段的所有比特币交易打包记入一个新的区块、按照时间顺序链接到比特币主链上。比特币系统同时会发行一定数量的比特币以奖励该矿工，并激励其他矿工继续贡献算力。

挖矿既是比特币的生产过程，也是维系共识机制安全运行必不可少的激励机制。比特币系统的信任是建立在计算基础上的。交易被包在一起放进区块中时需要极大的计算量来证明，但只需少量计算就能验证它们已被证明。挖矿确保只有在包含交易的区块上贡献了足够的计算量后，这些交易才被确认。区块越多，花费的计算量越大，意味着更多的信任。

挖矿在构建区块时会创造新的比特币，类似于中央银行印发新的纸币。只有新的区块被创造出来，才会产生新的比特币；谁创建区块，系统就给予谁比特币。矿工唯有通过大量计算，完成系统要求的工作量证明，创建新的区块，才会获得一定数量的比特币。一个区块被创建后，系统就会奖励给创建者一定数量的比特币。这笔由系统奖励给创建者的交易就被区块记录，并按由时间戳锁定的时间顺序依次被添加到区块链上，一笔新的比特币就被创造出来。每个区块创造的比特币数量是固定的，随着时间阶梯性递减。比特币算法总量共 2100 万个，从创世区块（见专栏 10.2）起始，前 4 年每块送 50 个，之后每隔 4 年减半，依次类推，一直到比特币的数量稳定在上限 2100 万个为止。

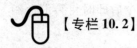 【专栏 10.2】

创世区块

北京时间 2009 年 1 月 4 日 02：15：05，中本聪（Satoshi Nakamoto）制作了比特币世界的第一个区块——创世区块（Genesis block），并获得了 50 个比特币的奖励。新版本的比特币系统将它设定为 0 号区块，而旧版本的比特币系统将它的序号设定为 1。

几天之后，比特币的第一笔转账完成。1 月 12 日，中本聪将 10 个比特币转给了早期区块链开发者 Hal Finney。

然而，当中本聪搭建起整个网络后，比特币似乎陷入冷寂，在之后整整一年多的时间里，没有任何重要的消息爆出。但可以预想的是，比特币已经在一些极客的手中流转。

令人意想不到的是，在沉寂一段时间后，比特币竟然获得投资界的追捧，源源不断的区块被不断地创造出来。Coin MarketCap 统计显示，截至 2019 年 8 月 1 日，已经有 17850600 枚比特币被开采，开采总量达 2100 万枚硬币供应限额的 85% 以上。

资料来源：https://www.sohu.com/a/272521869_115565。

区块的创建是通过竞争计算完成的。目的是通过引入"竞争—验证—同步—竞争"动态循环解决互不信任网络的共识问题。游戏规则是，上一个区块创建出来之后，系统会给出一个数 A，数 A 决定计算难度，A 越小计算难度系数越高。当系统给出一个数 A 后，所有参与者就开始创建新的区块，记录实时发生的交易，同时计算区块的哈希值。哈希的特点是：可以根据任意一段数据计算出一个固定长度的值，此计算结果相当随机，无法预知大小。根据以下数据进行计算：一个随机数、上一个区块的哈希值以及 10 分钟内验证过的交易。谁先算出来一个小于 A 的哈希值谁就在竞争中获胜。当某个矿工成功找到符合要求的解之后，就会立即向全网广播自己的结果，其他节点接收新解并检验其正确性。验证的过程是全网达成共识的过程，是对一段时间内需要入账的交易记录的认可，验证通过后，新区块被加载到区块链中。为了保证全网账簿的一致性，区块链技术引入了同步机制，即将获得认可的新区块向全网广播，其他参与节点接收并更新存储在本地的区块链。"竞争—验证—同步—竞争"是一个循环过程，目前循环周期大约为 8 分钟，即每 8 分钟产生一个新区块，同时新生成 25 个比特币，作为对成功记账者的奖励。比特币区块的产生如图 10-1 所示。

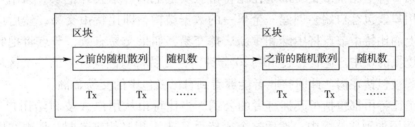

注：Tx 代表区块记录的交易。
资料来源：《比特币：一种点对点式的电子现金系统》。

图 10-1 比特币区块的产生

系统算法决定每 10 分钟左右产生一个区块。如果一段时间内区块产生的平均时间超过 10 分钟，算法会降低游戏难度；反之，算法会提高游戏难度。由于数 A 决定计算难度，这样就可以通过 A 值的调整来控制比特币的发行速度。

2. 交易方式。比特币交易就是在区块链账本上"记账"，通常它由比特币客户端协助完成。例如，李某想通过 A 账号转账给张某的 B 账号 3 比特币，交易流程如图 10 - 2 所示。

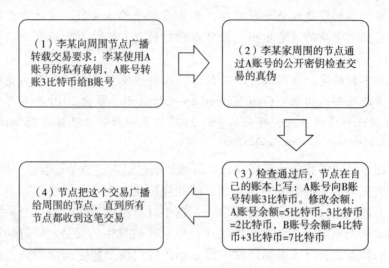

（1）李某向周围节点广播转载交易要求：李某使用A账号的私有秘钥，A账号转账3比特币给B账号

（2）李某家周围的节点通过A账号的公开密钥检查交易的真伪

（3）检查通过后，节点在自己的账本上写：A账号向B账号转账3比特币。修改余额：A账号余额=5比特币-3比特币=2比特币，B账号余额=4比特币+3比特币=7比特币

（4）节点把这个交易广播给周围的节点，直到所有节点都收到这笔交易

图 10 - 2　比特币交易流程

比特币交易是比特币系统中最重要的部分。根据比特币系统的设计原理，系统中其他部分都是为了确保比特币交易可以被生成、能在比特币网络中得以传播和通过验证，并最终添加入全球比特币交易总账簿（比特币区块链）。

交易是指一个用户用比特币向另一个用户进行支付的过程。比特币交易是一个经过签名的数据，它被广播到网络上，如果有效，最终会进入区块链的一个区块，目的是将一定数量的比特币的所有权转移到比特币地址。

比特币交易的本质是数据结构，这些数据结构中含有比特币交易参与者价值转移的相关信息，每个比特币交易都是在比特币区块链上的一个公开记录。当用户发送比特币时，用户钱包客户端会创建一个单一的数据结构，即比特币交易，然后广播到网络。网络上的比特币节点将中继和重新广播交易，如果交易有效，节点将把它包含在矿工正在挖掘的块中。通常，在 10～20 分钟内，交易将与区块链中的一个区块中的其他交易一起被包括在内。此时接收者能够看到自己钱包中的交易金额。

每一个比特币都包括了其拥有者的公钥。当比特币从用户 A 支付给用户 B 时，A 将 B 的公钥添加到比特币中，然后这个比特币又被 A 用私钥来签封。B 现在即拥有了这个比特币并且可以在将来使用，而 A 就不可能再次使用这个比特币，因为以前的交易记录已被全体网络计算机收录维护。在每笔交易前，比特币的有效性都必须经过检验确认。

付款方需要以自己的私钥对交易进行数字签名，证明所有权并认可该次交易。比特币会被记录在收款方的地址上，交易无须收款方参与，收款方可以不在线，甚至不存在，交易的资金支付来源，也就是花费，称为"输入"，资金去向，也就是收入，称为"输出"。如有输入，输入必须大于或等于输出，输入大于输出的部分即为交易手续费。比特币交易的输入输出如图10-3所示。

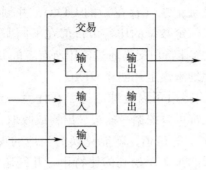

资料来源：《比特币：一种点对点式的电子现金系统》。

图10-3　比特币交易：输入与输出

目前默认手续费是万分之一个比特币，这部分费用也会记入区块并奖励给记账者。虽然现在每个区块的总手续费相对于新发行比特币来说规模很小（通常不会超过1个比特币），但随着未来比特币发行数量的逐步减少甚至停止发行，手续费将逐渐成为驱动节点共识和记账的主要动力。同时，手续费还可以防止大量微额交易对比特币网络发起的"粉尘"攻击，起到保障安全的作用。

矿工产出交易没有输入，只有输出，交易记录会显示新生成的比特币，除矿工产出交易外，一个输入必然是另一笔交易的一个输出，也就是一笔收入必然是其他人的支付。一个输入没有成为另一笔交易的输出时，它是"未花费的交易输出"（UTXO），相当于银行的"账户余额"。收录此交易的区块被广播后，此交易就有了"1个确认"。矿工们平均每10分钟产生一个区块，每一个新区块的诞生都会使此交易的确认数加1。当确认数达到6时，通常这笔交易被认为比较安全、难以逆转。比特币交易不可逆或回转，每一笔交易都无法撤销，商家不会因遭到诈骗式的拒付而遭受损失，唯一可以获得退款的方法，就是请对方再做一笔反向交易，但需要对方的配合。

用户钱包已经"收到"比特币，是指钱包已经检测到了可用的UTXO。通过钱包所控制的密钥，可以把这些UTXO花出去。因此，用户的比特币"余额"是指用户钱包中可用的UTXO总和，可能分散在数百个交易和区块中。比特币钱包通过扫描区块链并聚集所有属于该用户的UTXO来计算该用户的余额。大多数钱包维护一个数据库或使用数据库服务来存储所有UTXO的快速参考集，这些UTXO由用户所有的密钥来控制花费行为。

一个UTXO可以是1"聪"的任意整数倍。尽管UTXO可以是任意值，但一旦被创造出来，即不可分割。一个UTXO只能在一次交易中作为一个整体被消耗。如果一个UTXO比一笔交易所需量大，它仍会被当作一个整体而消耗掉，但同时会在交易中生成零头。例如，若你有一个价值20比特币的UTXO并且想支付1比特币，那么你的交易必须消耗掉整个20比特币的UTXO，并产生两个输出：一个支付了1比特币给接收人，另一个支付了 19 比特币的找零到你的钱包。由于 UTXO（或交易输出）的不可分割特性，大部分比特币交易都会产生找零。

一笔交易会消耗此前已被记录（存在）的 UTXO，并创建新的 UTXO 以备未来的交易消耗。通过这种方式，一定数量的比特币价值在不同所有者之间转移，并在交易链中消耗和创建 UTXO。一笔比特币交易通过使用所有者的签名来解锁 UTXO，并通过使用新的所有者的比特币地址来锁定并创建 UTXO。

3. 流通性与接受度。比特币可以全球流通，在任意一台接入互联网的电脑上买卖，不管身处何方，任何人都可以挖掘、购买、出售或收取比特币。通过数字交易所、比特币提款机、服务商和个人等渠道，就能兑换为当地的现金或以现金购买比特币。一般可以通过当矿工、用钱购买矿工挖到的比特币、开网店卖东西收比特币、到交易所炒比特币四种方式获取比特币（见图 10 - 4）。

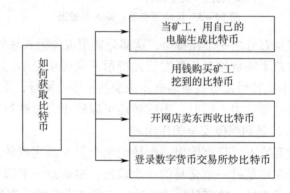

图 10 - 4　比特币的获取方式

要挖掘比特币，可以在电脑上安装比特币客户端，用自己的电脑生产比特币，当一个"矿工"（不过，用自己的家用电脑或手提电脑挖矿并不容易，所以要用专业设备）。完成比特币客户端安装后，可以直接获得一个比特币地址，交易的时候，只需要自己把地址贴给别人，就能通过同样的客户端进行付款。在安装好比特币客户端后，它将会分配一个私有密钥和一个公开密钥。需要备份包含私有密钥的钱包数据，才能保证财产不丢失。

相比借记卡或信用卡购物，比特币付款更加容易，无须商家账户就可以接收比特币付款。在你的电脑或智能手机上的钱包应用程序中，输入收款人的比特币地址和付款金额，按发送键即可完成付款。为了更方便地输入收款人地址，很多钱包可以通过二维码扫描或者 NFC 技术触碰两部手机获得地址。

比特币的流通过程依靠密码学方法保障安全。每一次比特币交易都会经过特殊算法处理和全体矿工验证后记入区块链，同时可以附带具有一定灵活性的脚本代码（智能合约）以实现可编程的自动化货币流通。

目前，流通中的比特币为 1600 多万枚，总值约 1400 亿美元。据剑桥大学 2017 年的研究，全球有多达 580 万个加密钱包活跃用户，其中大多数使用比特币。从世界范围看，目前比特币已经得到了若干国家若干企业、公司和组织机构的认可和使用。

（四）数字货币带来的挑战

近年来，全球各大 IT 企业纷纷加大对数字货币领域的研发投入，加密货币得到了迅速发展与演化，但也带来消费者权益保护、金融稳定、法律监管等方面新的问题。

1. 消费者权益保护问题。国际清算银行在 2015 年 11 月发布的《数字货币报告》中指出，由于没有任何个人或机构对数字货币承担责任，也没有权威机构为数字货币背书，严格地说数字货币"没有内在价值"，因此数字货币的持有人可能会承担巨大的损失风险及流动性风险。

2. 金融稳定问题。数字货币的迅猛增长与大量应用加速了社会的无现金化进程，有可能对中央银行的现金货币创造与货币政策传导产生不可预测的作用；虚拟货币的急剧价格波动将会对市场流动性产生直接的影响，影响金融稳定。

3. 法律监管问题。虚拟货币去中心化的属性使传统监管模式不再适合，跨国界市场参与及交易的属性更增加了监管的复杂性，从而给各国的金融监管机构提出了新的挑战。虚拟货币的匿名性与无界性增加了政府和金融机构对反洗钱、反恐融资的担心；其所代表的资产权益或价值，很难按商品或货币的模式进行税务处理，也给税收监管带来了新的挑战。

因此，尽管类似比特币的加密货币已成为数字货币的主流，但只有将基于区块链的经过设计、授权的分布式记账系统与金融系统相融合，才能真正为金融机构提供更多有价值的选择。

三、法定数字货币

法定数字货币是由中央银行发行的一种用来支付和结算的数字信用货币。法定数字货币目前尚处于探讨阶段。

（一）法定数字货币的概念、类型与特征

1. 法定数字货币的基本概念。法定数字货币，也称央行数字货币（Central Bank Digital Currency，CBDC），是指中央银行发行的以数字形式存在的货币，它具有货币的计价单位、交易媒介、价值储藏及支付手段等功能，能够以数字形式流通。

（1）计价单位。CBDC 由政府信用背书，具有法律保证的公信力，因而可以作为记账单位用来为商品、劳务、资产与负债标价。

（2）交易媒介。CBDC 在代表现金的场合，可以像流通中的纸币一样直接充当交易媒介；在代表存款或升息货币的场合，可以转换为现金，充当间接交易媒介。

（3）支付手段。CBDC 作为中央银行负债发行用于支付的数字价值形式，代表的是货币的支付手段职能。可以在商品的赊购赊销、资金借贷、财政收支、工资发放、租金收取等活动中发挥延期支付职能。

（4）价值储藏。CBDC 作为中央银行通过特定规则发行的、与法定货币等价并且生息的数字货币具有价值储藏功能，它不受时间影响，能维持一定的购买力。

综上所述，与目前流行的比特币等虚拟货币不同，法定数字货币是由中央银行发行的、加密的、由国家信用支撑的，用来交易、支付和结算的一种新型法定货币。

2. 法定数字货币的基本类型。根据设计功能的不同，国际清算银行把 CBDC 分为通用型 CBDC 与批发型 CBDC 两大类型。

通用型 CBDC 又称现金 CBDC 或零售型 CBDC。其特点是主要针对零售交易，面向非银行公众发行，供社会大众和所有公司使用。通用型 CBDC 是现金的补充，可以替代纸币履行价值尺度、支付手段、价值储藏等职能。目的是降低传统纸币发行、流通的成本，提升经济交易活动的便利性和透明度，以确保高效、稳健的支付系统和对货币体系的信心。CBDC 不与现有货币竞争，而是与现有货币和支付方式共同发展。CBDC 以法币计价并与法币的其他支付方式相同。通用型 CBDC 为社会普遍可用，用户资金存储在借记卡或智能手机应用程序中，转账时无须银行干预或指示。中国中央银行目前研发的 CBDC 即为现金 CBDC，归属 M_0 范畴。

批发型 CBDC 又称基于账户的 CBDC 或定向型 CBDC。批发型 CBDC 仅限于特定银行间的结算服务。在这个模型中，账户和交易都是在银行的授权下进行的，银行负责账户到账户的交易。批发型 CBDC 可以显著提高支付效率与弹性，并降低与现有支付系统相关的成本和复杂性。

批发型 CBDC 技术及运行方式设计如下：

在传统的支付与结算系统中，OFI（发起支付的金融机构）在向 RFI（接收货币的金融机构）转移货币资产时，需要先向中央银行提交支付申请，再由中央银行来进行处理与结算，最后再将其发送给 RFI。现有货币的支付与结算体系如图 10－5 所示。

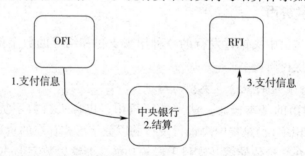

资料来源：《IBM & OMFIF：2018 年央行数字货币调查报告》。

图 10－5　现有货币的支付与结算体系（V 形结构）

而在批发型 CBDC 的支付与结算体系中，中央银行会建立 RTGS（实时总结算）系统，以便使用 DLT（分布式账本技术）与支付平台进行对接。

批发型 CBDC 有两种支付与结算体系：Y 形结构和 T 形结构（见图 10－6）。在这两种结构中，支付申请都不需要得到中央银行的批准或"签名"，但中央银行会接收支付信息。

不同的是，在 Y 形结构中，如果中央银行检测到违法或无效的交易，将通知 OFI 和 RFI 介入，并可使交易无效。而在 T 形结构中，中央银行只是一个背书节点，支付不可逆转。

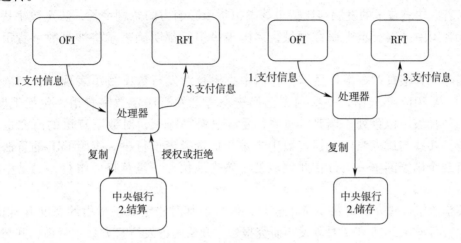

资料来源：《IBM & OMFIF：2018 年央行数字货币调查报告》。

图 10 - 6　CBDC 的支付与结算体系（Y 形或 T 形结构）

3. 法定数字货币的基本特征。不同于加密货币的投机属性，法定数字货币被定义为数字化的法币，以本位币的新形态出现，具有中心化、可信性、加密性、稳定性等特征。

首先，不同于非法定数字货币具有典型的去中心化特征，法定数字货币仍然是一种典型的中心化货币，中央银行对数字货币的发行、流通和交易有着唯一的排他性管辖权。法定数字货币，其发行数量由发行主体决定，有一个中心监控网络交易的计算机网络，交易受到中心化机构的监管。

其次，法定数字货币仍然是一种基于信任的信用货币而非基于算法的共识货币，中央银行以其代表的国家信用发行数字货币，与传统的信用货币（纸币及信用卡等电子货币）并无本质差别，它无须征得货币发行与流通系统的用户共识，仅凭借自身的特定法律地位与国家信用背书发行。既然是信用货币，法定数字货币就被天然赋予了信用创造与收缩的功能。其作用机制是：中央银行增发数字货币，通过商业银行的信用创造功能，经济中的货币信用增加；反之，则减少。换言之，中央银行作为基础货币的创造者，同样可以通过法定数字货币的创造或收缩影响全社会的货币供应量，进而对经济产生影响。

再次，法定数字货币同非法定数字货币一样也是一串计算机网络上的字符串，也要使用加密技术。加密技术是法定数字货币实现技术安全和可信的关键要素，数字货币的发行、流通交易、兑换各环节都需要加密技术作为保证。

最后，法定数字货币可以保持价值稳定。作为以国家信用为价值支撑的法币，中央银行可以通过数字货币的发行总量控制，使之与经济交易的实际货币需求量保持一致；通过引入法定数字货币，锚定低目标通胀水平；同时通过立法加强并保证中央银行的独立性，避免财政赤字货币化，保持数字货币价值稳定。

（二）法定数字货币的研发概况

随着区块链技术的发展与比特币等虚拟货币影响力的急剧增长，法定数字货币开始成为各国中央银行重点研究领域，多国中央银行都明确表示将涉足数字货币研究领域。

国际清算银行调查报告显示，各国中央银行对发行数字货币表现出较为浓厚的兴趣。[①] 从 2017 年开始，一些国家已经表态考虑发行法定数字货币，包括俄罗斯、日本、新加坡、以色列、瑞典、迪拜、爱沙尼亚等国家，对数字货币的研究也从理论跨越到实践与试点当中，但多数中央银行仍选择谨慎行事。按照 IMF 的看法，世界上有几个国家的中央银行在此领域处于领先地位，一是英格兰银行，二是中国人民银行。

英格兰银行研究法定数字货币较早，但目前其对法定数字货币的态度有所转变。英格兰银行早在 2015 年 2 月就发布研究报告，开始考虑发行官方数字货币，并与伦敦大学合作开发出中央银行控制的数字货币 RSCoin 代码并进行测试，同时启动其面向更多公司的创业公司加速器。不过，尽管英格兰银行对创建 CBDC 持"开放态度"，但一个流通使用的、可靠的 CBDC 并不是近期就能实现的，主要原因在于分布式账本技术目前尚不成熟，以及为所有人提供中央银行账户可能存在风险。

相较于其他中央银行，我国人民银行对待数字货币的态度一直较为主动。2014 年，我国成立发行法定数字货币专门研究小组，对数字货币相关问题进行前瞻性研究，论证发行法定数字货币的可行性。2015 年，人民银行对数字货币发行和业务运行框架、数字货币的关键技术等进行深入研究，形成了系列研究报告，人民银行发行法定数字货币的原型方案已完成两轮修订。2016 年 1 月 20 日，人民银行进一步明确央行发行数字货币的战略目标。同年 11 月，人民银行印制科学研究所公开招聘相关专业人员，从事数字货币研究与开发工作。2017 年 7 月，人民银行数字货币研究所正式成立。目前，人民银行已经完成数字票据交易平台的实验，正在加紧法定数字货币的设计落地工作。

（三）法定数字货币面临的挑战

货币数字化是数字经济发展的内在要求，大力研发新型货币形态势在必行，但法定数字货币的发行与流通，除技术体系与发行环境外，仍有很多方面的限制因素需要逐一克服。

1. 隐私保护和安全问题。法定数字货币在使用过程中会获得大量用户资料和交易信息，如何存储、管理这些资料对于充分保护用户隐私和财产安全至关重要，同时，数字货币支付系统可以追踪记录交易信息，故存在泄露用户隐私的可能性，如何在法律允许范围内使用用户信息，防止用户信息泄露和非法使用，也是中央银行面临的重要挑战。法定数字货币对支付系统提出了更高的安全和技术要求。

2. 运维成本。无论是离线还是在线数字货币系统，都需要维护一个庞大的数据

---

① 参见国际清算银行 . 2019 年发布的《谨慎行事——央行数字货币调查》。

库，用来存放过去的交易数据或其他数据。随着数字货币的使用日趋广泛，数据库的运行和维护成本可能会明显上升。

3. 中央银行效率改进问题。根据国际清算银行的研究，对于中央银行而言，除了上述技术性问题，发行法定数字货币是否有利于改进中央银行的功能效应尚不清楚。发行中央银行数字货币还可能会对现行的中央银行主导的商业银行体制造成挑战，恶化金融风险。

以上表明，无论是从技术角度还是从社会经济效益方面考虑，中央银行发行法定数字货币不但需要考虑各类技术安全、直接成本效益问题，更需要谨慎权衡发行数字货币的金融稳定性和对货币政策的影响。

四、区块链在支付结算领域的应用

支付清算尤其是跨境支付领域是仅次于数字资产的区块链典型应用场景。区块链技术的诸多特性能够做到实时结算和实现交易的智能化，解决跨境支付成本高、效率低的问题。

（一）应用价值

一是简化流程，提高效率。传统跨境支付模式中存在大量人工对账操作，银行在日终进行交易的批量处理，通常一笔交易需要至少 24 小时才能完成，而应用区块链的跨境支付可提供 7×24 小时不间断服务，并且减少了流程中的人工处理环节，大大缩短清结算时间。例如，一笔银行间跨境汇款在传统支付模式中需要 2 到 6 个工作日，但使用瑞波区块链解决方案仅需 8 秒。

二是有效降低交易成本。传统跨境支付模式中存在支付处理、接收、财务运营和对账等成本，而区块链技术的应用，削弱了交易流程中的中介机构的作用，提高了资金流动性，实现了实时确认和监控，能够有效降低交易各环节中的直接成本和间接成本。对于金融机构来说，可以改善成本结构，提高盈利能力；对于终端用户来说，可以减少各类交易费用，使得原先成本过于高昂的小额跨境支付业务成为现实，因而更具普惠价值。

三是客户身份识别便捷可靠。根据反洗钱（AML）法律法规要求，世界各国金融机构需在交易过程中严格执行客户身份识别流程，履行客户背景调查（KYC）义务。在传统业务模式中，金融机构对客户身份相关证明材料和文件的控制力有限，在核实身份真实性的过程中，面临着耗时长、成本高等问题。利用区块链技术建立信任，存储客户身份的电子档案，实现身份信息的安全管理，满足反洗钱监管的核心要求，为 KYC 流程和反洗钱监管合规领域，提出了新的解决思路。

（二）区块链跨境支付模式

1. 区块链跨境支付模式。区块链跨境支付，首先需要将金融机构、外汇做市商（流动性提供商）等加入区块链支付网络，构建支付网关。这样可以满足所有参与支付结算的网关节点共同维护交易记录、参与一致性校验的需要，从而省去银行或金融机构间烦琐的对账流程，节省银行资源。图 10 - 7 给出了区块链跨境支付模式。

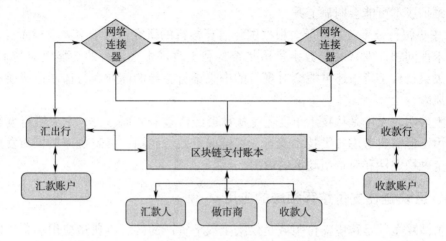

图 10 - 7　区块链跨境支付模式

区块链跨境支付中的四大功能模块，是实现跨境支付的核心业务模块。分别如下：

（1）网络连接器。它是帮助各类机构作为网关，接入区块链支付网络的工具。网络连接器是一种"即插即用"的功能模块，可以与当前已有的国际支付系统进行集成，以便于银行通过区块链支付处理跨境支付业务。该模块连接汇款行、收款行，用于交换进出口双方的个人信息、费用、发货详情、付款详情等。系统确认双方交易信息后，该模块连接区块链支付账本进行结算处理，并通知所有各方进行交易确认。

（2）区块链支付账本。银行、做市商等作为节点接入区块链支付账本。应用区块链支付账本时，汇款方一旦发起汇款，所有参与方就会同步接收到交易信息，并进行同步确认。这样就在汇款过程中改变了审核模式，各节点同步对交易的合规性等方面进行审核。如果转账过程中出现了问题，比如违反相关规定，那么各节点都能够进行反馈，而不需要通过流程反推进行反馈。

（3）做市商客户端。做市商向区块链支付账本提交外汇牌价。银行内部的外汇交易平台，也可以通过该模块集成到区块链支付网络，从而实现做市商功能。

（4）交易客户端。客户可以通过该客户端直接操作区块链支付，也可以像传统模式一样，通过金融机构发起支付。

在交易前，通过对收付款人建立"数字身份"，将收付款人的关键信息上链，建立付款人、银行、转账服务商和收款人之间的信任，完善传统身份验证和 KYC 服务流程。通过智能合约记录收付款人之间转账行为的权利与义务关系，将原有人工操作和流程审批等过程做自动化处理。在资金交付阶段，通过嵌入区块链的智能合约增强交易可控性，条件满足时自动将资金存入收款人账户，或者收款行执行 KYC 流程之后允许收款人提取资金。交易完成后，相关交易记录密文存储在分布式账本中，监管机构根据需要进行数据的提取、解密与审查。

2. 国际贸易跨境支付流程示例。① 业务背景：中国的甲公司要给欧洲的乙公司汇款 100 欧元。甲公司在中国的 C 银行开设有人民币账户，账户中存储了 5000 元人民币。乙公司在欧洲的 E 银行开设有欧元账户，其中存储了 3000 欧元。外汇做市商在 C 银行和 E 银行分别开设有对应的人民币账户和欧元账户。

客户端操作：汇款人通过金融机构发起支付。

操作步骤：

（1）支付准备阶段。第一步，做市商通过本地清算系统向银行注入初始资金。

做市商通过中国的本地清算系统向 C 银行注入 10 万元人民币资金，通过欧元区本地清算系统向 E 银行注入 20 万欧元。注入资金后 C 银行账本、E 银行账本和区块链支付账本三个账本系统中的资金状态发生变化，对应的资金状态如下：

C 银行账本：甲公司在本地银行账户中有 5000 元人民币；做市商账户存有 10 万元人民币，费用账户为 0；C 银行在区块链支付账本中的资金为 0。

E 银行账本：乙公司在本地银行账户存有 3000 欧元；做市商账户存有 20 万欧元，费用账户为 0；E 银行在区块链支付账本中的资金为 0。

区块链支付账本：C 银行、E 银行、做市商在区块链支付账本中的资金均为 0。

第二步，做市商要求银行向区块链支付账本中注入资金。

做市商向 C 银行发出支付请求，要求 C 银行向其在区块链支付账本中的人民币账户注入 50000 元人民币；做市商要求 E 银行向其在区块链支付账本中的欧元账户注入 40000 欧元。注入资金后 C 银行账本、E 银行账本和区块链支付账本中的资金记录情况如下：

C 银行账本：甲公司账户存有 5000 元人民币；做市商账户存有 50000 元人民币；费用账户为 0；C 银行在区块链支付账本中账户资金为 50000 元人民币。

E 银行账本：乙公司账户存有 3000 欧元；做市商账户存有 160000 欧元；费用账户为 0；E 银行在区块链支付账本中账户资金为 40000 欧元。

区块链支付账本：C 银行在区块链支付账本中账户为 −50000 元人民币，表示 C 银行承诺做市商在该银行存有 50000 元人民币；E 银行在区块链支付账本中账户为 −40000 欧元，表示 E 银行承诺做市商在该银行存有 40000 欧元；做市商在区块链支付账本存有 50000 元人民币，表示该 50000 元存放在 C 银行托管，同时还存有 40000 欧元，表示该 40000 欧元存放在 E 银行托管。

（2）共识校验阶段。① 甲公司通过 C 银行发起给 E 银行乙公司支付 100 欧元的汇款请求。② C 银行收到汇款请求后，先通过网络连接器连接到 E 银行，提交相关汇款信息、订单信息等。③ E 银行根据 C 银行提交的请求检查：乙公司此笔订单是否满足当地监管要求，是否还需向汇款行申请进一步的汇款人信息；检查通过则 E 银行返回相关的费用、收款人的详细信息等。④ C 银行向支付网关提出合规性检验请求，支付

---

① 案例来源：http://www.mpaypass.com.cn/news/201712/11111322.html。

网关进行合规性检查。

图 10-8 显示了甲公司发布跨境支付的流程。

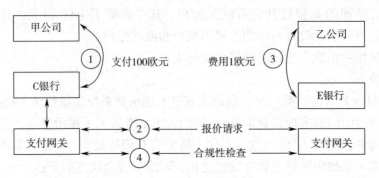

图 10-8　甲公司发布跨境支付

⑤ C 银行收到 E 银行应答后，通过网络连接器找到能提供人民币兑欧元汇率的做市商，并申请获取实时汇率，向区块链支付中的做市商查询当前汇率。⑥ 做市商返回欧元兑人民币汇率：100 欧元 = 740 元人民币。⑦ C 银行再加入自己的费用 5 元，形成最终的明细并提供给甲公司，由甲公司确认是否可以接受相关的费用和汇率。

图 10-9 给出了做市商提供汇总查询的流程。

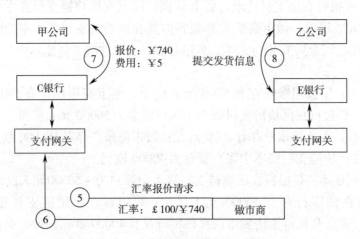

图 10-9　做市商提供汇总查询

⑧ 甲公司确认可以接受相关费用和汇率，等待乙公司提交发货信息。⑨ 乙公司向 E 银行提交发货信息，E 银行通过网络连接器，通知做市商和 C 银行卖方已发货。甲公司、乙公司、C 银行、E 银行、做市商等各个相关角色根据收到的客户信息、订单信息、汇率信息、发货信息等进行数据的真实性、一致性校验。如果全部通过校验，则该笔跨境电商交易中的相关各方达成共识，该笔交易确认。

（3）记账支付阶段。在该笔支付信息达成共识之后，C 银行在自身的系统中记账：借甲公司 745 元，贷记费用 5 元，贷记 C 银行在区块链支付账本中账户 740 元；同时发出 C 银行已经记账成功的信息。

C 银行的区块链支付网络连接器发出信息，告知做市商可以开始记账，然后做市商在区块链支付账本中记录：借 C 银行区块链支付账户 740 元，贷记做市商在区块链支付中账户 740 元；借记做市商在区块链支付中账户 101 欧元，贷记 E 银行在区块链支付账户 101 欧元；做市商在区块链支付账本中完成记账后，通知 C 银行和 E 银行的区块链支付网络连接器，区块链支付账本的账务已经记账完成。

E 银行收到做市商的结算通知后，在 E 银行自己的会计系统中进行记账：借记 E 银行在区块链支付账本中账户 101 欧元，贷记费用 1 欧元，贷记乙公司账户 100 欧元。然后发出 E 银行记账成功的信息。

通过上述详细的资金流、业务流的演示，可以看到基于区块链支付是如何完成支付指令并最终完成支付业务的。虽然细节过程有些复杂，但是由于是通过区块链网络进行电子化操作的，执行时间短暂，支付成本远低于传统的跨境支付模式。

（三）区块链跨境支付模式应用前景

区块链跨境支付模式具有广阔的市场前景，在未来区块链在支付领域的应用将获得更深更广泛的发展。

当前，国内外市场主体开始尝试将区块链技术应用于跨境支付场景，而且部分中央银行将区块链（DLT）技术作为大额支付系统的备选技术方案开展了测试。随着全球一体化进程的不断加快，跨境贸易规模持续增大，跨境支付的交易量也在不断攀升。

尤其对中国而言，跨境支付需求增长更加迅猛。作为世界第一大出口国和第二大进口国，中国快速增长的跨境交易市场对跨境支付的需求不断扩大。2018 年我国涉及跨境支付结算的金额高达 8 万亿元人民币，如果单笔交易成本下降 40% ~50%，将给企业带来可观的收益。

从技术适用角度看，支付清算流程是一种典型的多中心场景，与区块链特性匹配度较高。当前，基于区块链的跨境支付业务模式还不成熟，但区块链技术可省去第三方金融机构、实现全天候支付、实时到账、提现简便及没有隐性成本等诸多优点是显而易见的，并且越来越多地改变着资金的转移方式，区块链技术在跨境支付领域有着广阔的发展前景。

五、区块链在供应链金融中的应用

区块链技术与供应链金融可以深度融合，有效解决传统供应链金融中存在的信息不对称、信任传导困难、流程手续繁杂、增信成本高昂等诸多痛点，促进供应链金融高质量发展。

（一）供应链金融的概念及其融资方式

供应链金融，是一种银行或互联网金融机构将核心企业和上下游企业联系在一起提供灵活运用的金融产品和服务的融资模式。

供应链金融围绕三个主体——供应商、核心企业和经销商，依托于产业供应链核心企业对单个企业或上下游多个企业提供全面的金融服务，整合信息、资金、物流等资源，以降低整个供应链的运作成本，达到提高资金使用效率、为各方创造价值和降低风险的作用。

供应链金融服务不是以单个企业的整体状况为授信依据，而是以供应链上下游真实贸易为基础，以企业贸易行为所产生的确定的未来现金流为直接还款来源，以贸易往来中形成的应收账款、存货、预付账款等资产作为抵押品降低信用风险，为供应链上企业提供金融解决方案，从而达到优化现金流继而提高供应链整体效率的目的。

供应链金融的实质是为处在核心企业上下游的中小企业提供融资便利。中小企业由于资信状况较差、财务制度不健全、抗风险能力弱、缺乏抵押担保等，难免遭遇融资难融资贵问题。通过核心企业的信用背书和其上下游交易的真实性，金融机构能够有效合理地控制风险，自然更有意愿为处在核心企业供应链上的中小企业提供融资服务。

根据融资担保的不同，供应链金融可以划分为不同的模式。我国供应链金融业务模式主要有应收账款融资、库存融资、预付款融资和战略关系融资四种。各融资方式在供应链中所处的环节、融资条件及风险如图 10 – 10 所示。

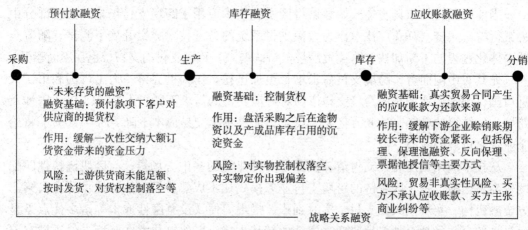

资料来源：艾瑞咨询。

图 10 – 10　供应链金融业务模式

不同的融资方式对应于企业交易流程的不同环节，由此也对应着不同的风险。由于应收账款融资直接确认了以信用较好的核心企业应收账款作为还款来源，所以这是目前较为主要的供应链金融产品。

（二）区块链在供应链金融中的应用

1. 应用价值。区块链可有效解决行业痛点，包括供应链多级企业间的信任传递及贸易端和资金端信息数据不可信问题，助力供应链金融突破瓶颈、创新发展。

首先，共识机制保证了交易真实性以及债权凭证的有效性，这就解决了金融机构对信息被篡改的顾虑，一定程度上解决了中小型企业自身信誉及信息不完善导致融资难的问题。

其次，通过智能合约的加入，贸易行为中交易双方或者多方即可如约履行自身的义务，使交易顺利可靠地进行下去，链条上的各方资金清算路径固化，有效管控了履约风险。

最后，区块链技术应用，使得传统的供应链金融突破了仅存在于核心企业与一级供应商或经销商之间的狭小范围而惠及整个供应链。在技术实施上，通过区块链技术将各个相关方链入一个大平台，通过高度冗余的确权数据存储，实现数据横向共享，进而实现核心企业信任传递。以前的信息孤岛变成现在的全链条信息打通，从传统的核心企业只能覆盖一级供应商，变成能够覆盖多级供应商，切实帮助中小微企业解决融资难融资贵难题。表 10-1 给出了区块链供应链金融与传统供应链金融的对比。

表 10-1　　　　　　区块链供应链金融与传统供应链金融对比

类型	区块链供应链金融	传统供应链金融
信息流转	全链条贯通	信息孤岛
信用传递	可达多级供应商	仅到一级供应商
业务场景	全链条渗透	核心企业与一级供应商
回款控制	封闭可控	不可控
中小企业融资	更便捷、更低价	融资难融资贵

2. 区块链技术在供应链金融领域的典型应用：供应链融资平台。供应链融资平台的核心价值在于：所有基于区块链技术发布的资产都能够完整追溯至核心企业与一级供应商的可信贸易背景，从而在做到后续融资成本较低的同时，提升了全流程的安全保证。

（1）供应链融资平台业务架构。供应链融资平台的设计理念是：以源自核心企业的应收账款为底层资产，通过区块链实现应收账款债权凭证的流转，帮助入链供应商盘活应收账款，降低融资成本，增加财务收益，解决供应商对外支付及上游客户的融资需求；在技术上，保证债权凭证不可篡改、不可重复融资，可被追溯。供应链融资平台业务架构如图 10-11 所示。

（2）平台架构各参与主体的功能定位

①核心企业。核心企业仅需确认应收账款的转让，不对应付金额、期限等承担风险。通过贸易关系中的真实交易行为，协助上游企业更好地完成采购等贸易行为，增加周转率，提升行业效率。

②供应商。核心企业的直接供应商是最初的债权凭证签发人，是债权凭证延展的开端，是低成本采购的直接受益者。核心企业供应商盘活了自身应收账款，利用产生的应收账款，无须支付融资成本便可完成采购行为。同时，通过成本的自主定价可获得额外收益。

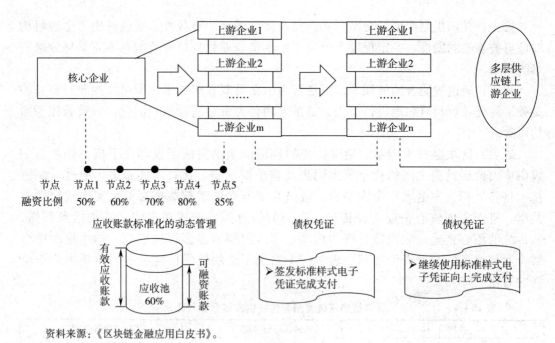

资料来源:《区块链金融应用白皮书》。

图 10-11　供应链融资平台业务架构

③上游企业。一级供应商的上游企业是最初的凭证接收人,是债权凭证延展的必经节点,是多渠道融资的使用者。供应商上游企业在平台收到债权凭证意味着可如期收到应收款项,保证了资金流的确定性。

(3)供应链融资平台业务流程。供应链融资平台的运作基于应收账款债权凭证的签发、转让、融资、兑付。具体流程如下:

①债权凭证签发。供应商依据核心企业的应收账款,向平台方申请远期融资,与平台方签订业务合同,约定供应商可以通过转让核心企业的应收账款签发债权凭证。供应商按照付款需求设定债权凭证的收款人、金额、期限等要素信息,并签发给其上游企业。

②债权凭证流转。上游企业在系统内接收债权凭证。系统根据上游企业接收到的凭证金额为其核定额度,在额度范围内上游企业可按照付款需求签发新凭证,完成采购支付。

③债权凭证融资。债权凭证的持有人可以通过转让凭证对应的应收账款向平台申请直接融资,按照申请日距凭证到期日之间的期限和凭证记载的融资利率计算利息,平台扣除相关利息后将剩余金额一次性发放。

④债权凭证到期。凭证到期时由平台按照签发人事先提交的申请发放远期融资款,并按照凭证记载的转让路径进行资金划转。同时,签发人须及时向平台归还融资本息。

六、区块链在证券发行与交易中的应用

区块链技术可简化中间环节和交易流程,使证券发行与交易流程变得更加公开、

透明和富有效率；在实践中，区块链技术已初步应用于证券发行与交易、私募股权交易、资产证券化等领域。

（一）私募证券电子化

未上市公司的股权，目前往往是通过协议（由工商部门等第三方登记）、资产证明（如股东名称、股权证等）或者纸质证券来证明资产的所有权。针对这一点，区块链可以在不改变私募证券流通规则的基础上，替代纸质文件作为证券资产的自治电子化载体，实现私募证券的登记和流通。区块链可以采用分布式账本记录股权信息，作为股权登记的电子凭证，在不依赖第三方公信机构的情况下实现证券登记的无纸化。同时，充分利用区块链账本的安全透明、不可篡改、易于跟踪等特点，记录公司股权及其变更历史，使股权登记证明更加高效可信。

（二）公募证券发行交易平台

与私募证券不同，公募证券登记、发行、交易、清算业务发展比较成熟。但相关方在清算环节存在多方对账的效率问题，区块链作为一种分布式账本技术，可以提供一种证券清算的解决方案。在区块链分布式记账模式中，每个市场参与者都有一份完整的市场账本，共识机制保证证券登记在整个市场中同步更新，保证内容的真实性和一致性，在没有中央证券存管机构的情况下，实现交易结算。在区块链上通过建立智能合约让证券变为数字化智能资产，智能合约将规定参与者的权利和义务，以计算程序的方式实现执行自动化，降低人工操作成本。

图 10－12 给出了传统证券发行与交易和区块链模式的对比。

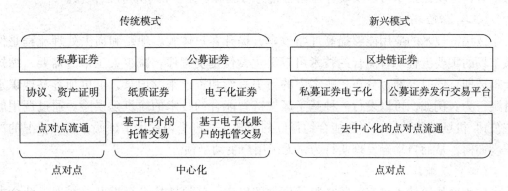

图 10－12 传统证券发行与交易和区块链证券交易模式对比

（三）资产证券化

资产证券化是以特定资产组合或特定现金流为支持，发行可交易证券的一种融资形式。区块链技术可以与资产证券化的整个过程有机结合，起到简化交易流程、降低交易成本、提高交易速度、增强信息透明度、降低证券化风险、改进市场效率的作用。

利用区块链完整记录产品相关的底层资产信息，将资产证券化业务流程化、电子化、标准化，让市场上众多的资产证券化项目透明清晰地呈现，从而迅速对接资产或资金，降低资产证券化操作门槛，有效控制运作成本。

七、区块链在保险行业的应用

目前，区块链技术应用已见于防范保险欺诈、追踪医疗记录、再保险等业务细分领域；区块链技术的进一步成熟和更广泛应用，对于推进保险行业的发展，扩大保险覆盖面，有着重要意义。

（一）产品设计

在保险产品设计方面，智能合约可以简化复杂的保险政策，产品的保障范围、保障额度也可以实现个性化调整，标准化保险产品可以实现即时理赔，极大地提升用户体验。区块链有利于促进定制化属性较强的保险品类突破瓶颈，快速发展，如农业保险、产品质量保险等。如果应用区块链和人工智能技术，保险公司可以借助"区块链防伪标识"技术为每一养殖对象建立可辨识的唯一编码，实时监测每一禽畜的行动轨迹、进食情况等，并将这些数据信息入链，据此判断养殖对象的健康状况，预防疫病发生。

（二）保险销售

区块链技术应用可以简化销售流程，节省销售成本，实现保险销售溯源。从保险公司的角度看，意愿投保人通过渠道购买保单，渠道商将投保人信息统一发送到区块链平台，平台根据分布存储的信息判断意愿投保人是否在白名单内，若符合标准，则接受购买请求，省去了以往人工传送、受理、审核、反馈等烦冗的流程。从消费者的角度看，区块链技术可以实现保险销售行为可溯源，维护消费者合法权益。

（三）保险理赔

区块链技术的应用能够提高理赔效率，提升客户体验。理赔和损失处理流程是保险市场的重要流程。智能合约技术可以简化索偿提交程序，减少人工审查需要，缩短处理周期。同时，通过分布式账本中的历史索偿和资产来源记录，可更加容易地识别可疑行为。例如，可以发行一种基于区块链智能合约技术的航班延误险。通过调用航空公司/机场的公共接口，智能合约得以判断某次航班是否发生了延误，延误情况的严重度如何，从而自动触发理赔行为，无须用户主动干预。

（四）反欺诈

应用区块链技术可有效防止骗保事件的发生。区块链技术至少可以在以下两个方面帮助保险行业缓解甚至化解这一顽疾。一是建立反欺诈共享平台，通过历史索偿信息减少欺诈和加强评估；二是通过使用可信赖的数据来源及编码化商业规则建立"唯一可识别的身份信息"，防止冒用身份。

（五）再保险服务

再保险是保险业的重要组成部分，对于保险公司来说，有时，同一类型的风险可能会集中爆发，从而给它们的偿付带来极大的资金压力。而再保险公司则会为保险公司提供保险，分流保险公司所面临的潜在风险。受人工流程和一次性合同所限，现行再保险流程复杂且低效。尤其对于临时再保险，其中每一风险都需要单独核保，在正式签约前合同需经过多方长达数月的推敲，数据需要在多方之间交换以处理赔案。而不同保险机构间各异的数据标准又常常导致对于合同执行的不同解释。通过区块链来共享数据，再保险公司可以更高效地安排资金用于理赔，无须等待原保险公司为每项索赔提供数据，避免了在每起赔案发生时双方繁杂的文书来往，因此可更快地处理索赔，近乎达到实时处理的水平。

（六）互助保险

区块链可以实现互助保险。互助保险的逻辑出发点很简单，保险本身就是一种互助行为，因此一旦技术允许，并不需要一个中介充当组织者，用户完全可以通过点对点互助的形式，在没有资金池的情况下，通过互助来达到保险的目的。

（七）主要问题

区块链技术在保险业中已有若干具有前景的应用方向，众多保险公司和金融科技公司都在努力开发探索。不过，尽管业内对区块链具有浓厚兴趣，但在该技术真正为保险业带来变革前，尚有若干问题亟需解决。

首先，从行业视角来看，一方面，保险公司应就区块链的标准和流程达成一致；另一方面，虽然区块链技术可为保险公司提供共享数据的优质工具，但这首先需要保险公司有合作意愿。

其次，区块链技术本身也需要进一步革新。出于保护隐私和安全方面的考虑，对于分布式账本上的每笔交易，每一用户均可查阅的公共区块链不适用于保险业。而保密性较好的私有区块链模型尚在开发中。

最后，区块链技术在保险业中的落地应用，还需要现有法律和监管体系进一步完善，从而为区块链发展提供明确的指引和规范。

八、区块链在票据与征信中的应用

（一）数字票据

在票据市场中，基于区块链技术实现的数字票据能够成为一种更安全、更智能、更便捷的票据形态，减少人工操作，实现票据价值传递的去中介化，降低成本及操作风险。

数字票据主要具有以下优势：一是借助区块链实现的点对点交易能够替代票据中介的现有功能，实现票据价值转移的去中介化。二是能够有效防范票据市场风险。基于区块链的信息不可篡改性，票据一旦交易完成，将不会存在赖账现象，有效防范票据市场风险。三是系统的搭建、维护及数据存储可以大大降低系统开发运营及监管审计成本。

随着区块链技术的不断成熟，以区块链为基础构建的数字票据已经具备发展条件。目前，国际区块链联盟 R3CEV 联合以太坊、微软共同研发了一套基于区块链技术的商业票据交易系统，包括高盛、摩根大通、瑞士联合银行、巴克莱银行等著名国际金融机构加入了试用，并对票据交易、票据签发、票据赎回等功能进行了公开测试。2017

年初中国人民银行推动的基于区块链的数字票据交易平台测试成功，标志区块链数字票据进入实现阶段。

（二）征信与反欺诈

区块链易于与征信契合，区块链技术有助于克服传统征信模式的弊端，并有效防止信贷欺诈。

国际上，包括美国国际数据集团（IDG）、阿里巴巴、腾讯、安永、普华永道等都纷纷投资或进入基于区块链的征信管理领域，特别是跟保险和互助经济相关的应用场景。同时，区块链技术也开始应用于反欺诈，尤其是在身份验证领域。该领域已经出现一些专门的服务商，如 Chainalysis 致力于为银行设计区块链反欺诈系统。原本专门打击利用数字货币洗钱和欺诈行为的初创公司 Chainalysis，现在也为银行设计区块链上的异常交易行为监测与分析系统。

国内方面，包括新兴金融科技、新兴民营征信及保险在内的金融行业企业与机构，探索测试基于区块链的征信系统，区块链的实践应用集中在解决信用数据的交易问题。先驱者有如公信宝、甜橙信用、云棱镜、曲龙团队信链、万达征信、Linkeye 区块链征信联盟、百行征信等。

总体上，目前区块链在征信业的实际应用还比较少，已有的探索案例以信用数据的交易共享为切入点，区块链在征信业的落地应用还有待逐步发展。

第三节　区块链金融应用发展趋势与挑战

区块链在金融领域应用目前仍处于早期探索阶段。在区块链成为金融领域实际应用的解决方案之前，仍有商业、技术、风险管理等多维度的挑战，政府监管策略与监管方式也有待确定。

一、区块链金融应用发展趋势

经过 10 多年的发展，区块链逐步从理论探讨走向实践应用。在金融领域，区块链技术应用从数字货币出发，衍生至资金、资产端，并向征信、反欺诈类应用拓展。未来几年，区块链金融应用将会取得新的发展。

一是区块链版本升级。区块链版本将从 2.0 升级到 3.0。资产数据化是经济数字化的必然趋势，这需要区块链版本升级，以更加高效、便捷地传递资产。区别于区块链 1.0 的数字货币、区块链 2.0 的智能合约，区块链 3.0 是 2018 年上半年区块链业界达成的"共识"，其核心内容是区块链真正应用于实体经济，实现资产上链并解决高并发问题。

二是金融机构数据存储从集中式存储走向分布式存储。金融机构数据存储传统上都是集中式存储，具有集中、专有、封闭等特点。互联网分布式核心业务系统是基于区块链理念开发的系统。这种分布式核心业务系统与主机集中式架构相比，具有高性能、低成本、弹性扩展、敏捷交付等特点，能够实现"随时、随地、随人、随需使用银行服务"，有效解决传统架构性能瓶颈，并满足金融级的高可靠性要求。

三是法定数字货币将成为现实。与通货膨胀率较高的法定货币相比，加密货币相对稳定，可以替代高通胀法币保持购买力，是恶性通货膨胀国家的一个重要选择。加密货币的用途还包括降低汇款成本、改善金融包容性和打击腐败。根据高德纳的研究报告，基于加密货币的汇款服务当前在马拉维、摩洛哥、津巴布韦、委内瑞拉等国家得到了越来越多的关注。中国的央行数字货币也可能在不久的将来面世。

四是知识产权、标准化竞争日趋激烈。随着参与主体的增多，区块链的竞争将越来越激烈，竞争是全方位的，包括技术、模式、专利等多维度。未来几年，各国将围绕争夺标准制定权和数字资产定价权展开激烈竞争。

二、区块链金融应用面临挑战与监管

区块链技术与金融市场结合现阶段还存在较多不确定性，区块链应用面临着若干难题与挑战。区块链技术及其行业落地还处于初期完善阶段，亟需"呵护"和避免"捧杀"。①

（一）去中心化与共识机制悖论

区块链运行模式的核心逻辑是去中心化。虽然这在技术上无可厚非，但当应用于货币、金融等领域时，却会遇上难以逾越的障碍。一方面，在新金融创新与变革过程中，有大量的"伪去中心"，例如，不管是互联网企业做金融，还是许多 P2P 网贷和股权众筹平台，以及"币圈"的数字资产交易平台，实际都是以新的中介形式出现。另一方面，在现有经济社会组织模式下，真正的大范围去中心基本不可能，至多是小规模的试验性的多中心或弱中心。

区块链共识机制是要在分布式去中心化的环境中达成共识，即在没有中心组织的情况下对某个交易的有效性达成一致。中心化分布或者集权情况下，意见的统一是相对容易的，但在分布式网络中每个节点的意见都独立存在，网络规模越大，参与交易者越多，达成共识就越困难。达成共识过程越分散，其效率就越低，但满意度越高，因此也越稳定。相反，达成共识过程越集中，效率越高，也越容易出现独裁和腐败现象。这意味着，区块链拓展性与共识机制存在内在冲突。

（二）成本收益

任何一项新兴技术的应用都必须考虑成本收益。目前区块链技术存在着挖矿资源浪费、交易确认速度慢、网络交易承载量小、数据同步量大等一系列问题。而且，如果去中心化不能实现规模化，带不来网络效应，金融领域的区块链应用意义将大打折扣。

（三）安全性

为了提升性能，区块链本身在加密安全方面可能会存在妥协。例如，为提升交易

---

① 参见《区块链金融应用面临十大挑战》。

处理性能而在非可信环境中使用非拜占庭容错的一致性算法。另外，在完全去中心化自治环境中，可能缺乏有效的安全应急机制，从而可能导致对系统的攻击难以在第一时间被发现和终止。据高德纳（Gartner）专家估计，粗略估算第三方用 4 亿美元，就能够改写比特币区块链账本，这意味着"超过全网 51% 的算力才能攻击"无法保证区块链的真正安全，算力优先的激励机制隐含被资本玩家垄断和破坏的风险。

（四）风险管理挑战

区块链的应用也对原有的风险管理框架带来了新的问题。对各类金融创新来说，风险是各方最担忧的。

随着区块链的日益成熟，部分技术构成要素的法律基础，尚未涵盖在目前的金融法律框架中。目前对区块链的监管主要体现在加密货币领域，因其关系到一国的经济秩序和金融体系稳定。虽然少数承认数字货币的国家和地区已出台了初步的监管政策和举措，但具体监管细则还不明确。

对数字货币的监管和数字货币应用本身就是一对矛盾，传统监管模式是中心化、反匿名的，这无疑与区块链技术"去中心化"的本质特点相悖；更深层次的悖论则在于数字货币背后的科学技术与监管体系之间的价值追求并不相同，前者奉行"去监管"哲学，崇尚自由开源，而后者则强调风险防控与化解，追求效率、安全与公平的动态平衡。

区块链的发展会引入新的市场主体。部分新兴市场主体是技术或软件公司，其中一些通过与金融中介机构开展合作，开发区块链；另一些则可能介入金融中介的部分业务。涉足传统金融中介业务的新兴企业，可能需获得某些类型的牌照或许可，才能从事资产交易相关业务。牌照或许可的性质和形式仍未明确，是沿用现有金融机构牌照类型，或是发放新的牌照类型。

在网络生态环境维护方面，缺乏明确性、透明度和可预见性的治理机制，尤其在开放和"无须许可"的区块链中，将会对网络以及金融系统稳定性产生负面影响。

总体而论，区块链技术在金融行业的应用仍处于逐步发展和演进过程中。金融领域的区块链应用还面临着技术适用、与金融交易固有范式的冲突与协调、法律基础与监管方式定位等一系列难题和挑战，其最终能否真正获得生命力，从传统规则里"突围"且融合，在货币金融领域大范围落地，取决于能否找到创新与稳定、成本与效率、安全与公平的社会最适解。在政策关注上，区块链开发应用既要注意适当保护，又要避免不恰当的人为拔高和追捧。

【本章小结】

1. 区块链技术的应用价值在于优化业务流程、大幅减少交易时间、成本和风险。

2. 区块链在金融领域的应用可以概括为三个维度：价值创造、价值转移与支付。

3. 区块链当前主要应用在数字资产、跨境支付与结算、供应链金融、证券发行与交易、保险理赔等场景。

4. 区块链技术与金融市场的结合现阶段还存在较多不确定性，区块链应用面临着若干难题与挑战。

【关键概念】

数字资产	数字资产确权	价值互联网
通证	权益证明	数字资产加密
数字资产交易	数字资产流通	数字资产存储
数字资产交易所	非法定数字货币	挖矿
创世区块	比特币交易	竞争计算
交易手续费	UTXO	法定数字货币
通用型 CBDC	批发型 CBDC	网络连接器
区块链支付账本	做市商客户端	交易客户端
供应链金融	供应链融资平台	核心企业
供应商	上游企业	债权凭证签发
债权凭证流转	债权凭证融资	债权凭证到期
私募证券电子化	公募证券发行交易平台	区块链保险产品设计
区块链保险销售	区块链保险理赔	数字票据
区块链征信	区块链反欺诈	

【思考练习题】

1. 区块链在金融行业的主要应用价值有哪些？分别是什么？

2. 什么是数字资产？数字资产是如何存储、流通和交易的？

3. 什么是法定数字货币？法定数字货币包含哪些类型？具有哪些特征？

4. 区块链在证券发行与交易中的应用有哪几大场景？

5. 区块链在保险行业的应用有哪几大场景？

6. 以比特币为例，简述虚拟货币的发行、流通与交易机制。

7. 简述区块链跨境支付模式的功能模块构成。

8. 试述供应链融资平台业务架构各参与主体的功能定位及供应链融资平台业务流程。

9. 区块链金融应用面临着哪些主要挑战？应如何应对？

【数据资料与相关链接】

1. https：//www. 8btc. com/author/14305。

2. https：//www. coindesk. com/information/how－blockchain－technology－change－finance。

【延伸阅读】

1. 中本聪. 比特币：一种点对点的电子现金系统［EB/OL］. http：//8btc. com/doc – view – 16. html.

2. 分布式账本技术：超越区块链［EB/OL］. https：//download. csdn. net/download/zhch7777/9909966.

3. 全球区块链产业全景与趋势报告（2018 年上半年）［R/OL］. https：//wallstreetcn. com/articles/3324705.

4. 工业和信息化部信息中心. 2018 年中国区块链产业白皮书［R/OL］. https：//www. jianshu. com/p/6ac84516a4c5.

5. 链塔智库. 2018 中国区块链应用生态发展报告［R/OL］. https：//max. book118. com/html/2018/0516/166626794. shtm.

6. 盘点那些接受比特支付的国家及支付案例［EB/OL］. https：//www. sohu. com/a/203257749 _ 104421.

第四篇

金融科技风险及其控制与监管

　　该部分讨论金融科技的风险特征及其监管理念与方法，并介绍金融科技监管的国内外概况。主要内容包括：金融科技的风险特征、金融科技风险的基本类型、金融科技风险控制的基本方法；金融科技监管的概念及其国内外发展概况、金融科技风险监管的基本类型、金融科技监管与发展的关系。

第十一章

金融科技风险

主要内容：本章首先讨论网络经济的一般风险；其次，讨论金融科技风险的基本类型及其特征；最后讨论金融科技风险控制的基本方法。

学习目标：认识金融科技的风险特征及其主要类型；了解金融科技风险控制的基本方法；能够运用金融科技的风险理论对现实中的金融科技活动的风险进行识别和分析。

引导案例：

"苍穹之下"的区块链真的安全吗？

区块链解决了在不可靠网络上可靠传输信息的难题，由于不依赖于中心节点的认证和管理，因此防止了中心节点被攻击造成的数据泄露和认证失败的风险。然而，在程序的世界里，没有百分之百的安全，区块链网络同样存在安全风险。价值互联网时代，数据就是资产本身，代码的漏洞就是资产的损失。

如果上帝造人也有瑕疵，那么正在成为许多人心中信仰的、茫茫苍穹之下的区块链真的安全吗？

一、智能合约未必安全

智能合约是目前区块链技术最常见、最普遍的应用之一。

虽然智能合约代表着更安全的技术模型，但智能合约层语言代码漏洞的危害却不易被发现。

复杂的编程语言，带来了复杂的系统以及难以预知的风险。举例来说，以太坊的编程语言 Solidity 与其他语言相比较为复杂，在其智能合约相互调用时，以太坊自身的程序状态或控制程序的功能很可能丢失掉。

以太坊各个函数之间的调用和跳转十分复杂，而它的开源特性导致只要出现漏洞，黑客就会利用漏洞进行攻击。

二、共识算法存隐忧

区块链的信任基础在共识算法。共识算法决定谁有权利更改各节点上的记录，现有的共识算法中，一种是以比特币为代表的挖矿机制（POW），另一种则是投票机制

（POS）。

POW 证明机制下，谁的算力大就信任谁。理论上，如果全球排名前列的矿池联合起来，就可以超过50%的算力对网络进行攻击，把底层账本推翻重来，变相形成对某个区块链的"寡头垄断"，甚至操纵整个账本。

而 POS 机制下——谁的比特币多就信任谁。这也会造成对整个分布式账本的权益垄断。

因此，无论是 POW 机制还是 POS 机制，都难以避免区块链走上权力垄断的老路。而这是与区块链设计的初衷——去中心化——背道而驰的。

三、"密钥"被攻陷的风险

对于区块链来说，底层数据结构就像公共账本，安全性建立在密码学的哈希算法基础上，其核心是"私钥"。

尽管密码学算法当前很难破解，黑客几乎无法获取到私钥，但只要用户转账一次，黑客就有可能根据转账地址反推私钥密码。未来可能会出现具备这种反推能力的量子计算机，所以这种算法漏洞理论上是可以被攻破的。

资料来源：https://new.qq.com/omn/20180409/20180409A0EGCP.html。

第一节　网络经济的技术经济风险

一、网络经济的技术风险

网络经济的特点是网络。这里的网络是指通过互联网进行信息传输、接收、共享的虚拟平台，通过它把各个点、面、体的信息联系到一起，从而实现这些资源的共享。因此，网络经济的风险首先是指网络技术风险。技术风险指的是因技术漏洞而导致的风险。一般来说，技术风险的构成因素包括网络攻击、网络病毒感染、技术漏洞等。

（一）网络脆弱性

网络脆弱性指的是网络中任何构成安全隐患的薄弱环节的特性。网络是由计算机主机、通信子网、各种协议和应用软件等组成的复杂系统，在某些情况下，单个网络节点可能是安全的，或者某些单一行为不构成威胁，但在错综复杂的网络连接下，网络脆弱性问题就会凸显。网络脆弱性不单单是网络节点缺陷的反映，也是网络系统整体脆弱程度的度量。

第一，网络硬件、软件风险。主要指网络硬件安全、网络运行安全、传递数据安全等方面的问题。令人担忧的是，当今世界，我国网络使用规模位居全球第一，但由于关键技术落后，很多网络关键设备依靠国外进口，这就带来了一些无法预知的隐患。

第二，病毒、蠕虫和间谍软件等新兴网络安全威胁，移动设备应用的普及进一步加剧了威胁（见专栏11.1）。移动用户能够从住所或公共场所连接互联网或办公室网络，无意中感染病毒并将其带进单位环境，进而感染网络。虽然大多数机构使用身份验证分配用户网络访问权限，但对验证用户终端设备的安全作用有限。如果缺乏准确方法来评估设备状况，即便是高级别用户也可能在无意间通过受感染的设备或未得到适当保护的设备，将网络中的所有用户暴露在巨大的风险中。移动系统架构的安全威胁如图 11－1 所示。

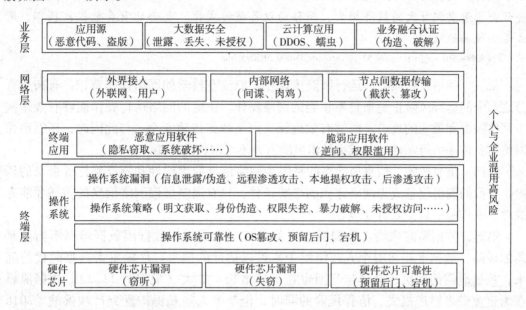

资料来源：深信服科技。

图 11－1　移动系统架构的安全威胁

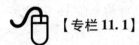【专栏 11.1】

不可忽视的移动应用信息安全威胁

现在人们越来越依赖移动应用，金融行业已经有很多业务向移动应用转移，大家在享受快捷的移动应用的同时，也隐藏了很多让人担忧的信息安全问题。

1. 移动设备更便于内部人员窃取敏感数据。员工除了可以利用具有存储功能的移动设备把企业信息数据拷贝出去外，还可以通过拍照的方式把机密泄露出去。

2. 移动设备内公私数据混用，数据难以得到保护。一台移动设备中，不仅有个人数据还有企业的信息，在没有明确区分移动终端上的个人和企业数据及应用时，个人应用可以随意访问、获取企业数据，同时，企业也会触及个人应用。

3. 移动设备成为病毒攻击企业数据的跳板。在移动互联网越来越深入人心的今天，攻击者已经开始将视线由 PC 转向了移动设备，同时，由于 Root 权限滥用和新的黑客攻击技术，移动设备成为滋生安全风险的新温床，容易成为黑客入侵渗透企业终端的跳板。

4. 移动设备接入缺乏控制，无关设备接入带走机密。移动设备已经成为日常必备品之一，移动办公中，员工自带的设备或者是公司统一配置的设备，都会接入到企业

终端中，那些未经授权的移动设备接入企业终端，容易给企业终端系统带来威胁，窃取公司机密信息。

5. 移动设备丢失/损坏，移动设备被格式化。移动设备的丢失会给企业数据安全带来威胁，尤其是设备上的应用数据和客户数据一旦被非法使用或是被竞争对手拿到，会让企业遭受到巨大的经济损失，而移动设备被格式化，也会让重要数据被损坏，造成无法挽回的损失。

资料来源：http://netsecurity.51cto.com/art/201809/583095.htm。

第三，网络运行风险。运行风险体现在人们没有科学的网络操作意识，有高达百分之八十的运行风险正是来自不正当的网络操作。正确的网络运行操作能够有效地减少网络病毒和黑客的攻击，能够有效地保证网络数据传输安全。与此同时，还能确保网络信息传输的可靠性，对减少技术风险有着不可取代的作用。

第四，信息风险。信息风险指的是因为网络信息的虚假性和不准确性等带来的风险。虚假的网络信息成为网络诈骗的必要条件，只有遏制虚假网络信息的传播才能有效地发现诈骗信息并及时处理。

第五，数据泄露风险。数据泄露风险是指个人或组织数据因数据端口不当而暴露的风险。数据泄露将对个人或组织带来难以估计的损失。伴随着大数据时代的到来，数据泄露的频次、规模与范围也在迅速增长、扩大（见专栏11.2）。数据泄露在为企业带来财产损失、信誉风险的同时，也使个人隐私保护受到严峻挑战。2016年12月，雅虎公司发现10亿用户账号被盗，导致收购价格大幅缩水。2018年初，脸书因数据泄露大受打击，短短三个月时间，股价下跌近25%，市值蒸发近1500亿美元。2018年10月，脸书又发生了疑似5000万用户数据泄露，并将面临16亿美元的巨额罚款。

第六，信息技术外包风险。信息技术外包是指企业以合同的方式委托信息技术服务商向企业提供部分或全部的信息功能。信息技术外包在可能为企业带来效用的同时，也潜藏了风险。这些风险主要包括：对外包的内容控制有限、过度依赖服务商、对服务资源失去控制、失去信息技术应用方面的能力、灵活性降低、差强人意的服务水平、缺乏对企业业务运转和需求的理解、信息的安全性受到破坏或威胁等。

【专栏11.2】

2018年上半年约26亿条数据被泄露

近日网络威胁情报公司Risk Based Security发布了《2018年中期数据泄露快速浏览》，报告显示，截至6月30日已有2308次公开披露的数据泄露事件。

以下是2018年被披露的五起规模较大的数据泄露事件的汇总，其中包括事件的本身以及遭泄露数据的数量。

1. Facebook

泄露数据至少8700万条（尽管可能还有更多）

披露日期：2018 年 3 月 17 日

2. MyHeritage

泄露数据超过 9200 万条

披露日期：2018 年 6 月 4 日

3. Under Armour

泄露数据 5 亿条

披露日期：2018 年 5 月 25 日

4. Exactis

泄露数据超过 4 亿条

披露日期：2018 年 6 月 26 日

5. Aadhaar

泄露数据 11 亿条

披露日期：2018 年 1 月 3 日

据信，这些数据泄露事件已经损害了在印度注册的 11 亿公民的个人信息。

2018 年前六个月黑客常用的攻击方法是：网络钓鱼用户名和密码，然后用被盗凭证访问系统或服务。

资料来源：http://www.mottoin.com/news/112548.html。

（二）网络攻击

根据世界经济论坛发布的《2016 年全球风险报告》，当前世界面临的技术风险中，排名最高的就是网络攻击。网络攻击可以各种形式出现，包括简单的侵入、破坏网站、拒绝服务攻击、间谍活动和毁灭数据。网络攻击源自网络技术的开放性。互联网是一个全球开放系统，大多数网络对用户的使用没有技术上的约束，用户可以自由上网、发布和获取各类信息。全球互联网用户如今达 30 亿之巨，网络开放性使得网络面临全球任意一个地方的潜在多方面攻击，或是来自物理传输线路的攻击，或是来自对网络通信协议的攻击，以及对计算机软件、硬件的漏洞实施攻击。

网络攻击可以对国家关键信息基础设施①加以破坏或毁灭，造成严重后果。2010 年，"震网"病毒（见专栏 11.3）攻击伊朗核设施，致使伊朗核电站延迟运行。2014 年，乌俄冲突蔓延至网络空间，乌克兰通信基础设施多次遭受攻击，相关地区电话、手机、互联网服务被切断，变成"孤岛"，乌克兰遭到严重打击。2015 年，波兰航空公司地面操作系统遭遇黑客攻击，致使出现了长达 5 小时的系统瘫痪，至少 10 个班次的航班被迫取消，导致超过 1400 名旅客滞留机场②。这一系列事件均表明，能源、金融、通信、交通等关键信息基础设施已成为网络攻击的重点目标，关键信息基础设施

① 关键信息基础设施，指的是面向公众提供网络信息服务或支撑能源、通信、金融、交通、公用事业等重要行业运行的信息系统或工业控制系统，这些系统一旦发生网络安全事故或遭到网络攻击，不仅可能导致大规模的人员伤亡和财产损失，甚至可能威胁国家安全。

② 资料来源：《加强关键信息基础设施安全保障》。

网络安全面临严峻的形势。

在行业层面，通信、媒体、高科技、金融行业因网络攻击面临高昂的财务成本。达信—微软2018年全球网络风险透视调查结果显示，超过80%的通信、媒体和高科技行业受访者预计，每起网络攻击事件给他们带来的成本可能超过100万美元。

当前，我国关键信息基础设施面临的网络安全形势也不容乐观，大量党政机关网络被攻击篡改，网站平台大规模数据泄露事件频发，生产业务系统安全隐患突出，甚至有的系统长期被控，面对高级别持续性的网络攻击，防护能力十分欠缺，加上网络安全威胁具有很强的隐蔽性，"谁进来了不知道、是敌是友不知道、干了什么不知道"，存在严重的风险隐患①。

【专栏11.3】

"震网"病毒

"震网"（Stuxnet）是一种蠕虫病毒。它的复杂程度远超一般电脑黑客的能力。这种病毒于2010年6月首次被检测出来，是第一个专门定向攻击真实世界中基础（能源）设施的"蠕虫"病毒，比如核电站、水坝、国家电网。

"震网"病毒利用了微软视窗操作系统之前未被发现的4个漏洞。与传统的电脑病毒相比，"震网"病毒不会通过窃取个人隐私信息牟利。通常意义上的犯罪性黑客会利用这些漏洞盗取银行和信用卡信息来获取非法收入。而"震网"病毒不像一些恶意软件那样可以赚钱，它需要花钱研制。这是专家们相信"震网"病毒出自情报部门的一个原因。

截至2011年，"震网"病毒感染了全球45000多个网络，60%的个人电脑感染了这种病毒。据全球最大网络保安公司赛门铁克（Symantec）和微软（Microsoft）公司的研究，近60%的感染发生在伊朗，其次为印度尼西亚（约20%）和印度（约10%），阿塞拜疆、美国与巴基斯坦等地也有小量个案。

这种新病毒采取了多种先进技术，因此具有极强的隐身和破坏力。只要电脑操作员将被病毒感染的U盘插入USB接口，这种病毒就会在神不知鬼不觉的情况下（不会有任何其他操作要求或者提示出现）取得一些工业用电脑系统的控制权。

由于它的打击对象是全球各地的重要目标，因此被一些专家定性为全球首个投入实战舞台的"网络武器"。

无须借助网络连接进行传播，这种病毒可以破坏世界各国的化工、发电和电力传输企业所使用的核心生产控制电脑软件，并且代替其对工厂其他电脑发号施令。

"震网"定向明确，具有精确制导的"网络导弹"能力。它是专门针对工业控制系统编写的恶意病毒，能够利用Windows系统和西门子SIMATICWinCC系统的多个漏洞进行攻击，不再以刺探情报为己任，而是能根据指令，定向破坏要害目标。

---

① 资料来源：《关键信息基础设施网络安全检查工作在全国正式启动》。

"震网"病毒结构非常复杂，计算机安全专家在对软件进行反编译后发现，它不可能是黑客所为，应该是一个"受国家资助的高级团队研发的成果"。由于"震网"感染的重灾区集中在伊朗境内。

资料来源：据百度百科有关资料整理。

（三）网络控制

随着网络使用越来越普及，网络技术的风险也在逐渐向社会生活的方方面面渗透。网络技术创造了虚拟空间，是实现"非接触""不到场"的信息交互方式的具体手段，同时也为远程操控创造了条件。由于网络技术的不完备，普通网络用户（网民）只能依靠技术专家的力量抵御黑客、病毒和木马的入侵，而对技术专家的过度依赖又导致了技术专家对网民的控制。由于网络技术合理性的解释权掌握在技术专家手中，因此技术专家的行为处于一种约束真空的状态下。虚拟经济的技术选择模式、商业恶性竞争导致的技术异化以及网络规范和立法缺失导致的技术失控都使网络控制变成了现实。特别是伴随互联网巨头在全球的竞争越来越激烈，市场越来越高度集中，全球寡头垄断的局面有可能出现，由个别或少数几家机构实施全面网络控制的可能性显著上升。

二、网络经济的经济风险

网络经济的经济风险指的是网络经济活动给宏微观相关主体带来的预期收入遭受损失的可能性。网络经济的经济风险可以分为三种类型。

（一）微观风险与宏观风险

微观风险是存在于个人、家庭与企业的风险。首先是企业风险。企业风险既包括经营一家厂店或从事某一项目所面临的所有风险，也包括在收取资产收益中清单本身的变动。由于强烈的不确定性和正反馈效应，网络经济中的企业在发展过程中面对着更大的风险，有着更大的波折。加上网络经济的快捷性特征，使得产品生命周期和企业生存周期大大缩短。近年来产生的"网络泡沫"，使很多企业充分体会到，在网络经济中，生存与死亡、成功与失败，只不过相隔咫尺之遥。网络经济既充满了获取高额收益的机遇，又暗含一着不慎满盘皆输的风险。

个人和家庭也会因网络经济网络传播的广泛性、快捷性、信息不对称、网络欺骗等原因而遭受难以挽回的个人财产、名誉损失。

宏观风险则主要存在于政府，如政府产业政策、财政政策、货币政策、投资政策、汇率政策等政策的调整，重大决策的形成及变动等因素都能影响到网络经济的稳定和发展。

（二）客观风险与主观风险

客观风险是指在网络经济行为过程中由经济主体不可控制的因素所导致的经济风险。它一方面是指由自然原因而引起的非常性破坏事件，如地震、台风、雷电、火灾、水灾等造成的经济损失，另一方面是指各类社会环境因素所造成的风险，这是不以企业、家庭、个人这些行为主体的意志为转移的。如政局不稳、政策变化、社会骚乱、战争以及各类重大事故和盗窃事件等。

主观风险是指经济主体在其经济行为过程中，由于自身管理经验、决策能力、经营水平等因素所导致的经济损失的可能性。这类风险在网络经济生产、分配、交换、消费各个环节上都有可能发生。

（三）财政风险与金融风险

财政风险是指网络经济带来的国家税收流失的风险。企业在网上经营，一方面由于传统方式交易数量减少，现行税基受到侵蚀；另一方面由于网络经济是新生事物，税务部门还无法适应，来不及制定相应的对策，造成网络空间中的"税收盲区"，从而导致税款的流失。同时，电子商务不可避免地引起税收转移，企业可以利用"避税地"进行避税。大量网上交易和贸易无纸化程度的提高，也加大了税务稽查的难度。

金融风险是指网络经济活动对金融稳定带来的潜在威胁。网络经济的实时性、交互性特征以及在此基础上产生的强正反馈效应，使得各类金融业务和客户相互渗入和交叉，不同区域内的风险相关性加强，金融风险交叉"传染"的可能性上升；网上交易量可能出现瞬间剧增，加大了因交易环节中断而导致的支付、清算风险。

第二节　金融科技的风险类型及其特征

金融科技作为网络经济的一部分，必然带上网络经济的属性，网络经济所有的风险，金融科技同样具有，只不过金融科技的风险更具金融的特殊性而已。重要区别之一是对信息技术的应用，但其本身也是一把"双刃剑"，既可以大幅度提高金融效率，但也增加了安全隐患。

一、金融科技的技术风险及其特征

金融科技的技术风险与网络经济的技术风险大同小异，同样面临着网络脆弱性与网络攻击的安全问题。由于金融科技都是线上操作，一旦网络系统因被攻击而瘫痪，后果比较严重。

具体而言，目前金融科技的技术风险主要有以下几个方面，一是计算机系统、认证系统或者金融科技软件存在漏洞，很多金融科技公司的平台软件的基本框架来源于第三方，并且由于本公司的技术能力不足和重视程度不足，原有框架内的原生系统漏洞无法被修复，使得该平台极易受到黑客的攻击，一旦后台数据被黑客破解，将直接造成用户数据的泄露，危及投资人资金安全。二是冒替交易客户身份，即该平台无法在技术上确认实际操作者是否为账号的真实拥有者，可能存在攻击者盗用合法账户的信息进行不法金融行为的情况。三是系统设计缺陷导致潜在操作性风险，即内部员工在进行业务操作时，系统无法识别错误操作所导致的损失。四是数据安全风险。随着数据的爆炸式增长，海量数据集中存储，能够方便数据的分析、处理，但若安全管理不当，易造成信息的泄露、丢失、损坏。互联网和信息技术日益发达，对信息的窃取已不再需要物理地、强制性地侵入系统，因此对大数据的安全管理能力也提出了更高的要求。2005 年 6 月 18 日，美国万事达、VISA 和运通公司主要服务商的数据处理中心网络被黑客程序侵入，导致 4000 万个账户的信息被黑客截获，使客户资金处于十分危险的状态。2012 年，我国最大的程序员网站 CSDN 的 600 万个个人信息和邮箱密码被黑客公开，引发连锁泄密事件；2013 年，中国人寿 80 万名客户的个人保单信息被泄露。这些事件都凸显出大数据时代，金融科技领域数据管理安全面临着前所未有的挑战。五是系统传染风险。计算机病毒可通过互联网快速扩散与传染。与传统商业银行有着独立性很强的通信网络不同，金融科技企业处于开放式的网络通信系统中，TCP/IP 协议①自身的安全性面临较大非议，而当前的密钥管理与加密技术也不完善，这就导致金融科技体系很容易遭受计算机病毒以及网络黑客的攻击。一旦某个程序被病毒感染，则整台计算机甚至整个交易互联网都会受到该病毒的威胁。在传统金融业务中，电脑技术风险只会带来局部的影响和损失，而在金融科技业务中，技术风险可能导致整个体系的崩溃。

另外，金融科技平台因技术缺陷在某些特殊时刻无法及时应对短时间内突发的大规模交易也会产生不良后果。该风险主要存在于节假日等传统电商打折促销日。由于巨量网上交易集中在一天甚至某个时点，数据量远超于日常基准数量，极易出现系统不稳定、服务器故障等问题，发生页面崩溃、下单系统无法打开、银行支付系统拥堵等情况。

二、金融科技的经济风险及其特征

网络经济的经济风险特性在金融科技中的具体表现就是金融科技风险。金融科技除了具有传统金融风险的一般共性之外，还具有自身所特有的风险。金融科技的快捷性和参与的广泛性，会对传统金融稳定指标如基础货币的衡量和货币乘数等造成很大影响，使金融监管受到新的挑战。下面我们首先讨论金融科技的一般风险及其特征，继而讨论金融科技的特殊风险问题。

（一）金融科技的一般风险及其特征

1. 信息不对称风险。第一，金融信息需要成本，金融科技企业不会为用户提供免费的午餐，因为金融科技企业需要为有用的信息付出成本代价，因而会直接或间接地向客户收费，客户因付费不同会产生信息消费和传输的差异，由此造成信息不对称。例如，不同用户使用不同的带宽，仅信息的及时性上就存在巨大差异；股票交易中散户使用的交易频道与大户、专业机构的通道显然也不在同一个级别；金融市场高频交易者可以利用时滞效应套利也是一个不争的事实（见专栏 11.4）。

---

① TCP/IP 模型也被称作 DoD 模型（Department of Defense Model）。TCP/IP 协议字面上代表了两个协议：TCP（传输控制协议）和 IP（网际协议）。1983 年 1 月 1 日，在因特网的前身（ARPA 网）中，TCP/IP 协议取代了旧的网络控制协议（Network Control Protocol，NCP），从而成为今天的互联网的基石。——360 百科

【专栏 11.4】

高频交易（High – frequency Trading）

高频交易是指利用大型计算机快速押注买卖股票、期货等，从那些人们无法利用的极为短暂的市场变化中寻求获利的计算机化交易。

高频交易主要依靠股价在一两秒内的微小变动，迅速进行大批量交易，交易速度有时需用零点几秒来计算，极度频繁的交易和很小的股价变化是高频交易得以赚钱的途径。由于速度奇快，人力完全无法胜任，所以只能依靠大型计算机以及预先设定的电脑程序来承担重任。

过去大型投资机构为了控制风险，也会设定各种电脑程序进行自动交易，这种交易一般是在股价或股市突然剧烈波动时，为了把损失控制在一定程度而强行平仓（卖掉手中持有的证券）。

资料来源：MBA 百科。

第二，信息认知与利用能力。金融作为一种直接与行为人经济利益和损失相关联的特殊的复杂信息产品，需要用户对产品所包含的风险和收益信息有充分的认知能力。在此方面，金融科技机构无疑有着比普通投融资客户优越得多的信息优势。在金融领域，委托代理问题是始终存在的，也很难通过技术手段去解决。技术能够解决获取数据和处理数据的问题，但不能解决投资者获取和处理数据能力不同的问题，也不能解决拥有数据垄断力量的人滥用权利的问题。

第三，噪声过滤能力。金融市场上有着成千上万个决策变量，每日每时都在产生无穷尽的海量信息，由此带来大量交易噪声，这就需要市场参与者具有强大的噪声过滤能力，显然，普通投资者与金融科技机构在交易信息噪声过滤能力上也不在一个能级。金融科技的虚拟性会加重信息不对称，主要体现在身份确定、资金流向、信用评价等方面，甚至会影响大数据分析，导致严重的信息噪声（见专栏 11.5）。

第四，信息被滥用或失明的风险。一是客户信用信息容易被滥用。金融科技企业通过数据挖掘与数据分析，获得个人与企业的信用信息，并将之用作信用评级的主要依据，倘若此类信息管理不当，将造成信息泄密，给客户带来潜在损失或实际损失。二是信息真伪与信息透明度问题。在金融科技行业监管不到位不及时的状态下，还会产生由谁来验证最终借款人提供资料的真实性、有无独立第三方能够对此进行风险管控以及如何防范金融科技企业自身的监守自盗行为等风险问题。事实上，我国金融科技理财产品销售过程中存在夸大收益、违规保证收益、风险提示不足等问题。

【专栏 11.5】

金融市场的噪声交易者（Noise Trader）

金融市场的噪声交易者是指无法获得内部信息，非理性地把噪声当作信息进行交易的投资者。

市场选择理论的代表人物 Fama 和 Friedman 认为噪声交易者在市场的预期收益为负，总是处于亏损的状态，因此无法长期存在。而行为金融理论的最新研究成果则提出了相反的观点，De Long、Sh1eifer、Summers 和 Waldman（1990）提出的 DSSW 模型证明了噪声交易者可以获得正的预期收益。但是，某次或某几次交易中能够获得正的预期收益并不意味着他们能够获得更多的长期财富，具有长期生存的能力。迄今为止，De Long 等（1991）建立的资产组合配置模型和 Kogan 模型（2003）较好地说明了噪声交易者的长期生存能力问题。

噪声交易者在金融市场中长期生存既得到了理论上的证明，也是现实中各国证券市场中普遍实际存在的现象，噪声交易会引起市场的不正常波动，不利于证券市场的稳定。

资料来源：据 MBA 百科资料整理。

2. 信用风险与流动性风险。首先是信用风险。金融科技的本质也是信用，既然是信用就有信用风险。无论是第三方支付、网络借贷、股权众筹融资等以互联网企业向金融领域渗透而来的新型业务形态，还是网络银行、互联网基金销售等由传统金融互联网改造而来的业务形态，在其业务开展过程中都会因交易对手违约而可能产生损失，即信用风险。网络交易由于交易信息的传递、支付结算等业务活动在虚拟世界进行，交易双方互不见面，只通过互联网联系，交易者之间在身份确认、信用评价方面就会存在严重的信息不对称问题，信用风险极大。

其次是流动性风险。金融机构的一大功能就是将短期资金转化为长期资金，因此金融机构都会面临不同程度的期限错配，而其中的关键是错配的程度。金融科技也是如此。典型者如，互联网理财产品投资资产期限较长，而负债期限很短，一旦负债到期不能按时滚动展期，就可能发生流动性风险。例如，货币市场基金集中、大量提取协议存款，会直接对银行造成流动性冲击。此外，金融机构在遭遇流动性危机时，一般会通过出售资产来回收现金以提高流动性，然而短时间内大规模出售资产会降低资产价格，极端情况下甚至会引发抛售，进而进一步拉低资产价格，形成恶性循环。

面对信用风险与流动性风险，更须警惕的是，虽然商业银行的理财产品也面临信用违约风险与流动性风险，但商业银行最终能够获得中央银行的最后贷款人支持；相比之下，网络借贷等虽然运营成本较低，但由于缺乏最后贷款人保护，一旦金融产品违约，风险将会无人来最终承担。

3. 市场风险。市场风险可以分为利率风险、汇率风险、股票价格风险和商品价格风险，分别是指利率、汇率、股票价格和商品价格的不利变动所带来的风险。市场风险存在于金融科技的交易业务和非交易业务中，无论表内表外资产负债都避免不了市场资产负债价格变动影响。例如，无论是网络借贷还是众筹融资都会因金融资产的市场价格波动而遭受发生损失的风险。

两相比较，传统金融在市场风险的应对上已经积累了相当的经验，市场风险识别、计量、监测和控制都有章可循，但金融科技企业对市场风险的认知和管控不仅缺乏经验也缺乏金融监管部门具体的章程指引，面临与传统金融相同的市场风险敞口，金融科技造成的潜在损失可能更大。

4. 操作风险。操作风险是指由于某些操作失误而导致的直接或间接损失的风险。操作风险主要存在于对借款人进行信用评估以及人工操作不准确或信息系统故障等。造成这种风险的原因是多方面的，管理团队、业务人员以及市场竞争任何一个环节出现变数都可能使公司运行出现问题。金融机构只要进行营业，就会面临各种由于人员、流程、系统以及外部环境冲击所带来的风险。例如，客户带来欺诈、伪造、纠纷等风险，内部人员发生越权、勾结、差错、盗窃的可能性，以及系统宕机、产品瑕疵、管理不当的风险。操作风险导致的损失甚至可能大于市场风险和信用风险。例如，2010年，仅齐鲁银行被外部人员诈骗一案，涉案金额就高达101亿元人民币之巨。由于金融科技发展迅速，大多数企业处于初创期，各种业务模式尚处于摸索阶段，企业与员工也缺乏管理上的磨合，部分企业大部分员工甚至缺乏适当培训，从而隐含大量操作风险。专栏11.6列出了20多年来国际金融市场部分操作风险案例。

 【专栏11.6】

操作风险案例盘点

新华网2015年4月25日讯，英国期货交易员纳温德·辛格·萨劳日前被美方指控涉嫌操纵市场、导致2010年5月纽约股市道琼斯指数暴跌，总市值蒸发近1万亿美元，引起外界对违规金融交易员的关注。回顾历史，在金融界引发地震的交易员不在少数，而且"人才"辈出，肇事规模一浪高过一浪，也给全球金融界的监管不断敲响警钟。以下是20多年来全球重大违规交易案。

1989年11月，美国投资银行"德崇证券商品有限公司"因当时的证券业务负责人违规操作被监管机构罚款6.5亿美元。公司最终申请破产，违规者被判10年监禁。

1992年4月，印度多家银行和证券公司被曝合谋从银行间证券市场挪出13亿美元资金致使孟买股市"托市"。主要嫌疑人在候审时死于狱中。

1995年2月，英国历史最悠久的巴林银行派驻新加坡的交易员尼克·里森"未经授权"大量购买走势看好的日本日经股票指数的期货，但没想到一场阪神大地震使日经指数不升反跌，导致巴林银行亏损14亿美元，一下陷入破产境地。

1996年6月，时任日本住友商事有色金属部部长的滨中泰男被曝在伦敦金属交易所非法进行铜期货交易，给公司造成26亿美元损失。滨中泰男后来获刑8年。

2002年，爱尔兰最大的银行爱尔兰联合银行美国分部的一名交易员从事非法外汇交易，使公司蒙受7.5亿美元损失。这名交易员后被判7年半监禁。

2006年3月至4月，美国对冲基金公司Amaranth首席交易员试图操控纽约商品交易所的天然气期货价格，最终致使公司损失66亿美元。

2008年1月，法国第二大银行兴业银行曝出该行历史上最大违规操作丑闻。期货交易员热罗姆·凯维埃尔在未经授权的情况下大量购买欧洲股指期货，最终给银行造成49亿欧元（约合71.4亿美元）损失。这是世界银行业迄今因员工违规操作而蒙受的单笔最大金额损失。

2011年9月，瑞士银行旗下投资银行交易员奎库·阿多博利因未授权交易致瑞士银行蒙受约20亿美元损失。

2012年5月，美国最大的银行摩根大通旗下昵称"伦敦鲸"的交易员布鲁诺·米歇尔·伊克西尔在债券市场大举建仓，累计投下的"赌注"所反映资金额可能达到1000亿美元，但相关债券价格不久呈现与摩根大通预判相反的走势，致使所交易的金融衍生品在6周内亏损20亿美元。

资料来源：新华网。

以上所述的信息不对称风险、信用风险、流动性风险、市场风险、操作风险也就是金融科技与传统金融所共有的风险，它们的共同特征就是金融的本质：对不确定性和风险的处理。其核心含义是：市场参与者可以利用市场来处理不确定性和风险，但是，市场处理不确定性和风险的能力是不完全的，例如，经济社会很难构造一个完美的资本市场，即一个无摩擦（无交易成本、无所得税、投资者完全理性、对投资决策具有同质预期、信息完全对称）的资本市场。因此，市场参与者还需要通过一些非市场特征组织来处理不确定性和风险，如超脱于市场的公证机构、专事风险分散与缓冲的保险机构等。这同时也意味着，科技进步无论赋予金融何种形式和内容，独立于交易双方的第三方监管总是需要的。

（二）金融科技的特殊风险及其特征

除上述与传统金融相类似的风险外，金融科技还面临一系列独特风险。

一是颠覆性技术创新风险。人工智能、区块链等是已经获得世界范围内广泛认同的颠覆性技术。颠覆性技术具有二重性，既可能产生正面结果，也可能带来负面影响。我国金融科技发展具有发展速度快、创新活跃度高、规模体量巨大、创新参与主体多元等突出的特征，受颠覆性技术风险的影响就更大。事实上，我国以互联网金融为代表阶段上的P2P风险爆发跑路事件等，究其实质，就是颠覆性技术创新带来的副产品。

与颠覆性技术密切相关的另一项风险是技术不成熟风险。一方面，大数据、人工智能等都还处于初级阶段，技术本身发展尚未成熟；另一方面，金融科技还未经过实践的大范围应用与检测，这会带来技术不成熟风险。比如大数据，在数据是否充分，以及数据质量是否得到保证都不确定的情况下，据以得出的结论也未必准确（见专栏11.7）。

在实践中，抢先推出新产品是金融科技企业实现网络效应临界点的重要手段。部分机构在未经过严密测试和风险评估的情况下，依靠试错性创新将一些不够成熟的产品推向市场，由于网络效应容易放大较小风险，造成大规模的资金损失。特别是一些尚处于发展初期的新兴技术，通过舆论和资本的过度炒作，可能会令它们沦为市场操纵、投机、诈骗的工具。

二是政策合规风险。政策法规总是滞后于新兴行业的发展，以至于出现监管真空。如有关金融科技的市场准入标准、运作方式的合法性、交易者的身份认证等方面，目前尚无严谨系统的法律规范。这种状况会导致有的金融科技企业游走于法律盲区和监管漏洞之间，进行监管套利、违规经营，甚至出现非法吸收公众存款、非法集资等违法行为。尤其是那些以新科技作为"外衣"的另类金融业务。如 P2P 贷款、众筹、数字资产等多个业务模式很容易涉及非法集资，存在政策风险。有的"金融创新"号称由技术和数据驱动，实则是在利用相对滞后的制度规则逃避监管。

三是系统风险。金融科技由于其巨大的网络效应，参与个体的广泛性，拥有更加广泛的社会化平台和更大的负外部性，对风险识别、风险管控、风险事件处理等问题的要求更高。随着金融科技的迅速发展，越来越多的金融工具、金融机构和金融市场之间的业务边界被打破，它们之间的关系不再是简单的数量加总，而是相互之间有机地结合在一起，因此，一旦某一环节产生风险，如果没有必要的风险隔离与保险制度安排，风险很容易传导到其他金融科技业务中，甚至放大到整个金融体系，形成系统性风险。

四是开放性风险。随着世界各国金融市场开放性和金融基础设施联通性不断增强，金融机构之间的联系越来越复杂化，金融科技可能带来业务风险、技术风险、网络风险的叠加效应，使得金融风险传染得更快、波及面更广。特别是，全球经济的超级互联可以通过去中心化通道使得跨境货币投机活动与洗钱活动等避开正规金融监管而大行其道，对国际资本的非正常流动带来严峻的监管挑战。

五是中央银行货币信贷调控难度增大的监管风险。金融科技创新使得中央银行的传统货币政策中间目标面临一系列挑战。例如，虚拟货币（如腾讯的 Q 币[①]）是否应该计入狭义货币供应量 M_1，如何来看待传统货币与虚拟货币之间的互动与转化等问题。虚拟货币如果脱离法定约束，可能通过信用扩张引起通胀。再如，支付手段的非现金化，将使货币购买力统计失真。在第三方支付的快速渗透、传统金融机构布局扫码支付、便捷支付相关的金融科技技术持续进步的推动下，无现金社会正加速到来。支付手段的非现金化，将会带来货币统计口径的变动。在无现金化过程中，M_0 的占比会越来越低，该指标也就越来越不重要。如果银行卡成为主流的电子支付手段，对应的应该是 M_1；如果第三方支付账户中的货币基金，如余额宝、零钱宝等成为主流支付工具，则对应的是 M_2 中的非存款类金融机构存款；如果信用卡和蚂蚁花呗、苏宁任性付等消费金融产品成为主流支付工具，则并不在央行的货币统计口径中。就实际情况看，包括信用卡在内的消费金融产品成为主流支付工具的概率更大，而此类工具并未被统计到央行货币口径之中，这会使货币统计口径与社会中的真实购买力脱节，统计

①　Q 币，是由腾讯推出的一种虚拟货币，市面上 Q 币充值卡的零售价是 1Q 币:1 元人民币，但通过财付通充值是 95 折，通过其他代理商购买则可能更低。Q 币可以用来支付 QQ 的所有服务（包括申请 QQ 行号码、购买 QQ 靓号、QQ 会员服务、QQ 交友、QQ 贺卡、QQ 宠物、会员等），还可以购买 QQ 游戏（包括游戏大厅中的各种游戏以及 QQ 堂、QQ 幻想、QQ 音速、QQ 三国）中的道具。——互动百科

口径小于真实购买力。货币统计口径失真可能使央行低估实际货币供给的数量，隐含潜在的通胀风险。并且，实际购买力结构的变化还会对现有的货币政策传导机制带来影响。央行调整货币供应量，一般通过调整基础货币和货币乘数两种手段进行，主要媒介是存款性金融机构，影响的主要是银行存款。而在无现金社会中，真实的购买力隐藏在消费金融产品而非银行存款中，便会导致央行的数量型工具在特定情境下失去效果。除此之外，金融科技的发展也削弱了中央政府信贷政策的效果。例如，如果房地产开发商传统融资渠道被收紧，那么很可能会考虑通过网贷平台来融资。

综合上述，金融科技并未消除金融本身的固有风险，新兴信息技术对金融领域的广泛介入和渗透，只是使得传统金融风险获得了新的内容和形式，并由此产生了新的风险类别，形成了新的风险特征。尽管大数据、云计算、人工智能、区块链等新信息科技的应用有可能在某些方面提高金融处理不确定性与风险的能力，但在其他一些新的方面又扩大或提升了不确定性风险的维度和量级。在一个不完善的世界里，构建于互联网基础上的金融科技所正在形成新型的复杂动态金融系统，不可避免地意味着新的风险和挑战。

 【专栏 11.7】

机器人理财更靠谱吗？

机器人理财主要帮投资者做三件事：资产配置、产品优选和策略再平衡。那么这种机器人理财，比人类的理财经理们更靠谱吗？

现在很多企业都在做"机器人理财"项目，如平安集团的一账通、蚂蚁金服的蚂蚁聚宝、钱景私人理财等就是此类代表。除了腾讯、阿里巴巴、百度等互联网巨头纷纷布局这一领域，各类互联网投资平台也在推类似业务，配置范围包括 A 股、开放式基金、全球 ETF 等领域。这些平台交易规模可观，如积木盒子平台交易额已超百亿元。目前国内最大的"机器人理财"项目，已经上线了近 70 家基金公司的 1900 余只基金产品。

机器人理财也就是智能理财，是平台通过程序，基于对用户资产、流动性需求、收益需求等行为的分析，构建用户需求模型，来提供相应的产品组合策略，保证用户能得到最优的资产配置。尤其是金融"小白"们缺乏理财经验，迫切需要此类工具帮助实现财富管理。

对于新鲜事物"机器人理财"，投资者反馈如何呢？南京海归白领王女士表示，虽然自己很关注投资，但对"机器人理财"并不感冒，她表示，机器人再客观也不如自己了解自己，理财还是要靠自己；而金融"小白"刘先生则表示，"机器人理财"省去了自己学习金融的时间，只是不了解其中会不会有风险。

专家表示，从整个行业来看，"机器人理财"尚未真正成熟，主要风险就在于技术的不成熟，由于智能理财更为依赖企业的模型构建，投资模型构建的准确与否直接影响着理财收益甚至是本金的安全。P2P 业内人士也表示，虽然"机器人理财"这件事听起来很唬人，似乎很高大上，但投资者若无法判断背后的真假和水平，这一概念就会变成企业自我包装的上佳选择。投资者更恐惧的是智能理财的面具背后，藏着资金池的雷区。

还有业内人士表示，有些用户尚未掌握使用智能理财的方法和技巧，所以"机器人理财"也会造成一些不平等现象。另外，这一新兴行业尚缺乏有效监管，所以尽快出台条例也是比较重要的一点。

零壹财经研究院认为，平台要想长期稳定发展，除了炒作"机器人理财"等新鲜概念，以大数据技术加强风控，保障资金安全才是关键，此外应通过后端智能化运营提高效率，帮助客户养成理性、有序的理财习惯，通过后台画像真正了解用户，进行个性化推荐，提升资产配置的便捷性。

资料来源：http://www.chinanews.com/cj/2016/05-03/7855922.shtml。

第三节　金融科技风险控制的基本方法

风险控制是金融的核心。金融科技风险需要控制，目的是降低金融科技风险的经济影响。金融科技风险控制包括金融科技企业与机构的风险控制与宏观风险控制或系统性风险控制两大类型。

一、金融科技企业与机构的风险控制

与金融科技风险类别相对应，金融科技企业与机构的风险控制大致可分为以下几类。

（一）技术风险控制方法

1. 加大投入，提高网络安全系数。这需要从硬件和网络运行两个方面进行改进，加大对硬件安全措施的投入，提高计算机系统的防病毒能力和防攻击能力，保证金融科技的硬件环境安全。网络运行方面，应用分级授权和身份认证登录来访对非法的用户登录进行限制；通过利用数字证书为交易主体提供安全保障；大力开发数字签名技术、密钥管理技术和互联网加密技术，降低技术选择风险。

加强人才队伍建设。金融科技风险控制离不开复合型人才。金融科技作为新兴行业，专业风险控制人才缺失是普遍现象，当前我国这方面人才培养滞后，企业需要加大在职培训投入，建设自己的风险控制人才库。必须看到，风险控制是金融科技赖以生存与发展的根本所在。不管是传统金融机构还是金融科技企业，能否掌握风险控制都是能否形成良性金融科技业态的关键。风险控制是金融科技业界最值得投入财力、人力和物力的环节。

2. 创新风险管理技术。金融科技企业与金融机构应当在全球金融行业风险管理要求不断提高、金融服务业对信息系统依赖性持续增强的趋势下，提升专业化的 IT 风险管理能力，创新风险管理技术。内容涉及等级保护、IT 审计、电子银行安全、IT 风险

管理、企业内控等多个领域。企业应当基于内外部审计及监管要求建立网络控制评估框架；识别潜在网络风险；实施风险处置计划；持续监控网络风险状况；制订风险处置计划；设计各岗分离的业务流程，同时运用科技手段全流程控制业务风险；完善各业务条线的风险管理组织机构，通过设立风险管理委员会、风险总监、风险官和风险经理，实现对金融业务风险的多级监控；引入发达风控技术中的信息交叉检验方法，实现企业非财务信息内部、财务信息内部及非财务信息与财务信息间的多重逻辑验证。

（二）经济风险控制方法

1. 内控机制建设。金融科技企业经济风险控制的关键在于建立和完善内控机制，对金融科技风险进行事前预警、事中控制、事后弥补与纠正。大致可以从以下几个方面来考虑。一是设立专门的风险控制部门。各金融科技企业应该设立专门的风险控制部门，利用大数据挖掘技术或是借助第三方咨询服务等，建立信用评级系统，构建内部风险评估模型，建立金融科技风险预警机制，设置专人专岗进行实时监控和识别。二是规范新产品设计。金融产品都是风险和收益的综合体，网络交易的隐蔽性、匿名性增加了金融科技产品的风险。金融科技机构在设计新产品时，应当重点考虑资金的安全性和流动性，谨慎选择投资方向、方式，在产品的收益和风险中找到平衡点，从源头上防范出现集中赎回造成的流动挤兑风险。三是建立和完善风险准备金提取制度。根据金融科技机构的规模大小、产品性质、风险承受能力等情况，制定合适的风险准备金数额并足额提取，以充足的拨备和较高的资本金抵御流动性风险。

2. 合规性建设。在金融行业监管要求不断提升的大背景下，金融科技企业将要面对诸如内控、安全、外部审计、上级监管单位等多个机构的审计监督。网络合规性建设的目的是提升风险管理能力，降低合规运营成本。保证企业谨守行业适用的法律法规，不踩红线，合规经营。

企业应依据自身实际需要和可能，利用权威专业咨询公司服务，发现企业网络架构、内部制度和外部政策、法规等方面的各项差异，建立统一的符合各方面监管要求的网络运行风险管理体系。主要内容包括：（1）网络监管要求识别。明确需参照的符合性标准及要求；整合相关网络标准及要求，形成网络控制要求矩阵；识别需进行沟通协调的内部各部门；制定符合性评审组织；制定网络符合性评估工具。（2）差距分析。识别相关资产的控制目标；依据评估矩阵和有效样本对现有风险控制状况进行评审；基于影响度及可能性进行风险评估；识别可接受风险，确定需进行处置的风险级别。（3）在此基础上，针对识别的各项风险，设计一个完整的合规体系，以高效、低成本地满足各方监管要求。

（三）其他风险管理常用技术方法

1. 绘制风险坐标图。风险坐标图是指把风险发生可能性的高低、风险发生后对目标的影响程度，作为两个维度绘制在直角坐标平面上。运用坐标图方法首先需要对风险发生可能性的高低和风险对目标的影响程度进行定性或定量评估，之后再依据评估结果绘制风险坐标图。绘制风险坐标图的目的在于对多项风险进行直观的比较，从而确定各风险管理的优先顺序和策略。例如，某公司绘制了如下风险坐标图（见图11－2），并将该图划分为A、B、C三个区域，公司决定承担A区域中的各项风险且不再增加控制措施；严格控制B区域中的各项风险且专门补充制定各项控制措施；确保规避和转移C区域中的各项风险且优先安排实施各项防范措施。绘制风险坐标图的优点是简单直观、成本较低、便于比较。

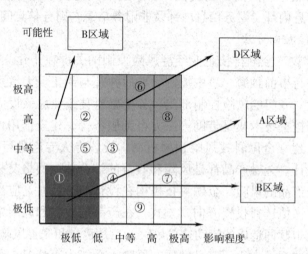

注：图形中带圈数字标注代表区域内企业将承担的风险点。

图11－2　风险坐标图

2. 蒙特卡罗方法。蒙特卡罗方法是一种随机模拟数学方法。该方法用来分析评估风险发生的可能性、风险的成因、风险造成的损失或带来的机会等变量在未来变化中的概率分布。具体操作步骤如下：

（1）量化风险。将需要分析评估的风险进行量化，明确其度量单位，得到风险变量，并收集历史相关数据。

（2）根据对历史数据的分析，借鉴常用建模方法，建立能描述该风险变量在未来变化的概率模型。建立概率模型的方法很多，如差分和微分方程方法、插值和拟合方法等。这些方法大致分为两类：一类是对风险变量之间的关系及其未来的情况作出假设，直接描述该风险变量在未来的分布类型（如正态分布），并确定其分布参数；另一类是对风险变量的变化过程作出假设，描述该风险变量在未来的分布类型。

（3）计算概率分布初步结果。利用随机数字发生器，将生成的随机数字代入上述概率模型，生成风险变量的概率分布初步结果。

（4）修正完善概率模型。通过对生成的概率分布初步结果进行分析，用实验数据验证模型的正确性，并在实践中不断修正和完善模型。

（5）利用该模型分析评估风险情况。蒙特卡罗方法的特点是用数学方法在计算机上模拟实际概率过程，然后加以统计处理。这类方法的特点是，可以在随机采样上计算得到近似结果，随着采样的增多，得到的结果是正确结果的概率逐渐加大，但在采样不全时，通常不能保证找到最优解。

3. 关键风险指标管理。一项风险事件发生可能有多种成因，但关键成因往往只有几种。关键风险指标管理是对引起风险事件发生的关键成因指标进行管理的方法。具体操作步骤如下：

（1）分析风险成因，从中找出关键成因。

（2）将关键成因量化，确定其度量，分析确定导致风险事件发生（或极有可能发生）时该成因的具体数值。

（3）以该具体数值为基础，以发出风险预警信息为目的，加上或减去一定数值后形成新的数值，该数值即为关键风险指标。

（4）建立风险预警系统，即当关键成因数值达到关键风险指标时，发出风险预警信息。

（5）制定出现风险预警信息时应采取的风险控制措施。

（6）跟踪监测关键成因数值的变化，一旦出现预警，即实施风险控制措施。

该方法既可以管理单项风险的多个关键成因指标，也可以管理影响企业主要目标的多个主要风险。使用该方法，要求风险关键成因分析准确，且易量化、易统计、易跟踪监测。

4. 压力测试。压力测试是指在极端情景下，分析评估风险管理模型或内控流程的有效性，发现问题，制定改进措施的方法，目的是防止出现重大损失事件。具体操作步骤如下：

（1）针对某一风险管理模型或内控流程，假设可能会发生哪些极端情景。极端情景是指在非正常情况下，发生概率很小，而一旦发生，后果十分严重的事情。假设极端情景时，不仅要考虑本企业或与本企业类似的其他企业出现过的历史教训，还要考虑历史上不曾出现，但将来可能会出现的事情。

（2）评估极端情景发生时，该风险管理模型或内控流程是否有效，并分析对目标可能造成的损失。

（3）制定相应措施，进一步修改和完善风险管理模型或内控流程。

以信用风险管理为例。例如，一个企业已有一个信用很好的交易伙伴，该交易伙伴除发生极端情景，一般不会违约。因此，在日常交易中，该企业只需"常规的风险管理策略和内控流程"即可。采用压力测试方法时，是假设该交易伙伴将来发生极端情景（如企业发生重大生命财产事故等），被迫违约，对该企业造成重大损失。而该企业"常规的风险管理策略和内控流程"在极端情景下不能有效防止重大损失事件，为此，该企业采取了购买保险或相应衍生产品、开发多个交易伙伴等措施。

二、金融科技的系统性风险控制

金融科技的系统性风险控制是指国家宏观经济与技术管理部门对金融科技可能引发的系统性风险控制。同样包括技术风险控制与经济风险控制两大内容。

（一）技术风险控制

技术风险控制的目的是国家通过信息基础设施建设与监管来预防金融科技的整体技术风险，确保金融科技在宏观层面的网络安全。

金融科技的技术基础是网络，中国已是名副其实的网络大国，但离网络强国的目标仍有差距，在自主创新方面还相对落后，面临的网络安全方面的任务和挑战日益复杂。信息工程师专业网 2018 年 11 月 13 日披露，95% 与互联网相连的网络管理中心都遭受过境内外黑客的攻击或侵入，其中银行、金融和证券机构更是黑客攻击的重点。

因此，作为网络大国，我国应进一步加强对关键信息基础设施安全保护的高度重视，加快构建关键信息基础设施安全保障体系，提升网络安全态势感知能力。一是全面构建国家关键信息基础设施网络安全防护体系。建立协调联动、相互配合、资源共享的网络安全防护机制，制定国家网络安全防护策略，明确各方网络安全防护职责。推进国家关键信息基础设施网络安全风险评估、监测预警、应急处置、灾难恢复工作，加强技术手段建设，提升抵御攻击的防护能力。二是建立关键信息基础设施仿真环境和攻防测试、安全验证平台，加强关键信息基础设施漏洞、后门的防范和检测能力。三是大力提升网络安全技术水平。加大网络核心技术研发投入，积极有序推进关键信息技术产品和设备技术水平，加强创新能力。只有建立起完全自主、安全可控、"坚固可靠"的国家网络安全体系，把信息安全掌握在自己手中，才能确保国家网络安全和信息安全，才能实现金融科技系统风险防范。

（二）经济风险控制

1. 防火墙建设。对于金融科技引起的金融混业经营应当建立必要的风险隔离与保险制度。对于投资者和消费者而言，资金安全是否能够得到保障，是其首要关心的问题。对于金融科技来说，安全是行业可持续发展的生命线。而要守护这条生命线，以科学合理的监管建立起牢固的"防火墙"至关重要。构筑这道金融科技的"防火墙"需要政府、行业的深度探讨，针对金融科技的新业态，制订科学合理的监管方案，建立可靠的覆盖全行业的风险防控体系。

2. 金融消费权益保护。加强金融消费者权益保护是防范金融科技系统风险的关键环节。有关部门除了及时修订专门的消费金融权益保护法律法规，严格执法力度之外，还应当紧紧围绕提高消费者金融素养，持续开展金融消费者教育，不断拓宽投诉渠道和增强纠纷调解处理能力，加大重点领域金融消费监管力度，着力保障金融消费者的消费安全权利，对金融机构金融消费权益保护工作进行整体评估，引导金融机构改进和完善自身工作薄弱环节。

3. 信用体系建设。社会信用体系的建设可从建立电子商务身份认证体系、个人和企业信用评估体系着手，避免信息不对称造成的选择性风险。国务院发布的《社会信用体系建设规划纲要（2014—2020 年）》，提出了政务信息公开、农村信用体系建设、小微企业信用体系建设三个专项工程，具有很强的针对性和现实意义。其中直接与金融科技相关的是后两条，主要是针对"三农"领域和小微企业的融资难问题。农户和小微企业的可抵押资产比较少，凭借自身信用进行融资是一条可行的办法。但要开展信用融资，就必须要有信用记录，让金融机构充分掌握信用信息，识别信用风险并且进行合理定价。这些都需要有健全的信用体系作为基础。

4. 法制体系建设。加强金融科技风险法制体系建设包括加大立法力度、完善现行法规、制定网络公平交易规则。加紧关于计算机犯罪、电子商务安全性和电子交易等方面的立法建设。明确电子凭证和数字签名的有效性，对各交易主体的权利义务进行明确的解析；对现行的不适合金融科技的法律法规进行完善，适时调整量刑尺度；对交易主体的责任、保护消费者个人信息、保持电子交易凭证、识别数字签名等作出详细的规定，保证能够有序开展金融科技业务。

5. 完善金融科技监管体系。在此方面，应对市场准入管理进行加强并完善监管体制。确定准入条件并对金融科技创新加大扶持力度；金融科技对分业监管模式提出挑战，故应协调混业和分业监管模式，实行综合监管。利用新的技术手段，增加科技监管维度，并注意及时协调可能出现的国际司法管辖权问题。

此外，国家宏观经济管理部门还应加强产业政策、财政政策、货币政策、投资政策、汇率政策等政策调整对金融科技活动的影响研判，对金融科技可能出现的风险进行提前预警，备好预案，以防调整过激产生系统风险。

【本章小结】

1. 网络技术风险指的是因技术漏洞而导致的风险。技术风险的构成因素包括网络攻击、网络病毒感染、技术漏洞等。

2. 网络脆弱性指的是网络中任何构成安全隐患的薄弱环节的特性。网络脆弱性不单单是网络节点缺陷的反映，也是网络系统整体脆弱程度的度量。

3. 网络攻击可以各种形式出现，包括简单的侵入、破坏网站、拒绝服务攻击、间谍活动和毁灭数据。

4. 网络经济的经济风险指的是网络经济活动给宏微观相关主体带来的预期收入遭受损失的可能性。

5. 金融科技除了具有传统金融风险的一般共性之外，还具有自身所特有的风险。

6. 金融科技风险控制包括金融科技企业或机构的风险控制与宏观风险控制或系统性风险控制两大类型。

7. 金融科技风险控制的方法主要包括技术风险控制、经济风险控制与其他风险控制方法几种类型。

【关键概念】

网络	网络脆弱性	网络攻击
网络控制	关键信息基础设施	网络经济风险
网络经济微观风险	网络经济宏观风险	信用风险

流动性风险	市场风险	操作风险
支付风险	系统风险	颠覆性技术风险
政策法律风险	内控机制建设	合规性建设
风险坐标图	蒙特卡罗方法	关键风险指标管理
压力测试		

【思考练习题】

1. 什么是网络经济的技术风险？网络经济的技术风险有哪些主要类型？

2. 什么是网络脆弱性？网络脆弱性体现在哪些方面？

3. 什么是网络攻击？网络攻击的危害何在？

4. 网络控制是如何产生的？

5. 网络经济的经济风险可以分为哪几种类型？试分别说明。

6. 金融科技的信息不对称风险有哪些表现形式？试分别说明。

7. 什么是颠覆性技术风险？

8. 什么是金融科技的合规性建设？并简要说明其内容。

9. 什么是关键风险指标管理？并说明其内容。

10. 简述金融科技的特殊风险及其特征。

11. 金融科技企业与机构的风险控制有哪些主要内容？试分述之。

【数据资料与相关链接】

1. 中华人民共和国国家网络信息办公室，http：//www. cac. gov. cn/wlfz. htm。

2. 国家信息安全漏洞库，http：//www. cnnvd. org. cn/web/vulreport/queryListBy-Type. tag。

3. 中国互联网络信息中心（CNNIC），http：//www. cnnic. net. cn/hlwfzyj/hlwxzbg/。

【延伸阅读】

1. Fortinet. 全球威胁态势报告 ［R/OL］. https：//www. fortinet. com/content/dam/fortinet/assets/threat－reports/zh＿cn/q2－2018－threat－landscape－report. pdf.

2. 清华大学经济管理学院互联网发展与治理研究中心，百度安全. 中国网络安全现状研究报告（2018）［R/OL］. https：//anquan. baidu. com/upload/ue/file/20180903/1535 953023531343. pdf.

3. 国家计算机网络应急技术处理协调中心. 2017 年我国互联网网络安全态势综述［EB/OL］. http：//www. cac. gov. cn/wxb＿pdf/2018year/situation. pdf.

4. 360 互联网安全中心. 2017 勒索软件威胁形势分析报告［R/OL］. file：///C：/Users/Lenovo/Downloads/. pdf.

第十二章

金融科技监管

主要内容：本章首先讨论金融科技监管的概念；其次，介绍金融科技监管的基本类型，讨论金融科技监管与发展的关系；最后介绍金融科技监管的国内外发展概况。

学习目标：明晰金融科技监管的基本概念，了解金融科技监管的国内外发展概况；理解金融科技监管的基本类型；掌握金融科技监管的原则和方法，认识金融科技监管与发展的关系。

引导案例：
网络传销 "变种" 虚拟货币疯狂吸金

借助网络进行金融诈骗，是当前金融犯罪的一个典型特征。互联网的便捷和全球互联，使得利用互联网技术手段披着金融创新的外衣行金融诈骗之实大行其道，本案例向我们披露的仅仅是金融科技犯罪的冰山一角，在金融科技实践中还有大量游走于合法与非法之间的灰色地带。这说明，金融科技亟待加强监管，唯有加强对金融科技的法律监管，才能有效遏制金融科技犯罪，也才能保证金融科技的健康发展。

湖南省常德市公安局近期破获"万福币"特大网络金融传销诈骗案，抓获这一传销组织在国内的代理人和网头 60 多名。9 人因涉嫌组织领导传销活动罪被检察机关批准逮捕，"万福币"不到两个月的时间吸金近 20 亿元。专案负责人表示，利用虚拟货币进行传销已成为当前网络传销新特点，投资者应高度警惕。

警方查获的相关资料显示，投资者只需交纳 1 万元人民币即可注册成为会员，待其所购买的"万福币"价格上涨后，"躺着就能赚钱"。据称，"万福币"一年稳赚三倍左右，这还只是静态奖。

"万福币"的传销本质通过其"动态奖"机制体现得十分明显。会员要想赚更多钱，则必须发展下线以获得"招商直推奖""招商级差奖"等动态奖。"万福币"根据会员发展人员的多少分为 1 至 5 星、1 至 5 金、1 至 5 钻的 3 阶 15 级。每个级别对应不同的奖金回报，发展了下线就能获得提成，并可层层提成。

受害者之所以投资"万福币"，一是看了网上宣传，相信"万福币"公司实力；二是高投资回报率。

警方表示，"万福币"传销案反映了当前传销的新特点。

一是假借虚拟货币这一新生事物进行传销。这是一种新型金融传销，一般群众不了解，容易上当受骗。

二是通过微信公众号宣传，扫描二维码即可加入。这改变了传统网络传销设工作室、报单中心进行传销组织活动的模式。上下级之间只通过微信群交流，线下不见面，更增加了传销的隐蔽性。

三是把总部设在境外。组织者躲在境外发号施令，资金转移至境外，抓捕难，追赃难，斩草除根难。

警方同时告诫投资者，当前网上宣传的虚拟数字货币有一两百种，真假难辨。有利用虚拟数字货币非法集资的，有利用虚拟数字货币进行传销的，投资者应谨慎对待。

资料来源：《经济参考报》。

第一节　金融科技监管的概念

一、金融监管的基本含义及其原则

（一）金融监管的基本含义

金融监管是国家金融管理部门依法对金融机构（企业）进行监督和规制的总称。金融监管有狭义和广义之分。狭义的金融监管是指金融监管部门对整个金融业（包括金融机构和金融业务）实施的监管。广义的金融监管还包括行业自律性组织、社会中介组织的监管及新闻舆论监督等内容。金融监管的目的是保护金融消费者（投资者）的正当权益、维护市场秩序，促进金融稳定。

"监管"一词的本意指的是根据规则进行指导或治理。因此，金融监管是指监管部门从金融企业外部对企业进行的合法性规范，而非参与企业的日常经营管理活动。监管部门对金融企业的业务经营、财务管理、人事等方面不加干预。

（二）金融监管的基本原则

金融监管原则，是指在政府金融监管机构以及金融机构内部监管机构在金融监管活动中，始终应当遵循的价值追求和最低行为准则。金融监管应坚持以下基本原则：

1. 合法性原则。金融监管必须依据法律法规进行。监管的主体、监管的职责权限、监管措施等均由金融监管法律和相关行政、法规规定，监管活动均须依法进行。

2. 公开公正原则。监管活动应最大限度地提高透明度。同时，监管当局应公正执法，平等对待所有金融市场参与者，做到实体公正和程序公正。

3. 效率原则。金融监管应当有利于提高金融体系的整体效率，不得压制金融创新与合理金融竞争。同时，金融监管当局应合理配置监管资源以降低成本，减少社会支出。

4. 独立性原则。金融监管部门及其从事监督管理工作的人员依法履行监督管理职责，受法律保护，地方政府、各级政府部门、社会团体和个人不得干涉。

5. 协调性原则。各监管主体之间应职责分明、分工合理、相互配合。这样可以节约监管成本，提高监管的效率。

6. 消费者保护原则。包括对金融消费者协作保护的原则、对金融消费者倾斜性保护的原则、保护金融消费者信息及隐私的原则、鼓励竞争保护金融消费者自由选择权与金融机构破产消费者保护优先原则、有效解决金融消费纠纷原则，以及金融消费者保护和教育并重的原则。

（三）金融监管的方式

1. 公告监管。公告监管是指政府对金融业的经营不做直接监督，只规定各金融企业必须依照政府规定的格式及内容定期将营业结果呈报政府的主管机关并予以公告。

公告监管的内容包括公告财务报表、最低资本金与保证金规定、偿付能力标准规定。公告监管主要适用于证券市场的监管，强调的是信息公开、透明。在公告监管下，金融企业经营的好坏由其自身及投资者自行判断。但是由于信息不对称，公众很难评判金融企业经营的优劣，对金融企业的不正当经营往往无能为力，只能借助监管部门的事后查处。因此公告监管是金融监管中较为宽松的监管方式。

2. 准则监管。准则监管是指国家对金融业的经营制定一定的准则，要求其遵守的一种监管方式。在准则监管下，政府对金融企业经营的若干重大事项，如金融企业最低资本金、资产负债表的审核、资本金的运用、违反法律的处罚等，都有明确的规定。这种监管方式强调金融企业经营形式上的合法性，比公告监管方式较为严格。

3. 实体监管。实体监管是指国家制定完善的金融监督管理规则，金融监管机构根据法律赋予的权力，对金融市场尤其是金融企业进行全方位、全过程有效的监督和管理。实体监管是国家在立法的基础上通过行政手段对金融企业进行强制性规制，比公告监管和准则监管更为严格。

（四）金融监管的主要对象和内容

金融监管的传统对象是银行类金融机构和保险、证券公司等非银行金融机构，但随着金融工具的不断创新，金融机构业务的交叉和融合，金融监管的对象也随之扩大。如今，一国的整个金融体系都可视为金融监管的对象。金融监管由市场准入监管、业务运营监管、风险评价、风险处置以及市场退出等相关要素和环节组成。

1. 市场准入监管。市场准入监管包括三个方面：机构准入、业务准入和高级管理人员准入。机构准入，是指依据法定标准，批准金融机构法人或其分支机构的设立。业务准入，是指按照审慎性标准，批准金融机构的业务范围和开办新的业务品种。高级管理人员准入，是指对高级管理人员任职资格的核准和认可。

2. 业务运营监管。业务运营监管是指对金融机构的业务运营进行监管，主要是通过监管当局的非现场监管和现场检查，以及借助会计（审计）师事务所进行的外部审计，及时发现、识别、评价和纠正金融机构的业务运营风险。非现场监管和现场检查是监管当局日常监管的主要内容。

3. 风险评价。风险评价是金融监管人员在综合分析非现场监管和现场检查结果及来自中介机构提供的信息的基础上，对监管对象所存在的风险的性质、特征、严重程度及发展趋势作出的判断和评价。

4. 风险处置。金融监管当局要针对金融机构所存在的不同风险及风险的严重程度及时采取相应措施加以处置，处置方式包括纠正、救助和市场退出。

二、金融科技监管的概念

（一）金融科技监管的基本含义

金融科技监管是指对金融科技涉及的法律风险、操作风险、流动性风险、信用风险和市场风险等制定并完善法律规则，采取有针对性的监管措施，加强和改善监管，保护金融科技消费者、投资者的利益，维护市场秩序，促进金融稳定与金融科技的可持续发展。

（二）金融科技监管的基本原则与监管方式

除坚持前述金融监管的一般原则外，金融科技监管还应当坚持开放性、一致性、穿透性、审慎性、前瞻性等适应金融科技发展特点的监管规则。

一是开放性原则。开放性原则又称容错式原则，是一个允许试错、包容犯错和控制风险平衡的原则。金融科技是一个高度动态发展的领域，而法律法规不可能随时更改更新，监管不可能涵盖金融科技活动的所有方面，同时为鼓励健康的金融创新也应当给金融科技业务发展留有适当的弹性空间，因此金融科技监管应当坚持开放性原则，在立法思考上监管对策上应当坚持法禁不许、列负面清单的办法。

坚持开放性原则要处理好保护创新与监管的关系，既不扼杀创新又要防范管控风险。对于如何平衡监管与创新的关系，可以考虑借鉴监管沙箱、监管科技等新理念和新工具，建立一套能够试错、容错、查错、纠错的包容性创新管理体系，使从业机构在风险可控和范围可控的前提下探索开展应用试点、产品测验、技术验证，从而给真正有社会经济价值的创新留有适当的容错观察期。

为了保证开放性，要防止重要核心资源和金融基础设施的垄断，要认识到数据是核心的金融资源，所以一定要开放和透明；具有社会系统不可替代性的金融基础设施，要由国家来经营，要有公立的发展目标而非私立的经营目标。

监管需要与时俱进、适应发展。金融科技涵盖了很多业务类型，需要不同业务类型的风险做具体判断，并采取有针对性的监管措施。对于互联网支付、互联网基金销售等已经有比较成熟的监管模式的业务类型，应不断完善现有监管框架，为这些业务的发展创造良好的外部环境，充分发挥其服务社会公众、促进实体经济发展的作用，对网络借贷、股权众筹融资等新兴业态，要在明确底线的基础上，为行业发展预留一定的空间。

二是一致性原则。针对面向不同类型的金融服务要遵循一致性监管原则。只要从事相同的金融业务，无论是金融科技企业还是传统金融机构都应一视同仁，依法依规实施相同的监管。同时要放宽市场准入，比如要给符合条件的金融科技企业发放金融业务许可证，这不仅有利于杜绝监管套利，还能形成一个良好的竞争生态。

三是穿透性原则。穿透性原则是指要透过金融科技产品的表面形态看清业务实质，将资金来源、中间环节与最终投向穿透连接起来，按照"实质重于形式"的原则甄别业务性质，根据业务功能和法律属性明确监管规则。对跨市场、交叉性的金融科技业务，实施一致性穿透性监管。这就要求不能够因为监管分工而对金融风险事件视而不见。而是应该实行"穿透性"原则，对整个行业进行多方协调统一监管。

要充分考虑金融科技风险的复杂性、多样性和交叉性，从宏观到微观的各个层次对各类传统风险和新生风险进行准确预测，有针对性地设定行业准入以及投资者管理等措施。应严格区分专门提供科技服务的金融科技企业与涉足金融服务本身的金融科技企业。对所有从事金融服务活动本身的企业，无论是否具有金融机构名称都要对其活动按照风险实质来监管，例如，具有社会化集资性质的业务就要有更为严格的管理，存在流动性转化和期限错配的业务就要接受流动性规则的管理。

四是审慎性原则。为防范金融科技特别是狭义金融科技的资产负债错配风险和流动性风险，应当强调对金融科技企业平台的资产配置行为的审慎性监管，针对重点企业、平台，监管部门应当对企业资产负债管理和压力测试情况进行审慎性评估，并视情况采取监管措施。应从系统重要性维度，把握创新和风险管理的平衡，小机构可以适当给予更高的创新空间和适当的监管容忍度，但金融机构一旦达到一定规模就应当接受更严格的监管。鉴于金融科技的风险特征，应该推行审慎监管。只有推行宏观和微观的审慎监管，才会有助于金融科技行业长期、平稳、健康发展。

五是前瞻性原则。监管立法既要反映现阶段的特点和实际需要，又应当具有前瞻性，既要为推动金融科技的持续发展留有余地，又便于金融监管向新的业务领域和监管对象延伸和拓展。

随着金融科技的发展，在金融机构逐渐变成数字化机构的同时，监管也要朝着科技化的方向发展。金融监管部门应当转变为数据化的管理机构，进入交易层面了解数据信息，作为大数据中心实施数据化监管。此外，除了行业协会，引入第三方机构（如独立的信用评估机构、会计师事务所、律师事务所）参与监督也很重要。

在监管的方式上，金融科技监管应当针对不同的监管对象分别实行公告监管、准则监管、实体监管或者是三者并用，因事制宜。

（三）金融科技监管的主要对象和内容

金融科技监管仍由市场准入监管、业务运营监管、风险评价、风险处置以及市场退出等相关要素和环节组成。监管对象应覆盖从事金融活动的企业、互联网平台和金融科技企业与机构。

三、金融科技监管与发展的关系

金融科技是以先进信息技术为基础，顺应现代金融需要而产生的新型金融服务产业。它以服务成本低、操作便捷、服务效率高等特点而成为现代金融产业一个重要组成部分。

金融科技的发展可以促进传统金融的创新。作为传统金融行业与互联网相结合的新兴领域，金融科技与传统金融的区别，不仅在于金融业务所采用的媒介不同，更重要的是金融参与者利用互联网"开放、平等、协作、分享"的精神，通过互联网、移动互联网等工具，大数据、云计算等新的技术手段使得传统金融业务透明度更强、参与度更高、协作性更好、中间成本更低、操作更便捷。迄今为止，金融科技已经发展出网上银行、第三方支付、个人贷款、企业融资等多种形式，并且越来越在融通资金、资金供需双方的匹配等方面深入传统金融业务的核心。金融科技企业对金融领域的大规模渗透所产生的"鲶鱼效应"[①]，大大推进了传统金融业的信息科技与业务变革。

金融科技的发展对促进金融包容更具有重要意义，特别是对中国现阶段而言，金融科技的发展为大众创业、万众创新打开了大门，在满足小微企业、中低收入阶层投融资需求，提升金融服务质量和效率，引导民间金融走向规范化，以及扩大金融业对内对外开放等方面可以发挥独特功能和作用。

总之，金融科技的发展对促进金融创新、支持经济增长与社会发展都具有极其重要的积极意义。但也应当看到，由于缺乏有效监管，我国金融科技行业 1.0——互联网金融在近年来快速发展的同时，各种风险也不断积累和暴露，为市场以及投资者带来了巨大损失，并影响到金融稳定。因此，在实际工作中应当监管与发展并重，处理好发展与规范的关系，做到鼓励金融创新和风险防范的平衡，既要保护金融科技创新的活力，又要加强对金融科技活动的监管，使之在法律规范的框架内健康发展。

第二节　金融科技监管的基本类型

与金融科技风险相对应，金融科技监管的基本类型可以分为三类：技术风险监管、经济风险监管与其他风险监管。

一、技术风险监管

技术风险监管是金融科技监管的重要组成部分。从监管角度看，作为金融业务与信息技术结合的产物，金融科技风险不但兼具两者的专业性特点，而且由于技术交叉，又衍生出了新的特点，技术上监管难度相当大，对监管机构构成了新挑战。因此，在监管理念上应高度重视，监管机制需要更加强化技术环节，提升信息化协同。

（一）监管目标

金融科技技术风险监管目标是要降低金融科技活动中涉及的信息技术风险，大致包括如下五方面内容：（1）完整性风险。即数据未经授权使用或不完整或不准确而造

[①]　鲶鱼效应是指采取一种手段或措施，刺激一些企业活跃起来投入到市场中积极参与竞争，从而激活市场中的同行业企业。——MBA 百科

成的风险。（2）存取风险。即系统、数据或信息存取不当而导致的风险。（3）获得性风险。即影响数据或信息的可获得性的风险。主要与数据处理过程中的动态监控、数据恢复技术、备份和应急计划等有关。（4）体系结构风险。即信息技术体系结构规划不合理或未能与业务结构实现调配所带来的风险。主要与信息技术组织的健全、信息安全文化的培育、信息技术资源配置、信息安全系统的设计和运行、计算机和网络操作环境、数据管理的内在统一性等有关。（5）其他相关风险。即其他影响金融科技企业、机构业务活动的技术性风险。

（二）技术风险监管程序

根据巴塞尔银行监管委员会的要求，信息技术风险的监管程序包括风险评估、管理和控制风险、监控风险三个基本要素。

1. 风险评估。风险评估是管理和监控风险的前提，它包括识别风险，确定金融科技企业、机构的风险承受能力，确定风险是否在企业、机构的承受能力范围之内。从信息安全的角度来讲，风险评估是对信息资产（某事件或事物所具有的信息集）所面临的威胁、存在的弱点、造成的影响，以及三者综合作用带来风险的可能性的评估。

2. 管理和控制风险。管理和控制风险包括实施安全策略、技术系统评估与升级、采取措施控制和管理技术服务外包风险、相关信息披露和制订应急计划等。

3. 监控风险。监控风险包括系统测试和审计，系统测试有助于发现异常的业务活动，避免出现严重的系统故障或中断，审计（包括内部审计和外部审计）则为发现系统缺陷和减少风险提供了一种重要的、独立的控制机制。应建立电子风险监控整体解决方案以满足监管需求。

（三）技术风险监管的组织实施

1. 信息科技风险监管组织建设。应建立专门的信息科技风险监管部门，制定信息科技风险监管政策、法规、指引和工作流程，协调开展信息科技非现场监管和现场检查；监管部门在开展非现场监管和现场检查时，必须把信息科技风险作为关注重点，把信息科技风险防控纳入金融科技企业、机构评级体系；实施针对信息科技及业务操作风险的现场检查与专题审查，评估被监管机构线上交易的安全管控，以及对信息科技问题及变更管理程序实行管控措施。

监管部门要定期对金融科技企业与金融机构科技治理情况进行审查，督促企业、机构建立职责明确、功能互补、相互监督、相互制约的信息科技风险防范整体架构；监管部门应督促金融科技企业、机构加大软硬件基础设施投入力度，完善灾备应急能力；加强对金融科技企业、机构外包服务的监督检查，指导金融科技企业、机构科学制定外包管理策略，合理规划外包服务规模，加强对外包服务风险的防控。

2. 建立信息科技风险评估体系。监管部门应在积累历史数据、汇总分析的基础上，建立健全信息科技风险评估体系，识别机构在信息科技方面面临的固有风险，系统性地分析金融机构在 IT 治理、信息安全、业务连续性计划、内外部审计以及 IT 外包管理等领域采取的风险防控措施的有效性，客观地评价金融机构信息科技风险管理水平。在此基础上，认真研究制定金融机构信息科技风险评级方法和标准，逐步开展信息科技风险评级，根据评级结果确定监管的频度和范围，制定差别化的监管对策。

3. 建立信息共享机制。各监管部门要相互协作、形成合力，充分发挥金融监管协调部门间联席会议的作用，密切关注金融科技业务发展及相关风险，建立和完善信息共享机制和相互协调的金融科技数据统计监测体系。

4. 加强信息科技风险监管的国际合作。监管部门应当加强信息科技风险监管的国际合作，包括加强与国外监管机构的交流合作，学习、借鉴并逐步消化转换，形成独立的监管体系，以及尝试与国外监管机构之外的机构合作，如参加 ISACA 等国际专业性组织的活动等，掌握信息科技风险前沿动态，不断提升信息科技风险监管水平。

二、经济风险监管

（一）强化监管意识，加强风险防范

要坚持防患于未然的理念，把风险防控贯穿于产品实际；要建立健全风险跟踪、监测和处置机制，提升风险研判能力；要防止单一品种、单一机构的风险外溢；紧跟市场发展步伐，填补监管空白，提高监管的有效性，促进各类市场主体归位尽责；引导机构主动加强风险控制，认识自身风险承受能力，克服盲目扩张倾向，完善现代企业治理制度，在稳健经营上下功夫，合理有序开展业务活动。

（二）健全信息披露，加强市场约束

金融科技企业、机构对公众进行及时和经常的相关信息披露[①]，可以加强市场约束，减轻金融科技的信息不对称，也有利于监管机构对金融科技进行有效监管。

增强金融科技行业透明度的重要环节是实现财务数据和风险信息的公开透明，信息披露应与金融机构经营的规模、风险状况和复杂性相适应。监管部门应当要求从业机构按相关法规对客户进行充分的信息披露，及时向投资者公布其经营活动和财务状况的相关信息，进行充分的风险提示，以便投资者充分了解从业机构运作状况，促使从业机构稳健经营和控制风险。

信息披露应以行业自律为依托，建立金融科技各细分行业的数据统计分析系统，并就信息披露的指标定义、内容、频率、范围等达成共识；应通过合格投资者制度强化消费者权益保护，保证投资者的知情权、参与权、监督权等各项权利；加强投资者风险警示，引导投资者理性参与交易；持续做好新闻发布工作，营造良好的市场环境，加强消费者教育、建立合同条款、纠纷解决机制，切实保护好金融科技投资者、消费者的合法权益。

（三）加强行业自律

监管部门应当引导金融科技建立行业自律组织，充分发挥行业自律机制在规范从业机构市场行为和保护行业合法权益等方面的积极作用。行业自律组织应当制定经营

[①] 信息披露是指企业根据相关法律法规与政策要求将其经营信息、财务信息、风险信息、管理信息等向客户、股东及监管部门告知。——百度百科

管理规则和行业标准，推动从业机构之间的业务交流和信息共享，明确自律惩戒机制，树立诚信规范、服务实体经济发展的正面形象。

（四）信用风险监管

金融机构信用风险管理可以借助信用风险对冲[①]技术，不过，信用风险对冲技术是一种对宏观环境、金融机构素质、监管机构水平要求很高的风险管理手段。

一般而言，金融机构采用信用风险对冲方式能降低自己暴露在所持基础资产下的信用风险，这样金融机构会减少针对此项资产配备的资本金，以提高资本报酬率。但是在具体监管过程中，监管当局为防止银行和其他金融机构利用信用衍生产品进行过度投机，会对资本金冲抵做种种限制。对于存在资产错配、货币错配和期限错配的信用风险对冲交易有不能完全用来冲抵对资本金的要求。

监管技术比较高的国家会针对这些问题做详细的规定，尽量将保值性和投机性信用风险对冲行为区分开来，在合理基础上降低对银行的资本金要求。但监管技术较低的国家，则没有能力去识别和细分这些问题，出于防范风险的考虑一般会采取较为粗略和保守的标准。银行运用对冲手段得到的资本金豁免好处相对于监管技术高的国家的银行要少得多，这样会抑制和降低银行使用风险对冲手段的积极性。

（五）流动性风险监管

监管部门应当根据适当的流动性风险监管指标对金融科技企业与机构进行流动性风险评估与监管；督促金融机构对流动性风险进行识别和计量，在考核收益的时候纳入流动性风险的成本，审慎承担风险；要求金融机构流动性风险管理反映并适应业务模式和风险状况的发展变化。

《巴塞尔协议Ⅲ》的流动性监管标准是流动性覆盖率（LCR）[②]，与传统的流动性风险指标（如存贷比、流动性比例、超额备付金率、流动性缺口）相比，流动性覆盖率更为全面和精细。

在我国，流动性风险监管主要归属中国银行业监督管理委员会（以下简称银监会，后并入银保监会）负责。2014年2月，银监会发布《商业银行流动性风险管理办法（试行）》（以下简称《办法》），《办法》引入了流动性覆盖率这一新指标，并对现行流动性风险指标进行梳理，将其区分为合规性监管指标和用于分析、评估流动性风险的监测工具。其中，合规性监管指标包括流动性覆盖率、存贷比、流动性比例。《办法》引入流动性覆盖率作为监管指标，旨在确保商业银行具有充足的合格优质流动性资产，满足流动性压力情景下，通过变现这些资产满足未来至少30天的流动性需求。

---

① 风险对冲是指通过投资或购买与管理标的资产收益波动负相关或完全负相关的某种资产或衍生金融产品来冲销风险的一种风险管理策略。将这种策略运用于银行的信用风险管理就意味着银行不再需要出卖或转让自己手中的信用产品，而只需同时购入一种信用衍生产品将原有信用产品中的信用风险转移出去，就达到了对冲信用风险的目的。——百度百科

② 根据《巴塞尔协议Ⅲ》的定义，流动性覆盖率（LCR）是指优质流动性资产储备与未来30日的资金净流出量之比；该比率的标准是不低于100%，即高流动性资产至少应该等于估算的资金净流出量，或者说，未来30日的资金净流出量小于零。——笔者注

《办法》适用于在我国境内设立的商业银行，包括中资商业银行、外商独资银行、中外合资银行，以及农村合作银行、村镇银行、农村信用社和外国银行分行；《办法》涵盖了上述监管对象所有的业务条线，包括理财业务和同业业务。

《办法》要求金融机构不断加强压力测试。不仅商业银行自身须加强压力测试，银监会也会定期或者不定期地组织压力测试。同时鼓励中小银行建立同业互助机制，减少流动性风险的影响。

（六）市场风险监管

市场风险监管是识别、计量、监测和控制行业市场风险的全过程。它的目标是通过将市场风险控制在金融机构可以承受的合理范围内，实现经风险调整的收益率最大化。

监管部门依法对金融机构的市场风险水平和市场风险管理体系实施监督管理；督促金融机构有效地识别、准确计量、持续监测和适当控制所有交易业务和非交易业务中的市场风险，确保在合理的市场风险水平下安全、稳健经营；鼓励业务复杂程度和市场风险水平较高的金融机构逐步开发和使用内部模型计量风险价值，对所承担的市场风险水平进行量化估计。

（七）操作风险监管

根据巴塞尔银行监管委员会的指引[1]，监管部门应该要求所有监管对象，制定行之有效的制度来识别、评估、监测和控制与缓释重大操作风险；要求金融机构开发与其规模、业务复杂性和风险状况相适应的操作风险管理系统；直接或间接地对监管对象有关操作风险的政策、程序和做法进行定期的独立评估；确保有适当的机制保证掌握监管对象的进展情况。

监管部门独立评估操作风险的内容应该包括：（1）监管对象风险管理程序的有效性，以及有关操作风险的全面控制环境；（2）监管对象监测和报告其操作风险状况的方法，包括操作风险损失数据和其他潜在操作风险指标；（3）监管对象及时有效解决操作风险事件和薄弱环节的步骤；（4）监管对象为保证全面操作风险管理程序的完整性的内控、审查和审计程序；监管对象努力缓释操作风险的效果，如使用保险的效果；（5）监管对象灾难恢复和业务连续方案的质量和全面性；（6）监管对象根据其风险状况和其内部资本目标，评估操作风险的整体资本充足率水平。

操作风险评估应当注意监管部门间的跨部门合作和信息交流；并建立监管对象和外部审计报告制度。

三、其他风险监管

除上述与传统金融相类似的风险外，我国金融科技还面临一系列独特风险。

（一）法律风险监管

修改并完善现有金融法规，将金融科技的众多方面，包括金融科技市场的企业准

---

[1]　参见巴塞尔银行监管委员会2003年发布的《操作风险管理与监管的稳健做法》。

入标准、运作方式的合法性、交易者的身份认证等纳入成文法监管范围，建立对金融科技有针对性的严谨系统的法律规范。

在市场准入方面，应当明确金融科技进入的门槛和标准，提高市场准入的透明度；把法律的规定、监管的要求细化到一线监管制度当中，建立规矩，标志业务红线和雷区；推进监管技术创新，更多依靠科技和信息化手段，对倾向性的违法违规问题及早发现、及早提醒、及早纠正、及早处理。

在市场治理方面，应当坚持法制化原则。全面提升行政、刑事处罚力度，提高违法违规代价，提高执法威慑力；加强监管协作，严格落实、实施联合惩戒。在维护市场平稳运行的基础上，秉持公平竞争、穿透式监管、保护消费者利益等原则，识别风险点，规范互联网股权融资活动，防范P2P网贷、股权众筹等领域的风险。

（二）虚拟货币风险监管

应加强对以比特币为代表的虚拟货币的研究，制定监管对策。包括对虚拟货币的监管立法；防范虚拟货币游离于监管之外，被用于洗钱、购买毒品或枪支等非法活动。虽然我国现在已经全面禁止虚拟货币的交易，但虚拟货币的变相交易仍未杜绝。不法人员在境外发行加密代币，吸引境内人员参与集资和交易，绕过境内监管开展离岸交易和非法集资，对此应采取措施及时予以遏制。

此外，货币当局还应当注意价值互联网环境下，数字货币发展对货币政策调控的影响，完善宏观审慎监管。

（三）支付风险监管

首先，应不断完善相关政策法规，为支付清算行业健康发展提供法律保障，推动支付机构风险信息共享、依法合规经营。

其次，构筑风险监管"安全网"。包括加强支付清算行业金融基础设施建设，确保互联网支付系统安全；全面落实客户实名制，加强特约商户审核把关、交易风险预警以及对客户信息泄露等潜在风险的监管；提高支付机构交易监控水平和异常交易识别能力，加强支付行业风险防范；开展支付机构违法活动专项整治，保证互联网支付业务的规范发展。

在完善监管机制的同时，还应加强行业自律，完善行业风险信息共享系统，实现风险信息数据的交换共享。

（四）系统风险

要加快改革完善现代金融监管体制，实现金融风险监管全覆盖。一是要建立必要的风险隔离与保险制度安排，防范交叉金融产品的风险，坚持透明、隔离、可控的原则，对于跨行业、跨市场的资金流动，做到"看得见""管得了""控得住"，防止金融科技产品与业务行业相互交叉传染。筑牢银行业、非银行业金融机构和民间融资活动之间的防火墙。同时，还要防范国际金融风险的冲击和传染。二是要加强金融科技的投资者、消费者保护。大力普及金融知识，重点加强投资者、消费者风险教育，增强民众的金融风险识别能力；严格查处金融误导、传销、欺诈行为；防范个体非理性和集体非理性行为的集中发生，尽量降低金融科技风险的负外部性社会影响。

第三节　金融科技监管的发展概况及未来趋势

随着金融科技的蓬勃发展，各国监管机构在监管理念上达成了初步共识，但从全球金融科技的监管现状看，国际监管框架尚在构建初期，目前各国监管措施各异，缺乏统一标准和框架，在实践层面普遍实行的是前端产业监管。我国金融科技企业的监管定位也还未明确。从未来发展看，监管科技将成为金融科技监管发展的重点领域。

一、金融科技国际监管现状

（一）监管理念

世界各国在金融科技监管理念上达成了一些初步共识。基本理念是：金融科技可以促进金融发展和金融普惠，提高金融效率，从而推动经济增长和减贫，但它也会给消费者、投资者以及广泛的金融稳定与健全带来风险[①]。监管原则是要在促进金融科技创新的同时合理控制其可能引发的潜在风险。具体来说，一是坚守"适应性"监管理念。监管部门需要与市场主体一样，时刻关注市场的变化，拥抱金融科技，用技术武装监管基础设施，监管思维须从"命令—控制型监管"转向"调适性监管"，应将监管的重点置于调适性监管，同时，应根据企业的风险水平实施多方法、分层式监管。二是奉行"功能性"监管理念。注重金融产品的功能特征和功能变化，从机构监管转向功能监管。三是秉持"包容性"监管理念。鼓励金融创新，给予金融创新容错的空间，同时建立严格的责任制度。四是倡导"实验性"监管理念。通过"监管沙箱"（详见下文）实验方式，使监管者及时了解金融创新的收益与风险，为制定科学的监管制度提供借鉴。五是强化"协调性"监管理念。实现监管机构之间信息共享、信息沟通，构建监管机构与被监管机构及其相关利益方之间的平等对话、沟通交流机制。

此外，各国监管机构也越来越多地意识到，嵌入式监管并使之成为创新过程的一个组成部分，是至关重要的；加强组织内部的技术能力，从而能够利用工具、产品和服务，完善监管、合规、汇报职能，有效地实现监管目标和责任，同样也是至关重要的。

（二）国际监管框架构建

2017 年 6 月 27 日，全球金融牵头机构——金融稳定委员会（FSB）发布《金融科技对金融稳定的影响及各国应关注的金融科技监管问题》，报告着眼于金融稳定，正式给出了金融科技综合评估分析框架，以评估金融科技对金融稳定的潜在影响。评估框架建议从金融科技的活动范围、金融科技的驱动因素以及金融科技对金融稳定的影响三个方面进行评估，该框架为国际监管框架提供了金融科技风险分析识别基础。

[①]　WB，IMF. 巴厘金融科技议程——前言文件［R］. 2018：1～33.

2018 年 10 月 11 日，国际货币基金组织和世界银行联合发布了《巴厘金融科技议程》，它包括 12 项政策建议，旨在帮助成员国利用金融科技所带来的好处和机遇，同时对其内在风险进行管理。

与此同时，其他国际经济组织也有不同程度的相关活动和举措。巴塞尔银行监管委员会已经成立了金融科技特别工作组，研究金融技术对商业银行的影响以及未来的监管应对，目前，该工作组正在对各成员国对金融科技的基本态度、监管框架、具体监管以及鼓励创新的具体做法进行调研；国际证监会组织自 2014 年和 2016 年两次发布众筹业发展报告后，下一步将更加全面地评估区块链、云技术、智能投顾等金融科技在证券市场和资本市场的运用及其影响；国际保险监督官协会于 2015 年 11 月发布了《普惠保险业务准则》，提出了消费者保护、数据保护和反欺诈三大核心关注。

在加密数字资产监管方面，二十国集团认可金融稳定委员会的评估，即加密数字资产目前不会对稳定构成威胁；不过也认同加密数字资产在未来某个时候可能会构成威胁的观点，要求金融稳定委员会和其他标准制定机构继续做好加密数字资产方面的工作，并汇报进展情况。而金融行动特别工作组（FATF）已就如何处理与加密数字资产相关的洗钱和恐怖主义融资风险，对其成员国提供了指导。

在国际合作方面，FSB 认为各国应以金融稳定为前提，共同配合应对金融科技的影响。一方面积极监测国内金融科技的发展，另一方面和国际组织在业务监测、风险分析等方面，展开合作。当前，金融科技已被很多国际和地区组织纳入工作议程，包括信息交流和良好实践讨论在内的各种合作正在逐步形成。但迄今为止还没有一个对金融科技涉及的各种问题进行全面考察的框架。

在跨境监管方面，对于国外机构在本国开展金融业务，各国监管机构均比较审慎，一般不希望外国企业完全控股。鉴于金融科技的跨境展业尚处于初级阶段，目前实际遇到的国际监管合作问题主要集中在市场准入领域，对未来可能出现的"系统重要性"金融科技企业尚无联合评估的安排。[①]

总体上，金融科技的国际监管框架尚处于初步评估构建阶段，一个类似于巴塞尔银行监管的金融科技监管框架还需要相当长时间的等待。各国对金融科技的监管程度宽严不一，缺乏强有力的国际协调，导致短期国际资本流动"逐底竞赛"。加强跨国监管合作已成客观要求，制定金融科技全球性监管规则已上升为国际监管框架的一个紧迫课题。

（三）监管实践侧重前端产业

从各国实践看，对于支付结算类业务的监管框架已较为明确，监管机构普遍关注客户备付金管理，以及反洗钱、反恐融资、防范网络欺诈、网络技术安全、客户信息保密和消费者保护等问题（李文红和蒋则沈，2017）。

就 P2P 网络借贷和股权众筹而言，由于此类业务与传统债务或股权融资的风险特

---

① 廖岷等．金融科技发展的国际经验和中国政策取向［R］．

征并无本质区别，现行风险管理、审慎监管和市场监管要求基本适用。监管上普遍关注信用风险管理、信息披露、投资者适当性管理和网络技术安全等问题。美国按照金融产品和服务的性质决定适用的法律及监管机构，P2P和众筹一并纳入证券市场的行为监管框架；欧盟和英国对众筹和P2P等业务主要根据审慎监管原则进行监管，比如，英国对P2P网贷和众筹等都明确了最低资本水平等审慎监管指标要求，并要求投资类众筹加入英国金融服务补偿计划，类似于商业银行的金融安全网设计；法国将P2P借贷业务视同银行业务，适用银行监管。

至于大数据、云计算等技术基础设施类，由于此类业务的科技属性较为明显，大多属于金融机构的业务外包范畴。因此，监管机构一般将其纳入金融机构外包风险的监管范畴，适用相应监管规则，在监管上除关注操作风险、信息安全之外，还关注金融机构外包流程是否科学合规、外包服务商道德风险和操作风险防控等。

由于区块链、分布式账户技术仍处于发展初期，其运用也处于试验阶段，目前国际上的初步共识是：监管当局应当密切关注、分析该类技术的发展应用情况，与业界保持充分沟通，但现阶段暂不需要制定专门的法规制度。同时，各国监管当局均在积极进行观察研究，分析这些新技术是否有助于金融业的发展和风险管控，以及可能对金融体系稳定产生的影响。

在加密货币方面，各国监管态度与做法差异十分显著。根据美国国会法律图书馆环球法律研究中心2014年的一项研究，40个被调查的国家和地区对比特币大致持正面、反对和保留三种态度。在监管实践中，各国监管当局主要依据自身判断，并根据加密货币对本国金融的影响来实施裁量性监管。例如，美国商品期货交易委员会将比特币归类为大宗商品，而欧盟最高法院则判定比特币为一种货币，而非商品，即电子加密货币为欧盟范围内合法的支付方式。而在我国则被认定为非法，不得在境内进行交易。

（四）各国监管模式比较

在监管模式上，大致可分为功能型、主动型及被动型三类，如表12-1所示。

表12-1　　　　　　　　　　　各国金融科技监管模式比较

监管模式	代表性国家	采用不同监管模式的主要原因与特点
功能型	美国	• 美国具有人才与资本优势，以技术驱动金融科技创新 • 不论创新属何种形式，依其产品及服务的性质，判断所涉及的金融业务，按功能纳入现有监管体系 • 如P2P网络借贷，因涉及资产证券化，归属于美国证券交易委员会（SEC）监管
主动型	英国、新加坡	• 英国、新加坡金融体系成熟，信息基础设施完善，政府成为鼓励金融科技发展的主导力量 • 成立监管沙盒，经筛选产品、服务和商业模型，在隔离环境下进行检测、评估，最终商转

续表

监管模式	代表性国家	采用不同监管模式的主要原因与特点
被动型	中国	●中国金融科技兴起于互联网金融，以商业模式驱动金融创新，由于巨大的市场需求及金融服务体系未臻完善，为金融科技提供了广阔的应用领域 ●实践中采取了先发展再规范的监管立场，在行业达到相当规模后，主管部门出台相关措施或法规，针对前端产业加强监管

资料来源：据网络资料整理。

（五）监管科技与监管沙盒

监管科技与监管沙盒是针对金融科技的创新特点而提倡的创新监管方式，最近两年已经在世界一些国家得到初步应用。

1. 监管科技。监管科技的英文为 RegTech，和金融科技的英文 FinTech 一样是一个混合词，由 Regulatory 和 Technology 缩略组成。2015 年 11 月，英国金融行为监管局（FCA）首次提出监管科技概念，意指"利用最新技术手段，以促进金融机构更有效地达到监管要求"。

作为一种创新监管模式，监管科技具有数字化、敏捷性、实时性、共享性与智能化等特征。一个设计优良的监管科技解决方案具有下述特点：

（1）灵活：对时刻变化的监管要求快速反应，以实现持续合规；

（2）敏捷：指迅速执行及部署的能力，能够以最小扰动快速融入现有系统；

（3）集中：使用云技术，共享多个监管的数据结构，只需一个地方就能实现所有监管要求；

（4）平衡：掌握监管尺度，不低于也不高于合规要求；定制合规要求；

（5）低成本：以最小成本实现合规（与内部开发相对）；

（6）可视化分析：提供企业大数据模型及可视化分析，成为唯一信息源（迄今为止不可能）；

（7）宏微观分析：针对合规参数提供宏观（CXO 级别）及微观（操作级别）的观点；

（8）统一性：对多项规定的众多要求制定统一的合规标准。[1]

监管科技在被监管机构与监管机构之间建立一个可信、可持续与可执行的"监管协议和合规性评估、评价和评审机制"，对监管部门提高监管针对性与监管效率，解决金融机构的依法合规问题具有重要作用。

利用监管科技，一方面，金融监管机构能够更加精准、快捷和高效地完成合规性审核，减少人力支出，实现对金融市场变化的实时把控，进行监管政策和风险防范的动态匹配调整；另一方面，金融机构能够无缝对接监管政策，及时自测与核查经营行为，完成风险的主动识别与控制，有效降低合规成本，增强合规能力。

---

① Nandyal，Cornelius. RegTech：金融科技创新的新星［EB/OL］. https://www.weiyangx.com/194298.html.

对于监管层来说，金融机构在业务活动中产生的数据巨大。在传统监管模式下，这些数据难以得到充分利用，无法有效和主动地用于风险管理。监管科技可以将金融机构所拥有的结构性数据与非结构性数据接入到监管部门，改变监管失灵的情况，预测市场中应该关注的潜在风险领域。对金融从业机构来说，为了应对各色新出的监管措施，金融科技公司不得不提高其运营成本。监管科技可以帮助其自动完成合规任务，从而减少满足合规义务的相关风险。通过创建数字化分析工具，监管科技节省了金融机构合规成本和时间，让金融机构能有一个高效的工具来遵守监管新规。

监管科技的另一个优势在于可以解决多重监管问题。一般来说，许多监管规定都基于或使用了某些数据、处理或管理结构，为了应对来自不同监管部门大量的监管细则，企业经常需要做很多重复的合规工作。而监管科技可以通过共享多个监管机构的数据，针对多项规定制定单一的合规路径，避免重复劳动，提高合规效率。

监管科技的产生和推广有赖于大数据、云计算、人工智能、加密技术、生物识别技术、数字身份技术、应用程序编程接口等创新技术的快速发展。利用这些技术，监管科技能够满足金融机构风险管理、对外业务、内部控制和识别新法规变化等方面的需求。目前，监管科技主要应用于数据处理、客户身份识别、金融机构压力测试、市场行为监管、法律法规追踪、合规性分析、知识培训、合规实施和监控、监管交易和概念验证、反洗钱（AML）数据监控等领域。

2. 监管沙盒。如前所述，金融科技是一个高度动态发展的领域，具有颠覆性和不可预测性。由于认识到在不具备确定性条件下进行创新的困难，所以一些国家的监管部门推出了"监管沙盒"创新监管方案。方案的实质就是在监管过程中嵌入容错机制，允许监管对象在可控环境下犯错，监管部门据以进行反馈调适，帮助金融科技企业自主纠错，以提高创新金融服务产品的市场成功率。

监管沙盒的概念由英国政府于2015年3月率先提出。类似于中国的试点改革，它提供了一个缩小版的真实市场和宽松版的监管环境，由金融监管机构设立，在保障消费者权益的前提下，让部分取得许可的金融机构或初创科技型企业，在一定时间和有限范围内测试新金融产品、新金融模式或业务流程。

相比传统的金融监管方式，监管沙盒用更灵活的方法处理金融产品和服务创新的限制，能够有效地减少监管不确定性，帮助金融科技安全地进入市场，同时提升消费者对新产品的信心。创新企业能够在"安全区域"测试新产品或服务。因此，监管沙盒对金融服务机构具有很高的价值，具体体现在以下方面：

（1）减少将创新推向市场的时间与成本；

（2）降低客户采纳风险并提高资本投资回报，以此让创新者获得更多融资；

（3）实现创新者与监管机构的合作，以确保技术和商业模型的新发展符合监管规定。

通常，监管机构会在早期阶段筛选准沙盒参与企业，对其业务规模、创新水平、商业模型可行性或对地方经济的贡献等因素提出要求。

除英国外，目前，新加坡、中国香港、澳大利亚、日本、韩国等国家和地区的监管部门也陆续推出了监管沙盒制度，在引导和促进金融科技产业发展的同时防范金融风险。此后，马来西亚、阿布扎比等国家也陆续加入监管沙盒的实践中。然而，监管沙盒并非单一模式，不同市场会依据各自监管目标、监管体系和风险容忍度而有所不同。不同国家的监管机构会互相学习，对于着眼全球市场的创新者来说，不但需要理解当地的监管特点，还要了解其他国家监管金融科技的方式。

监管沙盒也可用于中国的金融科技监管实践。2017 年 5 月 23 日，区块链金融沙盒计划启动仪式在贵阳举行，这是中国第一个由政府主导的沙盒计划。

二、国内对金融科技的监管发展

国内金融科技从互联网起步，2015 年下半年以来，政府管理部门推出了一系列政策法规并采取了相应措施加强对互联网金融的监管。目前，尚未形成对金融科技的综合监管框架，金融科技公司的法律地位与监管定位也还未明确。

2015 年 7 月 18 日，中国人民银行等十部委联合发布《关于促进互联网金融健康发展的指导意见》。以此为标志，中国互联网金融监管结束"发展观察期"，国家行业主管与金融监管部门将各司其职，承担起应有职责，对互联网金融实施系统外部监管。2016 年 4 月 12 日，国务院印发《互联网金融风险专项整治工作实施方案》，启动互联网金融风险专项治理。与此同时，监管部门相继出台了一系列监管文件，逐步完善互联网金融法律法规框架。目前《非金融机构支付管理办法》《网络借贷信息中介机构业务活动管理暂行办法》《互联网保险业务监管暂行办法》等监管规则已发布。2017 年 1 月 13 日，中央银行发布《关于实施支付机构客户备付金集中存管有关事项的通知》，要求自 2017 年 4 月 17 日起，支付机构将一定比例的客户备付金集中存管至指定机构，并于 2018 年 1 月实现全额集中存管，集中存管的备付金不再计付利息。

2017 年，针对国内互联网金融转型升级向金融科技的发展，人民银行成立金融科技委员会，提出将强化监管科技应用实践，积极利用大数据、人工智能、云计算等技术丰富金融监管手段，提升跨行业、跨市场交叉性金融风险的甄别、防范和化解能力。2018 年 8 月，《中国证监会监管科技总体建设方案》正式印发，方案提出，在加强电子化、网络化监管的基础上，通过金融科技手段，为证券监管提供全面、精准的数据和分析服务。2018 年 7 月，人民银行明确互联网金融风险是金融风险的重要方面，将再用一至两年时间完成互联网金融风险专项整治，推进互联网金融监管长效机制建设，建立适应互联网金融特点的监管制度体系。

总体上，受互联网金融发展的影响，我国金融科技监管主要是以互联网金融监管为核心。经过出台一系列政策法规与近两年的监管整治，我国互联网金融存量风险业务有序化解，风险案件高发频发势头得到遏制，行业规范发展态势逐步形成（中国互联网金融协会，2018）。在对互联网金融治理整顿的同时，一直以来，中国人民银行、银保监会等金融监管机构也在积极推进健全金融与科技融合下互联网金融和金融科技

的长效监管机制建设，但截至目前，对金融科技的监管也侧重于前端产业，尽管 P2P 网贷、第三方支付平台得到了明确定位，但对金融科技公司仍未进行严格法律监管，一些对金融稳定具有重要影响的系统性科技企业也未纳入现有监管体系，监管和风险防范长效机制建设还任重道远。

三、金融科技监管的未来趋势

从未来发展看，金融科技监管框架将逐步建立，监管科技将成为金融科技监管发展的重点领域。

监管科技目前主要应用在英国、美国和澳大利亚等发达国家。据数据公司 CB Insights预测，全球金融行业对监管科技的市场需求在 2020 年将达 1187 亿美元。在强需求的驱动下，全球市场上现有数百家创新型公司提供监管科技服务，每年监管科技行业新获融资达 10 亿美元。然而，现今金融行业还没有出现一个受公众认可并能够广泛使用的监管科技解决方案。另外，国际监管改革还在不断推进，金融监管改革的具体内容仍存在较大不确定性，使得金融机构很难下决心推动技术变革。但是，未来随着监管科技与人工智能的融合，不仅合规操作将实现进一步自动化，机器咨询的潜力也将被激发，连接隐性市场因素和显性市场因素的"神经网络"式监管科技也许会在不久的将来成为现实。

在我国，随着金融科技的迅速发展，以及监管力度不断提升，金融科技企业与金融机构有动力利用先进技术来满足监管部门日益提高的合规要求。经过一段时间的整治，在多方监管主体的努力下，国内互联网金融风险已经得到有效控制。但是目前的金融监管框架可能难以应对金融科技高速发展带来的风险，因此，监管机构需要考虑同时在监管制度和技术架构的层面上进行变革，进一步完善金融科技监管，以科技加强监管。

【本章小结】

1. 金融科技监管是指对金融科技进行法律规范，以防范金融科技潜在风险，促进其可持续发展。

2. 金融科技监管应当坚持开放性、公平性、诚实性、审慎性、前瞻性等适应金融科技发展特点的监管规则。

3. 金融科技监管的基本类型可以分为三类：技术风险监管、经济风险监管与其他风险监管。

4. 处理金融科技的监管与其发展的关系需要正确处理好规范与发展的关系、分业监管与综合监管的关系，以及传统监管与创新监管的关系。

5. 监管科技与监管沙盒是针对金融科技的创新特点而提倡的创新监管方式。

6. 从未来发展看，监管科技将成为金融科技监管发展的重点领域。

【关键概念】

金融监管　　　　　　合法性原则　　　　　效率原则　　　　　　协调性原则

公开公正原则　　　　独立性原则　　　　消费者保护原则　　公告监管

准则监管　　　　　　实体监管　　　　　市场准入　　　　　风险评价

风险处置　　　　　　审慎性原则　　　　前瞻性原则　　　　行为监管

技术风险监管程序　　流动性覆盖率　　　监管科技　　　　　监管沙盒

【思考练习题】

1. 金融科技监管应遵循哪些基本原则？

2. 我国金融科技监管大致可分为哪几个阶段？

3. 技术风险监管程序包含哪几个步骤？

4. 监管部门独立评估操作风险包含哪些基本内容？

5. 系统风险监管包含哪些基本内容？

6. 简述金融科技监管的基本原则与监管方式。

7. 应当如何把握金融科技的监管与其发展的关系？

8. 简述监管沙盒与监管科技的基本内容。

【数据资料与相关链接】

1. 中国人民银行，http：//www. pbc. gov. cn/。

2. 中国银行保险监督管理委员会，http：//www. cbrc. gov. cn/chinese/newIndex. html。

3. 中国证券监督管理委员会，http：//www. csrc. gov. cn/pub/newsite/。

【延伸阅读】

1. WB，IMF. 巴厘金融科技议程——前言文件 ［EB/OL］. http：//documents. worldbank. org/curated/zh/533261539097716238/pdf.

2. 金融稳定委员会（FSB）. 金融科技对金融稳定的影响及各国应关注的金融科技监管问题 ［J］. 金融监管研究，2017（9）：1 - 20.

3. 巴塞尔银行监管委员会. 操作风险管理与监管的稳健做法 ［EB/OL］. http：// www. cnfinance. cn/magzi/2010 - 03/12 - 7472. html.

4. 监管沙盒在英国和亚太区的兴起与影响 ［EB/OL］. https：//www. ey. com/Pub-lication/vwLUAssets/.

5. 德勤中国. 中国金融科技行业监管与未来展望 ［EB/OL］. https：//www2. deloitte. com/cn.

6. 廖岷等. 金融科技发展的国际经验和中国政策取向 ［EB/OL］. http：//www. sohu. com/a/215427052 _ 772339.

7. 李文红，蒋沈则. 金融科技发展与监管——个监管者的视角 ［J］. 金融监管研究，2017（3）：1 - 13.

8. 中国互联网金融协会. 中国互联网金融年报 2018 ［R/OL］. http：//

www. nifa. org. cn/nifa/2956144/2976819/index. html.

9. Nandyal，Cornelius. RegTech：金融科技创新的新星 ［EB/OL］. https：//www. weiyangx. com/194298. html.